惠城年鉴

HUICHENG NIANJIAN

2021

惠州市惠城区地方志编纂委员会　编

方志出版社
Publishing House of Local Records

图书在版编目（CIP）数据

惠城年鉴．2021 / 惠州市惠城区地方志编纂委员会编．--北京：方志出版社，2021.12
ISBN 978-7-5144-5115-3

Ⅰ．①惠… Ⅱ．①惠… Ⅲ．①区（城市）—惠州—2021—年鉴 Ⅳ．①Z526.54

中国版本图书馆CIP数据核字（2022）第098053号

责任编辑：董琳
责任校对：刘玉霞
责任印制：赵楚
出 版 者：方志出版社
地　　址：北京市朝阳区潘家园东里 9 号（国家方志馆4层）
邮　　编：100021
网　　址：http://www.zgfzcb.cn
发　　行：方志出版社图书营销中心（010-67110500）
印　　刷：惠州市联谊印刷有限公司
开　　本：889毫米×1194毫米　1/16
印　　张：21.75
字　　数：461千字
版　　次：2021年12月第1版
印　　次：2021年12月第1次印刷
定　　价：280.00元

惠州市惠城区地方志编纂委员会

名 誉 主 任：刘光滨

主　　　任：翟树宇

常务副主任：黄　劲

成　　　员：贺飞鹏　黄炳权　徐宏标
余立健　袁　鹏　黄朝鸿

《惠城年鉴》编辑部

主　　　编：徐宏标　傅荼生

统　　　稿：徐宏标　易仕林　朱思敏　陈春群

责 任 编 辑：朱思敏　李秀颜　许倡森　吴少立
陈春群　林永康　易仕林　廖小冰

图 片 编 辑：许倡森

编　　　务：钟海燕　黎云霞

编辑说明

一、《惠城年鉴》坚持以马克思列宁主义、毛泽东思想、邓小平理论、“三个代表”重要思想、科学发展观、习近平新时代中国特色社会主义思想为指导，坚持辩证唯物主义和历史唯物主义的立场、观点和方法。

二、《惠城年鉴》是由中共惠州市惠城区委员会、惠州市惠城区人民政府主持编纂、惠州市惠城区地方志编纂委员会组织编写的一部地方综合年鉴。于2008年起，每年出版一卷，以出版年份作为卷号，旨在全面、系统地反映惠州市惠城区自然、政治、经济、文化、社会和生态发展情况，为读者了解和研究惠城提供基本资料。

三、《惠城年鉴（2021）》（下称本年鉴）采用分类编辑法。除图表外，设类目、分目、条目三个层次。以条目为全书内容的主要表现形式，着重反映2020年惠州市惠城区经济社会发展的基本情况。同时，收录市属驻惠城区单位情况。全书主要有特载、2020年大事记、惠城概览、中国共产党惠州市惠城区委员会、惠城区人民代表大会、惠城区人民政府、中国人民政治协商会议惠州市惠城区委员会、纪检监察、民主党派•工商联、群众团体、法治、军事、城乡规划管理、生态环境、农村•农业、工业、建筑业•房地产业、交通运输•邮政通信•电力、信息服务业、商贸服务•旅游、税务•财政•审计、金融、经济综合管理、应急管理、社会生活、教育、科学•文化•体育、医疗卫生、镇（街道）、人物•荣誉、社会经济统计资料、附录等内容。

四、本年鉴在保持基本框架相对稳定的前提下，对部分框架进行调整，突出惠城特色，增强可读性，增进实用性。

五、本年鉴所载录的内容和数据，均由各撰稿单位审定提供。统计数据采用法定计量单位，极少数因数据太小而采用市制计量单位。主要统计数据以惠城区统计局《惠州市惠城区国民经济基本统计资料》（2020年）为准，附录均是照录原文。数字用法执行国家标准《出版物上数字用法》（GB/T 15835—2011），标点符号用法执行国家标准《标点符号用法》（GB/T 15834—2011）。正文中，凡“市”指惠州市，凡“区”指惠城区。

六、本年鉴配备两种检索系统：书前刊有目录，书后配有索引。索引采用主题分析法，款目按汉语拼音字母顺序排列。

2月4日，惠深高速惠州西出口疫情防控检查点成立临时党支部

（龙丰街道办事处/供图）

2月9日上午，惠州市首批赴湖北援助医疗队出征仪式在惠州市卫生健康局举行，医疗队队长、惠州市第三人民医院徐永辉（右一）接过授旗

（市三院欧永杰/摄）

2月9日，援鄂队员刘莉莉（前排右六）、刘家怡（前排右五）、黄家惠（前排右四）赴湖北前在惠城区中医医院前合影

（刘军/摄）

2月11日，惠州市第三人民医院第二批援鄂医疗队员在请战书上签字按手印

（市三院欧永杰/摄）

2月11日，惠州市第三人民医院第二批援鄂医疗队赴湖北前合影

（市三院欧永杰/摄）

2月，新冠肺炎疫情防控期间退役老兵们在各个无物业管理小区助力抗击新冠肺炎疫情

（龙丰街道办事处/供图）

3月4日下午，广东省人民政府新闻办公室举行新闻发布会，推介小金口街道新冠肺炎疫情防控经验

（小金口街道办事处/供图）

3月5日，区直机关干部到桥东街道东湖社区开展新冠肺炎疫情防控志愿活动

（区委组织部/供图）

4月3日，惠城区援鄂医疗队返回惠城

（市三院欧永杰/摄）

4月11日，惠州市第三人民医院援鄂医疗队代表陈维生（前排右六）返回惠城

（市三院欧永杰/摄）

5月1日晚上，“逆行者之夜”赏灯活动在惠州西湖举行，向一线防疫工作者致敬

（区委宣传部/供图）

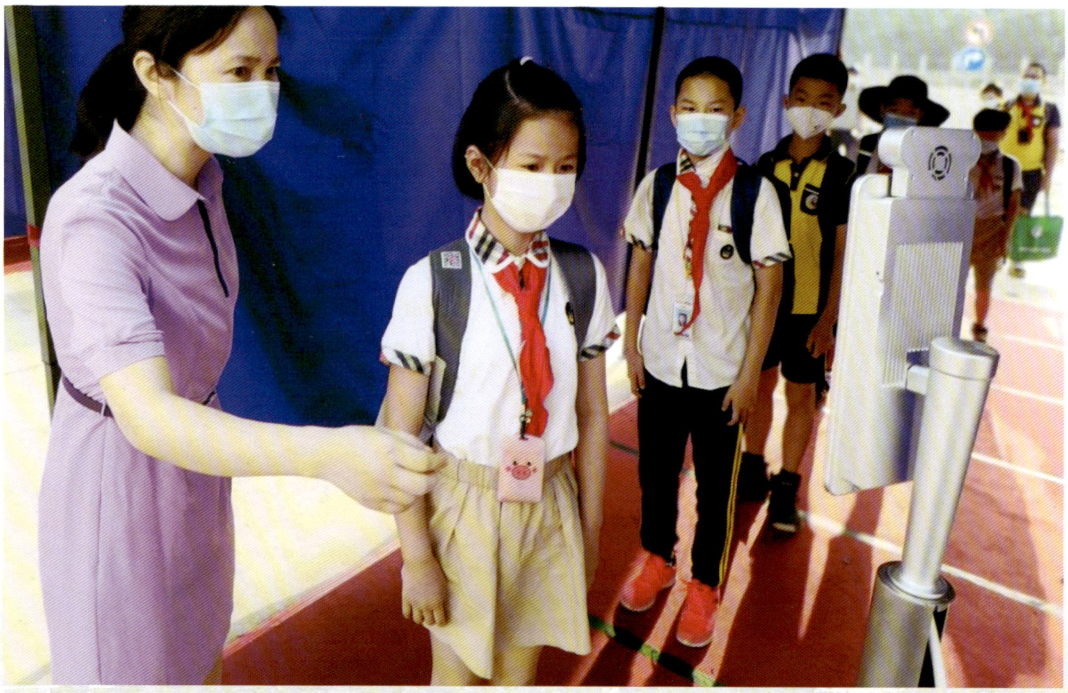

5月11日，惠城区中小学师生返校复课

（河南岸街道办事处/供图）

5月19日，惠城区举办南方鲜食甜玉米一次性机械化施肥示范及鉴定观摩会

（区农业技术推广中心/供图）

6月20日，惠城区全面实施城市生活垃圾分类启动仪式在市第一小学举行

（江北街道办事处/供图）

7月10日，信利康乐创汇·5G智慧园奠基仪式在金山湖片区举行

（区投资促进服务中心/供图）

9月11日，以柚为媒·奔向小康——横沥镇首届大岚蜜柚节开幕

（横沥镇黄婷婷/摄）

10月23日，惠城区“党建引领，竞逐一流”党建创新项目PK大赛在西湖大剧院举行

（区委组织部/供图）

11月20日，位于横沥镇潭头村的惠州市第三人民医院横沥分院建设工程项目奠基

（横沥镇黄婷婷/摄）

12月2日，高盛智谷·惠城项目奠基仪式在水口街道青塘湖片区举行

（区投资促进服务中心/供图）

12月2日，顺丰粤东智慧供应链科技创新总部基地项目奠基仪式在江南街道梅湖片区举行

（区投资促进服务中心/供图）

12月16日，惠城区东江湾千亿产业园重点项目动工暨信利康·乐创城智慧工业园奠基仪式在水口民营工业园片区举行

（区投资促进服务中心/供图）

12月16日，惠州天安数码城项目奠基仪式在河南岸街道湖山片区举行

（区投资促进服务中心/供图）

12月29日，中国共产党惠城区第八届委员会第八次全体会议召开

（区委办/供图）

2020年“全国优秀共青团员”称号获得者、援鄂医疗队的惠城区中医医院护士刘家怡（左一）在武汉客厅方舱医院

（《南方都市报》/供图）

2020年“全国优秀共青团员”称号获得者刘家怡：“穿上防护服，我就不是个孩子了。”

（刘家怡/供图）

特 载

2020 年大事记

惠城概览

中国共产党惠州市惠城区委员会

惠城区人民代表大会

惠城区人民政府

中国人民政治协商会议惠州市惠城区委员会

纪检监察

民主党派·工商联

群众团体

法 治

军 事

城乡规划管理

生态环境

农村·农业

工　业

建筑业·房地产业

交通运输·邮政通信·电力

信息服务业

商贸服务·旅游

税务·财政·审计

金　融

经济综合管理

应急管理

社会生活

教　育

科学·文化·体育

医疗卫生

镇（街道）

人物·荣誉

社会经济统计资料

附　录

索　引

惠城区打好新冠肺炎疫情防控攻坚战

2020年1月23日，在中央统一部署下，广东省启动重大突发公共卫生事件一级响应，在市委、市政府的领导下，惠城区迅速行动，立即成立新冠肺炎疫情防控工作领导小组，全面启动疫情防控工作。2月18日，国务院疫情防控督察组到惠州督导，对惠城区疫情防控、企业复工复产等相关经验做法给予充分肯定。小金口街道基层防疫经验在3月4日的全省新闻发布会上得到认可。

严抓疫情防控，社区党员筑起抗疫“红色防线”

在抗击新冠肺炎工作中，惠城区充分发挥党组织和党员先锋模范作用，全区13个镇（街道）驻点团队、“三人小组”、村（社区）党员干部、志愿者等统一编入村（社区、企业）网格，听从村（社区）疫情防控临时党支部的指挥。村（社区）干部每天做好排查、登记、宣传等工作。一线党员干部严格落实“早发现、早报告、早隔离”疫情防控要求，筑就起抵御疫情的“红色防线”。

自新冠疫情发生以来，在区防控办的统筹领导下，全区上下加强联动，织密疫情防控网络，扎实做好各项保障工作。

抓牢各项疫情防控措施，有效阻断疫情传播。抓实抓细定点收治医院医疗救治、辖区内医疗卫生机构的院感防控、医学隔离观察点医疗管理、各镇办发热患者的转运、重点人群核酸采集检验，加强防控督导、专家会诊、负责各类报表汇总报送等相关工作。多次组织专家对全区各级各类医疗机构疫情防控工作开展情况进行督导检查，规范预检分诊点的设置、发热患者的转送流程、住院患者及陪护人员的核酸检测及管理等。加强疫情防控知识培训和感控应急演练，强化医护人员个人防护，严格执行标准预防措施。

全方位做好应对秋冬季疫情准备。惠城区以可能发生的本地最严重的疫情为参考基线，严格按省、市防控指导做好救治场所、隔离场所、核酸检测、人员队伍、应急物资等八个方面的准备工作。全区医疗卫生单位在门急诊均设置预检分诊点，医院、乡镇卫生院和社区卫生服务中心在相对独立区域规范设置发热门诊（或发热诊室）和留观室。全区医院核酸检测能力可日检测2500人份。为全区疫情常态化防控工作提供物资保障，辖区内的市第三人民医院、市第二妇幼保健院储备超1个月的防控应急物资和救治药品；各基层医疗卫生机构储备1个月的防控物资应对秋冬疫情防控工作。

为阻断病毒输入途径，惠城区严防死守，筑牢交通运输行业抗疫防线，按照“逢车必检，逢人必查”的原则，对所有来往人员进行体温检测，特别对来自疫情发生地及防控重点地区的车辆和人员加强检查。区交通分局负责21个联合检疫点的值勤值守、数据和信息汇总。同时，及时调整客运班线，落实交通工具和站场的安全、卫生保证措施，加强对从业人员的安全管理，严防市内公共交通导致的交叉感染。

积极驰援湖北，惠城医疗队伍逆行出征

2020年2月9日，在武汉新冠疫情最吃紧的时刻，惠州市首批、广东省第三批赴湖北援助医疗队——来自惠城区4家医院重症医学科、外科、内科等临床专科的15名医护人员出发驰援湖北。在这场疫情阻击战中，广大医务工作者白衣执甲、逆行出征，充分彰显医务工作者护佑人民健康的职责使命。出征前批准成立临时党支部，市三院、保健院、中医医院成立发热门诊、院前急诊等临时党支部4个，发挥抗疫一线主力军作用。惠城区中医院“00后”护士刘家怡在武汉东西湖方舱医院进行舱内护理，不久被调整到出舱口，指导人员脱防护服和进行物品消杀。因为年龄小，受到不少关注。3月9日晚，央视新闻联播以《最美的青春在抗疫一线绽放》为题，报道了在这场抗击疫情重大的战斗中，刘家怡等一批“90后”“95后”“00后”挺身而出，用自己的行动诠释了青年一代的勇敢与坚强、责任和担当。

在圆满完成救助任务后，驰援湖北的医疗队员返回惠州。第二批援鄂医疗队队员、来自惠州市第三人民医院的医生陈维生则选择继续留守荆州协助诊治危重症患者。

动员社会力量，爱心捐赠汇聚抗疫暖流

自惠城区新冠疫情防控阻击战打响以来，社会各界爱心企业、爱心人士纷纷响应区委、区政府的倡议和号召，捐赠防疫物资，把爱心及时送到防疫攻坚一线。捐赠时间基本集中在2月中上旬，也是疫情防控最紧张的时候。捐赠物品种类达十多种，以防护口罩、防护服、防护眼罩（眼镜）、电子测温仪、消毒液等为主。截至2020年3月26日，全区收到捐赠物资总价值700多万元，参与捐赠的企业（单位）40家。这些捐赠物资在一定程度上缓解了疫情防控工作一线的各医疗机构、各联合检疫点、区直部门，以及各镇、街道等工作人员防疫物资不足的情况。同时，退役军人们退伍不褪色，各行业的志愿者们也发挥了积极作用。

力促复工复产，一揽子暖企惠企政策助经济复苏

在疫情防控、复工复产上，区委、区政府早谋划、早部署、早落实。2020年2月6日晚，惠城区召开疫情防控工作视频会议，区四套班子领导参加会议，区直各部门、各镇街主要负责同志在各分会场以视频方式参加会议。会议要求，全区各地、各部门要切实做到“全覆盖、网格化、一盘棋、不添乱、严把关、明责任”6个具体要求。同时强调，要科学有理，坚定信心，敢于担当，及时、高效、安全地做好企业复工复产和疫情防控工作。2月7日，《惠城区“千干扶千企”抗击疫情安全复工工作方案》正式实施。安排区领导、区直部门副科级以上干部、镇（街道）干部近1000人，负责挂钩联系全区1246家重点企业，指导企业严格按复工复产“五个到位”工作指引做好疫情防控措施，及时解决企业复工复产中遇到的问题和困难。

惠城区还下发《关于做好企业复工复产及报备工作的通知》，大胆下放审批权限，提高审核效率。2月17日，惠城区召开疫情防控工作暨企业复工复产视频会议。同日，《惠城区积极应对新冠肺炎疫情支持企业复工复产共渡难关若干政策措施》印发，从全面宣传和落实国家、省、市关于支持企业复工复产各项政策措施，指导和支持企业复工复产，支持防控应急物资生产，支持企业复工复产所需应急物资，减轻企业租金负担，加大对企业的金融支持力度，优化政务公共服务共7个方面强力助推企业复工复产。截至2月24日，惠城区累计开工工业企业1682家，复工人数5.91万人。其中，规模以上工业企业314家，复工人数4.14万人，复工率99%。

随着企业逐步复工复产，企业用人的需求量加大。惠城区一方面在加大力度举行本地线上“网络招聘会”的同时，通过多渠道，做好与外省、市对接，帮助企业在外省、市线上“网络招聘会”发布岗位信息；另一方面，提前做好与劳动力输出地区（如广西、云南、贵州）的劳务对接。为满足复工的企事业单位员工乘车需求，2月24日起，惠州市TC管理公司推出“定制公交”服务，面向惠城区的企事业单位开放预约，专为复产复工企业人员提供定时定点、直达快速的防疫复工专线，保障复工人员通勤。惠城区公交行业结合客流出行需求，在保持76条公交线路服务时间不变基础上，重点加大市民上下班时段公交发班密度，恢复公共交通至疫前水平。

受疫情影响，芦洲、横沥、汝湖3镇部分农产品出现较为严重的滞销现象。为最大程度减少农企损失，区委、区政府及时行动，一手抓防疫、一手抓产销，通过“摘、销、运”三管齐下，打通农产品供应链。党员干部在微信朋友圈上帮助种植户卖农产品。通过组建“党员助农小分队”，协助农户解决滞销问题，为滞销果蔬打开了一条销路。

加强宣传力度，奏响众志成城抗疫必胜的最强音

为坚决打赢新冠疫情防控阻击战，惠城区成立“一组两专班”，全面统筹全区疫情防控舆论引导、疫情管控等宣传工作，同时派出四个督导组到各镇街帮助推进基层抗疫宣传。区新闻信息中心整合宣传平台，创新传播方式，充分发挥区级融媒体作用，第一时间发出权威的声音。各镇街、各单位勇挑重担，承担起最基层抗疫宣传使命，全面调动各种宣传资源和载体，实现每个防疫网格都是宣传阵地，人人都是宣传员，做到抗疫宣传排山倒海、铺天盖地，形成群防群治、人人参与的浓厚社会氛围。

惠城区采取简洁明了、通俗易懂、接地气、易传播的方式，在城区、乡村、社区和交通枢纽及各类公共场所广泛开展宣传教育，发放防控宣传海报2.86万张、宣传彩页及手册64万份，设置宣传栏178个、悬挂横幅380幅，播放防控疫情公益宣传片（画）2600次、宣传标语2000条，推送科普文章268篇（其中，原创101篇）。桥东防疫宣传“轻骑兵”、水口防疫宣传“大喇叭”、小金口“网格化”特色经验、马安防疫科普“敲铜锣”、芦洲“十二时辰”系列海报、河南岸织密社区防控经验……惠城区抗疫宣传精品频出。

惠城区充分结合宣传实际需求，量身定做的新媒体产品不断推陈出新。专题化新媒体产品成系列轮番演播，接地气、吸眼球的新媒体产品不断涌现。据统计，在抗击疫情宣传中，惠城区刊发各类新闻稿件4000多篇；《人民日报》微信公众号、中央电视台《新闻联播》刊播该区亮点新闻；推出正能量抖音短视频近200个，点击量50多万；“惠城发布”关注人数近12万人，抗疫期间阅读量突破300万；挖掘报道了一大批基层医护人员、社区工作者、党员干部、志愿者先进典型；率先在市策划推出“点亮全城，致敬最美面孔”活动，为惠城援鄂医疗队23名医护人员“亮灯”致敬。推出《湖北战疫连线》等一系列阅读量超5万、10万的“爆款”正能量热闻；有关驰援湖北的“00后”护士刘家怡的短视频仅在抖音平台阅读量就超过300万。惠城区创作的公益励志歌曲被广东电视台、惠州电视台、惠州头条等微信公众号广泛转载推送，10个作品登上“学习强国”平台，多项作品受到市委宣传部的充分肯定。

（区融媒体中心：陈美君）

加快城市微改造，打造“一湖两江”城市会客厅

2020年，惠城区加快城市更新微改造，打造惠州“一湖两江”（西湖、东江、西枝江）城市会客厅，走出了一条符合惠城实际的产城人融合发展新路，让市民更有获得感、幸福感。

实行微改造模式，以“绣花功夫”深化城市更新工程

推进实施城市更新工程，探索微改造、微更新模式，通过惠民空间改造改变居住面貌，注重产业导向与培植，保护和传承历史文化风貌，强化设施建设增强城市功能，以“绣花功夫”塑造城市特色。

成立区“一湖两江”城市会客厅工作专班，制定《惠城区打造惠州“一湖两江”城市会客厅工作方案》及一系列配套文件，保障城市微改造各项工作有章可循。区财政强化资金保障，相关街道发挥属地管理责任，根据实际相应成立专班（桥西工作专班、桥东水东街工作专班、江南祝屋巷文创街区专班），共同打造底蕴深厚、运管高效、业态集成的城市会客厅，以文旅产业流量变现促进城市经济发展。同时，开展对城市会客厅建设、惠民空间微改造、高速出入口整治等工作的专项督查，保障各项任务有序推进。

通过旧厂改造、旧楼宇更新、村级工业园升级改造等方式，主动淘汰落后产业，引入创新型优势产能；依托西湖、东江、西枝江、水东街、金带街、祝屋巷等资源，实行微改造升级，传承历史文化；通过完善民生基础设施，落实惠民空间微改造，提升群众满意度；通过高速出入口整治，加强环境景观和便民设施建设，塑造城市中心区门户新形象。

加快盘活旧资源，推动产业转型产城融合

坚持政府引导和市场主导相结合，强化公共利益，鼓励社会创新，推进老旧厂房、老旧小区微改造，以产业转型、产城融合推动建设更高质量的实力惠城、更有品质的幸福惠城。

加快老旧厂房向新兴产业转型，在不大拆大建的前提下，利用老旧厂房及闲置楼宇，通过工改工、工改文、工改新等方式，推动产业转型升级。全面改造位于龙丰街道的老旧手袋厂，引进深圳软件优势资源，打造弘毅云谷产业园，园区产值1.5亿元；依托水东街、东坡祠、东坡粮仓，组合打造桥东街道文旅项目，成为惠州文旅经济亮点；在占地1.2万多平方米的社区内，改造18栋老厂房、老建筑，打造野岛文化生活社区，集聚30多个艺术团体和商户；升级改造原大进制衣厂，形成产业、人才、资金、技术多要素聚集的惠州信息产业园，吸引一批科创型微小企业进驻并

孵化成长。

加快老旧小区惠民空间微改造，进一步激发社区活力，营造共建共治共享社会治理新格局。通过对社区现有的有限空间进行微改造、微提升，打造兼具公益性、主题性、文化性、群众性的惠民空间，开展社区、社会组织、社工“三社联动”服务，提升社区治理水平。按照原工作计划，2020年，惠州市政府在惠城区30个小区实施惠民空间微改造（其中，市民政局负责20个，惠城区负责10个）。在此基础上，惠城区加大工作力度，投入1亿元，新增完成项目40个，全年完成项目50个，即辖区内全年完成微改造项目70个。微改造工程主要从社区休闲和文体服务、园林绿化、社区文化环境、无障碍环境、交通疏导等方面进行微改造，同时在部分小区设立长者之家或健康之家，提供中医康养或养老等服务，惠及群众10余万人。

保护好特色风貌，打造“江湖街巷”城市名片

保护和传承城市特色风貌，依托西湖、东江和西枝江的区位优势和千年文化底蕴，建设“江湖联动、产城融合、城水共生、主客共享”的城市会客厅，打造“江湖街巷”城市名片。

利用“一湖两江”的地理位置优势，以公园景区、文化广场、商业中心等为载体，完成城市景观亮化、历史街区改造、文化项目提升、打造城市观景台、净化城市环境、畅通道路交通、构建平安街区、挖掘历史文化等八项任务。

“一湖两江”。依托西湖、东江、西枝江，实行“点上出彩、线上贯通、面上提升”微改造工程。重点完善丰湖书院、环城西路、朝京门等西湖景区亮化，建设市区内“两江四岸七桥”景观亮化带，构成水相连、巷相通的大西湖景观，打造“历史文化+体验旅游+融合商圈”的高品质活力休闲街区。

“两街一巷”。以水东街二期、金带街、祝屋巷为重点，开展历史文化街区微改造工作。水东街二期，坚持修旧如旧原则，恢复街区风貌，水东街铺设青石路，滨江路铺设地面；金带街，挖掘金带街历史文化内涵，重焕崇文重教的文化气息，打造成为科举文化展示街；祝屋巷，设置幻光水舞台、花舞秀场、笔墨小广场，街区沿街商户外立面统一改造，慈云路路段统一设计景观灯具，打造街区墙绘。

挖掘千年文化底蕴。深层次挖掘城市文化内涵，提升城市会客厅的文化品位，加快中山公园内部升级改造项目建设，推动东湖旅店二期改造提升，加大桥东两个将军府的保护利用力度，打造“东湖书屋”。发掘与保护文化遗址、历史名人、老字号、古建筑等优秀传统文化。在“两江四岸”及七桥周边选择最佳观赏点，讲好七座桥的历史故事，包装、活化、推介历史文化资源。

截至2020年年底，水东街二期改造项目完成90%、金带街改造项目完成95%、祝屋巷改造项目第一期基本完工、市中心城区夜景灯光工程完工。其中，夜景灯光工程以“岭东雄郡 山水客厅”为主题，东江、西湖、红花湖，以及东江大桥、隆生大桥、东江公园、挂榜阁等区域夜景照明，整体城市夜景氛围提升。

畅通城市出入口，塑造中心城区门户形象

开展惠城区辖区内四大高速出入口片区综合改造，实行广惠高速汝湖出口、惠城区西出口、白云前南出口、惠博大道（惠城段）等4个城市主干道出入口更新改造。其中，惠博大道（惠城段）由原来的市政道路提升为快速路，打造滨江活力区域。惠城区西出口，增加道路两侧护坡的景观造型，利用空闲土地，建设“口袋公园”（指对较小地块进行绿化种植，再配置便民服务设施）及公共停车场。白云前南出口，该路段白云前高速出入口、古塘坳立交桥、惠州市客运站、创客公园等进行重点景观提升。广惠高速汝湖出口，包括出入口周边匝道、交叉口及沿街民房景观进行全面改造、提升。

截至2020年年底，惠城区西出口、白云前南出口2个改造项目基本完工。西出口改造项目总长6千米，主线包括惠河高速收费站出入口到永联村前；新建段500米，双向八车道；支线包括共联路到惠城区行政服务中心，全长2.7千米，双向六车道，包括站旁绿道、主题护坡、疏林景观带、都田疏林绿地、特色村屋改造、惠新大道疏林绿地、二十五小学便民停车场、惠城政务景观大道8个节点。白云前南出口全面升级改造，惠城段改造范围北至鹅岭立交，南至嘉逸园小区，道路全长4千米；护坡改造、第七地质大队建筑立面改造、古塘坳立交改造、客运站前改造、口袋公园建设、人行道标准化建设等节点整体提升。惠博路沿江片区，通过政府主导、国企参与的方式，计划打造集金融商务、科创办公、生态居住、滨水休闲等功能于一体的滨江活力新区，已完成改造区域内的意愿征集工作。

2020年，水东街一期（桥东街道办事处/供图）

2020年，水东街历史文化街区微改造新貌（桥东街道办事处/供图）

（区方志办）

1　月

1月3日　惠城区在“一场三馆”举行区文化馆总馆揭牌仪式。

是日　四环南路主线通车。

1月7日　位于惠城区桥东街道惠州苏东坡祠西侧的东坡纪念馆正式对公众免费开放。

1月11日　惠城区召开“不忘初心、牢记使命”主题教育总结会议，深入学习贯彻习近平总书记重要讲话精神，贯彻落实中央和省委、市委主题教育总结会议精神，总结全区主题教育成效。区委书记刘光滨出席会议并讲话，参加会议的约170人。

1月17日　惠新大道跨东江大桥通车，将大大缓解东江大桥、合生大桥以及惠州大桥的交通压力，有效缓解“过江难”和市区西南方向的交通瓶颈问题。

1月19日　“竞逐一流　奋进惠城”2020年惠城区春节联欢晚会在西湖大剧院举行。

1月22日　惠城区成立由区委、区政府主要领导任正副组长的区新型冠状病毒肺炎疫情防控领导小组，各镇（街道）及区直各部门相应成立新型冠状病毒感染的肺炎疫情防控领导小组，强化“一把手”负责制，把疫情防控工作作为最紧迫的政治任务来抓。

1月23日　广东省启动重大突发公共卫生事件一级响应。

是日　惠城区交通运输行业防控疫情工作领导小组成立。

1月27日　为贯彻落实广东省关于启动重大突发公共卫生事件一级响应相关要求，全力做好新型冠状病毒感染的肺炎疫情防控工作，惠城区发布《致惠城居民朋友的一封信》。

2　月

2月3日　惠州市第三人民医院急诊实验室正式运行。该实验室可快速对新型冠状病毒进行核酸检测，为早发现、早报告、早诊断、早治疗的疫情防控要求提供技术支持，为惠城区乃至惠州市的疫情防控工作提供更有力的支撑。

2月4日　惠城区教育局开通心理热线，在疫情防控期间面向惠城区师生、家长提供免费心理热线咨询和线上心理辅导服务。

2月6日　惠城区研究制定《惠城区“千干扶千企”抗击疫情安全复工工作方案》和其他专项方案，从区直机关和事业单位抽派骨干力量，深入全区各企业，指导协助企业严格做好疫情防控措施，保障企业安全有序生产。

2月9日　来自惠州市第三人民医院、惠州市第二妇幼保健院、惠城区中医医院、小金口人民医院4家医院的15名医护人员作为惠州市首批、广东省第三批赴湖北援助医疗队驰援湖北。惠州市第三人民医院消化内科主任医师徐永辉，作为惠州第一批支援湖北医疗队队长，带领惠州首批医疗队队员奔赴湖北，驰援湖北武汉客厅方舱医院。同时，惠州市第三人民医院神经内科主治医师王科被选为临时党支部书记、副队长。

是日　惠州市防控新型冠状病毒感染的肺炎疫情工作领导小组办公室发布关于加强社区和农村疫情防控工作的通告，要求所有城镇社区小区、农村实行封闭式管理，所有外卖、快递、投递等一律实行无接触配送。2月9日起，全区各餐饮单位（含饮品店、小吃店、早餐店等）暂停大厅、堂食服务，禁止一切聚集性用餐活动。

2月11日　惠州市第三人民医院EICU（急诊重症监护室）主任陈维生作为惠州市第三人民医院医疗队队长，也是惠州市第二批医疗队副队长及临时党支部副书记，驰援湖北荆州抗疫一线。与陈维生同行的有7名来自惠州市第三人民医院队员。

2月20日　惠城区在惠州率先推广粤省事“粤康码”服务。通过信息化手段，减轻检测人员登记压力，提醒检测人员留意体温异常用户，实现体温检测结果联网、重点人群排查管控。

是月　开学不返校，停课不停学，惠城区出台《惠城区疫情防控期间指导学生开展网络学习工作方案》，研究制定从2月17日始至少1个月的网络教学指导计划，惠城各校因校制宜开展线上教学。

3　月

3月4日　广东省人民政府新闻办公室举行新闻发布会。惠州市推介落实分区分级防控管理要求、强化“网格化+大数据”管理的经验，惠城区小金口街道作为代表在发布会上进行经验介绍。

3月9日　区委书记刘光滨调研重点项目复工复产。

3月13日　惠城区召开区委常委会扩大会议，统筹推进疫情防控、脱贫攻坚和复工复产等工作。

3月23日　惠城区生活垃圾分类试点工作正式开启。惠城区垃圾分类试点工作选择公共机构、住宅小区（新小区和老旧小区）、学校、大型商场、公共场所等5类场所进行试点。

3月29日　惠城区教育局搬至惠城区红楼路86号。

4 月

4月3日　惠城区召开企业座谈会，了解企业生产经营情况及存在的困难，协调解决复工复产实际问题，政企同心推动经济高质量发展，促进惠城区经济社会健康稳定发展。

4月10日　中共惠城区第八届委员会第七次全体会议召开。该次全会主题：抓重点、寻突破，脚踏实地朝着竞逐一流目标奋力前进。会议决定全力推进“3+2”系统工程（“3”即全力发展实体经济、全力推动乡村振兴、全力加快城市更新；“2”即全面强化基层党建保障、全面强化“清网增效”保障）。

4月23日　惠城区召开“清网增效”工作部署会，落实区委八届七次全会“抓重点、寻突破”要求，推动“清网增效”工作迈上新台阶。会议对上年“清网增效”工作进行总结，并部署2020年“清网增效”工作。

4月27日　惠城区48所学校的高三、初三年级学生正式返校复学。

4月30日　惠城矮陂梅菜获评国家地理标志认证农产品。

5 月

5月1日　西湖风景区结合西湖灯会举行“逆行者之夜”赏灯活动，活动主题为“为英雄亮灯，为祖国祝福”，欢迎惠州市援鄂医疗队归来，向战斗在抗疫一线的逆行者致敬，向坚守在抗疫一线的工作人员表示慰问。活动当晚，惠州援鄂医疗队的“最美”视频、照片同步绽放在市区户外LED大屏，最美面孔点亮全城。

5月4日　惠城区中医医院护士刘家怡获评“全国优秀共青团员”荣誉称号。

5月13日　惠城区青年商会正式成立，有会员80名。

5月18—19日　中国人民政治协商会议惠城区第八届委员会第五次会议召开。大会以书面形式报告八届四次会议以来的提案工作情况。自区政协八届四次会议以来，累计收到提案173件，经合并整理为153件。通过提案审查、立案协商及政协主席会议审定，立案78件。至年底，提案办结率100%，委员满意和基本满意率达99.5%。

5月19—20日　惠州市惠城区第八届人民代表大会第六次会议召开。5月19日上午，惠城区第八届人民代表大会第六次会议在西湖大剧院一楼开幕，惠城区委书记刘光滨出席会议。区人大常委会党组书记、主任陈娟主持大会，区委副书记、区长翟树宇向大会报告工作。会议听取并审议《惠城区人民政府工作报告》。

6 月

6月3日　惠城组织召开联席会推进金山新城水环境整治工作，市、区有关部门负责人及相关镇街领导参加会议。

6月11日　中共惠城区第八届纪律检查委员会第五次全体会议召开。

6月12日　“2020年惠城区学习贯彻民族宗教条例暨工作部署会议”在元妙古观召开。

是日　惠城区召开工作推进会，会议总结上半年重点工作，部署下半年工作。会议还对《惠城区党政领导赋权赋能权责一体工作制度》和《关于规范惠城区重点工作专班干部管理的意见》作说明。

6月18日　惠城区举行数字经济产业投资项目合作框架协议签约仪式。市委常委、秘书长、市政府党组成员余金富出席签约仪式并见证项目签约。

6月20日　惠城区全面实施城市生活垃圾分类启动仪式，标志着惠城区全区城市生活垃圾分类工作全面铺开。

是日　惠城区工会第八次代表大会在西湖大剧院召开。

7　月

7月1日　惠城区“两新”党组织首届篮球联赛暨“利元亨杯”篮球比赛在惠州江北体育公园室外篮球场举行。

7月10日　惠城区两个年产值预计超百亿元的项目——信利康乐创汇5G智慧园及哈工大机器人智谷项目“当天摘牌当天动工”，两个项目总投资50亿元。市委副书记、市长刘吉，市委常委、常务副市长何广延，市委常委、市委秘书长、市政府党组成员余金富，区领导刘光滨、翟树宇、叶淑斌、费霞、颜明光出席两个项目动工仪式。

7月29日　惠城区四套班子主要领导率队到某部队和惠州军分区开展“八一”慰问活动。

7月31日　惠城区人民政府制定的《关于划定惠城区禁止露天烧烤食品区域的通告》正式对外发布，2020年9月1日起施行，有效期5年。

8　月

8月1日　鹅岭立交桥改造工程正式动工，二层桥面拆除工程“开拆”。

8月9日　惠城区“惠民空间”微改造项目启动仪式在桥东街道金沙俊园举行。

8月11日　惠城区启动农村人居环境整治“百日攻坚”行动。

是日　惠城区举行首批生活垃圾分类督导员上岗启动仪式。

8月30日　惠新大道及梅湖大道工程主线通车。

9　月

9月10日　惠城区召开庆祝2020年教师节大会，1069名教育工作者和有关集体被表彰。

是日　惠城区进入“2020年中国城区高质量发展水平百强”名单。

9月14日 2020年惠城区第七届网络安全宣传周活动启动，主题为“网络安全为人民，网络安全靠人民”。

9月27日 在2020年中国医学人文大会上，惠州市第一批援鄂医疗队队长、惠州市第三人民医院消化内科主任助理、主任医师徐永辉获第四届“白求恩式好医生”荣誉称号，为惠州首个获此殊荣的医生。

9月28日 惠州首座立交桥——鹅岭立交桥改造完成，全面通车。改造完成的鹅岭立交桥二层转盘改为地面信号灯控路口双向八车道，右转专用车道由一条改为两条。

9月29日 惠城区第十九期领导干部党章党规党纪教育培训班在西湖大剧院举行。培训班以“严守政治纪律，践行‘两个维护’”为主题。约700人参加开班仪式。

是月 惠州市首个互联网特色小镇——桥东“互联网+商创”小镇高分通过省考评验收，总分排在广东省首位。

10 月

10月2日 惠城区丝苗米产业园正式揭幕。

10月20日 惠州市第三人民医院横沥分院工程项目动工。

10月28日 区委书记刘光滨带队到桥东、桥西和江南等地调研“两街一巷”。

10月29日 惠城区妇女第八次代表大会在西湖大剧院隆重召开。

是月 水东街二期改造项目动工。

11 月

11月5日 惠城区成为广东省首个开通县级政务服务“跨省通办”县区，与上海奉贤区、江苏江阴市签订“跨省通办”合作协议，县区三地推动实现“一地认证、全网通办”。

是日 2020年惠城区民主党派、工商联和新阶层代表座谈会召开。区委书记刘光滨出席会议并讲话，区政协主席凌战出席会议。

11月12日 东湖旅店入选2020年度广东省文物古迹活化利用典型案例。

11月18日 惠城区人民调解委员会成立。

11月20日 惠州市第三人民医院二期工程启动仪式、惠州市第三人民医院横沥分院建设项目奠基仪式分别在惠州市第三人民医院和横沥镇举行。

11月30日 惠城区新的社会阶层人士联合会成立。

12 月

12月2日 高盛智谷·惠城项目和顺丰粤东智慧供应链科技创新总部基地项目动工仪式分别在惠州市惠城区水口街道、江南街道举行。两个项目总投资合计超40亿元，项目投产运营后预计年产值80亿元。惠城区委书记刘光滨，区委副书记、区长翟树宇等区领导出席动工仪式。

12月3日 省、市、区、镇四级人大代表到金沙俊园“惠民空间”小区微改造现场视察。

12月7日 赛迪顾问城市经济研究中心发

布2020年赛迪营商环境百强区，惠城区位列全国第39名，是惠州市唯一上榜的县区。

12月11日　“惠州市惠城区东湖旅店——营救中国文化名人陈列馆”保护利用案例入选2020年全国革命文物保护利用十佳案例。

12月16日　惠城区2020年度系列重点项目举行动工仪式，系列活动分惠州天安数码城和东江湾千亿产业园重点项目动工仪式两部分。集中动工8宗项目，包括惠州天安数码城、信利康·乐创城智慧工业园、高盛智谷·惠州惠城项目、中南高科·高端电子信息创新园、顺丰粤东智慧供应链总部基地、中鑫新材科技总部基地、银山5G光学及5G通讯项目、华科万聚智能制造产业园等。

12月19日　惠城区横沥镇墨园村获评“广东粤菜师傅名村”。

12月29日　惠城区委八届八次全会召开，全会总结“十三五”时期工作，研究“十四五”时期经济社会发展，审议《中共惠城区委关于制定国民经济和社会发展第十四个五年规划的建议（讨论稿）》。

是日　团中央、教育部、全国少工委表彰2020年度全国优秀少先队先进集体及个人，第一小学少先队大队获“全国优秀少先队先进集体”称号，河南岸中心小学黄品睿获“全国优秀少先队员”称号。

惠城概览

责任编辑：朱思敏

自然环境

【位置·面积】 惠城区位于东江中下游、珠江三角洲东部，是惠州市政府所在地。东至汕头（客运站）345千米（惠州客运站高速公路路程，下同），西往广州（天河客运站）162千米，北上河源（客运站）97千米，南下深圳（罗湖客运站）79千米，惠州港距市区46千米。总面积1170.6平方千米（含林场）。

荔浦风清新貌（陈双焱/摄）

【地质】 惠城区内出露的地层以新生界、中生界地层为主。

区内的岩浆岩分布零星，以侵入岩为主，少量潜火山岩。岩浆岩主要分布在横沥镇西北部、小金口街道西南部。

地质构造属华南准地台、东南沿海断褶带，主要断裂：东北向构造有杨梅坪、径子水、芦洲、水口等断裂；东西向构造有光明岭、新田、岭下、下良、小塘等断裂；西北向构造有芦岚、盐径、上马庄等断裂；南北向构造有三坑断裂。主要褶皱有蕉园向斜、南门背斜等。

矿产主要有铌铁、钽铌、石灰石、钨、高岭土黄石、砖瓦黏土、花岗岩、建筑砂料。其中，铌铁、钽铌、砖瓦黏土等埋藏浅，易于机械化露天开采。

惠城区常见地质灾害类型为滑坡、崩塌，主要分布在龙丰、芦洲、横沥、林场等地。威胁100人以上地质灾害隐患点有三处：马安镇西湖职业学校、龙丰街道望伟花园后山、龙丰街道虎头山。

【地貌】 惠城区地貌类型有平原、丘陵和山地。北部（芦洲和横沥的大岚）是山地、丘陵区；中部是丘陵和东江、西枝江江岸狭小平原区；南部是山地、丘陵区。最高的山峰是东北部的石牙山，海拔695米；其次是上横窝，海拔568米。

（区方志办）

【气候特征】 2020年，惠城区气温偏高，高温日数多；开汛偏早，降水总体偏少，暴雨和强对流过程频发，阶段性明显；出现自2005年以来最强的“龙舟水”现象，暴雨极端性强，局部洪涝重；“初台”偏早，台风影响偏轻；秋冬干燥少雨，气象干旱严重；冷空气活动频繁，年末寒潮致大幅降温。

年平均气温 23.1℃，较常年（近30年，1991—2020年，下同）同期偏高0.6℃。

年极端最低气温 最低温为3.8℃，出现在12月31日。

年极端最高气温 最高温为37.1℃，出现在7月14日。

最冷月 为12月，月平均气温15.4℃，较常年同期偏低0.3℃。

最热月 为7月，月平均气温29.9℃，较常年同期偏高1.2℃。

年降雨量 年降雨量1493.4毫米，较常年同期偏少16.2%。

年日照时数 年日照时数1886.5小时，较常年同期偏多8.4%。年日照百分率在24%～56%。11月最大，为56%；3月最小，为24%。

低温冻害 12月下旬后期，受冷空气及辐射降温影响，早晚寒冷。

低温阴雨 1月下旬后期，出现连续3天日平均气温≤12℃；12月中旬中后期，出现6天低温阴雨天气（低温阴雨定义：日平均气温≤12℃，持续3天以上）。

（市气象台）

【水文】 惠城区主要过境河流有东江、西枝江。一级支流有秋香江、大岚河、小金河、淡水河4条。地下热水发现6处。

主要过境河流 东江，发源于江西寻乌县，从芦洲镇龙颈村入境，由江南街道、小金口街道界处出境。境内河长110千米，年平均流量581立方米/秒。西枝江，发源于紫金县竹坳镇，从马安镇木棉村入境，至市区东新桥汇入东江。境内河长27千米，年平均流量140立方米/秒。

地下水 区内地下水有松散岩类孔隙水和基岩裂隙水。松散岩类孔隙水主要分布在东江两岸和山间盆地中，基岩裂隙水分布面积则较广。

东江合江楼段（区方志办朱思敏/摄）

（区农水局：曾超斐）

【土壤】 惠城区自然土壤主要是赤红壤，以红色砂页岩赤红壤为主。pH值4.8，适宜多种林木生长。

农田土壤主要以砂泥田和泥田为主，耕作层12～20厘米，砂性田多、耕性好、有利于水旱轮作，但大部分分布于各镇（街道）的沿江地带和丘陵缓坡，容易受旱、涝威胁，有相当一部分耕作不善，利用不合理，土壤层逐渐浅薄，有机质含量低，少磷缺钾。

旱地以赤红砂地和赤红砂泥地为主，耕作层8～15厘米，分布于横沥镇、汝湖镇的缓坡，土壤肥力不等，洪涝为害较轻，但土层浅薄，水源不足，易旱。

【植被】 惠城区的植被主体是马尾松针叶林，多是人工飞播或天然次生林。植被外貌可明显分乔木层、灌木层、草本植物三层。乔木层中，除松类外，其余优势林木有杉、樟、桉、木麻黄树和竹类。林下的组成植物主要是芒萁、桃金娘、岗松等。由于飞播成林，林下的芒萁、桃金娘、岗松等逐渐被喜肥耐阴的乌毛蕨、锡叶藤、粗叶悬钩子、三叉苦、大罗伞所代替。

【野生植物】 惠城区野生植物种类在2000种以上，其中，蕨类植物36科60属120多种，裸子植物8科11属15种，被子植物171科744属1430多种（含30多个变种）。

草本 以禾本科、百合科、菊科、唇形科居多。

乔木 以松科、杉科、桑科、樟科、豆科、楝科居多。

灌木 以桑科、山茶科居多。

竹类 主要有方竹（四方竹）、绿竹（黄竹泥竹）、凤尾竹（观音竹）、撑篙竹（油竹）等。

【野生动物】 随着森林资源的开发利用及大量农药的施用，惠城区野生动物的种类和数量日趋减少。

两栖、爬行类动物 主要有水蛇（泥蛇）、灰鼠蛇（过树龙）、三索锦蛇、钝尾两头蛇、滑鼠蛇、白花锦蛇、尖尾两头蛇、水赤链游蛇、黑头剑蛇、眼镜蛇（饭铲头）等；棕背树蜥、变色树蜥、丽棘蜥、北草蜥、壁虎；鳖（甲鱼）、大头龟（平胸龟）、乌龟；大蟾蜍（癞蛤蟆）、头盔蟾蜍、黑斑蛙、弹琴蛙、虎纹蛙、沼蛙、泽蛙、长趾蛙、华南雨蛙等。其中，蟒蛇是国家一级保护动物；三线闭壳龟、虎纹蛙是国家二级保护动物。

鱼类 东江惠州段有野生鱼类49种。其中，鲤科品种最多，占鱼类的64%。名贵品种有鳓鱼、鲥鱼、小银鱼、鳗鲡鱼、鳜鱼（桂花鱼）、鲈鱼。因滥捕，江河中自然生长的鱼类越来越少，市面所售多是人工养殖的塘鱼。

鸟类 以鹎亚科、鸥科、鸱鸮科、鹭科、鸭科、鹰科、啄木鸟科、鹡鸰科、伯劳科、雀科、鹟科、鸠鸽科、翠鸟科、鹎科居多。其中，白鹳属国家一级保护动物，雕鸮、苍鹰、赤腹鹰、鸢、灰鹤、白鹇、草鸮、小隼、游隼等属国家二级保护动物；画眉被评为市鸟。每逢晴天，早晚可见几百只灰鹭、白鹭在西湖上空飞舞。飞播林郁闭后，喜吃松毛虫的百灵、杜鹃、大山雀等有增多迹象。

兽类 主要有豪猪、青鼬、黄腹鼬、鼬獾、黄鼬（黄鼠狼）、水獭、骚鼠、华南兔、刺猬、伏翼（家蝠）、假吸血蝠、果蝠、大菊头蝠、大蹄蝠、褐家鼠（沟鼠）、小家鼠、板齿鼠、黄胸鼠、黄毛鼠、普通田鼠、东方田鼠、松鼠（灰鼠）、红颊獴、食蟹獴、果子狸、大灵猫、小灵猫等。

（区方志办）

行政区划

【概况】 2020年，惠城区辖桥东、桥西、龙丰、江南、江北、河南岸、小金口、水口8个街道，三栋、汝湖、马安、横沥、芦洲5个镇。年底，有74个社区居民委员会、142个村。

8个街道中，户籍人口最多的是桥西街道，有15.52万人；最少的是小金口街道，仅5.43万人。5个镇中，面积最大的是横沥镇，有318平方千米；最小的是三栋镇，仅67.74平方千米。

【建置沿革】 隋开皇九年（589年）始建归善县，县治设在今桥东街道白鹤峰南麓。1912年1月，改名惠阳县。1949年12月，设县级惠州镇，1958年4—11月，改设惠州市。1964年10月31日，撤镇再设惠州市，直至1987年。1988年1月7日，设惠州市惠城区；3月1日实施，辖5个镇（惠环、三栋、汝湖、小金口、河南岸）和3个办事处（桥东、桥西、下角）。1989年，增设江北办事处。1991年，增设龙丰办事处。1993年10月，下角办事处改名江南办事处。2002年8月，惠环、河南岸改镇为办事处。同年10月，区政府行政中心从中山北路66号迁至龙丰新联路1号。

2003年3月，惠阳市陈江、潼湖、潼侨、沥林、水口、马安、横沥、矮陂、芦洲、芦岚、大岚镇和博罗县仍图镇划属惠城区。10月，仍图镇并入汝湖镇；11月，芦岚镇并入芦洲镇。2005年12月，小金口镇改为街道，矮陂镇和大岚镇并入横沥镇。2006年4月28日，陈江、水口镇改称街道。2010年2月26日，陈江、惠环、潼湖、潼侨、沥林5个镇（街道）从惠城区划出（3月1日挂牌），归入惠州市仲恺高新区。2020年年底，惠城区辖8个街道、5个镇。

（区方志办）

人口·语言

【人口】 2020年，惠城区出生入户16169人，人口出生率12.21‰；死亡注销户口5859人，死亡率2.69‰；人口自然增长率9.52‰。年底，惠城区有户籍人口1035017人，流动人口466147人。

2020年度惠城区户籍人口分布一览表

表1　　　　单位：人

单位	总计	男	女
合计	1035017	509287	525730
桥东街道	103108	50290	52818
桥西街道	155202	76794	78408
江南街道	59543	29347	30196
江北街道	87616	42830	44786
龙丰街道	92431	45513	46918

续表 1

单位	总计	男	女
河南岸街道	147628	71538	76090
小金口街道	54378	26590	27788
水口街道	101291	49167	52124
汝湖镇	56872	28403	28469
三栋镇	32804	15500	17304
马安镇	35451	17289	18162
横沥镇	79051	40773	38278
芦洲镇	29642	15253	14389

注：统计时间为 2019 年 12 月 1 日至 2020 年 11 月 30 日。

2020 年度惠城区流动人口分布一览表

表2　　单位：人

单位	总计	男	女
合计	466147	272861	193286
桥东街道	30784	18455	12329
桥西街道	33205	17976	15229
江南街道	18129	11660	6469
江北街道	55846	27736	28110
龙丰街道	19774	11505	8269
河南岸街道	78268	46973	31295
小金口街道	91540	51326	40214
水口街道	79614	48780	30834
汝湖镇	15404	9519	5885
三栋镇	31091	20437	10654
马安镇	11740	7946	3794
横沥镇	723	530	193
芦洲镇	29	18	11

注：统计时间为 2019 年 6 月至 2020 年 6 月。

性别结构 2020年度，惠城户籍人口中，男性50.93万人，占户籍人口的49.2%；女性52.57万人，占户籍人口的50.8%。

年龄结构 2020年度，户籍人口中，17岁以下28.44万人，占总人口的27.5%；18～34岁24.87万人，占总人口的24.0%；35～59岁38.52万人，占总人口的37.2%；60岁以上11.68万人，占总人口的11.3%。

【语言】 惠城区的语言除普通话外，主要有惠州话（含惠州本地话）、客家话（含河源话）、闽南话、粤语4种方言。惠州话有22个声母（含零声母）、50个韵母、7个声调（阴平、阳平、上声、阴去、阳去、阴入、阳入），兼有客方言、粤方言的特点。

使用惠州话的人口约占户籍人口的四成，主要分布在桥西、桥东、江南、江北、龙丰、河南岸6个街道和三栋、汝湖2个镇。

（区方志办；区公安分局：黄楚敏；统计局：丘 凡）

中国共产党惠州市惠城区委员会

责任编辑：廖小冰

综　述

【区委机构】　2020年，中共惠州市惠城区委员会设党委机构8个，其中，纪检监察机关1个、工作机关7个，分别为区纪律检查委员会监察委员会机关、区委办公室、区委组织部、区委宣传部、区委统一战线工作部、区委政法委员会、区委机构编制委员会办公室、区委巡察工作领导小组办公室。

引领全区上下以“市区一体化”为理念，提振干部队伍精气神，以主人翁的担当，谋划推动惠城发展，与市政府多个部门建立联席会议制度，共同推动实现工作目标，打造平台，把惠城区的工作与惠州市的发展思路紧密结合起来，让惠城区成为上级部门展现业绩的重要舞台。高质量完成村（社区）“两委”换届工作，队伍学历水平、专业素质、整体功能和年龄实现“三升一降”。首创高层次人才二次择岗，中层干部全区竞岗，175名区直单位干部全脱产两年参与基层一线工作，做到力量下沉、效率提升。在广东省首推规划许可合理误差机制，在惠州市率先上线商事登记“秒批”系统，推行建设工程项目“信用快审”承诺制、“容缺”办理、“工业项目当天摘牌即动工”等制度，让项目落地跑出“加速度”。持续深化“百姓出题、书记答卷”活动，守牢意识形态主阵地，完成加强党的基层组织建设三年行动计划（2018—2020年），涌现出“四季党建”“云党课”等党建品牌。坚定不移地惩治腐败，打好“四种形态”组合拳。一体推进“扫黑除恶”、安全生产、文明城市迎测评、双拥等工作，“两抢”（抢夺和抢劫）零发案天数达343天，获省双拥模范城十连冠，助力惠州连续五届获“全国文明城市”称号。

【中共惠州市惠城区委八届七次全体会议】2020年4月10日召开。会议主要任务是以习近平新时代中国特色社会主义思想为指导，全面贯彻落实中共十九大和十九届二中、三中、四中全会精神，贯彻落实省委全会、市委全会精神，总结2019年工作，安排2020年任务。区委书记刘光滨代表区委常委会作题为《抓重点 寻突破 脚踏实地朝着竞逐一流目标奋力前进》的工作报告。会议通报惠城区2019年区管党费收缴使用和管理情况、“3+2”系统工程进展情况、纪律作风建设工作情况，部署下一阶段工作。全会按照《中国共产党章程》《中国共产党地方委员会工作条例》规定，决定递补八届区委候补委员曾伟德为八届区委委员。区委委员、候补委员，区领导，各镇（街道）党政主要领导，区直有关单位主要领导等列席会议。

4月10日，中国共产党惠城区第八届委员会第七次全体会议召开（区委办/供图）

【中共惠州市惠城区委八届八次全体会议】 2020年12月29日召开。会议主要任务是深入学习贯彻习近平总书记在中共十九届五中全会上的重要讲话和中共十九届五中全会精神，深入贯彻落实习近平总书记出席深圳经济特区建立40周年庆祝大会和视察广东重要讲话、重要指示精神，省委十二届十一次、十二次全会精神和市委十一届十次全会精神，研究谋划“十四五”时期惠城区经济社会发展工作。区委书记刘光滨代表区委常委会作题为《乘势而上、跨越发展，勇当建设更加幸福国内一流城市排头兵》的工作报告。会议审议通过《中共惠城区委关于制定国民经济和社会发展第十四个五年规划的建议》，表决通过区委八届八次全体会议决议。

【区委决策】 2020年，惠城区以经济社会发展的重大问题为着力点，结合实际，研究提出事关全区改革发展的决策，促进全区经济社会发展。

1月23日，区委、区政府印发《关于坚决做好新型冠状病毒感染的肺炎疫情防控工作的紧急通知》，要求各镇（街道）和区直有关单位强化政治担当和底线思维，以强大的工作合力做好疫情防控工作。1月28日，区委、区政府印发《惠城区防控新型冠状病毒感染的肺炎疫情工作领导小组办公室工作方案》和《惠城区新型冠状病毒感染的肺炎疫情防控工作领导包镇（街道）、村（社区）方案》，明确领导小组办公室组织机构、下设工作小组人员及主要职责，要求区领导到包干镇（街道）开展疫情防控督导工作，镇（街道）党委政府履行疫情防控属地责任。

5月29日，区委、区政府印发《惠城区深化网格化管理 推进社会治理现代化工作方案》。提出要按照中央、省、市推进市域社会治理现代化工作决策部署，以深化网格化管理为重点，全面推进基层社会治理现代化工作。明确镇（街道）、区直有关单位在优化网格化布局、推动网格化治理提质增效以及网格化治理常治长效等方面的责任分工。要求各级各部门要通过加强组织领导、实践创新、交流互动，统筹推进以网格化治理为重点的社会治理工作，探索出台管用实用的新举措，并及时做好梳理报送工作。

7月14日，区委、区政府印发《惠城区打造惠州“一湖两江”城市会客厅工作方案》。提出利用“一湖两江”（西湖、东江、西枝江）的地理位置优势，以公园景区、文化广场、商业中心等为载体，完成城市景观亮化、历史街区改造、文化项目提升、打造“城市观景台”、净化城市环境、畅通道路交通、构建平安街区、挖掘历史文化等八项任务。由区工作专班牵头组织实施，区财政强化资金保障，相关街道发挥属地管理责任，共同打造底蕴深厚、运管高效、业态集成的“一湖两江”城市会客厅，以文旅产业流量变现促进城市经济发展，实现加快城市更新、提升城市能级、彰显城市形象的目标。

8月12日，区委印发《惠城区领导干部下沉基层工作方案》。提出建立区党政领导定点联系制度和镇（街道）主官驻点值班制度，推动领导干部积极服务经济社会发展一线，使各类资源和力量下沉，支持帮助和督导镇（街道）主动应对环境变化，把握重大机遇，破解发展难题，统筹推进疫情防控和经济社会发展。要求各级领导干部压实主体责任，发挥“头雁”效应，带头履职尽责；加大对所挂钩镇（街道）、项目的指导力度，解决实际困难和问题；改进工作作风，杜绝形式主义、官僚主义。

9月4日，区委、区政府印发《惠城区惠博大道及沿线环境品质提升工作方案》。提出逐步开展惠博大道沿线范围内的违建治理、复绿、综合环境提升以及滨江风光带建设的工作目标。完善惠博大道及沿线环境品质提升工作专班及相应专项工作组等组织架构。明确拆违清杂，打开绿化界面、提升交通，改造道路本体、环境提质，打造滨江慢行径和景观节点三项重点任务。要求各相关单位充分发挥职能作用，提供人、财、物保障；有关街道办事处要发挥属地责任，组建团队全程跟进。要求建立工作例会制度，每周听取汇报、研究部署工作重点；建立台账管理制度，指定专人跟进；建立检查评估机制，对项目进度、质量效果定期评估督办。

【区委督查】 2020年，区委督查办实行“每月一督一报”制度，对一些重大事项深入单位和现场查看核实落实情况，使领导及时掌握决策贯彻落实的情况。重点对乡村振兴、文明城市迎检、中央环保督察、疫情防控、民生民心工程建设、征地拆迁等全区重点工作落实情况进行督查，确保中心工作和重点工作顺利推进。会同区政府督查办及区农水局等分成4组对沿江镇（街道）河砂整治工作进行明察暗访，并及时形成报告反馈区主要领导。每月不定期深入全区各镇（街道）农村，暗访农村人居环境整治工作，并现场指导督促有关单位抓好整改。

是年，区委督查办发出“督促办理通知”27份，发出“督促整改通知”3份，编发“督查专报”37份。

（区委办：钟文婷；区委督查办：肖 彬）

组织工作

【概况】 2020年，惠城区委组织部坚持以党的政治建设为统领，扎实推进各级班子和干部队伍建设。

是年，在惠州市各县（区）率先发出《致全体共产党员的倡议书》，在一线成立临时党支部182个，成立党员突击队80多支，动员600多名机关党员干部加入战“疫”，在驰援湖北医疗队中火线发展党员8名。拍摄党员教育专题片《白衣执甲战荆州》在省委组织部宣传平台进行展播。市第三人民医院党委获“广东省先进基层党组织”称号，3个党组织、4名党员获得市级表彰。

年底，惠城区有党组织1990个，其中，基层党（工）委104个，党总支部157个，党支部1740个，党组33个。党员3.8万人，其中，女党员1.36万人，新发展党员388人。

【干部队伍建设】 2020年，惠城区严格执行《党政领导干部选拔任用工作条例》，优化干部选拔任用工作。调整干部12批次276人。完成3轮调研，覆盖全区科级单位，把干部画像向股级干部延伸，干部识别更精准。坚持“事业为上、依事择人”用人导向，从项目征拆、乡镇基层、疫情防控等一线工作中提拔重用干部35人，从基层镇（街道）提拔干部11人，占比12.5%。突出“专业化、年轻化”选配导向，择优提拔使用高层次人才10人、专业对口干部11人、中高级职称干部2人，新提任35岁以下年轻干部17人、40岁左右镇（街道）党政正职7人。坚持“管用结合、容调并济”理念，制定“三单列一优先”（即公务员职级职数单列、年度考核“优秀”比例单列、绩效考核“优秀”比例单列，表现优秀、成绩突出的在提拔使用上优先考虑）激励措施、职级干部管理意见、干部自荐实施细则等，完善干部管理制度。

接收区外挂职干部9人（省外2人、省直1人、市直6人），组织区内挂职锻炼干部2人，考核挂职期满收队12人。

委托区审计局对11名正职领导实施经济责任审计。印发《惠城区股级干部调整配备预审实施方案》，规范《股级干部选拔任用工作流程图》，把干部选任监督贯穿全流程。审核股级干部调整配备333人次。指导党组织全覆盖开展干部选拔任用“一报告两评议”。

实行区外公务员转任“三原则”（即区外转任人选应当35岁以下，应当全日制大学本科以上学历，应当具有相应岗位任职经历或专业素养）。在全区范围首次推出12个中层股长岗位竞争上岗。股级干部任免权限下放到单位党委（党组），实行“任前预审、任后备案”。办理股级职务任免备案249人次。晋升一批勇于担当、善于作为、实绩突出的干部，从疫情防控等“三重一大”工作一线晋升公务员143人。公开招录公务员5人；办理公务员登记29人；办理公务员转任67人次；审核、审批公务员退休65人，核定其原渠道发放待遇。

11月25日，区人才工作有关单位人员到深圳市龙华区学习交流人才工作经验（区委组织部/供图）

【基层党组织建设】 2020年，惠城区贯彻落实省、市加强党的基层组织建设三年行动计划，打造45个基层党建示范点。开展“百姓出题、书记答卷”活动，累计收集和解决群众反映问题780多个。

开展镇村干部“大储备”工作，全区农村外出人员“建档立卡”8000余人，从“建档立卡”人才库中物色返乡任职人员115人。公开招聘村（社区）党组织书记和“两委”班子储备人选206人，充实到90%的村（社区），其中，138人被选入“两委”班子，占67%。

招聘镇（街道）党建指导员70名、党建联络员50名，充实各镇（街道）换届工作专班。组织全区13个镇（街道）开展村级换届深调研活动，分别形成“1+13”调研成果上报市委组织部。全面排查“三类村”32个，查处涉黑人员16人。印发《区领导挂钩督导村（社区）“两委”换届选举工作指引》，组建5个督导和观察组，高质量完成村（社区）“两委”换届工作，9个软弱涣散村党组织全部完成整顿考核验收。选派16名优秀干部到16个扶持村集体经济试点村担任第一书记。

推进非公有制企业党建“双同步”工作，结合疫情防控期间“千干扶千企”工作，深入3628家非公有制企业调查摸底，掌握“两新”（新经济组织和新社会组织）党组织底数。新建“两新”党组织73个，同比增长92%，动态组建率100%。

按照惠州市建立和推行“部门下沉、共建一流”制度统一部署，推动各结对单位与社区签订共建协议，有235个市、区两级结对单位与惠城区10个镇（街道）的61个社区结对共建，完成活动或服务项目数601个。建立和完善党建联席会议制度、兼职委员制度、党建联盟制度等，加强和改进城市基层党建工作。推动村（社区）党群服务中心规范化建设，完成村（社区）党群服务中心星级评定工作。试点推进在业主委员会中建立党组织，加大物业服务企业党组织组建力度，有40家物业企业和2个业委会建立党组织。试点建立村民小组党群理事会，各镇（街道）选取1个行政村、1～2个条件成熟的村民小组先行试点，其中，河南岸街道马庄村下马庄村民小组党群理事会的经验在全区得到推广。

开展“创一流支部、建一流城市”主题创建活动；推进23个机关党委及下属支部落实“三年行动计划”，提升基层党组织组织力。开展分类指导党支部建设，完善党（总）支部评星定级标准，评定五星级党支部40个。

（区委组织部：廖杰成；区委办：高 妮）

【“一建三示范”活动】 2020年，惠城区创新开展“一建三示范”（“一建”指把党组织建立在重点工作项目上；“三示范”指推进“两违”拆除、争创清零行动示范点，整治黑臭水体、争创清水行动示范点，打赢脱贫攻坚战、争创乡村振兴示范点）活动。在金山新城等项目一线成立临时党支部38个，创新推出工业项目摘牌即动工、商事登记秒批等举措，累计收储土地7385.9亩，全力推进金山新城、惠州湾产业新城建设，加快完善东江湾千亿产业园基础设施建设，实现良好开局。服务“丰”字交通主框架建设，河惠莞高速、惠新东江大桥、小金河大道主线建成通车，完成145千米村道硬底化工程建设。建档立卡相对贫困户实现100%脱贫，行政村100%达到“干净整洁村”标准。

【党建网格化管理】 2020年，惠城区推行“2+3+N”党建网格化管理模式，即注重突显“党支部战斗堡垒作用和党员先锋模范作用”两个支点，充分融合“镇（街道）、村（社区）、子网格”三层网格，健全完善“人力资源整合、诉求闭环处理、精准服务、考核评价、保障激励”等N项机制。此举在疫情防控期间发挥重要作用，得到国务院联防联控机制督查组的高度评价，在广东省人民政府新闻发布会上作重点推介。

【人才队伍建设】 2020年，惠城区加大在全国范围内招聘硕博专业人才工作力度，招聘硕博研究生两批次34名，做好市推荐到惠城区事业单位的高层次人才择优考察考核等工作。创新开展机关事业单位高层次人才二次选岗配岗工作，深入36个区直机关事业单位，对79名高层次人才进行调研，在20名申请二次选岗的高层次人才中确定8名进行二次配岗。

12月22日，在水口街道开展惠城区高层次人才“情牵革命老区 研学现代农业”活动（区委组织部/供图）

【老干部服务】 2020年，惠城区推进老干部工作信息化、精准化、规范化建设，初步完成“广东省离退休干部服务管理系统”信息录入工作。成立惠城区离退休干部党工委。组建22名“银铃声”正能量宣传志愿队伍，号召225名离退休党员干部参与疫情一线联防联控志愿服务。新开设区老年大学综合福利院教学点，推进新老干部（老年）大学项目选址、调研和立项工作。

年底，有离休干部69人，其中，机关单位20人、事业单位19人、企业30人，享受处级待遇26人、科级待遇43人，平均年龄91岁。

（区委组织部：廖杰成）

宣传工作

【概况】 2020年，惠城区严格落实意识形态领域形势分析研判制度，两个月召开1次意识形态形势分析研判会，对16个单位党委（党组）落实意识形态责任制情况进行督导巡查。严格落实意识形态领域重大事件应急处置专班制度，各级党委（党组）做好各项活动安全和应急防范工作。构建区、镇（街）、村（社区）三级联动机制，建立“快速反应，上下联动，横向到边，纵向到底”的“扫黄打非”工作体系。在小金口全国示范点的基础上，以点带面，打造马安中学、埔前社区、上围村委会、新天伦印刷等21个“扫黄打非”进基层示范点。创作一批微视频、动漫作品，利用网络课堂和学校班级微信群宣传，受众师生和家长60余万人次。派送书籍近20余万份。基层“扫黄打非”站点100%实现规范化、标准化建设。

【理论学习】 2020年，惠城区组织理论学习中心组集中学习13次，开展中心组“巡听旁听”制度。开展“决胜小康、奋斗有我”主题百姓宣讲活动，惠州电视台全程录制并于黄金时段在惠州1套播出。发挥“南国书香节”主场优势，在主会场、分会场举办《习近平谈治国理政》第三卷宣讲会及朗读分享会，全区发行《习近平谈治国理政》第三卷3.9万册，位列惠州全市第一。开展《习近平谈治国理政》第三卷、十九届五中全会精神宣讲等百姓宣讲活动300多场。

初步完成惠城区小学到初中的国防教育读本编研工作。开展“英模挂像进校园”工作。开展“奋进新时代 聚力强军梦”主题宣传教育活动。组织青少年学生开展以国防教育为主题的军事夏(冬)令营、军营体验、“开学第一课”系列活动，抓好国防意识熏陶和国防知识技能学习。

【舆论引导】 2020年，惠城区聚焦中心工作，整合媒体资源，加强主题策划，提升舆论引导能力。

推出《湖北战疫连线》等一系列阅读量“5万+”“10万+”的正能量热闻，刊发各类新闻稿件4000多篇。《人民日报》客户端、中央电视台《新闻联播》栏目刊播“00后”护士刘家怡抗疫新闻亮点报道。“穿上防护服，我就不是一个孩子了”的故事，总阅读量超过一亿次。

率先在惠州市策划推出“点亮全城，致敬最美面孔”活动，为惠城援鄂医疗队23名医护人员亮灯致敬。设计制作43款防疫宣传电子海报和150万份纸质海报；在58块户外LED大屏、285个小区3000多块电梯显示屏、10000多家商铺电子走字屏24小时循环播放各类防疫公益广告。

制作发布“惠城发布”抖音短视频469条，关注人数突破10.5万人，阅读量近400万次，获赞20万个。“惠城发布”推送微信消息3082条，总阅读量超764万次，4条阅读量“10万+”，近百条阅读量“1万+”，关注人数涨至13.6万人，为惠州市各县（区）第一。1000多篇稿件被“学习强国”采用，其中，100多篇被“学习强国”全国平台采用，两项数据均居惠州市第一。11个作品在“学习强国”广东乡村微视频大赛中获奖。“惠城发布”在广东政务新媒体2019年度奖项中获年度传播力奖（区县）。

5月1日，惠城区开展以“为英雄亮灯 为祖国祝福”为主题的亮灯活动，向惠城援鄂医疗队员们致敬（区委宣传部/供图）

【文化（产业）发展】 2020年，东湖旅店“营救中国文化名人陈列馆”上榜全国革命文物保护利用十佳案例，成绩为全国第一。原创歌曲《村里变化大》入选省扶贫办征集的扶贫大电影《凤归梧桐》主题歌曲十强。话剧《一缕阳光》、图书《触摸一座城市的温度》、广播剧《一诺千金》获评惠州市第八届精神文明建设“五个一工程”优秀作品。

全民健身运动再创佳绩，获2020年广东省“中国体育彩票杯”锦标赛1金1银2铜的好成绩。推进水东街、北门直街、金带街和祝屋巷等历史文化街区升级改造，打造夜经济活动IP和网红打卡点，推出“惠州之夜”文旅夜经济品牌。开展东湖旅店、中山公园创建惠城区爱国主义教育基地工作。精心筹办2020年惠城区第十三届西湖灯会、2020年惠城区春节晚会、“夜色惠精彩——快乐时光 惠州yeah”文艺秀（戏曲专场）重阳节献礼、第十四届广东省艺术节惠州分会场演出等活动。

（区委宣传部：胡灿明）

【精神文明建设】 2020年，惠城区抓好精神文明建设，做好迎接文明城市“国检”工作，助力惠州市顺利通过第六届全国文明城市测评，第五次获全国文明城市称号。区四套班子领导根据分工到各个责任单位和挂钩镇街开展督查工作，以现场办公的形式解决一大批创建重点难点问题。成立惠州市中心城区“一线指挥部”，启动农村人居环境整治“百日攻坚”、市容市貌、交通秩序、社会治安、社区管理等专项整治行动，投入近2亿元进行历史街区改造，推进辖区100个“惠民空间”进行微改造，提升城市品质。

践行社会主义核心价值观 加强与各镇（街道）、部门、企业、社会组织等的联动，进一步整合资源，创新开展系列践行社会主义核心价值观活动。以“我们的节日”“中国梦”等为载体，广泛开展“文明始于心·健康始于行”“文明同行战疫情”“扣好人生第一粒扣子”“微家书”“致敬抗疫最可爱的人，争当新时代好少年”等主题实践活动150多场次，参与市民30多万人次、学生15万人次。

新时代文明实践 全区13个镇（街道）和213个村（社区）完成文明实践所、站挂牌工作，构建“136”组织机构和工作体系，打造“绿茵讲堂”“榕树讲堂”“湖畔讲堂”系列活动品牌，累计开展文明实践活动850多场次。成立文明实践志愿服务队伍308支。结合疫情形势，在惠州市率先以“云直播+新时代文明实践”的形式举办系列云讲堂。

志愿之城建设 好人之城、志愿之城、国防教育深化拓展，累计注册志愿者31.2万人，注册志愿服务组织1352个，发布志愿服务活动项目30530个，开展志愿服务活动5475场次。坚持以先进典型选树引领社会风尚，常态化在全区各行各业开展“我推荐、我评议身边好人”活动。4人获评广东好人，2人获得惠州市道德模范提名奖，19人获评惠州好人，48人获评惠城好人。陈维生家庭入选第十二届全国五好家庭，黄元盛家庭入选2020年全国最美家庭；汝湖镇南新村获评第六届广东省文明村镇。

未成年人思想道德建设 开展未成年人思想道德建设活动400多场次。建成市级以上乡村（城市）学校少年宫1所，累计30所；建成市级以上文明校园4所，累计30所。全区中心学校以上学校全部建有学校心理健康辅导室。1人获评广东新时代好少年，1人获评第五届最美南粤少年，6人获评惠州新时代好少年，20人获评惠城新时代好少年。区文明办在惠州市“2020·难忘的记忆”优秀童谣作品征集活动中获优秀组织奖，《善水谣》《谢谢你》分别获惠州市优秀童谣二、三等奖。

（区委宣传部：刘静怡）

统一战线

【概况】 中共惠城区委统一战线工作部（简称“区委统战部”）是区委主管统一战线工作的职能部门，对外加挂区民族宗教事务局、区台港澳事务局牌子。2020年事业单位改革，原惠城区民主党派服务中心、原惠城区民族宗教事务服务中心整合为惠城区统一战线综合服务中心。

5月，举办惠城区统战工作会议暨统战工作专题培训班，60名统一战线干部参加，区委常委、统战部部长黄智勇作“牢记统战初心、勇担统战使命”专题辅导课。11月，召开惠城区民主党派、工商联和新阶层代表座谈会，各界代表人士撰写助推惠城区“3+2”系统工程调研报告10篇。

是年，召开区委常委学习研究统战工作专题会5次，传达贯彻国家、省、市统战部长会议精神及中央党外人士座谈会精神等。研究全区各民主党派基层组织领导班子换届人选。任命10名副科级以上党外干部，区镇领导班子配备党外干部占比23%，超过统战条例要求。各民主党派成员爱心捐助约10000元，宗教界人士捐款约1.5万元，台港澳同胞捐资约3万元，新的社会阶层人士联合会捐款2万元，受益村民逾500人。新冠肺炎疫情防控期间，全区统一战线各领域累计捐款捐物价值671.45万元。惠城区（香港）联谊会向联谊会会员及普通香港市民派发30万个口罩、1万支洗手液、8000包纸巾。

【多党合作事业】 2020年，惠城区“两会”期间，区各民主党派和无党派人士提交提案建议90件，其中，被采纳的提案建议36件。4—10月，协助各民主党派基层组织完成换届工作，规范各民主党派总支（支部）组织架构，推进人员结构年轻化、高学历化、专业化。7个民主党派总支班子职数统一设置为主委1名、副主委3名、委员3名。换届后，班子平均年龄为42岁，较换届前降低5岁，51岁以上人数占比下降到19%。本科以上学历提高到86%，硕士以上学历增加到15%。11月，区委制定出台《关于支持区各民主党派加强中国特色社会主义参政党建设的实施方案》和《惠城区民主党派代表人士队伍建设规划（2020—2027年）》，推动和支持惠城区各民主党派建设为政治坚定、组织坚实、履职有力、作风优良、制度健全的中国特色社会主义参政党。

【惠城区新的社会阶层人士联合会成立】 2020年，惠城区广泛开展新的社会阶层人士统战工作，走访座谈新的社会阶层代表人士90多人次，考察惠城区新的社会阶层人士联合会（简称“区新阶联”）领导班子人选，建立300多人的新阶层人士数据库。11月30日，区新阶联第一届会员大会召开。同日，区新阶联成立，周俊雄为会长。拟将广东利元亨智能装备股份有限公司、惠州市信息产业园、惠州市善水传统文化促进中心、雅居乐生活服务有限公司（雅居乐白鹭湖小区）作为新的阶层人士统战工作实践创新基地。

11月30日，惠城区新的社会阶层人士联合会成立大会，市委常委、统战部部长王开洲（左四），区政协主席凌战（左二），区政法委书记张文正（左一），区委常委、统战部部长黄智勇（右一）参加会议（区委统战部/供图）

【构建亲清新型政商关系】 2020年，惠城区继续开展民营经济人士理想信念教育，不断增强民营经济人士对党和中国特色社会主义的政治认同、思想认同、理论认同和情感认同。7月，组织工商联会员前往横沥镇沙岗村开展“八一”走访慰问退伍军人活动。8月，组织有融资需求的企业参与“党企携手克时艰、党建引领促发展”金融暖企融资对接会。持续开展“五好”（领导班子好、会员发展好、商会建设好、作用发挥好、工作保障好）县级工商联和“四好”（班子建设好、团结教育好、服务发展好、自律规范好）商协会建设，构建亲清新型政商关系，把区工商联打造成“民营经济人士之家”。

（区委统战部：刘怡君）

侨　务

【概况】 2020年春节期间，惠城区慰问困难归侨、侨眷58人次，发放慰问金1.74万元。8月，与省、市侨务部门到水口街道天宝集团控股有限公司、仝达实业（惠州）有限公司走访调研。

【侨务服务】 2020年，区委统战部继续做好区60周岁以上归侨生活补贴发放工作，全区登记在册的60周岁以上归侨共255人，其中，市直单位130人、区属单位125人，全年发放补贴共计53.77万元。做好春节慰问困难归侨、侨眷工作；做好归侨调查确认工作，协调对接各镇、街道做好归侨身份调查确认公示等工作，确认归侨身份人员9人；做好侨务信访促和谐，收到来访来电6宗（来访3宗，来电3宗），全部进行答复并处理完毕。

（区委统战部：刘怡君）

台港澳事务

【概况】 2020年，区台港澳事务局加强自身社团建设，做好各项工作。加强与台港澳社团保持良好互访关系。接待港澳社团8批32人次，赴台港澳参加社团活动3批5人次。

【对台工作】 2020年，惠城区做好惠城区台胞台属联谊会法人变更工作，经民政局审批，完成法人变更。协助完成惠城区台胞台属联谊会年审工作。全面贯彻落实习近平总书记在《告台湾同胞书》发表40周年纪念会上的重要讲话精神，通过落实“31条措施”“26条措施”及“粤台48条”等政策，服务台资企业及台胞。

召开惠州市台商协会、惠城区台商联谊会骨干成员座谈会，就台胞子女入学问题、疫情防控期间台商企业经营状况、复工复产后遇到的问题及融入大湾区建设企业转型升级等问题进行交流。协调解决台资企业诉求1宗、台胞台属诉求4宗。

【港澳事务】 2020年，惠城区贯彻落实《粤港澳大湾区发展规划纲要》，进一步深化惠港青少年交流合作，增强港澳同胞对祖国的认同感和归属感。申报港澳青少年交流基地5个（学校1所，企业4家）。走访调研港澳企业12家，解决港澳企业诉求2宗，协调解决港澳同胞诉求1宗。以马安、龙丰为示范点，推动香港（惠城区）联谊会镇、街道分会的建设工作。

（区委统战部：刘怡君）

外事

【概况】 2020年，惠城区报备的涉外案件有10宗。中共惠城区委外事工作委员会办公室（简称“区委外事办”）协助惠城区30家企业38批计100名外籍员工及家属（含日本籍、韩国籍、美国籍、新西兰籍、马来西亚籍、意大利籍、澳大利亚籍、印度籍、塞尔维亚籍）办理入境邀请函，为辖区内企业复工复产提供便利。加强外事保密工作，进一步理顺工作台账和落实各项规定。

【国外抵惠城人员集中隔离】 2020年，惠城区加强落实集中管控防控措施，统筹负责隔离点相关工作，严防疫情境外输入。根据防疫工作安排，3月2日至5月10日，启动华斯顿酒店、大自然酒店、金华悦酒店、金叶大酒店4个隔离点。7月17日，启动金叶大酒店、锦江之星酒店、维也纳酒店（花边岭店）3个隔离点，统筹负责国外抵惠人员的集中隔离观察工作。核酸检测结果均为阴性。

（区委外事办）

机构编制

【概况】 2020年，惠城区继续落实机构改革和事业单位改革工作，完善编制实名制登记制度，加强事业单位登记管理，强化机构编制日常管理，加大监督检查力度。

中共惠州市惠城区委机构编制委员会办公室（以下简称“区委编办”）作为区委机构编制委员会的办事机构，承担区委机构编制委员会日常工作，列区委办事机构序列，归口区委组织部管理。

【行政体制改革】 2020年，惠城区落实行政体制改革，推进政府职能转变。

进一步修改完善涉改部门编制调整文件，继续理顺职责配置、优化结构、提高效能，确保机构数、编制数和领导职数不突破“总盘子”。参照市的做法，根据区财政局职责、内设机构和领导职数等事项局部调整实际，在原内设机构数、总编制数不变的情况下，增加一名总会计师职数。

印发《惠城区深化乡镇街道体制改革完善基层治理体系工作指引》《惠城区深化乡镇街道体制改革完善基层治理体系实施方案》，指导各镇（街道）完成内设综合办事机构设立，人员调整，综合办公室集中办公、挂牌运作等工作。8月底，实现“四个到位”（机构挂牌、人员调整、“三定”规定印发、梳理管理职权下放基本到位）的目标。改革后，13个镇（街道）设置党政内设机构数121个，清理不规范设置、运作的机构223个，取缔擅自加挂牌子56块，下放镇（街道）行政执法专项编制122名。

【事业单位改革】 2020年，惠城区分类推进事业单位改革，强化公益属性，推进政事分开、事企分开、管办分离。

撤销惠州市建筑材料试验室、惠城区建设工程检测中心、惠城区社会福利厂、惠城区林业勘测规划所4家原有公益三类事业单位。撤销惠州市房屋安全鉴定所、惠州市房屋白蚁防治管理所2家市下放的公益三类事业单位。将惠州市房屋测绘所、惠州市国土资源勘察测绘院、惠州市国土资源局惠城区分局国土资源勘察测绘队3家市下放的公益三类事业单位调整登记为设立事业单位后整合。改革后，惠城区不再保留公益三类及从事生产经营活动事业单位。

市委编委批复惠城区科级事业单位改革调整事项21项，做好涉改科级事业单位“三定”规定的审核印发工作。基本完成股级事业单位改革工作。印发“三定”规定和人员转隶方案62份。

制定《惠城区深化乡镇街道事业单位实施方案》，新设立的镇（街道）事业单位于2020年12月31日前完成挂牌。其中，水口街道和横沥镇作为改革试点，综合设置党群综合服务中心（党校、新时代文明实践所），为副科级；其他镇（街道）采取“3+2”方式（小金口作为特大镇采取“3+3”方式）综合设置事业单位，正股级。改革后，13个镇（街道）设置事业单位58个（不含退役军人服务站），下放人社所14个、畜牧兽医站9个，事业编制297名。

设立惠城区疾病预防控制中心和市卫生监督所惠城分所，同时在各镇（街道）卫生院（社区卫生服务中心）加挂“疾病预防控制中心”牌子，进一步完善基层公共卫生服务体系。设立惠城区精神卫生中心，牌子挂在区慢性病防治站，实行“两块牌子、一套人马”管理。

【事业单位登记管理】 2020年，惠城区依法依规做好事业单位登记管理工作，新登记事业单位6个，变更登记事业单位86个，注销登记事业单位6个。抓好事业单位法人2020年年度报告公开工作，391个事业单位提交年度报告，报送率100%。扎实推进事业单位信用体系建设，录入“双公示”事项22项。做好机关、群团统一社会信用代码管理工作，办理变更登记7宗。

【机构编制管理】 2020年，惠城区严格落实进人审核审批制度，推进机构编制工作集中统一管理制度，强化机构编制日常管理，做到编制管理与人员管理对应一致、实名管理。

研究出台《惠城区高层次人才专项编制周转池制度暂行办法》，统筹120名事业编制建立高层次人才专项编制周转池，为满编、超编单位引进紧缺专业人才提供保障。

研究拟制《中共惠州市惠城区委机构编制委员会关于统筹人力和编制资源提高工作效率的通知》，明确就落实优化股室职能、探索成立系统党工委、完善考评体系等统筹人力和编制资源10个方面具体举措，促进工作效率的提升。

加强机关事业单位编制使用的动态管理，严格按照核定的编制数额、性质和结构要求确定在编人员，实现对编制使用情况的实时监控，为区委、区政府的人力资源调配提供决策依据。严格实行机关、事业单位职位职数审批，杜绝超职数配备领导干部。依照部门“三定”规定，审批行政机关正股级职数176名、副股级职数73名，事业单位职位职数申请69个。

（区委编办：林旭冉）

档案工作

【概况】 2020年，惠城区档案馆坚持以丰富档案资源建设为基础、确保档案安全保管为底线，以加快信息化建设为目标、提升档案服务能力为关键，扎实推进档案工作规范化、制度化建设，履行好“为党管档、为国守史、为民服务”工作职责。

是年，加大对档案馆硬件设施的投入，更换一批库房消防设施设备；做好涉改单位的档案交接和处置工作；接收各门类档案2516卷；为623人次提供档案利用服务712卷册；加大档案编研工作力度，编研印发《档案资政参考（季刊）》4期，供区四套领导班子决策参考使用。

【涉改档案工作】 2020年，区档案馆配合区档案局做好涉改单位的档案交接和处置工作，顺利接收区老干局、体改办、法制局、国土局、爱卫办、旅游局、体育局、老龄办等涉改单位文书档案进馆。针对涉改机关事业单位新组建、撤并、撤销等情况，及时对全区立档单位的全宗号进行调整，调整、新增全宗号20多个，总全宗数140多个。

【档案资源建设】 2020年，区档案馆持续开展档案资料和现行文件收集工作，陆续接收各镇、街道、区直单位2009—2010年的档案，接收各门类档案2516卷，现馆藏纸质档案18.03万卷、23.9万件，照片档案3235张，光盘档案257张，实物档案325件，馆藏资料7475册。

【档案安全工作】 2020年5月25—28日，区档案馆有关人员到各镇（街道）开展2019年度平安建设（档案安全）考评工作。8月10—14日，到20个涉及机构改革的区直部门开展档案安全工作检查。

是年，区档案馆向区政府申请专项经费，整改七氟丙烷灭火系统，消除安全隐患；按照档案工作“十一防”（防盗、防火、防雷、防震、防水、防潮、防高温、防霉、防虫、防光、防污染）要求，加大对档案馆硬件设施的投入，更换一批库房消防设施设备，新安装库房防漏水报警系统，解决部分库房墙体开裂等问题，邀请专业机构做好档案馆防治白蚁工作。

（区档案馆：杨亲瑶）

党校工作

【概况】 2020年，中共惠城区委党校聚焦“3+2”系统工程，紧扣粤港澳大湾区和打造一流中心城区主题，对标一流要求，聚焦主责主业，充分发挥党校培训轮训主渠道作用，助力国内一流中心城区建设。

创新开展“三合一”教学模式，将周学制度、教师论坛及集体备课制度融入党校教学大练兵中。举办各类培训班13期，教师外出宣讲84场。

7月8日，惠城区直属机关党支部书记培训班在西湖大剧院开班（区委党校罗戈萍/摄）

【干部培训】 2020年，区委党校突出党的理论教育和党性教育主业主课的龙头地位，从4月开始，创新开展“三合一”教学模式，将周学制度、教师论坛及集体备课制度融入党校教学大练兵中。围绕“习近平论脱贫攻坚”“中国抗击新冠肺炎疫情的经验和启示”“全国两会精神”“乡村振兴战略”等12个专题进行授课，打造精品课。充分利用中央党校的优质教学资源，结合“网上党课”进行学习，开阔教师视野，提升教学水平。

7月开始，培训工作常态化开展。举办惠城区直属机关党支部书记培训班（4期）、惠城区第二十二期中青年干部培训班、惠城区公务员任职（初任）培训班、村（社区）党组织书记“牢记初心使命　传承红色基因”培训班（2期）、惠城区镇街综合行政执法培训班（2期）、惠城区国有（集体）企业党组织书记“不忘初心、牢记使命”专题培训班等各类培训班13期，参加培训约1000人次。

9月30日，惠城区第二十二期中青年干部培训班结业仪式举行（区委党校罗戈萍/摄）

【宣讲活动】 2020年，区委党校以主体班教师为骨干，配合区委宣讲团，广泛开展全国两会精神、《习近平谈治国理政》（第三卷）、粤港澳大湾区发展规划纲要、十九届四中全会精神、十九届五中全会精神、深圳经济特区成立40周年重要讲话精神大宣讲行动，推动中共十九大精神，十九届四中、五中全会精神和习近平新时代中国特色社会主义思想进机关、进农村、进社区、进企业、进医院、进部队、进学校。

是年，应上级要求及基层单位邀请，教师外出宣讲84场，宣讲对象7793人。

【网刊宣传】 2020年，区委党校充分发挥党校理论教育和政策宣传阵地作用，继续做好“一网”（校园网）、“一刊”（《网声》）的宣传工作。校园网设立理论专栏，紧跟形势，聚焦热点；《网声》开设特别关注、政策前沿、领导言论等11个专栏。

是年，适时增加2020年全国“两会”、抗击新型冠状病毒肺炎——复工复产、深化党和国家机构改革、十九届五中全会等专栏，发挥舆论引导作用。

（区委党校：罗戈萍）

党史研究

【概况】 2020年，中共惠城区委党史研究室（简称“区委党史研究室”）履行“存史、资政、育人”的工作职能。作为市、区宣讲讲师团成员单位，安排宣讲人员到惠州军分区、东江干部学院、区委党校等28个单位进行专题宣讲，受教育人数3000多人次。

【革命资源保护利用】 2020年，惠城区采取实地调查和档案核查相结合的办法，对全区革命遗址进行实地勘测，进一步摸清了革命遗址的基本情况。召开全区革命遗址普查工作推进会，要求各镇（街道）对前期普查发现的26处遗址提供佐证材料。经上级部门重新核定，惠城区有红色革命遗址12处（含中山公园遗址群），其他革命遗址14处。同时，区委党史研究室参与东湖旅店布展，助力东湖旅店获评“2020年度广东省文物古迹活化利用典型案例”和“2020年全国革命文物保护利用十佳案例”。

（区委党史研究室：张燕娴）

保密工作

【概况】 2020年，惠城区保密工作坚持党管保密与依法保密相结合，以贯彻落实保密法及其实施条例为主线，突破网络信息化的重点难点，强化保密工作责任制，扎实推进保密法治建设，提升保密科技水平，夯实保密管理基础，在保密宣传教育、保密监督检查、安全保障等方面取得较好成效，为惠城区经济社会高质量发展提供坚强保障。

【保密检查】 2020年9月，配合市局开展计算机网络和电子邮箱专项保密检查，切实消除工作邮箱保密安全隐患，确保计算机网络和电子邮箱安全。

是年，惠城区坚持“以检查促规范，以检查促落实”的工作思路，认真做好保密常态化检查工作。检查单位35个，计算机125台。

【保密宣传】 2020年，惠城区开展一系列保密宣传教育工作，提高领导干部、机关工作人员的保密意识和水平。向区直各单位发放保密宣传挂图152套。举办惠城区机要保密知识专题培训会，向参会人员发放保密宣传资料《致全区国家机关工作人员的保密提醒信》《保密提醒20条》150份，提升参会人员保密意识和保密水平。

（区委办：陈　静）

惠城区人民代表大会

责任编辑：廖小冰

综　述

【依法行使人大权力】　2020年，惠城区人大常委会召开常委会会议11次，听取和审议“一府一委两院”专项工作报告26项，作出决议、决定18项，向“一府一委两院”提出审议意见83条，依法任免国家机关工作人员62人，开展专题调研21次、执法检查6项，顺利完成各项工作任务。审查政府规范性文件11件，收到人民群众来信来访来电18件，做到案结事了。播出《法治惠城》电视节目52期，在省、市级媒体官微平台发稿191篇，在惠城人大微信公众号推送信息193条。在惠州市率先启动人大任命干部履行宪法誓词情况评议，完善干部任后监督体系；全面推开政府民生实事代表票决制。

区人大常委会依法任免国家机关工作人员82人次（其中，任命34人次，免去职务48人次）；接受2名市人大代表辞职，补选市人大代表2人；接受2名区人大常委会副主任辞职，4名委员辞职，接受1名区人民检察院检察长辞职，接受21名区人大代表辞职，补选区人大代表22人。

【机构设置】　2020年，惠城区、镇两级人民代表大会6个，其中，区人民代表大会1个，镇人民代表大会5个。镇（街）代表联络站48个。

5月16日前，常委会组成人员31名（主任1名、副主任5名、委员25名）。5月17日后，常委会组成人员26名（主任1名、副主任3名、委员22名）。5月20日后，常委会组成人员34名（主任1名、副主任6名、委员27名）。9月4日后，常委会组成人员32名（主任1名、副主任5名、委员26名）。

区人大设专门委员会2个（财政经济委员会和社会建设委员会）；区人大常委会机关设办事机构2个（人大常委会办公室、信访办公室），设工作机构6个（选举联络人事任免工作委员会、监察和司法工作委员会、财政经济工作委员会、城乡建设环境与资源保护工作委员会、农村工作委员会、教育科学文化卫生华侨外事民族宗教工作委员会）。

【人大代表】 2020年，惠城区八届人大代表297名，男、女分别占69.03%、30.97%。其中，中共党员198人，占66.7%；民主党派和无党派人士15人，占5.0%；群众84人，占28.3%。大学本科以上学历170人，占57.2%；大专学历70人，占23.6%；大专以下学历57人，占19.2%。

（区人大办：黄县堂）

主要会议

【区八届人大六次会议】 2020年5月19—20日，惠城区第八届人民代表大会第六次会议在西湖大剧院举行，出席大会代表297人。会议听取和审议《政府工作报告》，审查惠城区2019年国民经济和社会发展计划执行情况与2020年国民经济和社会发展计划草案的报告、惠城区2019年预算执行情况和2020年预算草案的报告，审议区人民政府关于2019年民生实事项目完成情况的报告；听取和审议区人大常委会工作报告、区人民法院工作报告、区人民检察院工作报告。会议通过关于惠城区2020年国民经济和社会发展计划执行情况与2020年国民经济和社会发展计划的决议、关于惠城区2019年预算执行情况和2020年预算的决议。大会依法选举谭洪标、庄豪源、余道方为惠城区第八届人民代表大会常务委员会副主任，王长艳、汤狄挥、严小清、陈翰聪、曾繁中为惠城区第八届人民代表大会常务委员会委员。新当选的国家工作人员举行向宪法宣誓仪式。大会对2019年政府十件民生实事项目完成情况进行了满意度测评，并现场公布结果，测评结果全部为“满意”；以无记名投票方式选出“落实城乡居民医疗保险补助标准和城乡居民基本养老保险基础养老金标准”等区2020年十件民生实事项目。大会表彰了区八届人大五次会议8件优秀代表议案建议和10个先进承办单位。会议收到10名以上代表联名提出的议案5件（均转为建议），建议38件。

5月19—20日，惠州市惠城区第八届人民代表大会第六次会议在西湖大剧院举行（区人大办/供图）

【区八届人大常委会会议】 2020年，区人大常委会召开会议11次。

第三十八次会议 4月29日召开。任免一批干部，补选人民代表大会代表；审议通过《惠州市惠城区人大常委会代表资格审查委员会关于代表资格的审查报告》《惠州市惠城区人大常委会代表资格审查委员会关于代表变动情况的报告》等。

第三十九次会议 5月12日召开。审议通过《关于召开区八届人大六次会议的决定》，并听取和审议区政府《关于2019年工作情况及2020年工作设想的报告》等。

第四十次会议 5月16日召开。通过《惠州市惠城区人大常委会关于表彰区八届人大五次会议优秀议案建议和先进承办单位的决定》；审议提交区八届人大六次会议的有关文件。

第四十一次会议 5月28日召开。任免一批干部，通过《惠城区人大常委会2020年工作要点》。

第四十二次会议 6月24日召开。听取和审议区政府《关于惠城区2019年环境状况和环境保护目标落实情况的报告》，审议通过《惠州市惠城区八届人大常委会代表资格审查委员会及各工作委员会组成人员名单》。

第四十三次会议 7月30日召开。听取和审议区政府《关于2020年上半年国民经济和社会发展计划执行情况的报告》《关于2020年上半年财政预算执行情况的报告》《惠城区人大常委会关于督办区八届人大五次会议代表议案建议的工作方案》等。

第四十四次会议 8月27日召开。听取和审议区政府《关于2019年度区级预算执行和其他财政收支的审计工作报告》《中华人民共和国传染病防治法》执法检查报告，通过《惠州市惠城区人民代表大会常务委员会关于2019年度惠城区本级预算执行和其他财政收支审计工作报告的决议》等。

第四十五次会议 9月4日召开。通过《惠州市惠城区人大常委会关于接受谭洪标辞去区八届人大代表职务请求的决定》，根据法律有关规定，谭洪标的区八届人大常委会副主任职务相应终止。

第四十六次会议 9月28日召开。听取和审议区政府《关于2020年第一次财政预算调整方案的报告》《2019年度全区国有资产管理情况的综合报告》《中华人民共和国水污染防治法》执法检查报告，《中华人民共和国安全生产法》《广东省安全生产条例》执法检查报告，《中华人民共和国野生动物保护法》《广东省野生动物保护管理条例》执法检查报告等。任免一批干部。

第四十七次会议 12月4日召开，任免一批干部。

第四十八次会议 12月23日召开，任免一批干部。

（区人大办：黄县堂）

人大代表工作

【人大代表履职】 2020年，惠城区开展代表履职培训38期539人次，述职评议19场76人次，约谈代表5人，接受18名市、区代表辞职，补选代表10人。组织代表列席常委会会议、参与常委会视察调研、执法检查、专项评议及专题询问等292人次。鼓励代表在各领域、各行业坚守抗疫一线、推动复工复产、捐款捐物、进村入户宣讲等；市、区、镇三级人大代表804人次联动开展“更好发挥人大代表作用”主题活动及集中视察；常态化开展代表联络站活动163场、“回选区、访选民”活动128场。

【基层人大建设】 2020年，区人大常委会继续巩固镇（街）级“三个规范”（会议组织、重大事项讨论决定、主席团闭会期间工作）。深化全区48个代表联络站建设，“一镇（街）一品牌”实现多点突破：水口中心联络站成为“惠城品牌”，代表履职网格化水平不断提升；桥东“智慧人大代表电子名片”实现全天候履职；水口“人大工委+代表智囊组”提升工作格局；桥西“代表讲堂”增强履职能力；江南“三三制”畅通民意渠道；马安“双联双评”彰显基层监督权威。

（区人大办：黄县堂）

人大监督工作

【法律法规实施监督】 2020年，区人大常委会通过明察暗访、逐条对照等手段改进执法检查方式，对传染病防治法、野生动物保护法、安全生产法、水污染防治法等6部法律法规开展执法检查；审议认罪认罚从宽制度落实情况，调研行政诉讼、“一村（居）一警”、社区矫正、法治进农村、应对突发事件的法律保障等工作；审查政府规范性文件11件。

【议案建议办理监督】 2020年，区人大常委会以“三督一评”机制（监督小组经常督、主任会议专题督、人大政府联合督，优秀议案建议及先进承办单位每年评）督办代表建议55件。其中，惠城区48件，仲恺高新区7件（仲恺高新区没有人大机构，统一参加惠城区的人大会议）。重点督办“按国家要求建设惠城区传染病院或病区的议案转建议”“关于提高社区工作人员待遇的建议”等6件重点建议，切实解决了一批社会普遍关注的热点问题。对办理代表建议不到位的3个部门精准监督约谈。专人专岗精准对接市人大代表建议办理专项资金，争取资金1200万元，占惠州市代表建议专项资金的48%，涉及北部山区低水桥改造、中心区老旧街道路灯改造、农民工培训等民生建议项目7项；统筹使用区人大代表建议办理专项资金207.6万元，高效推动8件涉及民生的代表建议落实；推行阳光办理，现场设置“人大代表建议项目牌”，提升知晓率、办结率，代表有荣誉感，群众有幸福感。

2020年市、区两级人大代表优秀建议

表3

序号	姓名	优秀建议
1	罗伟良	《按国家要求建设惠城区传染病院或病区的议案（转建议）》
2	刘奖进	《关于建设和完善横沥圩镇排污管网的建议》
3	黄志刚	《关于规划建设惠州市第二十五小学校门口学生放学等候区的建议》
4	黄文题	《关于提高社区工作人员待遇的建议》
5	杨健华	《关于成立惠城区认罪认罚量刑建议专项检察官办公室的建议》
6	闻友远	《关于加快修缮芦洲镇东西灌渠、三面光设施的建议》
7	黄健悦	《关于加快启动芦洲镇龙颈村低水桥建设的建议》
8	杨浩良	《关于要求尽快解决沥林镇自来水供水的建议》
9	彭舒贝	《关于加强惠城区生活垃圾分类的建议》

【监督民生工作】 2020年，惠城区全面推开政府民生实事代表票决制，测评2019年区政府民生实事完成情况。组织省、市、区、镇四级

人大代表视察“惠民空间”改造项目，持续推动“长者之家”“健康之家”等新型城市社区服务体系建设；调研城市生活垃圾分类、学生心理健康教育、农村校舍建设、区卫生监督所及区疾控中心建设并“回头看”。审议环保年度报告，采取“无陪同、直奔现场”方式，开展水污染防治常态化联动监督。考察城市会客厅微改造项目、内街小巷及老旧小区改造等。综合运用视察调研、专项评议等方式，对村庄规划、农文旅产业融合、农业技术推广、农田水利建设等精准监督。探索讲评政府部门工作机制，围绕乡村振兴、城市管理专题，对8个部门精准监督问效。提升主任会议审议实效，对农业农村、医疗保障等民生领域精准监督发问。

12月3日，省、市、区、镇四级人大代表视察“惠民空间”改造项目建设（区人大办/供图）

（区人大办：黄县堂）

综 述

【主要预期目标任务基本完成】 2020年是“十三五”收官之年，惠城区人民政府始终坚持以习近平新时代中国特色社会主义思想为指导，深入践行新发展理念，落实高质量发展要求，统筹做好稳增长、促改革、调结构、惠民生、防风险各项工作，主要预期目标任务基本完成。

“十三五”期间，全区地区生产总值提高到862亿元，年均增长5.0%。固定资产投资、社会消费品零售总额分别年均增长10.1%、5.7%；规模以上工业总产值突破500亿元。财政收入结构不断优化，税收收入占比由55.2%提升至81.9%。产业体系逐步完善，三次产业结构调整为3.0∶27.4∶69.6。综合实力稳步提升，获全国综合实力百强区、科技百强县区、营商环境百强区等称号。

全区各级干部干事创业激情竞相迸发，积极性、主动性、创造性不断增强。顺利承接市下放职权42项。深入开展“清网增效”行动，推出工业投资项目摘牌即动工、企业开办全流程1天内完成、企业“直通车”等创新举措。组建国有资产投资运营和园区开发两大平台，进一步拓宽政府投融资渠道。

中心城区扩容提质成效明显，能源、水利、信息化等基础设施日臻完善。深入推进“无违建镇（街）”创建、城管“三项整治”、城市更新等工作，城市形象品位进一步提升。开展征地拆迁攻坚年、会战年等活动，完成隆生大桥、惠新大道、四环路南段等一大批市政项目征拆任务，加快拓展城市空间骨架。大力开展农村人居环境整治，1232个自然村完成“三清三拆”任务。加强生态建设，成功创建省生态区。现代乡村产业体系初步构建，乡村建设稳步推进。

坚持把新增财力的80%以上投向民生领域，教育、医疗等基本公共服务水平明显提高。聚力打赢精准脱贫和污染防治攻坚战，建档立卡相对贫困户100%脱贫，生态环境质量持续改善。大力推进就业创业工作，城镇登记失业率保持在2.6%以内。法治惠城和平安惠城建设深入推进，安全生产与食品安全形势总体稳定。社会保障体系日趋完善，文旅体加快融合。获评“中华诗词之乡”“广东诗词之乡”“中国小小说之乡”和“全国计生优质服务先进单位”，获评全国“扫黄打非”先进集体，助力惠州五夺全国文明城市称号。

【区政府常务会议】 2020年，惠城区召开20次政府常务会议。会议除学习传达上级文件精神、通知、条例、法律，听取工作汇报，审议相关工程及资金等外，其他主要内容如下：

审议并原则同意《惠城区撤销隐瞒重要事实取得商事登记管理办法（试行）》及《惠城区企业集群注册登记管理办法（试行）》等。

原则同意区司法局拟定的《惠城区人民政府工作规则》，由该局对有关内容进一步核实完善后，按程序发文实施。

原则同意区发展和改革局牵头拟定的《惠城区产业发展规划（2020—2030年）》，由该局牵头抓好组织实施，按程序报区委审批并报告区人大。

原则同意区城乡管理和综合执法局拟定并经区司法局合法性审定的《关于划定惠城区禁止露天烧烤食品区域的通告》，按程序报告区人大。

【区政府督查】 2020年，惠城区人民政府行政督促检查办公室（简称“区政府督查办”）扎实开展政务督查工作，督促办理工作事项840多项，开展专项督查活动140余次，下发督办函86份，撰写报送督查工作进展情况250余次。重点推进市、区建议提案办理工作，办理建议提案226件、人大代表主题活动日建议37件。落实建议提案办理公开制度，办理率和满意率均达100%。

【服务大厅智能化管理】 2020年7月，惠城区行政服务中心大厅智能化管理系统升级改造完成，通过充分运用信息化技术管理手段，以系统智能控制风险代替人工控制风险，不断规范领导和工作人员小微权力运行，提高群众办事效率和服务体验。优化预约及排队叫号系统，预约号智能嵌入现场取号排队序列中，实现线上线下无缝对接；优化服务评价系统，群众可在现场或线上进行服务评价，促进窗口服务提升；建立大厅管理系统，实现大厅各系统管理数据化，加强对服务质量和办事效率的监管。

（区政府办：林　欢、毛静仪；区行政服务中心：黄　婷）

信访工作

【概况】 2020年7月30日，惠城区信访事务中心成立，与区信访局合署办公，为惠城区政府办公室下属事业单位，承接原区信访局接待群众来访、办理群众来信来电和网上信访等日常工作，区信访局主要负责信访案件督查督办和协助案件复查复核工作。

是年，区信访局和区信访事务中心坚持以人民为中心，以解决问题为根本，按照“三到位一处理”（诉求合理的解决到位、诉求无理的思想教育到位、生活困难的帮扶救助到位，行为违法的依法处理）的总体要求，严格落实信访工作“党政同责、一岗双责”，做好信访工作。区党政领导接待群众152批386人次。对于积案以及重大政策性、群体性问题，区党政领导包案36宗，化解33宗，化解率92%。

疫情防控期间，启动网上信访模式，简化涉疫情事项办理流程，引导信访群众通过网上信访渠道反映诉求，做到快转快办，办结涉疫情诉求40多件。成立应急劝返小组，为打赢疫情防控阻击战提供信访保障。制定重要活动、重要节点工作方案和应急预案，开展信访隐患排查、领导接访约访下访活动、信访案件化解和督查督办，保障全区社会安全稳定。研判重点信访案件50多次，处理预警信息30余条，办理上级转交核查案件20多件。充分发挥网格化治理的功能作用，摸排各类社会矛盾纠纷653宗，化解615宗，化解率94%，网格化服务管理体系进一步完善，信访工作稳步推进。

【信访受理】 2020年，惠城区信访总量3082件次，同比增长118%。群众到中央、省、市、区上访432批1582人次，批数和人次同比上升23%和15%。办理本级网信90宗，同比下降16%。办理上级来信217宗，同比上升35.6%。办理网上信访案件2343宗，同比上升182%。上级交办信访矛盾化解攻坚70宗（省专件14件、市专件56宗），办结64宗，化解率91.43%。中央和省交办的121件重复信访件，结案上报73件，化解率60.33%。

【维护群众合法诉求】 2020年，惠城区开展“2020春风送暖解民忧”、“省专案”化解、“千名律师解千案”活动和集中治理重复信访和化解积案专项工作，按照“对症下药、无效换药”的原则，加强顶层设计，突出工作重点，采取一案一策一专班，成功化解矛盾纠纷，提升群众满意度。妥善解决“世贸三期”“华轩居”等问题楼盘及一批“钉子案”“骨头案”，切实维护群众合法权益，提高人民群众满意度。

【信访法规宣传】 2020年，惠城区开展《信访条例》修订实施15周年宣传活动，开展信访公益警示教育宣传活动，提高群众风险防范意识，从源头防止和减少信访矛盾纠纷隐患，保护人民群众合法权益，维护正常信访秩序。全区开展宣传活动80多场次，悬挂宣传横幅标语超过1000条，发放宣传资料30000多份，并通过开设专题宣传栏、举办宣传辅导课和单位LED屏的形式，实行宣传攻势全覆盖，使宣传延伸到各村（居），做到家喻户晓、人人知晓。

（区信访局：何碧瑜）

人力资源和社会保障

【概况】 2020年，惠城区人力资源和社会保障局（简称“区人社局”）始终坚持防控和发展“两不误”，认真履行人社部门职责，“稳就业、保民生”，攻坚克难，扎实做好就业服务、劳动关系、社会保障、人才建设等各项工作，较好地完成了各项年度目标任务。

【落实援企稳岗政策】 2020年，惠城区做好疫情防控工作，开展务工人员动态监测，对辖区内人力资源服务机构和劳务派遣经营许可企业开展疫情风险隐患排查。落实疫情防控期间各项援企稳岗政策，受理5家生产和配送疫情防控急需物资企业新招用员工一次性就业补贴约7000人700万元的申请。发放1家企业申请新冠肺炎治疗或医学观察隔离职工工资补贴1人1688元。受理企业失业稳岗补贴12批次978家，受惠职工32648人次。受理审核市直受影响企业及区受影响企业补贴103家，其中，符合申领补贴条件的企业共98家（含市属）。出台《惠城区应对新型冠状病毒肺炎疫情加强企业用工保障临时性补助办法》，为4家企业发放包车补助12万元。考察招聘15名驰援湖北及48名参与疫情防控一线工作的防疫医务人员，并给予临时性工作补助。

【劳动就业】 2020年，惠城区城镇新增就业1.43万人，失业人员实现再就业3859人，就业困难人员实现就业925人，农村劳动力转移人数956人，城镇登记失业率为2.36%，在规定的2.6%范围内，全区就业形势总体平稳。发放各项就业创业优惠补贴1233.39万元，发放疫情防控期间有关就业奖补政策补贴近559万元，受理创业担保贷款13笔（已发放6笔432万元）；受理发放技能晋升、以工代训、线上适岗、新型学徒等培训类补贴6082.64万元（其中，102.79万元是2021年一季度发放）。搭建劳务对接招聘平台，为辖区61家500人以上和重点用工企业落实就业服务专员工作，对接省际返岗专列专车28趟，举办各类招聘会50场，提供岗位逾16万个次，有效帮助企业解决复工复产用工问题。有序推进“粤菜师傅”“广东技工”“南粤家政”三项工程。2020年，通过各种形式共培训“粤菜师傅”502人，“南粤家政”培训6455人次，培训并取得相应工种职业资格证书1206人，有7家企业241人参加新型学徒培训备案。

【劳动监察】 2020年，惠城区受理举报投诉案件1496宗，立案查处113宗。向人民法院申请强制执行的案件41宗，为3047名劳动者追回工资福利2885.41万元；办理建设领域农民工工资保证金存储9宗1647.73万元，全力推动保障工资支付等制度措施落实。6—8月，在全区开展人力资源清理整顿专项行动，巡查各类用人单位551家、人力资源服务机构61家，对10家人力资源服务机构作出不予延续决定，对6家进行立案查处。全面落实执行“快立、快调、快审、快结”制度及裁审例会制度，受理案件100%在审理时限内结案，其中，终局裁决裁决率达到63.1%。

【人事管理】 2020年，惠城区完成基层医疗卫生机构急需紧缺人才专项公开招聘20人、硕博士人才公开招聘33人、镇（街道）党建指导员公开招聘65人、义务教育编内教师招聘204人、省事业单位公开招聘高校应届毕业生36人等。完成对编外人员清理核查，印发《关于核定惠城区各镇（街道）编外人员员额数的通知》和《区直机关事业单位编外人员处理意见》，清退区直机关事业单位和镇（街道）编外人员近200人，进一步解决冗员问题。审核通过2019年度惠城区中小学教师职称评审申报材料，确认并发放职称电子证书324份（其中，中级职称111人，初级职称213人）。通过大中专院校毕业生考核认定取得初级专业技术资格证323人。推荐1300名专业技术人员参加卫生、中小学教师、医药、工程技术等系列专业技术资格评审。惠城区经评审认定通过中小学一级教师163人，初级教师670人。

（区人社局：刘舒舒）

地方志工作

【概况】 2020年，惠城区人民政府地方志办公室（简称“区方志办”）贯彻落实《广东省地方志工作条例》，发挥地方志职能作用，较好完成地方志业务工作。完成年鉴编纂出版任务，落实地方志信息化工作，加强地情资源利用。在全区自然村开展家谱收集工作，动员各村借用、捐赠家谱，收集家谱86种。

【综合年鉴编纂】 2020年4月，区方志办完成全区资料年报和年鉴资料收集工作。9月，完成《惠城年鉴（2020）》出版稿编纂工作。10月，稿件送岭南美术出版社，实现综合年鉴年内公开出版。完成《广东年鉴（2020）》《惠州年鉴（2020）》有关惠城区部分编写任务，条目18条、字数约1万字。完成2019年度惠州市地方志资料年报区属部分编写任务，字数约3万字。

【地方志信息化】 2020年，区方志办按照广东省人民政府地方志办公室有关志鉴数字化工作的要求，开展志鉴数字化及录入省情数据库工作，完成《惠州市惠城区志（1988—2002）》及2016—2019年《惠城年鉴》500万字内容的数字化及录入省情数据库工作。

【地情资源利用】 2020年，区方志办加强地方志理论研究，抓好地情资源利用，各项工作顺利开展。组织开展地方志理论研究，向市志办提交论文4篇（其中，班子成员撰写论文3篇），占全市地方志系统总数的50%。组织粤故事资料搜集工作，讲好地方故事，上报省志办稿件3篇。组织参与广东省人民政府地方志办公室关于“惠州梅菜”拍摄《广东印记》微视频工作。协助区委宣传部开展惠城历史资料挖掘，整理有关中山公园的地情资料近1万字。协助梳理惠城革命老区史料馆布展文字，提供布展图片60多张。对全区40个革命老区村的红色文化资源进行调研并完成编写工作。

【自然村落历史人文普查工作】 2020年，广东省自然村落历史人文普查工作进入编纂出版阶段，《全粤村情·惠州市惠城区（卷二）》由广东人民出版社出版。区方志办按照省志办及广东人民出版社的要求，开展出版样稿审改，资料补充、完善工作，督促有关镇街对部分不符合自然村落普查要求的图片进行重拍，对自然村落普查系统有关资料开展核对工作。

（区方志办）

中国人民政治协商会议惠州市惠城区委员会

责任编辑：廖小冰

综　述

【政治协商】　2020年，中国人民政治协商会议惠州市惠城区委员会（简称“区政协”）履行三大职能，服务大局成效显著。召开主席会议10次、常委会会议2次，开展调研视察10次，形成调研视察报告10件。收到提案133件，经合并整理为119件，经提案委员会审查，主席会议审定，立案72件，转为意见处理47件。加强对侨史、名人、民俗、祠堂等文化资源的挖掘、整理和推介，多渠道征集史料，收集40多篇文稿，编辑《惠城文史》第32辑。加强同各地政协的交流互动，接待省、市和其他县（区）政协考察团27批300多人次。

是年，区政协组织112名委员分别到中山大学高等继续教育中心和广东南岭干部学院学习培训两次。完善“惠城政协”微信公众号、区政协网站和“委员之家”网络互动平台。发动委员捐款捐物335万元，用于抗击疫情、扶贫助学、敬老慰问、送医下乡等慈善公益活动。

【机构设置】　2020年，区政协设提案委员会、港澳台侨外事委员会、经济人口资源环境委员会、学习和科教文卫体委员会、农业和农村委员会、社会法制民族宗教委员会等6个专门委员会。其中，提案委员会委员43人，主要负责组织、征集和审议、督办提案。港澳台侨外事委员会委员47人，主要负责组织委员调查研究港澳台侨胞和民族宗教普遍关注的问题。经济人口资源环境委员会委员51人，主要负责组织委员调查研究经济科技建设情况。学习和科教文卫体委员会委员54人，主要负责组织委员调查研究科普、教育、文化、体育等方面情况，组织各界人士征集、撰写、编辑、出版文史资料及政协委员的学习活动。农业和农村委员会委员48人，主要负责组织委员调查研究农业发展、农村建设等方面的情况。社会法制民族宗教委员会委员50人，主要负责组织委员调查研究社会人口资源环境及法制建设情况。

【政协委员构成】　2020年，区政协有委员300

名，由中共、民革、民盟、民建、民进、农工党、致公党、九三学社、无党派人士、总工会、共青团、妇联、科技界、台联、工商联、文学艺术、农业界、教育界、医药卫生界、体育界、侨联、经济界、宗教界、科协、特邀人士25个界别组成。其中，中共党员委员120人，占委员总数的40%；非中共党员委员180人，占委员总数的60%；女委员68人，占委员总数的23%；男委员232人，占委员总数的77%；大专以上学历240人，占委员总数的80%；中专（高中）以下学历60人，占委员总数的20%。

（区政协办：戴伟娟）

主要会议

【区政协八届五次会议】 2020年5月17—19日在西湖大剧院四楼综合会议室召开。会议听取和审议区政协第八届委员会常务委员会工作报告；列席区八届人大六次会议，听取和讨论区政府工作报告及其他有关报告；听取区政协第八届委员会第五次会议期间提案收集审查情况报告；审议通过区政协第八届委员会第五次会议决议。

【区政协常务委员会会议】 2020年，区政协第八届委员会召开常务委员会会议2次。

第九次会议 5月13日召开。审议通过琚雄飞、谭洪标辞去区政协副主席职务和增选副主席名单的决定（草案）；区政协有关人事任免名单（草案）；辞去和增补委员名单（草案）；区政协八届五次会议议程（草案）；区政协八届五次会议日程（草案）；区政协八届五次常委会工作报告及报告人（草案）；区政协八届五次提案工作报告及报告人（草案）。区政协副主席胡爱华、许汉标、欧伟林、叶祝桥、谭洪标，秘书长陈伟秀出席。

第十次会议 10月22日召开。围绕“提升区公共卫生服务体系建设，推动大健康发展”主题开展专题议政。区政协班子成员，区政协常委会组成人员，区政府办公室、区卫生健康局、区医疗保障局、区政务服务数据管理局、市社会保险基金管理局惠城分局等单位负责人参加会议，区政协各科室、专委会负责人列席会议。

【区政协主席会议】 2020年，区政协召开主席会议10次，会议内容除常规的人事任免、提案立案情况汇报、遴选重点提案外，主要内容如下。

区政协八届三十五次主席会议 5月11日，区政协主席凌战主持召开。会议审议通过琚雄飞、谭洪标辞去区政协副主席职务和增选副主席名单的决定（草案）、区政协有关人事任免名单（草案）、辞去和增补委员名单（草案）、区政协八届五次会议议程（草案）；区政协八届五次会议日程（草案）；区政协八届五次常委会工作报告及报告人（草案）；区政协八届五次提案工作报告及报告人（草案）；区政协八届五次会议大会发言顺序和发言人（草案）；区政协八届五次会议表彰先进单位和个人的决定（草案）；增补调整部分专委会成员名单（草案）；区政协八届五次会议预算（草案）。区政协副主席胡爱华、许汉标、欧伟林、叶祝桥、谭洪标，秘书长陈伟秀出席。

区政协八届三十九次主席会议 6月24日，区政协主席凌战主持召开。听取区政协八届五次会议提案立案情况汇报，研究遴选2020年度重点提案，区政协副主席胡爱华、许汉标、欧伟林、叶祝桥、陈俊杰，秘书长陈伟秀出席。

（区政协办：戴伟娟）

主要工作

【协商议政】 2020年，区政协搭建协商平台、创优议政条件，鼓励和引导各党派、团体、界别委员参与惠城区经济社会发展重大问题和民生实事的协商讨论。整理出意见建议82条；专题视察“全面复工复产”情况，收集并上报意见诉求13条。就住宅小区消防安全、家政信用、食品安全监管、基层社会治理、社区康养等民生问题，提出“加强对老旧小区等场所的消防监控”“开发‘家政信用查’APP”“切实抓好全链条监管”“完善社区治理体系，发挥社会组织在应急体系中的作用”“政府引导，多方参与，医养资源向社区居家养老倾斜”等意见建议。

常委会专题协商议政惠城区医疗卫生工作，报送《关于健全完善我区公共医疗卫生服务体系的建议案》，提出“突破三大瓶颈”“抓好六大发展”“健全三大体系”等意见建议。邀请各党派团体及各阶层人士参与提案督办、行风监督、民主评议、对口协商等咨政监督活动，推荐10多名委员参与公检法等多个部门的监督评议活动。

【专题调研】 2020年，区政协各专门委员会围绕疫情防控、生命健康、生活垃圾分类、千亿产业园建设、花卉种植、文体旅融合发展等热点课题，深入企业、村（社区）、学校进行专题调研，提交调研报告10篇。

农业和农村委员会就惠城区农村生活污水设施建设情况进行专题调研视察，提出“加大资金投入保障，强化部门联动协作，科学高质按时推进工程建设，完善设施运维管理制度”等建议。对惠城区花卉种植情况开展专题调研，现场视察花卉苗木种植、加工和销售情况，提出“强化政府主导，延伸产业链条，加大科研创新，完善流通服务”等建议。就“促进我区中药材种植产业发展”专题，协同区卫健局、自然资源局、农业农村和水利局有关领导组成的调研组，深入汝湖镇、横沥镇进行实地考察调研，提出建议和意见。

区政协港澳台侨外事委员会对惠城区东江湾千亿产业园建设情况进行专题调研，提出“规划引领，抓住重点，多方筹措，寻求突破，完善设施，科学引进”等建议。

区政协社会法制民族宗教委员会就“贯彻《中华人民共和国环境保护法》，开展生态环境监管执法情况”进行专题调研，提出“增强企业的守法意识和社会责任，运用高科技手段开展环境执法，加大对重点区域、重点企业的执法工作，提升基层环境保护监管能力，提高执法队伍的执法水平”等建议。

区政协提案委员会到惠城区分类厨余垃圾处置透明工厂、江北街道云山花园、伟鸿中小学教育基地等单位实地走访参观，提出“加大持续宣传力度，加大市场化运作力度，加大政府投入力度，加强监督管理力度”等建议。

区政协学习和科教文卫体委员会到区文化广电旅游体育局就“如何进一步推动我区文体与旅游融合发展”进行专题调研，提出“要大力培养专业人才，要始终坚持政府主导，要始终弘扬优秀文化”等建议。

【提案督办】 2020年，区政协以提高提案质量为基础，树立精品意识，加大重点提案办理力度，将民主协商理念贯穿提案的提、审、交、办、督全过程，增强提案办理实效。收到提案133件，并案处理后119件。经审定，立案72件，其他转市、区有关部门作意见参考47件。立案提案全部办复，委员满意率和基本满意率99.6%。

（区政协办：戴伟娟）

纪检监察

责任编辑：廖小冰

综　述

【检控类信访下降】　2020年6月11日，中国共产党惠州市惠城区第八届纪律检查委员会第五次全体会议召开，参会人员1200人。全会认真学习传达中央、省、市纪委全会精神，区纪委书记关丽红作工作报告。

中共惠城区纪律检查委员会（以下简称“区纪委”）由中国共产党惠城区代表大会选举产生，惠城区监察委员会（以下简称“区监委”）由惠城区人民代表大会产生。区纪委与区监委合署办公，实行一套工作机构、两个机关名称，履行党的纪律检查和国家监察两项职责，对区委和市纪委监委负责。同时，区监委对惠城区人民代表大会及其常务委员会负责，并接受其监督。在区委和市纪委监委双重领导下，区纪委监委加强对下级纪检监察机构的领导。

是年，收到检控类信访举报203件，同比下降69.05%。立案269件，涉及乡科级干部20人、一般干部53人。给予党纪政务处分205人，留置4人，移送职务犯罪人员27人。

【普纪宣传】　2020年，区纪检监察机关开展主题教育宣传和基层党风廉政教育系列活动，在中央、省、市各类媒体发表文章54篇。办好办活区纪委监委官方微信公众号“鹅城清风”，公众号推送简讯340篇；归纳整理各镇（街道）纪（工）委、各纪检组稿件579篇。

发挥惠城廉政教育基地的警示教育功能，打通从严治党向基层延伸的“最后一千米”。8—12月（因疫情原因，1—7月闭馆），基地接待参观单位124个，参观人数3720人次。联合区委党校开展基层干部正风肃纪讲堂、公务员纪律教育廉政培训课、区直单位支部书记廉政培训等；编印征订警示教育书报，联络73个区直单位及13个镇（街道）订阅警示教育书籍、杂志2168套。

主要工作

【概况】 2020年，区纪委监委开展廉洁专班监督，成立“丰”字型交通轴线、农村生活污水、城市更新、乡村振兴、实体经济与营商环境、“不能腐”制度建设和作风建设六大重点工作监督专班，对重点项目建设实行“一对一”全程监督，有效把监督挺在前，预防腐败问题发生。

是年，创新监督方式，通过个别谈话、参加民主生活会、提出纪检监察建议等方式抓好监督，集中整治群众反映的强烈问题，查处群众身边腐败问题57件187人。

【源头治腐】 2020年，区纪委监委针对水利、自然资源、民政等部门在管理中的薄弱环节及存在漏洞，发出纪检监察建议书79份。

健全抓早抓小工作机制，全区副科级以上领导干部开展提醒谈话295人次。派驻纪检监察组、镇（街道）纪（工）委做实做细日常监督，开展每周“点题式”监督，发现各镇（街道）、区直单位在管党治党、作风建设、制度落实等方面问题331个，处理干部4人，谈话提醒67人次。

【开展巡察全覆盖】 2020年，区纪委监委对15个区直单位（含镇、街道）、95个村（社区）开展常规巡察，发现问题606个，完成对区直单位（含镇、街道）巡察覆盖93.3%，实现对村（社区）巡察100%全覆盖。

【执纪监督】 2020年，惠城区运用“四种形态”（党内关系要正常化，批评和自我批评要经常开展，让咬耳扯袖、红脸出汗成为常态；党纪轻处分和组织处理要成为大多数；对严重违纪的重处分、作出重大职务调整应当是少数；严重违纪涉嫌违法立案审查的只能是极少数）处理425人次，其中，前三种形态处理377人次，占处置总数的88.7%。

一体推进“三不”机制建设（不敢腐、不能腐、不想腐），增强“不想腐”思想自觉、行动自觉。充分运用监督执纪“七个看”（看违纪情节、看危害程度、看时间节点、看动机原因、看认错态度、看一贯表现、看群众口碑）和问责“六字诀”（严、准、适、通、扩、用），对17名党员干部从轻从宽处理，给予容错纠错机会。通过教育培训班、廉政教育公开党课、拍摄基层腐败暗访片、任前谈心谈话等方式，统筹运用党性教育、政策感召、纪法威慑，以案释纪、以案促改，增强党员干部和公职人员廉洁从政、拒腐防变意识。

【“四风”整治】 2020年，惠城区着力解决党员干部作风中存在的规矩不严、业务不精、效率不高、担当精神不足等问题。督导4个重点单位自查问题56个，制定整改措施128条，进一步提升服务质量和工作效能。抓住元旦、春节、国庆等时间节点正风肃纪，针对重点行业重点领域容易出现收受礼品礼金、违规公款吃喝、违规发放津补贴、餐饮浪费等问题，督促相关部门开展行业治理工作。查处违反中央八项规定精神行为64件64人，给予党纪政务处分16件16人，清理违规发放津补贴380余万元。

【监察专项整治】 2020年，惠城区集中整治群众反映的强烈问题，查处群众身边的腐败问题57件187人。

对区“两违”拆除落实工作进行实地检查13次，通过暗访、谈话函询、线索转办等方式推动工作开展。组织对农村生活污水处理设施建设运行情况进行深入调查，抓好现场督导和后期整改；深入基层开展农村人居环境整治检查调研工作，推动农村人居环境整治“百日攻坚”行动扎实开展。紧盯集体“三资”管理，重点监督检查农村“三资”流转交易平台运行情况，及时查处水口交易中心未认真履行工作职责等问题。开展残疾人政策落实情况整改、危房改造、扶贫“双到”、精准扶贫“回头看”等多个专项监督，查处扶贫领域案件5件5人。

对横沥镇增湖村、泰安村相关人员在农村危房改造工作中的违纪问题进行追责问责。严肃查处马安镇双寮村、上寮村相关人员骗取征地补偿款的严重违纪违法案，增强群众安全感、满意度。

（区纪委监委：张 婕）

中国国民党革命委员会惠城区总支委员会

【概况】 2020年，中国国民党革命委员会惠城区总支委员会（简称“民革惠城区总支”）有党员38人，下设2个支部。其中，男23人，女15人；本科及以上学历21人，大专学历14人，中专（高中）学历3人；高级职称4人，中级职称15人；有市人大代表1人，市政协委员1人，区人大代表2人，区政协委员5人。

【主要活动】 2020年10月30日，民革惠城区总支召开换届选举大会，选举产生第六届民革惠城总支委员会，主委翁少芳。

是年，民革惠城区总支参政议政，深入了解政情、社情、民情，提交提案和建议4件，其中，《关于推进我区建筑余泥渣土受纳场建设和管理的建议》《关于加强我区农村宅基地“一户一宅”管理的建议》提案获区政协立案。

是年，组织党员向博爱基金抗击疫情捐款6800余元，组织党员开展慰问台资企业旭璟光电科技（惠州）公司、水口养老院及捐赠物资工作。

（民革惠城区总支：张伟平）

中国民主同盟会惠城区总支委员会

【概况】 2020年，中国民主同盟会惠城区总支委员会（简称“民盟惠城区总支”）有盟员103人，下设5个支部。其中，硕士5人，本科70人，大专学历19人；高级职称29人，中级职称43人；区人大常委会副主任1人，区人大代表2人，市、区政协委员9人，市政风行风评议员1人。

【主要活动】 2020年10月22日，民盟惠城区总支召开换届大会，选举产生第十届民盟惠城区总支委员会，主委赵敏。围绕花卉产业发展项目，组织盟员前往广东绿湖园艺股份有限公司、水口街道、东莞花卉产业园实地调研花卉产业园项目落地情况。

惠城区“两会”期间，上交区政协提案9件，其中，《关于提升医疗卫生水平，推动高质量发展的建议》列入重点提案。

是年，民盟惠城区总支向马岭学校捐赠图书120余册，为龙尚小学图书室送去近600本图书（价值5000余元）。为抗击疫情，采购近万元的物资，发往武汉给惠州第一批援鄂医护人员；总支盟员捐物捐款2.5万元。

6月24日，民盟惠城区总支赴横沥镇马岭村开展“广东扶贫济困日”活动（区委统战部/供图）

（民盟惠城区总支：张　芸）

中国民主建国会惠城区总支委员会

【概况】　2020年，中国民主建国会惠城区总支委员会（简称“民建惠城区总支”）有会员63人，下设3个支部。其中，男46人，女17人；本科及以上学历33人，大专学历10人，中专（高中）学历16人；高级职称1人，中级职称3人；有市人大代表2人，市政协委员2人，区政协委员8人。

【主要活动】　2020年10月24日，民建惠城区总支召开全体会员大会，选举产生第七届民建惠城区总支委员会，主委彭继建。

民建惠城区总支会员向市、区两级人大、政协提交7件议案，其中，《缓解融资难题，推动我区中小微企业发展》《关于建立学生体质健康档案，保障学生身心健康发展的建议》被区政协列为立案提案；抗击新冠肺炎疫情防控期间，累计捐款物2.64万元。

（民建惠城区总支：罗玉川）

中国民主促进会惠城区总支委员会

【概况】　2020年，中国民主促进会惠城区总支委员会（简称“民进惠城区总支”）有会员110人，设7个支部。其中，男43人，女67人；本科及以上学历58人，大专学历27人，中专（高中）学历25人；高级职称6人，中级职称49人，初级职称1人；有区人大常委1人，市、区政协委员7人。

【主要活动】　2020年10月29日，民进惠城区总支召开2020年换届选举大会，选举产生第八届民进惠城区总支委员会，主委冯素娟。

“两会”期间，民进惠城区总支的人大代

表和政协委员在区人大和政协会议上提交的提案和建议有3件被采纳，分别为《关于加快我区沉香产业发展，打造“沉香之城”的建议》《关于加强急救设备配备及急救技能培训的建议》《关于提升基层法治能力、推进小金口法庭审判大楼建设的建议》。

是年，民进惠城区总支向马岭村小学捐赠儿童科普类图书以及文体用品等价值3000余元，为汝湖镇大良村4户困难家庭送上慰问帮扶金8000元，向万峰湖中学26名贫困学生捐助助学金7800元。

组织会员赴贵州省黔西南州安龙县开展帮扶活动，到横沥镇马岭村为村民看诊。

（民进惠城区总支：梁杰源）

中国农工民主党惠城区总支委员会

【概况】 2020年，中国农工民主党惠城区总支委员会（简称“农工党惠城区总支”）有党员89人，下设6个支部。其中，男36人，女53人；本科及以上学历62人，大专学历18人，中专（高中）学历9人；高级职称41人，中级职称40人；有市、区人大代表5人，市、区政协委员7人。

【主要活动】 2020年10月31日，农工党惠城区总支召开全体党员大会，选举产生第八届农工党惠城区总支委员会，主委王臻。

是年，农工党惠城区总支提交提案和建议共14件。其中，《关于建立和完善光污染防治机制的建议》《关于进一步规范对家政服务行业的监管，建立家政服务信用体系的建议》被市人大立案；《关于大力推进惠城区小金口人民医院新院建设的议案》被区人大列为重点建议。

总支组织党员向演达小学捐赠价值3000元的物资，前往横沥镇马岭村、惠州市社会福利服务中心开展义诊扶贫、爱牙课堂，宣传护牙知识工作。

（农工惠城区总支：刘佳妮）

中国致公党惠城区总支委员会

【概况】 2020年，中国致公党惠城区总支委员会（简称“致公党惠城区总支”）有党员35人，下设2个支部。其中，男21人，女14人；35岁及以下8人，36～40岁4人，41～50岁12人，51～60岁3人，61岁及以上8人；本科及以上学历26人，大专学历4人，中专（高中）学历5人；高级职称3人，中级职称8人；有区人大代表3人，区政协委员7人。支部委员苗明明获2020年度“三八红旗手”荣誉称号。

【主要活动】 2020年10月22日，致公党惠城区总支召开全体党员大会，选举产生第五届致公党惠城区委员会，总支主委殷琼。

是年，总支党员撰写提案建议共11件，其中，《科学规划桥东滨江片区，打造夜间经济样板街》获市政协立案；《关于打造特色跨境电商产业园，激发惠城经济发展新动能的建议》获区政协立案；《关于提高刑事（包括民事、行政）法援律师补贴标准的建议》获区人大立案。

致公党惠城区总支开展社会服务活动。捐赠1万个口罩给惠城区的社区和养老机构。赴横沥镇马岭村慰问6户贫困户和4户贫困学生，为每户送去500元。捐赠5000元给惠州市星星家园的“孩子们”学习非洲鼓。分别为横沥镇中心小学、马坌小学教学点赠送一批图书、体育用品，价值2万元。

（致公惠城区总支：赵群弟）

九三学社惠城区支社

【概况】 2020年，九三学社惠城区支社有社员36人。其中，男20人，女16人；35岁及以下4人，36～40岁5人，41～50岁11人，51～60岁10人，61岁及以上6人；本科及本科以上学历34人，大专学历1人，中专（高中）学历1人；高级职称16人，中级职称12人；市、区人大代表1人，市、区政协委员4人。2020年，支社获全省优秀社组织、全国优秀基层组织称号。

【主要活动】 2020年10月27日，九三学社惠城区支社召开全体社员大会，选举产生第五届九三学社惠城支社委员会，主委许汉标。

社员撰写提案建议32件。其中，《关于加强我市社区社工建设和管理的建议》《关于完善我市农村建设土地使用权管理的建议》获市政协立案；《关于对老旧小区供水管网进行全面改造的建议》获市政协提案转意见。

是年，为横沥镇马岭村的村民免费送医和发放科普宣传手册；向横沥镇墨园村发放6000多元的药品和上百份生活与医学科普宣传资料；前往河南岸街道对19户贫困户进行慰问，同时资助马安镇9名学生和23户贫困户。

（九三惠城区支社：周小燕）

惠城区工商业联合会

【概况】 2020年，惠城区工商业联合会（简称“区工商联”）会员总数238个。其中，镇（街道）商会5个（水口商会、汝湖商会、仍图商会、马安商会、河南岸商会），行业商（协）会1个（惠城区建材行业协会），其他团体会员3个（惠州市射击协会、惠城区农业龙头企业协会、惠城区中小企业协会），企业会员220个，个人会员9个。

是年，区工商联引导非公有制经济代表人士有序参与政治生活，会员企业家中有25人次担任市、区两级的人大代表和政协委员。推荐广东海纳农业有限公司“源于农民，反哺农民，带动农民脱贫致富”案例成功入选《广东乡村振兴万企帮万村100例》一书，受到广东省委农办、省国资委、省工商联联合发文通报表扬。

【开展理想信念教育】 2020年，区工商联引导非公有制经济人士坚定信念，听党话，跟党走。邀请区委党校为企业家宣讲中共十九届五中全会精神。组织部分会员代表前往横沥镇沙岗村开展“八一”走访慰问退伍军人活动。组织民营企业家代表17人前往“龙门白芒坑革命旧址”进行爱国主义教育。组织民营企业家代表28人到“黄埔军校旧址纪念馆”参观学习。

10月28日，惠城区工商联（总商会）组织召开民营经济人士座谈会（区工商联/供图）

【组织建设】 2020年，区工商联持续开展“五好”县级工商联和“四好”商协会建设，促进行业商协会改革发展，不断加强商会组织建设。

是年，惠城区建材行业协会被市工商联评为2019年度全市工商联系统“四好”商会。指导汝湖镇成立仍图商会，所属7个商（协）会完成登记注册。完成惠城区第一届总商会（区民政局登记注册）注销工作，及时理顺工作关系；持续推进“网上工商联”建设，所属团体会员及执委以上企业信息全部录入数据库；发展团体会员1个、企业会员9个。

【服务企业】 2020年，区工商联构建亲清新型政商关系，着力把区工商联打造成为“民营经济人士之家”。

新冠肺炎疫情防控期间，宣传支持企业复工复产相关政策，向会员企业寄送《新冠肺炎疫情防控办税缴费“一本通”》，专题组织《中华人民共和国民法典》及惠企社保政策宣传讲座，引导民营企业与党委政府一道投身疫情防控；5名驻会领导参与“千干扶千企”行动，深入企业一线全程协助做好疫情防控相关工作；为会员企业协调购买口罩1.8万个及部分消毒液、测温仪等物资。

为民营企业解决困难问题，引导民营企业家诚信守法经营。组织有融资需求企业参与“党企携手克时艰、党建引领促发展”金融暖企融资对接会；协助开展民营企业“直通车”专场活动1次，市有关职能部门协调解决会员企业义乌小商品批发市场客户停车难的问题。开展“法律服务月”活动，为11家会员企业进行“法制体检”，提高企业家风险防范意识。与区检察院共同开展“服务‘六稳’‘六保’护航民企发展”检察开放日活动。

【交流合作】 2020年，区工商联以常态走访会员企业和开展兼职副主席“轮值”活动为载体，加强企业家之间的交流互动，学习外地优秀企业的先进管理经验和创新发展思路。

是年，组织到源茵生态园、仍图商会、龙门县工商联、广州视源股份有限公司学习交流。同时开展学习《中华人民共和国民法典》及中共十九届五中全会精神等“轮值”活动7场次。

【社会责任】 2020年，区工商联引导民营企业承担社会责任。基层商会及会员企业通过不同途径支援疫情防控，累计捐款捐物折合109万余元。另外，区总商会捐款5万元购买防疫物资，由区疫情防控领导小组调配。开展“你出征我出力·同心赢战疫”关爱活动，组织会员定向捐款捐物给惠州市第三人民医院及支援湖北医护人员27.35万元。

是年，推进“百企帮百村”精准扶贫工作，落实由海纳惠民粮食全程机械化生产专业合作社、沙岗村委和马岭村委、区总商会三方合作开发的农机帮扶项目，推行“公司+基地+农户”水稻高产种植模式较好地解决农村富余劳动力的就业问题，提高水稻种植户的经济收入。发动会员企业参与慈善行动，组织开展5场次捐赠慰问活动，51家会员企业捐赠物资折合22.3万元。挂钩帮扶沙岗村的3户贫困户如期脱贫。

（区工商联：操乐冬）

惠城区总工会

【概况】 2020年，惠城区总工会民主建会64家，民主换届140家，换届率达99%。直选工会主席84家，超额完成市总工会下达的任务。新增农民工会员3987人。新办及变更工会法人资格证232家。推荐评选惠州市劳动模范5名、先进工作者1名、先进集体4个。组织130名劳动模范参加体检，发放68名劳动模范津贴97.95万元。推荐申报广东省女职工创新工作室示范点1家、惠州市女职工创新工作室示范点1家。

是年，惠州住润电装有限公司获评“全国厂务公开民主管理先进单位”，广东格林精密部件股份有限公司工会委员会获评“全国模范职工之家”，惠城区总工会女职工委员会获评广东省工会女职工工作先进集体。惠州华贸兴业房地产开发有限公司工会“爱心妈妈小屋”获评广东省级示范点，海宝摩打（惠州）有限公司工会“爱心妈妈小屋”等3家“爱心妈妈小屋”获评惠州市级示范点。

是年，加强职工技能培训工作。10月19日，召开社会化工会工作者培训会，对20名新招聘社工进行岗前培训。11月18—20日，在吉林大学珠海学院举办困难职工帮扶及劳资纠纷处理业务培训班，50名工会干部职工参加培训。12月2日，区总工会联合区人社局、区民政局举办2020年惠城区“南粤家政”家政服务从业人员职业技能竞赛，家政行业100多名选手参赛。

【工会系统疫情防控】 2020年，区总工会制定关于应对新型冠状病毒感染的肺炎疫情工作方案、关于全面做好春节后企业复产复工劳动者权益保障工作方案等工作指引。

区总工会在网站、微信公众号等平台发布《致全区各级工会组织、广大工会干部和职工群众的一封信》《给即将返岗人员的防护建议》等宣传文章。与区司法局、区普法办、广东科明律师事务所共同制作的“复工战疫两手抓，共克时艰促发展”普法课，观看人数约2万人。制定并印发《新型冠状病毒感染的肺炎疫情防控知识宣传手册》8000余份。

向镇（街道）总工会及部分企业下发380桶消毒液、720瓶酒精喷雾，用作疫情防控物资。向镇（街道）总工会及部分局工委会下拨14万元专项经费，用于慰问一线工作人员及购买防护物资。

2月4日，区总工会慰问惠州市第三人民医院防疫抗冠一线医护人员（区总工会张琳/摄）

【区总工会第八次代表大会】 2020年6月1日，惠城区总工会第七届十二次全体会议召开。会议讨论通过区总工会第八届委员会委员候选人名单。

6月23日，惠城区工会第八次代表大会召开。会议选举余道方为主席、林文杰为常务副主席，选举出区总工会第八届经费审查委员会主任及区总工会第六届女职工委员会主任。

【消费券发放活动】 2020年，惠城区为应对新冠肺炎疫情对消费行业的冲击，进一步释放居民消费潜力，安排600万元开展“春满鹅城 惠城有礼”消费券发放活动。主要用于百货零售、餐饮、家电家装三大行业。有500多户商家参与，商家让利200多万元，惠及会员11万多人，拉动消费8000多万元。

4月30日，“春满鹅城 惠城有礼”消费券发放活动启动仪式在惠州华贸天地举行（区总工会/供图）

【职工帮扶】 区总工会在春节前夕开展“冬送温暖”慰问活动，慰问困难职工131户，慰问各级劳动模范代表216人，发放慰问金34.7万元。开展“金秋助学活动”，助学13人，发放救助金6.5万元。开展“夏送清凉”慰问活动，对公安、交警、消防、供电、建筑、环卫等21个单位及企业进行走访慰问，为一线岗位的职工送上价值近30万元的防暑降温物资。帮扶困难职工275人次，发放帮扶救助金79.2万元。为辖区企事业单位20名困难女职工、下岗（失业）女职工及困难职工家属免费提供育婴技能培训。在疫情防控期间，对坚守在疫情防控一线的医务人员、公安干警、环卫工人、供电工作者等进行慰问，发放慰问金48万余元。

【职工维权】 2020年，区总工会劳资纠纷应急处置队出动10次，先后参与调处惠州市超聚电池有限公司、惠州市粤通实业发展公司等劳资纠纷案件。工会法律顾问参与集体劳动争议事件调处12宗，代理仲裁案件13宗，代理法院案件6宗，为225名员工争取经济利益636.3万元。

【集体协商】 2020年，惠城区有集体协商指导员129人，向企业及行业发出要约书260份，签订工资集体合同170份，其中，新签工资集体协议35份（单独合同31份、区域性合同2份、行业性合同2份），续签合同135份（单独合同128份、区域性合同4份、行业性合同3份）。签订率达88.5%，有效推进了惠城区工资集体协商工作的落实。

【关爱职工】 2020年，惠城区职工医疗和职工安康互助保障计划参保人数9964人，参保金额93.34万元。区总工会联合区妇联、团区委开展“关爱职工、品味生活”系列活动。以送文化进企业、送技能进企业、送温暖进企业等形式，促进企业构建“关爱职工”良好氛围。开展关爱职工子女活动117场次，参与活动职工子女2438人。

（区总工会：张　琳）

中国共产主义青年团惠州市惠城区委员会

【概况】 2020年，共青团惠城区委员会（简称“团区委”）组织全区中学团组织开展校级以上集中性主题团日活动（含线上）63场。组织全区中小学少先队开展“迎接少代会争做好队员”“让红领巾更加鲜艳”线上线下主题队日活动210场。推动整治一批软弱涣散基层团组织，镇（街道）和学校团委集中消除空心团支部310个。举办4期学习贯彻习近平总书记重要讲话精神学习会、“命脉工程”专题培训班，覆盖基层团干人数505人次。

组织100名优秀惠城青年参加惠州青年庆祝新中国成立71周年主题团日活动。选派10名优秀农村青年人才参加团省委“领头雁”培训班，推荐广东源茵生态园入库脱贫攻坚重点项目库。举办1期农村“领头雁”青年人才培训班。

是年，惠城区获评“广东青年五四奖章”个人奖1名，“广东青年五四奖章”集体奖1个。获评“全国优秀共青团员”1名；获评“广东省优秀共青团员”4名，“广东省优秀共青团干部”1名，“广东省五四红旗团支部”1个。

共青团惠城区委员会（简称“团区委”）核定编制5名，设书记1名。

【主题团日活动】 2020年，团区委组织全区中学团组织开展校级以上集中性主题团日活动（含线上）63场。组织全区中小学少先队组织开展“迎接少代会争做好队员”“让红领巾更加鲜艳”线上线下主题队日活动210场。

组织辖区中学共青团导师团成员，录制发布“绽放战疫青春坚定制度自信”系列云团课。在全区少先队组织开展“致敬逆行先锋”系列主题活动、“清明祭英烈致敬战疫英雄”主题活动，组织少先队员以云小队、云队课等形式学习防疫知识、分享抗疫英雄故事。

10月13日，区教育局、团区委、区少工委在南坛小学实验学校开展“童心向党学贺信 鹅城队员做先锋”线上主题队日直播活动（团区委/供图）

5月28日，惠州市南坛小学实验学校举行2020年一年级少先队员入队仪式（团区委李嘉玮/摄）

【共青团组织建设】 2020年，团区委有序推进镇（街道）团委换届选举工作，推动整治一批软弱涣散基层团组织，集中消除空心团支部310个、无团干团支部453个、超大团支部43个。高标准完成2020年新发展团员工作，团干部年度注册率超95%。严格按照团市委工作部署，按时完成129家“两新”组织新建团任务。

【共青团系统疫情防控】 2020年，团区委成立14支青年抗疫突击队，发动2000余名青年志愿者投入疫情防控工作中，开展自愿捐款支持新冠肺炎疫情防控工作的活动。惠城青联发动委员募集善款2.76万元；惠城区青年商会热心企业家筹资2.50万元，为城区及各镇（街道）志愿者购买3000个口罩、750瓶84消毒液等物资。伊利牛奶经销商惠州市高凤商贸有限公司捐赠一批价值8.4万元的牛奶，区青商会员企业蒂拉环球集团有限公司捐款购买1000瓶酒精消毒水。

是年，惠城区有7人、5个组织在2020年惠州市春运“暖冬行动”及新冠肺炎疫情防控志愿服务嘉许活动中获嘉许。

【服务创业青年】 2020年，团区委做好“展翅计划”工作，开发实习岗位500余个，超额完成团市委下达的工作任务。发动企业参加第七届“创青春”广东青年创新创业大赛暨第三届粤港澳大湾区青年创新创业大赛。选拔3名初创企业负责人参加“中国青创板”惠州市青创训练营（导师特训营），提供多元化的服务。

7月17日，团区委在惠州硕贝德工业园举办优秀留学青年交流活动（团区委杨嘉洛/摄）

【青少年关爱帮扶】 2020年，团区委组织开展“捐赠爱心压岁钱”广东红领巾基金募集活动。团区委依托“希望家园”“七彩小屋”等团属活动阵地，与社工组织合作开展留守少年儿童、困境青少年群体关爱行动，在芦洲学校、汝湖镇村头村分别组织开展“青春情暖爱心汇聚小鸟巢”关爱留守少年儿童志愿服务活动，向留守少年儿童、困境儿童分别赠予书包、学习用品以及爱心温暖礼包，并向村头村儿童服务站赠送一批儿童读物。

与区检察院协商签订“关于构建惠城区未成年人检察工作社会支持体系合作框架协议”，为教育感化挽救涉罪未成年人，保护救助未成年好人，保护未成年人民事、行政合法权益提供社会工作支持，为预防未成年人违法犯罪、保护未成年人免受犯罪侵害提供支持。

【先进典型选树宣传】 2020年，团区委开展一系列选树少年儿童典型活动、团队工作先进集体及个人评选活动，开展第五届“最美南粤少年”、省级少先队先进集体及优秀个人、区级少先队先进集体及优秀个人评选活动。其中，市河南岸中心小学黄品睿获“全国优秀少先队员”称号，市第一小学获“全国少先队红旗大队”称号；市第一小学陈锘铜获第五届“最美南粤少年”“智慧好少年”称号；市第十一小学张艺霖等10名同学获“广东省优秀少先队员”称号；第二十六小学大队辅导员李立良，某部队队长、长湖苑小学少先队校外辅导员屈延俊获“广东省优秀少先队辅导员”称号；第一小学白鹭湖分校大队获“广东省少先队红旗大队”称号；第二十九小学四（2）中队、第二小学四（2）中队获“广东省少先队红旗中队”称号；市第一小学获“广东省少先队工作先进学校”称号。

【青年志愿服务】 2020年，团区委结合春运时间节点，联合区总工会、区文明办开展“青春志愿行•温暖回家路”活动，派发禁毒宣传资料2000余份、青少年维权宣传手册1600余份、福袋等生活物品4000余份，累计服务旅客达2万人次。开展“守初心•担使命”金融知识进万家志愿服务活动；组织南航惠州基地志愿者和义家人志愿服务队慰问孤寡老人。结合全国文明城市工作，引导青年志愿者把交通劝导、环境整治、便民服务等主题活动作为志愿服务重要内容，开展各项志愿活动70多场，累计参与志愿者1万多人次。

【垃圾分类宣传进社区活动】 2020年，团区委联合区文明办、区城管执法局，在各街道社区开展116场活动，组织志愿者1100余人次参与活动，覆盖群众人数7.80万人，派发宣传资料6.50万份、奖品1.20万份，提升了群众的垃圾分类意识。

【“河小青”巡护河湖】 2020年，团区委组织全区基层团组织、社会志愿服务队代表参加全市“河长制”业务工作培训，了解掌握巡河湖护河湖基本知识。组织开展“河小青”巡河湖护河湖志愿服务活动200余场，参与志愿者3000余人次。在“i志愿”平台招募注册志愿者，线下发动社会力量参与，定期在东江、西枝江流域开展常规护河巡查行动，清理河段流域周围的垃圾。

2020年，组织志愿者开展“河小青”巡河湖护河湖志愿服务活动（团区委蔡灏/摄）

（团区委：李卓霖）

惠城区妇女联合会

【概况】 2020年，惠城区妇女联合会（简称“区妇联”）以“巾帼心向党　奋进新时代”

主题教育活动为主线，以线上线下相融合方式举办“争做新时代女性”系列活动。组建线上微信会议群和线下“巾帼宣讲团”，区妇联主席带头开展云宣讲。推荐表彰（含疫情防控中增加的表彰名额）市“三八红旗手”11名、市“三八红旗集体”2个、市“巾帼文明岗”5个。曾彩香家庭获2019年度全国“最美家庭”称号，黄元盛家庭、陈淑华家庭获2019年度广东百户“最美家庭”称号。筹集价值十多万元的物资，开展“致敬英雄 缤纷约惠”关爱援鄂医护人员暖心公益活动。引导各级妇联组织、巾帼文明岗、巾帼创业基地、乡村女能手、巾帼志愿者等投身助力有序复工复产行动。开展以“把爱带回家”“世界家庭日”为主题的困难母亲慰问走访活动，为480人（次）困难母亲送上祝福和慰问品。开展“爱心助跑一起GO”暨第十四届“爱心父母”牵手受助儿童活动，为356名困难儿童募集17.8万元爱心捐助款。接待妇女儿童信访案件95宗，结案率达100%。区妇联创作的乡村振兴、妇女权益保障、加强家风建设等内容的7篇稿件登上“学习强国”平台。

是年，区妇联指导区消防大队成立妇委会，区生态资源局妇委会换届，河南岸、龙丰等街道妇联完成届中调整。惠城区家庭教育协会等3个“四新”领域组织成立妇联，区美业协会妇联在会员单位成立5个“妇女之家”。在村小组、居民小区、商务楼栋、妇女兴趣组织建立“妇女微家”13个，推荐桥东街道等5个基层妇联组织为省第四期“妇女之家”示范点，选取河南岸街道南城社区等5个村（社区）作为区级“妇女之家”示范点进行重点打造。

2020年10月29日，召开惠城区妇女第八次代表大会，全区163名妇女代表参加会议。会议选举惠城区妇联第八届执行委员会主席1名、专职副主席2名、兼职副主席4名、选举常务委员19名、执行委员会委员51名。表决通过《惠城区妇联第八次代表大会关于第七届执行委员会工作报告的决议》。

【关护妇女儿童权益】 2020年，区妇联以“倾听妇女心声 关护妇女权益”为主题，开展妇联主席接听“12338”热线活动。发布普法信息2万余条，发放宣传海报、传单近千张，宣传小册子约1万本。“6·26”国际禁毒日，联合区总工会、江南街道等在江南学校开展“不让毒品进我家”主题宣传教育活动，并在全区开展户外宣传活动24场，印发宣传资料1万多份。

是年，创新开设惠城区首家“小麦芽育儿堂”。联动网上家长学校和基层教育指导服务站，在全区13个镇（街道）社区开展46场活动和10场以上线上分享活动。开展“苗圃计划——儿童防性侵行动”项目，开展儿童防性侵专题家庭教育讲座10场。在每个村（社区）设“暖询”服务公示牌，点对点安排法律志愿服务律师，提供《中华人民共和国民法典》《中华人民共和国反家庭暴力法》等多场公益法律讲座、户外法律咨询和个案协助处理。

举办惠城区第六届红紫荆妇女儿童公益创投大赛，对包括提升妇女能力、维护妇女权益、关爱儿童健康等服务内容的10个项目进行资助。与区卫计局密切配合，推进“两癌”免费筛查项目开展。实施“粉红紫荆爱心计划”，协助保险公司开展“关爱女性健康疾病保险”推广工作，面向广大妇女群众宣传“两癌”防治知识。

区妇儿工委推进实施广东省妇女儿童发展规划省级示范区（2016—2020年）各项工作，多次召开惠城区妇女儿童发展规划重难点指标推进会，确保两个规划目标任务如期完成。

11月，河南岸街道金湖社区家长学校“小麦芽育儿堂”启动仪式（区妇联张世峰/摄）

【助力乡村振兴】 2020年，区妇联联合各镇（街道）举办“南粤巾帼家政”公益培训30余场，培训1000多人次。多次开展电商技能人才培训，并推荐学员参加市妇联主办的农村电商“一村一品”等培训班，培养技能型人才。依托“惠城女性”线上平台和线下宣讲加大推广宣传力度，帮助市、区巾帼创业基地、乡村女能手售出产品5000多千克，销售额近20万元。

【巾帼共建美丽家园】 2020年，惠城区妇联结合“家”字号社会工程，开展“家慧美　惠幸福——美丽家园”创建活动、人居环境整治“百日攻坚”行动、“美丽家园”示范村、“家慧美　惠幸福——创建美丽家园”学习活动、“亲子共植　美化家园”及植绿护绿活动。举办美丽家园“童画里的家”绘画比赛、“巾帼心向党，共创美丽家园”现场交流培训会、变废为宝巧手改造手工制作活动、垃圾分类亲子活动等。

9月，开展“垃圾分类进社区”巾帼志愿活动（区妇联蔡雯洁/摄）

【家庭文明建设】 2020年，区妇联加强家庭文明建设，做实各项工作，推动社会主义核心价值观进家庭。推荐选树2019年度全国“最美家庭”1户、2019年度广东百户“最美家庭”2户，2020年惠州市十大最美家庭（文明家庭）1户、惠州市“最美家庭（文明家庭）”11户。认定2019年惠城区“十大最美家庭”10户，推荐选树2020年广东“最美家庭”1户，认定2020年惠城区“抗疫最美家庭”10户。推荐选树第十五届广东“十大优秀书香之家”1户，2020年度惠州市“十大书香家庭”“优秀书香之家”各1户。选树2019年惠城区百户“文明家庭”（星级文明户）105户和百户科普示范家庭。推荐的河南岸街道河南岸村被命名为“第六批广东省家庭文明建设示范点”，三栋镇坝山口村被命名为“惠州市家庭文明建设示范点”。“世界家庭日”，区妇联联合区巾帼创业创新联合会开展关爱困难母亲慰问活动，慰问区100户困难母亲家庭。

（区妇联：贯梦娜）

惠城区科学技术协会

【概况】 2020年，惠城区科学技术协会（简称“惠城区科协”）贯彻实施《中华人民共和国科学技术普及法》和《全民科学素质行动规划纲要（2006—2020）》，获评2016—2020年“全国科普示范区”优秀工作单位。联合区农业农村和水利局、区农技推广中心、科普e站、科普教育基地在汝湖镇沙洲尾村开展“科普惠农·科技下乡”主题党日志愿服务。组织20支科普义教队伍共144人（教授、大学生）到17所中小学校开展20多场次科普义教活动。

是年，举办的“惠州市全国科普日惠城区主会场活动”被中国科协、广东省科协分别评为“2020年全国科普日活动优秀组织单位”和“2020年广东省全国科普日活动优秀组织单位”。举办的“发现科学之美，体验科学魅力”科普基地线上打卡活动被广东省科协评为“2020年广东省全国科普日优秀活动”。

利用惠城区科协微信公众号“科普惠城”平台向公众普及新型冠状病毒防护知识，发送科普推文329篇，总阅读量超过20万人次，40多个科普宣传长廊同期推出抗击疫情内容。

【科普共建共享】 2020年，惠城区科协指导成立惠州首家园区科协——惠州信息产业园科协和惠城区人工智能科普协会。

是年，通过微信群、朋友圈等组织群众参加广东省全民科学素质大赛，2000多人次参赛。区科协和麦地小学被评为2020年广东省全民科学素质大赛惠州赛区优秀组织；麦地小学刘炎丰获评优秀个人和个人标兵。麦地小学等4家单位成功申报“科普中国e站”建设项目，惠州市第三人民医院生命健康安全体验馆和狮子城有限公司获评“广东省科普教育基地”。

【青少年科技创新大赛】 2020年，惠城区科协联合区教育局举办青少年科技创新大赛，84所学校1675名师生参赛，参赛作品1166件。评出获奖作品858件。其中，青少年科技创新作品293件，科技辅导员创新作品145件，青少年科技实践活动作品79件，少年儿童科学幻想绘画341幅。评出优秀组织单位5个，优秀科技辅导员10名。惠城区组织参加惠州市青少年科技创新大赛获得一等奖23件、二等奖4件、三等奖20件。

第35届广东省青少年科技创新大赛获奖项目一览表

表4

项目	作品名称	获奖者	所在学校	辅导教师	奖项等级
科技创新	红绿灯前小卫士	黄哲銧	惠州市南坛小学	李　伟	二
科技实践	人工智能进课堂	人工智能活动小组	北师大珠海分校惠州附属学校	史春艳 谢嘉怡 黄海棠	三
科幻绘画	智能知识再现器	黄欣萍	惠州东江小学	伍苋青	一

【青少年机器人竞赛】　2020年，惠城区科协联合区教育局举办青少年机器人竞赛，共有56个队参赛，评选出一等奖6个、二等奖10个、三等奖18个；优秀教练员10名，优秀组织单位3个。参加惠州市第十三届青少年机器人竞赛的队伍获一等奖7个、二等奖13个、三等奖10个。组队参加第20届广东省青少年机器人竞赛，获一等奖2个、二等奖2个、三等奖6个。麦地小学获评“全国青少年人工智能活动特色单位”，北京师范大学珠海分校惠州附属学校被命名为“广东省青少年科技教育创新团队”。

9月26日，区科协和区教育局在惠州市科技馆联合举办“2020年惠城区青少年机器人竞赛”（区科协李建凡/摄）

【主题科普活动】　2020年，惠城区科协联合惠州市科协在江北体育馆举办以“决胜全面小康　践行科技为民”为主题的2020年惠州市全国科普日惠城区主会场活动。组织惠州供电局综合能源智慧体验厅、惠州市机器人协会等28家科普教育基地和科技社团参与科普展示，内容有卫生健康、中医药科普、人工智能、3D打印、机器人创客、VR科普、无人机飞行表演、科普知识图片展览、新冠肺炎疫情防控等。举办主题为“科技为民，奋斗有我”的科技工作者最美瞬间随手拍活动，收到作品200余幅，评出一等奖2个、二等奖6个、三等奖10个。

联合市科协在麦迪新村新时代文明实践中心广场举办2020年惠州市“全国科技活动周、防灾减灾日”暨“广东省科技进步活动月”系列活动惠城区专场活动，市直有关学会（协会）、科普教育基地和有关企业30多家参加活动，派发各种科普宣传资料近万册（张）。联合市科协组织中国科学院老科学家科普报告团8名科学家到20所中小学校做科普报告20场。

举办全国科普日活动，联合西子湖畔公司举办“惠城区科普基地线上打卡”活动。辖区内有13个科普基地，科普内容涵括自然、健康、安全、农业、中医药、文化与信息科技等，线上参与人数4万多人次。

6月23日，2020年惠州市“全国科技活动周、防灾减灾日”暨“广东省科技进步活动月”活动现场（区科协李建凡/摄）

【科普阵地建设】　2020年，惠城区科协对35处700多延米科普宣传长廊进行维护更新。通过惠城区科协微信公众号、科协网站、西子门户网站推送科普信息264条。指导市第三人民医院生命健康安全体验馆和惠州狮子城有限公司创建广东省科普教育基地，麦地社区、麦地小学、惠州狮子城有限公司、广东源茵生态有限公司4家单位成为“科普e站”落地建设单位。指导惠州信息产业园创建园区科协；指导成立惠城区人工智能科普协会。麦地小学获评“全国青少年人工智能活动特色单位”；北京师范大学珠海分校惠州附属学校被命名为“广东省青少年科技教育创新团队”；惠州市第五中学继续被命名为“广东省青少年科学教育特色学校（2020—2025年）”。

是年，新创省级科普教育基地2个、市级科普教育基地6个。年底，惠城区有省级科普教育基地5个、市级科普教育基地25个。

【科普服务乡村振兴】 2020年，惠城区科协联合区农业农村和水利局、区农技推广中心分别在汝湖镇沙洲尾村，水口街道澳背村，横沥镇翟村、墨园村、周公堂村开展“科普惠民·科技下乡”行动，接受群众科普咨询1000多人次，向群众发放科技宣传资料3000多份，赠送生物有机化肥130多吨，义诊100多人次，5000多人获益。

【区科协获评全国科普日活动优秀组织单位】 2020年，惠城区科协围绕“决胜全面小康　践行科技为民”主题，承办惠州市暨惠城区全国科普日主场活动，现场有科技展示、无人机表演、科普文艺表演、科技服务咨询等。12月，惠城区科协获评“全国科普日活动优秀组织单位”。

（区科协：杨一波）

惠城区归国华侨联合会

【概况】 2020年9月28日，惠城区第六次归侨侨眷代表大会召开，130余人参加会议。会议审议通过区侨联第五届委员会工作报告，进一步深化落实侨联改革要求，委员、常委基层比例分别为65.5%和70.6%。

是年，惠城区归国华侨联合会（简称“区侨联”）制定下发《惠城区侨联推进“侨胞之家”建设工作方案》，全面推进“侨胞之家”建设工作。

【推进“侨胞之家”建设】 2020年年初，区侨联在创建“侨胞之家”试点先行的基础上，全面推进“侨胞之家”建设工作。召开工作会3次，组织专题研究2次，下基层调研3次，确定“三挂钩、两依托、两创新”的“侨胞之家”建设思路，即人员、架构、经费与基层侨联组织挂钩，场地设施依托党群（社区）服务中心和侨界企业资源，活动方式探索创新“其他党群部门+侨联”共建模式以及“社区+侨+社工+志愿者”服务模式，确保“侨胞之家”实现“有组织、有队伍、有经费、有阵地、有活动”的目标。

5月，区侨联制定下发《惠城区侨联推进“侨胞之家”建设工作方案》，明确创建“侨胞之家”的目标要求、功能建设和任务内容，明确各镇（街道）要结合各镇（街道）、村（社区）侨联组织自身实际和归侨侨眷的需求，采取“成熟一个建设一个”的工作思路，在归侨侨眷、海外侨胞、留学人员及其眷属较集中的地方建立“侨胞之家”实体化服务阵地，实现“侨胞之家”应建尽建、应覆盖尽覆盖。

【慰问困难侨户】 2020年，区侨联会同区委统战部上门慰问困难侨户64人次，送上慰问金2.17万元。向6名贫困归侨扶贫救助补助对象发放资助款5.1万元。发动各镇（街道）侨联、区侨联会员联络小组开展小范围联谊交流活动13次，发放侨法宣传资料3000余份，进一步汇聚侨心，凝聚侨界向心力。

（区侨联：钟 剑）

惠城区文学艺术界联合会

【概况】 2020年，惠城区文学艺术界联合会（简称“区文联”）在新冠肺炎疫情发生后，第一时间开展“抗击疫情，文艺界在行动”活动。各协会作品总量超过1000件，在“学习强国”刊登40多次，在《惠州日报》和“惠城发布”等媒体刊登60多次。

是年，完成《西湖文艺》编辑出版工作2期的任务。惠城区爨体书法传承中心于10月18日挂牌成立，同时举办第五届弘扬和传承秦咢生爨体书法艺术公益培训班暨书法展活动，10月底至11月底在龙丰上排的惠城区爨体中心开班，分老年和中年2个班，每个班招60人，开展20场活动。开展24期“朗读鹅城”活动。

年底，全区有文艺类协会团体11个，会员966人。

【协会团体活动成果】 2020年，惠城区引导各文艺协会团体加强建设，推动全区文艺事业发展，取得较好工作成效。

惠城区作家协会 拍摄惠州故事，在惠州电视台推出《走进祝屋巷》《走进水东街》《走进金带街》三部电视访谈片。完成《横沥革命老区英雄人物故事》《江南民间文化故事集》《汝湖民间文化故事集》三本地方文化丛书。会员发表文学作品157篇（首），整体发表数量与质量居全市各县区之首。

惠城区音乐家协会 承办2020年鹅城舞台秀第六季，举行网络海选9场、复赛6场、半决赛2场、总决赛1场，共计18场次。承办“鹅城公益大讲堂”3场，分别邀请著名歌唱家乔建军、作曲家湘西源、青年指挥家张镇举行公益讲座。协办“助力脱贫攻坚实现文化小康”2020年惠城区文艺轻骑兵下乡活动，组织文艺演出13场次。方得弟创作的歌曲《那就是你》、付雪梅创作的歌曲《雪中一枝梅》、林秀花创作的歌曲《喝杯热茶再走》三首作品于2020年在中国音协刊物《歌曲》发表。林秀花创作的歌曲《喝杯热茶再走》获2020年广东省音乐舞蹈花会金奖。方得弟创作的抗疫歌曲《我是党员冲在前》被《人民日报》、新华网视频和央视频手机端推广，点击量近100万人次。

惠城区书法家协会 组织会员45人次到马安镇、汝湖镇、小金口街道办事处举办3场送春联进社区活动，书写春联1500多幅。组织20多名会员参与2020年广东省书协举办的新人新作展；承办区政府“今朝梦圆·幸福小康”惠城区迎新春书画作品展。

惠城区舞蹈家协会 参与协办“竞逐一流，奋进惠城——2020年惠城区春节联欢晚会”。组织25位会员创作表演《不放弃》《听我说谢谢你》两个舞蹈手语操。在企业复工之际，排演《开工“三字经”》短视频，用摇滚快板的形式温馨提醒市民疫情防控期间安全防护的重要性。在13个镇举行13场送戏下乡演出活动，参与在惠城区美丽乡村举办的6场文艺演出，使村民们在家门口就能看到精彩的文艺节目。

惠城区戏剧家协会（曲艺家协会） 参与市剧协组织的剧本（市文联2020年重点创作项目）研讨会；组织骨干以客家山歌、渔歌为载体，创作一批原创小品、快板、诗歌、音乐作品庆祝建党一百周年。由林秀花、张文倩等参与创作的以广东省第一位女共产党员高恬波为原型的融客家山歌独唱、舞台合唱、舞蹈和情景表演于一体的山歌剧《南粤红棉》剧本创作完成，进入专家指导修改阶段。剧（曲）协有小品2个、快板3件、歌曲10首、诗朗诵10件，分别在全国、省、市主流媒体宣传推广，并由“学习强国”和“惠州头条”推送，以文艺的形式在抗疫战线上发挥了独特作用。

惠城区美术家协会 2020年1月，与惠州市合立方公益互助会合作开展惠民书画义卖活动，义卖所得款项捐为公益互助会基金，用于服务公益事业。3月，举办“文明始于心，健康始于行”——惠城区美术家“抗疫”作品网络展。10月，筹备惠城区重点文艺创作项目——《鹅城红色基因代代传》美术长卷，为建党一百周年活动献礼。

惠城区摄影家协会 5月，联合惠州市西湖景区管理中心举办“艺术•西湖”花鸟鱼精品艺术摄影比赛，收到345名作者2000多件来稿。9月26日，在惠州西湖百花洲举行“欢度2020国庆中秋佳节”摄影展览，展出会员优秀摄影作品80幅。组织举行26次摄影采风创作活动。全年会员累计获得国家级奖项31个，省级奖项49个，FIAP 、PSA国际影赛奖项5个。

惠城区民间文艺家协会 与惠州学院老师共同举行惠州民歌、客家山歌、惠东渔歌收集活动，先后到博罗、惠阳、惠东、惠城区实地采访和收集，把民歌做了数字化保护和保存。组织会员在南湖公园协助拍摄网络电视剧《好好聊天》；组织会员义务到学校举行3场传授丝网花和纸扎花活动；组织会员到东莞采风，并与东莞市民间文艺家协会进行交流联谊活动。

惠城区文联艺术团 创作歌曲《牵挂你我》和诗歌朗诵等抗疫作品。高彩玲获2020年广东省少儿春晚《华夏童梦》优秀指导教师奖。舞蹈《上学了》获2020年广东省少儿春晚《华夏童梦》优秀节目奖，23名团员获优秀演员奖。

（区文联：陈文端）

惠城区残疾人联合会

【概况】 2020年，惠城区残疾人联合会（简称“区残联”）及时补充镇（街道）残联专职委员，完善全区209个村（社区）残疾人专门协会。审核发放困难残疾人生活补贴3002人次、重度护理补贴8683人次；惠城区残疾人基本康复服务率、辅具适配率均达到100%。多渠道促进就业创业，城镇新增就业1148人。举办培训班培训184人。发放教育扶助资金19.72万元，惠及145名残疾学生和贫困残疾人家庭子女。组织参加惠州市第八届残疾人美术作品大赛，获一等奖1个、二等奖3个、三等奖6个。

是年，区残联接待来访、来信和网络问政5件次、电话咨询20次，为广大残疾人解决涉法问题，群众满意率100%。承办人大代表议案2件、政协委员提案3件，办结率100%。

8月，原惠城区残疾人劳动服务所、惠城区残疾人辅助器具服务站、惠城区残疾人康复中心合并设立惠城区残疾人综合服务中心。

年底，惠城区有持证残疾人1.34万人，其中，视力残疾人945人，听力残疾人1738人，言语残疾人142人，肢体残疾人5954人，智力残疾人1568人，精神残疾人2609人，多重残疾人484人。

【残疾人组织建设】 2020年8月，召开惠城区残联第七届主席团第三次全体会议；及时补充镇街道残联专职委员；完善全区209个村（社区）残疾人专门协会，配备209名村（社区）残疾人专职委员，并开展业务培训2次。分别举办精神残疾儿童和青少年家庭《融合教育实务技能与实践探索》讲座、“牵着蜗牛去散步•绿色行”大型主题公益活动、“悟初心 记使命 跟党走”爱国主义教育等5次。

8月，区残联召开第七届主席团第三次全体会议（区残联/供图）

【残疾人证核发与管理】 2020年，区残联制定下发《惠城区2020年残疾人证核发和管理工作实施方案》，通过疑似残疾人办证情况筛查、下乡评残、评残补贴、简化评残办证程序等多种举措推进残疾人评残办证工作。全年新增残疾人3200余名。

【残疾人生活保障】 2020年，区残联与民政局共审核发放困难残疾人生活补贴3002人次、重度护理补贴8683人次。协助做好残疾人医保社保参保工作，全区残疾人医保参保5297人，养老保险参保4008人。对34户残疾人家庭开展临时救助，对4户残疾人边缘户和2户精准脱贫户给予6000元/户的扶贫资金。发放危房改造补助资金131户104.8万元，完成贫困重度残疾人家庭居家无障碍改造92户。为7人发放C5驾驶证补贴，为39人申领肢体残疾人燃油补贴。

【残疾人精准康复】 2020年，惠城区残疾人基本康复服务率、辅具适配率均达到100%，残疾人康复覆盖面不断扩大。推动7～17岁残疾儿童支持性服务，签约服务275人；规范开展残疾儿童康复救助工作，救助295人；采取购买服务方式，为50名重度肢体残疾人开展居家康复服务项目。推进残疾人家庭医生签约服务，服务残疾人1.05万人。为122名重度残疾人进行辅具适配评估，为488名残疾人适配辅具，为115名残疾人提供转介服务；为234名残疾人提供精准康复服务补助，发放补助40.3万元。

【残疾人培训就业】 2020年，区残联多渠道、多层次促进城乡残疾人就业创业，城镇新增就业349人，农村新增就业799人，培训184

人。开展农村种养、电子商务、自主创业、计算机办公软件应用、网丝花手工制作培训班6期，培训184人。对23名自主创业的残疾人给予每户5000元的扶持金。“一对一”精准开展残疾人毕业生就业服务，6名残疾人高校毕业生全部就业。选送23个参赛项目参加惠州市“众创杯”残疾人公益赛，获金奖1个、银奖5个、铜奖3个；参加广东“众创杯”创业创新大赛，获铜奖2个。

9月4日，区残联开展就业基地参观体验活动（区残联/供图）

【残疾人教育】 2020年，惠城区1名残疾儿童获得“残疾人事业专项彩票公益金助学项目”资助，7名残疾学生获得“南粤扶残助学工程”资助。发放扶助资金19.72万元，惠及145名残疾学生和贫困残疾人家庭子女。委托社工组织与专业老师进行上门服务，投入8.9万元对30名残疾青壮年进行扫盲。

【残疾人文化体育】 2020年，区残联征集44份残疾人书法、绘画、摄影、手工作品参加惠州市第八届残疾人美术作品大赛，获一等奖1个、二等奖3个、三等奖6个。举办1期残疾人体育暑假培训班，培训47人；举办1期社会体育健身指导员培训班，培训10人。

（区残联：曾庆洋）

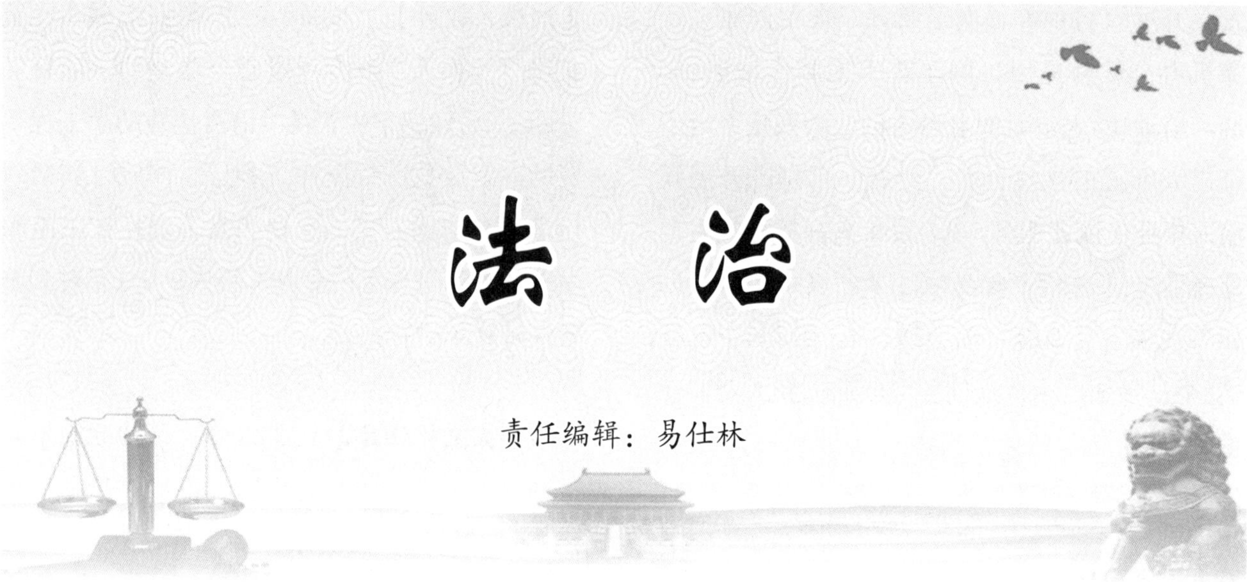

法 治

责任编辑：易仕林

政法委及综治工作

【概况】 2020年，惠城区把维护国家政治安全放在第一位，以第二批全省“维稳工作示范点”试点地区为契机，推进维护政治安全八个专项行动、社会矛盾问题八个专项治理，推进扫黑除恶专项斗争，依法打击非法宗教、邪教破坏活动。全年摸排化解社会矛盾纠纷826件，办理涉法涉诉信访案件131件，申请核销涉法涉诉信访积案80件。坚持“效不更方、无效换药”，推进积案化解，有效管控风险隐患。开展反邪教宣传活动132场次。完成深圳成立经济特区40周年庆祝活动安保维稳工作任务，年内全区社会大局安全稳定。

中共惠城区委政法委员会（简称“区委政法委”）内设机构7个，下属事业单位惠城区网格化指导中心。

【扫黑除恶专项斗争】 2020年，惠城区接收上级移交线索324条，办结298条，收到线索数和办结数在全市均排名第一。累计打掉涉黑组织2个、涉恶集团9个、涉恶团伙98个，涉黑事案件立案650起，破获案件451起，刑事拘留1163人，逮捕857人，移送起诉811人，敦促投案自首29人。查封、冻结、扣押涉案资产20.47亿元，排全市前列。核查并办结涉及村干部把持基层政权、操纵破坏基层换届选举等举报案件8宗。立涉黑涉恶和“保护伞”案件79件114人，党纪政务处分80人，移送司法8人。成立专项工作组整治农村问题，马安镇水贝村、汝湖镇大岭头村、水口街道三联村、横沥镇莲塘村问题得到有效解决。经第三方机构评测，扫黑除恶专项斗争群众知晓率92.26%，满意率90.25%，参与率85.11%。

【社会治理】 2020年，惠城区以市域社会治理现代化试点为契机，以网格化管理为抓手，组织9次集中研讨会、分析会和工作对接会，开展两批集中调研，先后在小金口街道、桥西街道和横沥镇黄沙洞村召开现场推进会，持续固化优化规范化建设，努力打造一流网格化社会治理。推进“一村（居）一警”，616名警力下沉214个村（居），实现全覆盖。各镇（街道）结合实际创新工作和加强基层社会治理工作要求，小金口街道对所有村居网格化平台提档升级；水口街道打造“信访超市”，实行“6+1”组团服务；桥东街道创新智能语音系统；桥西街道大力推进“最强大脑”数字化建设；江南街道祝屋巷着力创建“和美网格”；横沥镇黄沙洞借力网格化平台打造“平安美丽乡村”。

【实行网格化新冠疫情防控】 2020年，惠城区加强网格化新冠疫情防控工作相关做法被广东省委政法委、惠州市委政法委工作简报刊发。小金口街道“网格化+大数据”防疫经验受到国务院督导组肯定，在广东省人民政府新闻办公室新闻发布会分享防疫经验。区、13个镇（街）“三人领导小组”、1598个村（社区）三人排查小组全力做好风险区到惠城人员落地核查、隔离管控等工作，筑牢“外防输入”坚固防线。投入联合检疫站警力7500人次、健康观察点警力1万人次、社会面巡逻防控警力2.58万人次，依法批捕涉疫犯罪案件11件16人，起诉12件17人。依法审理妨害疫情防控犯罪案件15件26人、涉疫民商事案件49件，严惩涉疫违法犯罪行为。集中排查化解涉疫矛盾纠纷62宗，防范化解“疫后综合征”。

6月12日，惠城区网格化社会治理工作现场会在小金口街道召开（区委政法委罗晓星/摄）

【平安惠城建设】 2020年，惠城区成立区委平安惠城建设领导小组，建立4个协调小组，完善平安建设机制，构建问题联治、工作联动、平安联创格局。全年接报刑事警情4229宗，同比下降19%。接盗抢警情（含治安）3169宗，同比下降42%。接入室盗窃警情214宗，同比下降54%。接“两抢”（抢夺和抢劫）警情23宗，同比下降39%，“两抢”零发案天数达343天。区检察院受理审查逮捕案件1543件2393人，批准逮捕1249件1811人，受理审查起诉案件2448件3218人，提起公诉1959件2592人。区法院受理各类案件4.08万件（含旧存4191件），结案3.58万件，结案率为87.66%，员额法官人均结案458.55件。

【法治惠城建设】 2020年，惠城区政法工作坚持“围绕中心、服务大局”要求，做到“中心工作在哪里，政法工作就延伸到哪里”。服务防范化解重大风险、精准脱贫、污染防治“三大攻坚战”。突出对重点领域和弱势群体的司法保护，起诉侵害进城务工人员权益犯罪11人。起诉集资诈骗等金融领域犯罪4人，依法惩治金融犯罪。起诉非法采矿等污染防治领域犯罪23人，有效打击和震慑破坏环境犯罪。审理涉及土地承包经营权等涉农案件13件。起诉职务侵占等损害企业利益犯罪22人，侵害知识产权领域犯罪8人。审结合同、公司等商事案件1.29万件，金融借款、信用卡等金融案件5421件，破坏金融管理秩序、金融诈骗犯罪案件4件，知识产权案件3391件。对64件涉企民事案件采取“活封”“活扣”等灵活保全措施，降低财产保全措施对企业复工复产的影响。服务民生大计，不断深化“放管服”改革，依托“互联网+政务服务”平台，让“数据多跑腿，群众少跑路”。开展“南粤执行风暴2020”行动，执结1.21万件，执行到位10.16亿元。推进根治欠薪冬季专项行动，为1100余名劳动者追回“血汗钱”1583.43万元。持续抓好最高人民检察院“一号检察建议”落地落实，严厉打击性侵害未成年人犯罪，推动建立“惠城区未成年人询问救助中心”，对遭性侵的未成年被害人实行“一站式”询问救助。在13个镇（街道）和10个组织机构（妇联、残联、总工会、老龄办、法院、共青团、某部队、退役军人事务局、看守所、检察院）建立法律援助工作站，在213个村（社区）建立法律援助联络室，做强法律援助品牌。

【禁毒工作】 2020年，惠城区破获毒品案件48宗，捣毁涉毒团伙18个，刑事拘留涉毒人员88人，逮捕涉毒人员74人，查处吸毒人员202人，社区戒毒、强制戒毒76人。对分类分级社会面吸毒人员严格落实定期谈话、走访、尿检、出所必接等管控措施，管控率98%。142名社区戒毒、社区复康人员全部纳管纳控，管控率达100%。推进点对点帮扶、因毒致孤致贫帮扶等活动，组织医疗、人社、民政等部门联合开展公益会诊、社会救助等活动，探索多样化、多渠道的就业安置措施，鼓励支持自主创业和自谋职业，社区戒毒、社区康复人员就业率达95%。结合常态化新冠肺炎疫情防控工作，以“健康人生、绿色无毒”为主题，采取“线上+线下”模式，持续开展禁毒宣传教育活动，提升毒品预防教育工作渗透力。全年开展5562场“六进”宣传活动，累计发放禁毒宣传手册、环保袋等宣传物资156万份。

【政法队伍建设】 2020年，区委政法委全面加强政治、思想、组织领导，提升专业素质，强化作风纪律。是年，小金口街道人民调解委员会被司法部评为“大排查早调解护稳定迎国庆”专项活动表现突出集体。1人获评广东省新中国成立70周年维稳安保工作成绩突出先进个人。1人获评检察日报社2020年度全国检察宣传先进个人，2人获全省检察机关“检察荣誉章”，1人获第九届广东省十佳公诉人暨广东省优秀公诉人业务竞赛“广东省十佳公诉人”称号，1人获评全省全民禁毒工程先进个人。

（区委政法委：罗晓星）

公　安

【概况】 2020年，惠州市公安局惠城区分局（简称“区公安分局”）坚持“政治建警、改革强警、科技兴警、从严治警”总要求，维护全区社会大局持续平安稳定。全区刑事警情同比下降19%，其中，盗抢（含治安）、入室盗窃、“两抢”警情分别下降42%、54%和39%。“两抢”警情零发案达343天。群众安全感和公安工作满意度提升。

是年，持续筑牢抗疫前沿阵线，紧扣“粤港澳大湾区”和“国内一流中心城市”建设，为全区经济社会高质量发展创造良好的营商环境。强化情报线索搜集，加大舆情预警研判，筑牢意识形态领域“防火墙”。严密做好重大节日、敏感节点的研判会商工作，全力化解各类不稳定因素，做好经济特区成立40周年庆祝活动等各项安保维稳工作，有力保障全区政治社会大局稳定。

【社会治安防控体系建设】 2020年，区公安分局强化全区317个普清加高清一体的视频监控、56套高清治安卡点建设，进一步健全治安防控天网体系，推动建设“1·3·5分钟”处置应急防控机制（指1分钟快速反应，重点区域3分钟赶到现场处置，人员密集场所5分钟赶到现场处置）。以全区范围内214个“一村（居）一警”工作室为支撑，在八大人员密集重点区域设置24小时动中备勤点，搭配巡警、特警组建的巡防力量，依托“1·3·5分钟”处置应急防控机制，抓好巡逻防控和警情压控等工作。推进智慧新管控体系建设，依托大数据、警务云平台，完善行业场所管控工作机制，创新情报分析、图像侦查、合成作战等举措，推动重点内保单位防控工作实现新突破。通过视讯联网、人脸卡口平台，推动“平安医院”“平安市场”建设。落实校园安全管控，全区大中专院校及中小学幼儿园100%安装一键报警系统，配套重点单位来访人员登记系统，强化对校园内外隐患排查化解。

【公安科技信息化建设】 2020年，区公安分局坚持“科技兴警、改革强警”的理念，开展科技创新、建模大赛、人员培训等工作，推动信息化暨智能化建设应用能力提升，初步形成具有惠城特色的公安信息化打击作战模式。完成一个中心、两个平台建设（即原办案中心智能化改造，警务内部视频督察平台、执法视音频监管平台建设）。成立科技信息化小组，由22名信息化业务骨干组成。举办5期“智慧新警务大练兵大比武”活动和7期智慧新警务培训。上线应用移动警务终端1000台，实现全警移动警务终端全覆盖。推动智慧新民生建设，应用“互联网+政务服务”和大数据思维，创新业务受理模式和办事流程，建成户政“网上便民服务平台”和出入境“智慧办证大厅”，提升群众办事效率。以“一村（居）一警”工作为依托，推进全区212个村居委636个视频监控点连线接入工作，全面解决村居治安防控“盲点”问题，提升村警工作智慧防控效能。组织各警种开展实战建模，在省公安厅可视化建模平台累计上传数据模型12个。在2020年惠州公安智慧新警务大数据建模大赛中，惠城区参赛模型获一等奖1个、三等奖1个、优胜奖1个。

【公安系统服务平安建设】 2020年，区公安分局落实涉危爆物品安全监管职责，推进危爆物品隐患大排查大整治，完善户籍化管理机制，全面清缴非法危爆物品。结合“一村（居）一警”工作机制，加强农村交通安全管理，进一步完善“两站两员”（“两站”指乡镇交通管理工作站、农村交通安全劝导站，“两员”指乡镇交通安全员、农村交通安全劝导员）建设和运行机制。加强与文旅、卫健等部门景区经营管理单位的协作配合，对涉旅游安全场所、游艺设施设备和各类交通工具进行安全检查，加强景区周边巡逻防控，维护旅游景区良好治安态势。加强“平安细胞”建设，常态化推进“平安校园”“平安医院”建设，定期检查重点单位完善专职内保机构。加强公安派出所消防安全监督检查，重点检查行业场所疏散通道、安全出口是否畅通，室内消火栓、疏散指示标志、应急照明、灭火器是否完好有效，居民住宅区消防车通道是否畅通，电动车是否违规停放或充电，物业服务企业对管理区域内共用消防设施是否进行维护管理等。检查各类娱乐场所10650间次，发现整改各类治安、消防隐患142处，停业整顿场所17间次，罚款12间次。指导发动群防群治组织1353次，组织召开两级联席会议2450余场次。累计走访入户9万多户，帮扶救助群众618人次。

【户政及出入境管理】 2020年，区公安分局实施“清网增效”行动工作要求，按照市公安局深化“放管服”改革工作部署，创新合并快办、线上通办、智慧自办等举措，推动户政管理便捷化、优质化、智能化、规范化。

户政业务合门并窗。推进麦地、南坛、河南岸、马庄4个派出所的户政业务进驻分局服务大厅，实现统一户籍业务受理办理模式。设置8个业务窗口，整合16项业务统一受理，实行“前台受理、后台审核、内部流转、综合审结”的闭环审核、审批模式，提升户政服务效能。户政“全城通”线上通办：依托户政“全城通”系统，实行审核审批材料的电子线上流转，实现任一户政窗口无差别化受理、审核、审批、办结惠州市户籍业务，即包括12项即来即办登记类业务（婚内出生小孩入户、注销户口、身份证首次办理等）和24项流转审批类业务（其他类出生小孩入户、市外迁入等），群众可选择在任一户政窗口申请办理。

户政智慧化自助办。加强户政业务智慧化办理，加快“户政业务24小时自助一体机”“身份证自助一体机”“户政业务自助查询机”等自助设备推广应用，实现“智慧服务大厅”有序运行。麦地、南坛、河南岸、马庄4个派出所并窗后，均摆放自助一体机设备，方便群众办理相关户政业务。加强出入境服务各项工作，推出导航式、一窗式、绿色通道、免费复印、邮政寄递等服务措施，进一步完善“智慧办证大厅”，配置自助设备28台，实现自助服务与窗口服务相结合，提升办证大厅智能服务水平。进一步完善三栋“24小时自助办证区”、惠城区行政服务中心“24小时自助服务区”，将自助办证服务延伸到人流密集区域和偏远乡镇，实现业务跨城办、服务不打烊。同时，做好疫情防控期间便民宣传，通过“平安鹅城”“惠城发布”微信公众号以及张贴温馨提示等途径，及时公布疫情防控期间出入境办事指南及新政策，引导群众关注防疫事项。

【“飓风2020”专项行动】 2020年，区公安分局推进“飓风2020”专项行动，严厉打击整治涉枪、涉电信诈骗、涉盗抢骗、涉妨害国（边）境管理、涉黄赌毒、涉食药环、涉金融领域、涉走私、涉网等违法犯罪行为。刑事、治安警情比上年分别下降19%、35%。其中，“两抢一盗”（含治安）警情下降42%；“两抢”警情下降39%，“两抢”警情零发案天数达343天，社会治安形势持续好转。破刑事案件1504宗，刑事拘留1491人，逮捕1256人，起诉1236人，破获一系列大案、要案。打击整治电信网络诈骗，成功止付涉案账户2200个，冻结涉案账户2902个，冻结资金3574万余元。严厉打击各类网上违法犯罪活动，协（破）案件105宗，抓获涉案人员367人（其中，刑事拘留220人）。开展网络安全执法统一清查行动，查处违规单位27家，发出整改通知书27份。严厉打击毒品违法犯罪，深入开展禁毒“两打两控”（打击制毒犯罪和打击贩毒犯罪、管控吸毒人员和管控制毒物品）行动，“净边”（遏制境外毒品渗透入境、堵截境内制毒物品走私出境）专项行动，吸毒人员“清隐、清库、清零”行动以及“平安关爱”行动，有效压减控制吸贩毒行为，净化社会风。

【公安队伍建设】 2020年，区公安分局坚持以党建引领队建，围绕打造“一流警队”工作目标，推进公安队伍正规化、专业化、职业化建设。落实局党委会第一议题学习制度，完善党支部书记上党课制度。推进以“6+3”为主要内容的全警实战大练兵，组织各类培训、比武竞赛70场，累计培训6000余人次。加强党风廉政建设和纪律作风建设，落实“一岗双责”制度，开展“坚持政治建警全面从严治警”教育整顿活动，通过执法练兵、执法服务、执法巡查、执法质量考评、专项执法整治活动等，推动执法水平整体提升。救助困难民（辅）警，申请公安救助9人、组织困难慰问30人，累计救助、慰问资金31.6万元。加强民警心理健康服务工作，举办心理健康专题讲座，加强“一对一”心理辅导，及时缓解释放民（辅）警压力。

是年，受市级以上表彰先进集体3个，受表彰先进个人14人。其中，1人入选全国刑事情报研判人才库，被评为“全省刑侦建模能手”“2020年十大建模能手”；1人所在的家庭被推选为2020年全国最美家庭；1人被授予“广东省刑事技术杰出青年人才”“广东省刑事技术能手”荣誉称号；1人被授予“广东省刑事技术能手”荣誉称号；1人被授予“广东省刑事技术能手”“2020年十大建模能手”荣誉称号；1人在全省第七届“平安广东”建设论坛征文中获三等奖；1人被评为“2020年十大建模能手”；3人获中共惠州市委反腐败协调小组嘉奖；2人被评为市公安机关“最美基层民警”；2人获评市公安机关“战疫优秀辅警”。获市级以上集体功奖8个（集体二等功2个、集体三等功6个）。获市级以上个人功奖66人（省级个人二等功4人、省级个人三等功2人、市级个人三等功40人、省级个人嘉奖10人、市级个人嘉奖10人）。区级个人嘉奖51人。

5月18日，惠城区公安分局特巡大队举行第一期考核比武大会（区公安分局/供图）

【公安新冠疫情防控工作】 2020年，区公安分局按照“疫情就是命令、防控就是责任”“外防输入、内防反弹”工作要求，强化组织领导，成立专班运作，有效保障新冠疫情防控工作。深入贯彻落实“联合检疫”“村（居）三人小组”等规章制度，严格抓好涉疫重点人员核查、涉疫警情处置、联合检疫站点、路面巡逻防控、公共娱乐场所管控、涉疫违法犯罪打击、健康观察点安保等各项工作。重点开展大数据核查工作，夯实健康管理；深入开展“两站一场”（火车站、汽车站、机场）联合检疫工作，筑牢入惠防线；严格集中隔离场所管理工作，确保管控安全；做好内部防控工作，提升保障水平。抓好大型活动审批，严把活动安全监管关。完成检查入惠车辆和人员工作，开展核查来自疫情发生地人员和涉疫情重点人员、车辆等各项工作。设立集中隔离点40余间，累计投入安保警力超过1.3万人次；安排分局内部警务人员接种疫苗2356人次。

2月，区公安分局发挥“一村（居）一警”作用，保障辖区企业恢复正常生产秩序（区公安分局/供图）

（区公安分局：黄楚敏、王 倩）

检　察

【概况】　2020年，惠城区人民检察院（简称“区检察院”）围绕“讲政治、顾大局、谋发展、重自强”总要求，以迈向“全省基层检察院第一方阵”为目标，推进“四大检察”（刑事、民事、行政、公益诉讼检察）、“十大业务”（普通刑事、重大刑事、职务、经济金融、刑事执行和司法人员职务等犯罪检察业务，民事、行政、公益诉讼、未成年人、控告申诉等检察业务）工作。

是年，批捕涉黑恶案件3件5人，起诉涉黑恶案件4件15人，起诉实施暴力催讨非法债务的重大涉恶团伙刘某辉等10人（一审获刑1年10个月至14年）。办理公益诉讼案件150件，有4个集体和47名个人获区级以上表彰。

区检察院全面落实内设机构改革，于1月底完成人员调配、人员定岗、机构更名、任命部门负责人、全覆盖谈心谈话等工作。同时，及时调整各项重点工作领导小组，科学设置办案组织和办案团队。

【刑事检察】　2020年，区检察院受理审查逮捕案件1543件2393人，批准逮捕1249件1811人，受理审查起诉案件2448件3218人，提起公诉1959件2592人，起诉抢劫、强奸等严重暴力犯罪149人、职务犯罪30人。突出打击网络违法犯罪，起诉网络诈骗等犯罪24人，如依法起诉以金融投资为幌子实施电信诈骗的李某全等13人。

【民事行政检察】　2020年，区检察院坚持精准监督，针对民事生效裁判和执行等问题，建议再审5件，发出检察建议35份。整治虚假诉讼，打击虚假诉讼违法犯罪行为。做实行政检察，推动行政争议实质性化解，对办案中发现的不当行为，依法督促纠正。

【检察监督】 2020年，区检察院深入推进“两项监督”（刑事立案监督、侦查活动监督）工作，监督立案8件，监督撤案19件，追诉漏犯15人，纠正漏捕41人，发出“纠正违法通知书”35份。持续加强侦查监督工作室建设，依托工作室发现并监督撤案、立案10件。坚持精准抗诉，对裁判文书进行全面审查，对认为确有错误的刑事裁判提出抗诉7件。

【刑事执行检察】 2020年，区检察院开展监外执行和社区矫正检察工作，年内新增社区矫正人员400人，解除346人。推进财产刑执行检察监督工作，促进财产刑执行活动及时、公正、有效进行，如在开展财产刑检察过程中，监督纠正使444万元涉案罚金及赃款及时上缴国库。依法拓展羁押必要性审查案件来源，加强羁押必要性审查工作，推进监督维护在押人员合法权益。深入基层派出所，开展剥夺政治权利执行检察监督活动，督促问题整改，确保刑罚实施权威。

【未成年人司法保护】 2020年，区检察院对涉案未成年人实行“办案、教化、规划”三位一体司法模式，精准挽救，帮助30多人重返校园或就业。加强机制建设，发布《未成年人检察工作白皮书》，探索异地未成年人帮教机制，推动建立未成年人保护联席会议制度。落实“一号检察建议”，常态化提前介入未成年人遭性侵案件，推动建立“惠城区未成年人询问救助中心”，对遭性侵的未成年被害人实行“一站式”询问救助。加强检察公共关系建设，创作《“未”你而来》普法MV，推出防诈骗、防性侵、禁毒等主题的未成年人“法治云课堂”，让法治更贴近百姓。

12月23日，惠城区检察院召开未成年人综合保护工作联席会议，会议研究并联签《未成年人保护联席会议制度》（区检察院/供图）

【检务公开】 2020年，区检察院加大案件信息公开力度，程序性信息公开3778件，法律文书公开1613份。加强公开听证，注重释法说理，让公平正义可感可触，依法开展公开听证4次。积极开展检察官“五进”活动，落实检察官“以案释法”，不断提升群众法律意识。邀请人大代表等参加“检察开放日”、案件公开听证，并将代表们的意见建议在日常工作中整改落实。

（区检察院：温锦堂、吴思曼）

法 院

【概况】 2020年，惠城区人民法院（简称“区法院”）受理各类案件4.08万件（含旧存4191件），办结3.58万件，结案率87.66%，员额法官人均结案458.55件，一审发改率减少1.05%。

【刑事审判】 2020年，区法院坚持严惩刑事犯罪与保护人权并重，保持高压态势，全面助力扫黑除恶专项斗争，保护人民群众生命财产安全，切实提高人民群众安全感。受理刑事案件2100件，审结1915件，结案率91.19%。依法严惩贪污腐败，审结贪污贿赂、渎职犯罪等职务犯罪8件19人。保护群众生命财产安全，审结故意杀人、抢劫、强奸等严重暴力犯罪案件189件，审结毒品犯罪案件83件。审结危险驾驶案件484件，同比下降24.1%。依法打击集团型犯罪，审理“万某标制售假酒案”等10人以上犯罪案件20件。坚持宽严相济刑事政策，对2449名被告人适用认罪认罚从宽制度。贯彻教育感化挽救方针，审结未成年人犯罪案件137件150人，轻刑率93.3%。

【民商事审判】 2020年，区法院围绕“五位一体”总体布局，服务和保障供给侧结构性改革，助力优化服务保障法治化营商环境。全年受理民商事案件2.32万件，审结1.95万件，结案率84.15%，解决诉讼标的54.6亿元。其中，审结涉外涉港澳台民商事案件216件，办理区际司法协助案件5件。依法保护民营企业合法权益，审结商事案件1.29万件。保障电商、物流等新业态有序发展，审结网络购物、运输、服务等合同纠纷860件。提升民生司法保障水平，审结交通事故、医患纠纷、劳动争议案件1038件。组建家事审判团队，审结婚姻家事案件689件，发出人身安全保护令5份。

【行政审判】 2020年，区法院注重运用法治思维和法治方式，化解行政争议，深化行政案件集中管辖。依法化解行政争议，受理行政诉讼案件及行政非诉审查案件1614件，审结1552件，结案率96.15%。坚持支持和监督并重，依法判决行政机关败诉28件，败诉率16.86%。行政首长出庭98次，应诉率62.4%。深化“府院”互动（指政府和法院联动工作机制），首次发布行政审判白皮书，提出依法行政等五大类11条建议，受到市政府重视。邀请18家市县级单位召开联席座谈会，促进行政执法和行政审判水平共同提升。

【案件执行】 2020年，区法院受理执行案件1.32万件，执结1.21万件，结案率为91.8%，执行到位10.16亿元。抓好执行款集中清理，完善执行案款管理监督，清理完成5.43亿元案款。突出善意文明执行，开展“南粤执行风暴2020”及根治欠薪冬季专项行动，为1100余名劳动者追回“血汗钱”1583.43万元。依法开展司法救助，为13名申请执行人发放司法救助金24万元。精准实施失信联合惩戒，公开失信被执行人1151人次，限制高消费11211人次，及时对已履行义务的4806名当事人解除限制。创新开展“云执行”，开展法官直播“带货”，引入“VR”技术看样275次，司法网络拍卖588件，成交金额4.19亿元。

9月7日，惠城区人民法院执行局和法警大队在惠阳区执行现场，强制执行清场一栋2000多平方米的10层楼房，纠纷四年多的“骨头案”得以妥善解决（区法院/供图）

【服务经济社会发展】 2020年，区法院助优营商环境，推进金融审判专业化建设，审结金融借款、信用卡等金融案件5421件。依法惩治金融领域犯罪，审结破坏金融管理秩序、金融诈骗犯罪案件4件。及时推进“执转破”，移送中院破产审查5件，促进“僵尸企业”有序出清。助力创新发展，强化知识产权司法保护，审结知识产权案件3391件，依法严惩知识产权犯罪，审结侵犯知识产权犯罪案件6件。助力脱贫攻坚，审理涉及土地承包经营权等涉农案件13件。

【落实司法责任制】 2020年，区法院发挥院庭长办案示范指导作用，院庭长承办案件3974件。健全审判监管机制，提升监督管理制度化、规范化、精细化水平，召开审委会35次，严格把关重大敏感和疑难复杂案件。严格审限监督，紧盯案件全流程、全要素、全节点，推进法定审限内结案。强化审判质效监督，开展案件清理评查工作4次。推进类案检索制度，确保类案同判。

【“一站式”诉讼服务建设】 2020年，区法院升级改造诉讼服务中心，完善线上“一网通办”与线下“一站服务”立体便民模式，为群众提供全方位的“一站式”诉讼服务。强化多元解纷机制，整合司法资源和社会力量调解案件9873件，在市交警支队设立交通事故调解工作室，拓宽调解渠道。深化案件繁简分流，优化资源配置，组建6个速裁团队、2个快执团队，实现简案快审，缩短办案周期。

（区法院：唐艺畅）

法治政府建设

【依法治区】 2020年，惠城区印发《惠城区2020年全面依法治区工作要点》和《惠城区2020年依法行政工作要点》，坚持依法治区、依法行政共同推进。把法治内容学习纳入区委2020年度党组理论学习中心组计划，安排两次专题学法活动。制定印发《惠城区落实党政主要负责人履行推进法治建设第一责任人职责情况列入年终述职内容试点工作实施方案》，报送区委、区政府主要负责人和其他班子成员述法报告14份，收集区直部门和各镇街道述法报告216份。管理辖区64个社会律师事务所（律师人数1070名）和水东、大湖溪两个法律服务所（基层法律工作者16名）。派驻11个法律援助工作站，指导管理辖区318个人民调解委员会（专兼职人民调解员3907名），为群众提供便捷的公共法律服务。

【区直单位行政执法权事项下放】 2020年，区司法局配合推进乡镇街道体制改革，梳理全区5121项执法事项，依据镇（街道）分类，按进度有序推进行政执法权事项下放。全区13个镇（街道）均按照要求落实镇街综合行政执法行政机构挂牌，成立综合执法队。122名行政执法专项编制分配给镇（街道），用于行政执法工作。全区实现“广东省民主法治村（社区）”全覆盖。其中，水口街道姚村村、江北街道清湖社区、小金口街道金源社区获评“广东省民主法治示范村（社区）”。

【普法宣传】 2020年，惠城区组织各类法律宣传活动1500余场，设立宣传台170多个，设置各类标语、横幅250多条，发放各类宣传资料2万多份，受教育人数达30万人次。做好民法典宣传，成立惠城区民法典宣讲团，推出民法典专题系列宣讲活动，惠州电台连续播出宣讲活动37期，累计收听人数将近350万人次。开展民法典“六进”学习讲座200余场。在荣灿大厦开展“惠城普法夜市之民法典宣传专场”活动。对11个法治文化园、212个村（社区）公共法律服务宣传栏进行更新，宣传疫情防控、复工复产、野生动物保护、民法典知识。拍摄《惠城区法治政府建设系列专题片》和《惠城区“一村（社区）一法律顾问”宣传片》。12月3日，在高榜山举行惠城区2020年“宪法宣传周”启动仪式暨宪法集中宣誓活动。开展“七五”普法总结验收，制作《惠城区“七五”普法工作纪实》专题汇报片，惠城区“七五”普法工作得到国检组认可。落实普法责任制度，建立惠城区普法责任制联席会议制度，制定区政府常务会学法计划，组织召开第三届惠城区国家机关“谁执法，谁普法”履职报告评议暨全区普法工作联席会议。

6月23日起连续5天，惠城区司法局、惠城区普法办联合惠州市司法局、惠州市普法办、惠州荣灿置业投资有限公司在惠城区地标性建筑荣灿大厦进行“民法典点亮城市地标行动”（区司法局陈浩飞/摄）

（区司法局：温雅瑜）

司法行政

【概况】 2020年，惠城区司法局（简称“区司法局”）坚持以人民为中心的发展思想，强统筹、夯基础、创特色、抓落实，全面提升法治建设和司法行政工作现代化水平，为统筹推进新冠肺炎疫情防控和经济社会发展工作，确保完成决战决胜脱贫攻坚目标任务，争创国内一流中心城区提供法治保障。是年，小金口街道人民调解委员会作为惠州市唯一一个专项活动表现突出集体，获司法部通报表扬。

【规范性文件管理】 2020年，区司法局进一步加强政策性规范性文件的制定工作，将涉及行政管理、经济发展、科技教育等方面的12份政策性文件、20份规范性文件纳入年度制定计划，严格执行规范性文件合法性审查审核和备案审查制度。年内审查并发布政府规范性文件9件、部门规范性文件4件。同时，区司法局对自1988年惠城区政府（各部门和镇、街道）成立以来至2018年10月31日，以区政府及区政府办公室名义（以各部门和镇、街道名义）制发的文件进行全面清理。经清理，宣布失效文件291件，废止文件347件，对22份文件提出修订意见，保留文件129件。根据文件清理情况和现行有效的规范性文件情况，组织编印《惠州市惠城区规范性文件汇编（2020年版）》，供全区各单位和社会公众查阅。

【清理办事证明事项】 2020年5月，为落实惠城区“清网增效”行动要求，区司法局、区政务数据管理局联合区直相关部门，围绕群众办事“四少一快”（少填信息、少报材料、少跑现场、少带证件、快速办理），基层干部减负提效目标，开展证明事项清理工作。按照现行法律法规和相关文件规定，对所有开证依据进行梳理，核查两百多项证明事项。对综合甄别出的91项基层证明分三类处理，即优化13项、保留40项、呈上级协调处理38项。重点对13项证明列出优化应用，形成“减证清单”——《惠城区优化证明事项（13项）》，每年可为基层群众、企业及镇(街道)、区直部门等减少近20万宗证明开具业务，减少群众跑动次数30万人次。

【行政执法监督】 2020年，区司法局落实行政执法“三项制度”：行政执法的公示制度、行政执法全过程的记录制度、重大执法决定的法制审核制度。“广东省执法队伍管理系统”备案法制审核人员116人，备案主体达标率100%。组织审核惠城区行政执法人员综合法律知识统一网上培训考试1634人次，审核办理行政执法证303张，审核注销行政执法证78张。组织开展省及区级行政执法案卷评查活动3次。发出3份行政执法意见书，约谈相关行政执法单位的部门负责人或分管领导9次，调查处理市局转办或当事人申请办理的行政执法监督案件3宗，向各职能部门提出法律审查意见42份，编印《新型冠状病毒肺炎疫情防控期间重点领域行政执法工作指引》。

【行政复议应诉】 2020年，区司法局受理行政复议案件67宗，审理完结66宗。调动和发挥局内法律专业人员的能动性、专业性，由公职律师、法律事务中心人员组成的专业队伍参与行政复议应诉工作，缓解行政复议应诉工作人手紧缺的问题，高效优质地开展行政复议应诉工作。首次邀请检察机关参与行政复议案件审理及调解活动，通过“行政复议审理+行政检察监督”双合力方式，有效促进行政争议实质性化解。经调解撤回或出具调解书的行政复议案件19宗，调解率达案件总量的28.36%，行政争议案件调解结案率在全市处于领先水平。将行政复议受理端口前移，在13个镇（街道）司法所设立行政复议便民服务点，接受群众的行政复议咨询、申请。推动行政机关负责人参加行政诉讼应诉工作，以惠城区政府为被告的行政诉讼案件有25宗，行政机关负责人出庭应诉5人次。11月9日，惠城区人民政府行政复议庭在惠城区综治维稳大楼建成投用。

【政府法律顾问】 惠城区人民政府法律顾问团设在区司法局，其中，团长为首席法律顾问，成员由专家、学者、社会律师组成。通过采取法律顾问会议议事制、单项法律业务指派制、出具法律意见书等形式为区政府重大、疑难、复杂法律事务提供服务，预防和消除决策中的法律风险。2020年，为“丰”字交通“1号公路”征收拆迁、城市会客厅水东街二期改造项目等重点工作提供法律服务。编辑《惠城区征收拆迁法规政策文件资料汇编》，出具法律审查意见167份；承办行政诉讼案件6宗、行政复议案件4宗；参加区政府各种会议110余次。

【人民调解】 2020年11月18日，惠城区在区公共法律服务中心设立“惠州市惠城区人民调解委员会”。

是年，惠城区各类调解组织排查矛盾纠纷720次，预防矛盾纠纷454宗，受理矛盾纠纷636

宗，调解成功632宗，调解成功率99.4%，涉及金额2770.53万元。

年底，惠城区有调解组织315个。其中，乡镇（街道）人民调解委员会13个，村居人民调解委员会213个，各类专业行业性调解组织5个，企事业人民调解委员会84个，人民调解员2072人。

【安置帮教】 2020年，区司法局及时落实刑满释放人员的衔接反馈、信息核查及衔接工作，确保服刑人员核查率及重点人员回执率100%，严格落实重点帮教人员必接必送机制。对近半年内接收的刑释解教人员及时掌握监狱、看守所等对刑释人员的新冠肺炎疫情防控情况。安置刑满释放人员455人，帮教率100%，就业安置率98%。

【社区矫正】 2020年，区司法局加强新冠肺炎疫情防控期间的社区矫正安全工作，对区内所有在册社区矫正对象及其家属的旅居史、日常密切接触人群进行排查核实，严格审批请假事项。对各司法所社区矫正工作开展“驻在式补短板”专项督查。开展《中华人民共和国社区矫正法》学习宣传活动，拍摄宣传视频，向惠州市手机用户发送宣传短信10万余条。成立惠城区社区矫正委员会，逐步推进集监管、教育、帮扶等功能于一体的社区矫正基地建设。年内解矫262人，在册社区矫正对象281人。社区矫正对象未发生重大安全事故，遵守各项管理规定，未造成社会不良影响。

【公共法律服务建设】 2020年，区司法局推进公共法律服务向社会治理末端延伸，依托各种载体，提供普惠性的公共法律服务。

通过惠城区公共法律服务中心、13个镇（街）公共法律服务工作站、213个村（社区）公共法律服务工作室三级法律服务实体平台，形成“一站式组合多窗口服务”的工作格局。运用信息化手段，打造“12348”公共法律服务网上平台，将实体平台与网上平台有机融合，实现法律服务的全流程、全天候、全地域网上提供，提高服务效率。网上平台接收工单102件，全部办结。

区聘请156名律师参与村（社区）法律顾问工作，在213个村（社区）为群众提供免费法律服务，部分偏远镇（街道）采用“一挂三”“分片区、分团队调配互补”“预约会诊制”等工作模式。在惠州电台黄金时段播出《法治惠城进行时》，播出346期，参与律师人数88人。提供法律咨询服务逾4300次，开展法治宣讲座和活动近1000场，出具法律专业意见63件，参与人民调解近300件。

水东和大湖溪法律服务所严格按照司法部修订后的《基层法律服务所管理办法》和《基层法律服务工作者管理办法》，规范法律服务执业行为，面向公民、基层企业事业单位、个体工商户等提供法律服务。两个服务所在办案时实行统一委托、统一收费、统一收结案。全年，受理案件547件（其中，婚姻家庭纠纷案件27件、劳动争议案件105件、其他案件415件），行政案件代理2件，公益法律服务案件15件，咨询和代书102件。

13个镇（街道）建立法律援助工作站，212个村（社区）建立法律援助联络室。为军人军属代写法律文书10份，引导军人军属维权案件22宗。7月、10月，联合市司法局、各司法所组织法律援助律师分别在河南岸、桥东、桥西街道开展“法援惠民生 助力奔小康”“敬老月”等法律宣传活动。落实法律援助律师值班工作制度，实现刑事案件律师辩护全覆盖。建立法律援助律师备选库，在全区64家社会律师事务所遴选597名社会执业律师入库，安排驻点市看守所、区法院、区检察院值班333人次。办理各类案件3294件，其中，刑事案件2414件（含审判阶段法律帮助），民事案件309件；提供法律咨询解答3600人次；发放各类法律援助补贴共计88.63万元。

【公证服务】 2020年，区司法局建立健全“四零”（指零推诿、零距离、零积压、零投诉）服务机制，开展回访征求意见建议，推进办证窗口检查督导工作。通过发函等方式“变被动核实为主动调取”，推行首问负责制和一次性告知制，与有关部门单位、金融机构加强对接联系，普及民事类公证知识。落实支持企业复工复产的工作要求，在原有惠民便企服务基础上，开展“公证惠企”专项行动，优化办证流程，缩短公证办理时限，最大限度地减证便企。4月，采取“容缺受理”方式，为区高新科技产业园管理委员会与8个入园项目方拟签订的土地使用和监管协议书办理相关公证手续。复工后，为60家企业办理融资合同、保全证据、对外商贸等公证事宜，涉外民事证件160件。

办理各类公证2528件，接待、解答当事人法律咨询1万余人次，为当事人起草、修改各类法律文书1000余份，为企业提供公证服务300余件。

【律师队伍管理】 2020年，区司法局强化管理意识，建设业务素养过硬的律师队伍，进一步提升律师行业的公信力。

进一步明确管理权限，惠城区司法局管理64家律师事务所、1070名律师，新增管理广东谨然（惠州）律师事务所。开展律师违规兼职等行为专项清理工作，在律师行业开展专项警示教育整顿活动，对律师事务所案件收结案收费与财务管理等开展专项检查工作。5月12日，召开律师事务所2019年度考核公开述职评议会，9家律师事务所做述职评议报告。

（区司法局：温雅瑜）

人民武装

【概况】 2020年，惠城区人民武装部（简称“区人武部”）以改革强军为引领，贯彻习近平强军思想，落实双重领导、党委议军、过“军事日”、第一书记述职等制度。组织各镇（街道）党工委书记、基层武装部部长述职，强化党政领导干部国防意识。协调将武装工作纳入党委政府议事日程、纳入党委中心组学习内容、纳入领导干部政绩考核。加大专武干部调整使用力度，调整基层专武干部12人。按照“九步法”（即动员部署、原著解读、理论辅导、讨论辨析、对照查摆、体会交流、考核验收、参观见学、总结提高），推动“两学一做”学习教育常态化、制度化。

完成全市基层武装部和民兵应急连规范化建设现场观摩任务；完成年度军事训练任务，抓好专攻精练训练落实，开展紧急出动演练；坚持阳光征兵，完成兵员征集任务，兵役登记率100%。

是年，区人武部被广东省军区评为“民兵工作先进单位”。

6月6日，惠城区人武部组织民兵训练（区人武部/供图）

【国防教育】 2020年，区人武部坚持将国防教育纳入全面素质教育体系，以增强市民国防意识为根本目标，深入街道、社区、学校、企业广泛开展宣传教育。结合军训，采取组织专题讲座、播放爱国战斗影片等形式，对辖区学生进行国防教育。在民兵整组和征兵期间，通过“军事日”活动、民兵训练、学生军训、企业员工培训、组织干部职工参观见学等形式开展国防教育。探索建设国防教育主题公园、国防教育社区、国防教育一条街，在中小学校设立“国防角”，营造国防教育氛围。

【拥政爱民】 2020年，区人武部围绕军事部门职能作用的发挥，开展拥政爱民活动，参与地方经济和社会建设。为部队官兵解决涉军纠纷，维护军人军属合法权益。多次参与抢险救灾、应急维稳、扑灭山火等行动。

（区人武部：杨永生）

人民防空

【概况】 2020年10月1日起，区住建局负责惠城区管理范围内人防工程质量安全监督管理工作，制定工程施工、质量安全监督、竣工验收备案管理工作实施方案，工程质量监督手续办事指南、竣工验收备案办事指南、项目登记办事指南等，推进业务工作规范化。

是年，协助市人防办开展人民防空工程、人防指挥所、人防报警装备、人防重点防护城市信息登记、人防指挥控制设备、人防通信设施设备、国防动员潜力数据信息调查等工作。派发人防宣传图册、宣传材料1000多份。

【人防专业队建设】 2020年，惠城区整理重组区人防专业队，组织人防专业队开展为期3天的集训，增强队员人防专业知识，提高专业队协同工作技能。

（区住建局：黄晖平）

城乡规划管理

责任编辑：朱思敏

综　述

【对接市级规划】　2020年，惠城区自然资源局（简称“区自然资源局”）对接惠州市级国土空间总体规划，构建“市区联动、专题支撑”的工作机制，多部门协同推进，市区镇三级联动，完成与市自然资源局及市级规划编制技术团队的工作对接。会同区各职能部门、组织各镇（街）召开10次调研座谈会，初步形成“1+7”专题研究成果，向区委、区政府提交《关于惠城区国土空间分区规划研究编制情况的报告》。

【不动产登记服务】　2020年，区自然资源局办理各类不动产登记业务1.83万宗，同比上涨11%。加强不动产档案查询利用，出具登记结果13.8万份。探索不动产非公证继承登记业务的办理模式，解决群众办理不动产继承登记这一痛点难点问题。改革后，申请人无须再缴纳公证费，每宗只需要缴纳80元或550元的不动产登记费即可。同时推出“自助打证”“微信缴费”“不动产交易、纳税、登记‘一窗受理’”“银行网点不动产登记便民服务点”等一系列“少跑腿”“最多跑一次”甚至“零跑腿”的便民措施，不动产登记整体办理时间大幅下降。

12月中旬，实现除法人或其他组织建造房屋首次登记、涉及历史遗留问题、非公证继承等较为复杂的不动产登记程序外，办理抵押登记1个工作日、办理其他一般登记3个工作日的工作目标。

【信息化建设】　2020年，区自然资源局完善“金土工程”系统建设，按照业务需要重新整理数据，更新系统专题目录。加强数据安全，屏蔽敏感数据，填补系统漏洞。实现与“好差评”系统进行数据接口推送，实现与省、市“数据共享平台”数据实时推送。

是年，推送数据2.62万条。更新农村地籍调查、美丽乡村规划、征地项目等基础测绘数据，完善基础测绘数据底板，形成统一协调的支持自然资源与国土空间规划的数据基础。

【测绘项目建设】 2020年，区自然资源局加强测绘资质管理工作，对辖区测绘资质单位开展测绘统计年报数据审核、汇总、上报工作，做好测绘成果保密管理。开展测绘业务工作，为土地资源管理的实施提供基础数据信息，完成征地收储项目测绘36个，面积666.67公顷。

【执法案件查处】 2020年，区自然资源局加强信访调处力度，对上级交办、转办的信访工作，做到及时处理、答复。对来访来电群众，始终做到热情接待，认真解释，秉公办理，件件有着落，事事有回音。

是年，区自然资源局将服务发展与严格执法有机结合，处理巡查发现及上级交办案件107宗。组织外业核查季度卫片图斑604宗，面积755.93公顷，耕地108.55公顷。组织核查违建BS专项图斑四批356个，处置违建BS问题9宗（没收处理3宗，拆除并恢复原貌处理6宗），涉及14栋建筑物。开展农村乱占耕地建房问题摸排工作，组织核查图斑5批2.23万宗，涉及土地面积692.4公顷。

（区自然资源局：廖志欢）

规划管理

【概况】 2020年，区自然资源局创新开展带方案的园区标准地出让制度，推动工业项目“当日摘牌、当日动工”。精准应对国家用地指标改革，转变用地思维，引导项目科学合理选址。

是年，办理挂牌出让工业用地15宗，面积93.28公顷，推动资源向实体经济集聚。加大力度盘活“批而未供”“供而未用”土地。处置2009—2017年“批而未供”土地24.2公顷，处置2018—2020年“批而未供”土地489.53公顷，处置2020年基期闲置土地4.53公顷，扣除省市预留用地指标后，可新增建设用地指标100.2公顷。

受理规划报建审批业务4092宗，办结规划报建业务5428宗。

【优化项目审批流程】 2020年，区自然资源局探索实施零条件预审制度、免审制度、信用快审，在省内首推规划许可合理误差机制，破解项目审批报建难问题。改革前，建设单位需取得国有土地使用证后方可办理规划报建。改革后，节省从摘牌到办理国有土地使用证之间的时间，规划审批时间整体提前约一个半月。

是年，办理建设项目规划许可1003宗（含私人146宗），总建筑面积874.2公顷（含重新核发）。办理规划条件核实715宗（含私人58宗），总建筑面积716.5公顷。办理临时建设规划审批126宗，办理总平面及单体方案审查业务500宗（含私人202宗），办理既有住宅加装电梯业务372宗（补助63宗），办理单体方案审查业务140宗。主动对接市水务集团、市城投集团、供水、供电、燃气等部门，整合市政管线规划串联审批为联合审批，不断提升项目审批效率。办理市政管线工程设计方案审查163宗，办理市政项目“建设工程规划许可证”106宗，办理“建设工程规划核实合格证”18宗。

【重点项目征地拆迁】 2020年，区自然资源局实施集体土地征拆项目108宗，签订集体土地协议面积约620公顷。实施国有土地上房屋征收项目20宗，完成房屋建筑拆迁面积2.1万平方米，保障惠州市一号公路、赣深高铁、广汕铁路、河惠莞高速、韶惠高速、金山新城水环境综合整治、金山湖公园三期、市民服务中心等重点交通、市政、民生项目用地需求。

是年，开展存量土地盘整收回和清场工作，盘整收回国有土地8宗，面积31.67公顷，盘整清场土地98.67公顷，为三栋中心园、汝湖西园、横沥分园、水口民营工业园等工业集中发展区域提供集约高效的用地保障。

【城市更新建设】 2020年，区自然资源局配合做好重点片区改造更新工作。依托惠州市惠城中心区"三旧"改造专项规划布局，着力推动小金口高铁北站北区等10个重点片区改造更新，导入高端产业，促进产城融合，打造集商业休闲、商务办公、企业总部、市民服务、生活宜居、交通集散于一体的人居新城。

通过政府主导、国企参与的方式，把原来的市政路（惠博大道）提升为快速路，将道路两旁打造成集金融商务、科创办公、生态居住、滨水休闲等功能于一体的滨江活力新区。

开展惠城区辖区内四大高速出入口片区综合改造，提升城市门户形象。以水东街、金带街、祝屋巷"两街一巷"微改造为重点，全力打造"江湖联动、产城融合、城水共生、主客共享"的城市会客厅。

【调整土地利用总体规划】 2020年，区自然资源局完成《惠城区三栋镇土地利用总体规划（2010—2020年）有条件建设区使用方案（九联科技5G产业园项目）》《惠城区水口街道土地利用总体规划（2010—2020年）建设用地规模置换方案（联和村）》等4个土规调整项目。完成惠城区新一轮国土空间规划预下达城乡建设用地规模使用方案编制工作，对惠城区千亿级产业园内用地进行逐块摸查。会同市水务集团、港航铁中心等部门完成惠州湾产业新城起步区首期等7个项目用地方案。以上调整项目、用地规模、用地方案，均已通过省自然资源厅备案。

【专项规划及城市设计】 2020年，区自然资源局加快推进惠城区高新科技产业园规划工作，完成千亿级重点工业园区边界划定等工作，千亿级产业园已被批准并作为市级重点产业发展平台。启动惠州市惠城区高新科技产业园专项规划及城市设计编制工作。

是年，推进"多规合一"的实用性村庄规划编制工作，助力惠城乡村振兴。第一批35个行政村村庄规划经区政府批复实施，逐级报省自然资源厅备案入库。第二批43个行政村村庄规划编制已开展第一轮动员宣讲、驻村调研、基础资料收集、草案编制等工作。

【片区控制性详细规划】 2020年，区自然资源局完成水口青塘湖部分地块控制性详细规划调整、惠城区高新科技产业园鹿岗片区01单元控制性详细规划、马安木棉片区01单元（原跨境电子商务综合试验区）控制性详细规划、惠城区横沥镇柯树排HLKSP02－01地块规划设计条件等项目的编制工作，均经市人民政府批复实施。

（区自然资源局：廖志欢）

土地管理

【概况】 2020年，惠城区落实严格的耕地保护制度、节约用地制度，转变用地思维，把提高资源供给质量作为主攻方向，把优化资源供给结构作为战略重点，推动资源向实体经济集聚。加大力度盘活“批而未供”“供而未用”土地，切实抓好土地管理工作。是年，办结国土相关业务2111宗，办理集体土地所有权确权登记17宗。

【耕地保护】 2020年，惠城区实施最严格的耕地保护制度，完成耕地保护各项工作任务。新增建设用地落实耕地占补平衡耕地指标22.67公顷、水田规模指标14.93公顷。新建基本农田保护宣传牌5块，制作宣传横幅140幅、宣传页3000余册，深入广泛宣传基本农田保护政策，营造全社会保护耕地特别是永久基本农田的良好氛围。是年，受理国土相关业务2473宗，办结2111宗。

【土地出让金补缴】 2020年，区自然资源局推进政许可事项办理时限整体提速，强化政务服务事项标准化管理。办结划拨地补出让业务2163宗，收取土地出让金1.76亿元。办理改变土地使用权年限业务29宗，应收取土地出让金20.29亿元，实际已收取土地出让金13.85亿元。

【项目用地预审】 2020年，区自然资源局履行自然资源管理“两统一”职责，落实“明确定位、减少重复、统筹衔接”的要求，做好全市合并办理建设项目用地预审与选址意见书事项的先锋。完成市、区级市政园林、公共基础设施、教育、民生等项目用地的预审选址回复意见81宗。完成国家、省、市重点项目建设用地预审（选址意见书）初审意见18宗，面积1115.8公顷。

【第三次全国国土调查】 2020年，区自然资源局根据国务院第三次全国国土调查领导小组办公室（国家三调办）、广东省第三次全国国土调查领导小组办公室（省三调办）下发的国家监测图斑、省级信息点，完成变化图斑提取工作；对三调“2上”数据库进行全面检查，主要修改图斑权属、不规则图斑的边界调整以及对村界的核实调整，通过省级检查形成“2.5上”数据库；按照国家及省厅工作要求，开展“三调”统一时点更新工作，将增量包在第二版全量数据库（“3上”）做更新，形成最终的统一时点更新成果数据库。

（区自然资源局：廖志欢）

惠州风景名胜区建设

【概况】 2020年，西湖引清抽水800万立方米，景区补植绿化4.1公顷，补种灌木12.46万株；完成高榜山重阳节登高活动的安全维护工作；完成安装红花湖景区视频监控设备建设。

是年，惠州西湖风景名胜区接待游客673.6万人次，政务接待130批次。

【完善配套服务设施】 2020年，惠州市政府投资1560万元，提升西湖景区、红花湖景区配套服务设施，包括景区污水治理工程，红花湖绿道降坡工程（桃梅园段）和红花湖环湖路灯更换工程。同时完成红花湖景区外围强防护栏建设共约1.7千米和在景区主要出入口设立西湖国家AAAAA级旅游景区标识牌。

（市市政园林事务中心：吴 珊）

市政公共事业

【概况】 2020年，惠州市市政园林事务中心管辖的惠城中心区建成使用的市政道路有336条，市政道路桥梁设施完好率95%以上。城市照明线路总长1550千米，城市照明设施8.87万盏（其中，市政路灯4.42万盏，景观灯4.45万盏），主干道城市照明设施完好率亮灯率均优于95%的国家标准。

是年，惠州水务集团惠州空港水务有限公司成立，整合马安自来水公司、平潭分公司和良井分公司；整合龙丰营业所和下角营业所。实现江北水厂供水泵房无人值守升级改造，实现泵站无人值守及远程监控。加大水费银行代扣、微信支付、支付宝缴费等方式推广力度。客服中心全年处理电话呼叫、受理故障报修等均100%完成处理；各类网络问政平台受理个案回复率和办结率均为100%。江北水厂、河南岸水厂、桥东水厂水质合格率均为100%，管网水水质合格率为100%，水质综合合格率为100%。

【“智慧市政”有序推进】 2020年，惠城区数字市政项目基本达到“建基础、设试点、出效益”的初步目标，实现道路、桥梁、照明等部分市政设施数据叠加到惠州市自然资源局地理信息服务平台的一张图管理，逐步迈向市政设施管理精细化、市政服务智能化管理。有序推进“智慧市政”工作，优化升级市政园林巡查通功能，增加轨迹查看应用，与微信通信工具衔接，提升操作便利性。建立中心微信公众平台，开发微信上报至巡查通的接口，市民可通过微信上报市政园林设施问题至巡查通系统，市政园林维护人员可在中心微信公众平台接收“设施维护任务提醒”消息，快速响应和处理设施问题。同时，与市城乡管理和综合执法局商定数据对接事宜，实现市政园林巡查通系统的设施问题数据上报至智慧城管网格化治理平台，并能在智慧城管网格化治理平台获取问题的事件编号、处理环节、结案情况等信息，实现部门联动。

【道路桥梁设施维护】 2020年，惠城中心区建成使用的市政道路数量为336条，总长度343千米，总面积1125万平方米；桥梁87座（包括隧道、人行天桥及地下人行通道等），总长21.75千米，总面积54.3万平方米。

年内，市政道路桥梁设施管养维护累计投入资金3813.2万元；维修沥青路面1.8万平方米、水泥混凝土路面1664平方米、人行道砖15.62万平方米、人行道侧石3.79万米，累计出动巡查车辆5650台次。

【城市照明】 2020年，惠城区按市城建计划，组织实施江北三新村路灯完善工程、合江楼至惠州大桥沿岸灯光工程、惠州大桥灯光工程、2020年为民办实事路灯完善工程、2020年路灯应急抢修工程等5项照明工程，安装LED路灯223套，景观灯3625套，配电箱13台，变压器1台及相关配电设施等。其中，为民办实事路灯完善工程项目包括小中堂一路4号、兴湖一路、同福南北路、云山东路一巷、云山东路二巷、煤气站宿舍小区路段及牛和地布头岭路等7条路段照明项目，安装路灯168座、配电箱4台、变压器1台，服务人数6.15万人。

是年，维修更换LED灯具1132套、各类灯泡3057个、维修换线2664米，灯杆刷漆翻新4115座，检修路灯配电箱305台次，修复路灯检查门117个，修复路灯电缆检查井23个，确保照明设施安全运行、亮灯正常、设施完好。

【城市供水】 2020年4月，整合马安自来水公司、平潭分公司和良井分公司，成立惠州水务集团惠州空港水务有限公司。6月，整合龙丰营业所和下角营业所，成立惠州市供水有限公司江南分公司。实现泵站无人值守及远程监控，进一步释放人力资源优势。

是年，惠州市在惠城区实施年度安全生产量化考核和季度安全生产大检查，落实水厂三级管理制度，实现全年安全优质供水。加快推进水厂设备升级改造。制定《水厂自动化升级改造三年工作方案》，稳步推进江北、桥东、河南岸等水厂配电工程升级和机组设备完善等专项工程。安排公司内部讲师队伍授课，开展各类培训18项约900人次，提高职工的综合协调能力。

按照深化“放管服”改革工作要求，推行网上营业厅线上办理服务事项，推出多项可线上办理的供水服务事项。加大水费银行代扣、微信支付、支付宝缴费等方式推广力度。多平台互动，做好供水服务。客服中心全年处理电话呼叫、受理故障报修等均100%完成处理；各类网络问政平台受理个案回复率和办结率均为100%。

江北水厂、河南岸水厂、桥东水厂水质合格率均为100%，管网水水质合格率为100%，水质综合合格率为100%，优于《生活饮用水卫生标准》水质综合合格率不低于95%的考核指标。

【城市排水】 2020年，市水务集团管辖的惠城区下水道总长1273千米，其中，雨水管628千米，污水管535千米，雨污合流管110千米；泵站25座，市区排水设施完好率93%以上。新增排水管道3.03万米，新增路面检查井1061座，集水井441座；清疏市政道路256条，清疏排水井2.95万座，疏通管道18.39万米，完成13处入河排污口整治。

全年污水收集输送总量18100万立方米，日均输送量为51.6万立方米。完成实施应急排水抢修项目水北五路、文明一路、红花湖路、新岸路等34项。全年共出动排涝42次，其中，50毫米以上13次，100毫米以上3次，出动3262人次，中心城区未出现严重内涝，市民生产生活秩序未受影响。

（市市政园林事务中心：吴　珊；市水务集团：吴　迪）

城市园林绿化

【概况】 2020年，惠州市制定新管护标准和具体管理措施加强监管，加大日、周、月巡查、抽查、检查力度，多层次、多渠道、多手段确保公园绿地养护检查全覆盖，加大补植、补种力度，消灭真空地带，构建公园绿地养护管理纵向到底、横行到边的“树型塔式”监督立体网，形成更完善的管理体系，“开放通透、疏林草地”景观效果显现。

是年，惠城区境内建设完成绿化项目34个，新建绿化面积6.3万平方米，改造的公园绿地面积（景区、公园绿地）和绿化面积25.4万平方米。市场管护标段累计施肥约239吨，投入6.48万人次，清理杂物1.24万车次，补植灌木约60.2万株，修剪乔木约15.42万株，修剪灌木和草坪约1万平方米，整改提升绿地73.8万平方米。

【园林绿化工程】 2020年，完成金山湖公园一期海绵设施改造工程，惠城区社区体育运动场所建设二期——南湖公园、埔前社区体育运动场所、惠州大桥北桥头、河南岸南山公园西侧、技工学校周边、河南岸15号小区周边等道路绿化改造工程等19项绿化项目，绿化美化城市道路，提升改变道路绿化品种单一退化、老旧公园服务设施和园林景观破损的现状。

鹅潭公园一角（区方志办朱思敏/摄）

【公园设施改造】 2020年，推行公共体育场所免费开放，做好公共空间体育休闲设施建设和维护，完成9个公园的设施改造和维护，包括修缮已有的篮球场、乒乓球场及新建网球场、篮球场、门球场等体育设施，共计投资约600万元。

安装建设下埔滨江公园、红花湖景区、东江公园、东江沙公园和金山湖公园5个公园视频监控设备，与“平安惠州”公安平台对接，为公园和景区安全提供有力保障。

【惠州西湖名胜景区建设】 2020年，惠州西湖引清抽水800万立方米，景区补植绿化4.10万平方米，补种灌木12.46万株；完成高榜山重阳节登高活动安全维护工作；完成安装红花湖景区视频监控设备建设。惠州市政府投资1560万元，提升西湖景区、红花湖景区配套服务设施，包括景区污水治理工程，红花湖绿道降坡工程（桃梅园段）和红花湖环湖路灯更换工程，同时完成红花湖景区1.7千米外围防护栏建设，并在景区主要出入口设立西湖国家AAAAA级旅游景区标识牌。

是年，惠州西湖风景名胜区接待游客673.6万人次，政务接待130批次。

惠州西湖一角（区方志办朱思敏/摄）

（市市政园林事务中心：吴 珊）

城市管理与城建监察

【概况】 2020年，惠城区城管执法局聚焦主责主业，打好“三大基础”（推动智慧城管信息化、推进城乡街道体制改革、全面加强党的基层组织建设）、打赢“三大战役”〔推进“无违建镇（街）”创建、推动垃圾分类示范区建设、深化文明城市创建成果〕，推动惠城区城乡管理执法工作有序开展。

是年，处理行使行政许可事项12项、行政处罚事项459项、公共服务事项1项、行政强制事项11项。抓好城区三栋镇、汝湖镇、马安镇创建卫生镇基础设施建设项目。受理各类群众诉求案件1.94万宗，投诉处置率和回复率均为100%。

【违法建设治理】 2020年，区城管执法局以“服务中心工作、推动项目落地”为导向，重点围绕省、市、区重点项目和重点工作（“丰”字交通轴线、金山新城、东江湾千亿产业园、政府储备地等）具体规划部署，通过强化属地责任督导、利用国土卫片以及无人机航拍常态化监测等科技手段辅助查违，构建覆盖全面、反应迅速的全域监控网络。同时，以“无违建镇（街）”创建工作为抓手，巩固整治成效。

是年，惠城区拆除“两违”建筑1990宗，建筑面积330.71万平方米。其中，拆除“金山新城”片区和“丰”字交通轴线沿线范围内“两违”建筑357宗，面积65.14万平方米。拆除占用政府储备地的违章建筑物79宗，面积28.03万平方米。整改违法用地844宗，清理出土地面积157.96万平方米。江南、桥西、桥东、河南岸街道率先创建无违建镇（街）相应等级。

【清扫保洁】 2020年，区城管执法局多措并举，持续提升城区环境卫生水平。强化环境卫生清扫保洁监督考核，提升环卫保洁效率和质量，实现垃圾日产日清及100%无害化处理。牵头抓好市容环境大扫除、环卫设施大清洗、建筑垃圾黑点大清理等专项行动，配合抓好农村人居环境卫生整治，清理垃圾9万余吨、卫生死角逾8000处。推动落实惠城区环境卫生责任制，摸排理顺69条“三不管”道路卫生保洁责任。制定《惠城区街道清扫保洁政府购买服务实施方案》《惠城区五镇街道清扫保洁政府购买服务实施方案》，落实“一把扫把扫到底”的工作构想。规范建筑垃圾治理，在惠城区各镇（街道）设置20余处建筑垃圾受纳点，满足市民群众日常需求。

【城市生活垃圾分类】 2020年3月，惠城区组建惠城区城市生活垃圾分类工作领导小组办公室（区分类工作专班），按照“先行先试、建成示范区、完善提升”三步走模式，全力推动城市生活垃圾分类工作。6月20日，惠城区全面实施城市生活垃圾分类启动仪式在惠州市第一小学举行，标志着城区8个街道城市生活垃圾分类工作全面铺开。

是年，惠城区8个街道1491个场所生活垃圾分类投放、分类收集、分类运输等基本全覆盖。如期完成基本建成城市生活垃圾分类示范片区的年度工作目标。在惠州市组织开展的垃圾分类评估工作中，全市7个县区排名通报连续4次排名第一，8个街道在全市14个示范街道评估考核中成绩排名前列。市区日产生活垃圾2000余吨，其中，分出厨余垃圾近140吨，进行资源化再利用，可回收物和有害垃圾委托有资质专业机构处理，日均减少生活垃圾近300吨，先期减量率为17%，其他垃圾无害化处理率为100%。

【户外广告（招）牌治理】 2020年，惠城区城管执法局牵头对城区近300条主次干道周边户外广告（招）牌开展新一轮全面清理拆除行动，依法拆除未经许可、违规设置、超期设置或存在安全隐患以及严重影响市容市貌且无法整改的户外广告设施。

是年，惠城区清理整治户外广告（招）牌1.5万块，拆除面积逾30万平方米，加速推动实现城区户外广告（招）牌“减量提档”。

7月30日，市、区、街道户外广告（招）牌专项整治市、区、街道三级联合拆除行动在西枝江桥头达利大厦外广场启动（区城管执法局/供图）

【“蓝天保卫战”三项整治】 2020年，区城管执法局牵头持续加强乱倾倒固废物、工地扬尘污染、夜间无证照流动烧烤“蓝天保卫战”三项整治行动。推动市区更换新型密闭环保泥头车400余辆，严抓建筑工地扬尘防治标准化管理，查处工地扬尘污染46宗，罚款260余万元。查处乱倾倒固废物案114宗，罚款250多万元，转公安机关处理并拘留13人，其中，查处深圳等外来车辆跨区域倾倒固废物案88宗，罚款近180万元。牵头划定禁止露天烧烤食品区域，开展夜间无证照流动烧烤整治近700次，清理整改夜间流动烧烤约1800宗次。

【全国文明城市创建迎检】 2020年，区城管执法局制定并实施《惠城区城乡管理和综合执法局2020年全国文明城市测评工作实施方案》，联合市场监管、公安交警、生态环境、各镇（街）等单位，强化露天烧烤、违法户外广告（招）牌、工地扬尘等问题的执法整改力度。开展环境卫生提升整治行动，重点整治内街小巷、城中村、城乡接合部、沿路沿线、村庄公共区域、房前屋后、集贸市场及周边的环境卫生，冲洗街道，清扫卫生死角，清除暴露生活垃圾、建筑垃圾、杂草以及“牛皮癣”，确保环境卫生干净整洁。全年开展集中整治1000余次，整改“六乱一跨”（乱摆卖、乱拉挂、乱张贴、乱搭建、乱堆放、乱设广告招牌、跨门店经营）问题3万多宗次，清理各类垃圾9万余吨、卫生死角逾8000处，助力惠州市蝉联第六届全国文明城市称号。

【内街小巷应急维修维护】 2020年，区城管执法局制定《关于规范惠城区各街道内街小巷应急零星工程办理流程的通知》《惠城区内街小巷市政公用设施日常维护管理办法》，开展内街小巷群众投诉应急维修维护项目。

是年，应急维修维护项目投入450万元，累计受理群众投诉应急维修维护整治项目145

项，其中，应急零星项目140项，应急维修维护5项。

【安全隐患排查】 2020年，区城管执法局持续在户外广告（招）牌、在建工地、燃气、消防验收等城乡管理领域开展隐患排查专项行动171次，整改安全隐患110余处，其中，查扣黑燃气瓶956个，捣毁黑气点28个。

7月，区城管执法局联合公安等部门查处“黑气点”（区城管执法局/供图）

【提高服务水平】 2020年，区城管执法局落实“放管服”工作要求，推动许可审批流程再造，精简申报材料，缩短审批时限。建筑垃圾处置核准从原7个工作日缩短至3个工作日，占用城市绿地和迁移砍伐树木许可从原15个工作日缩减至8个工作日办结。推进“行政许可制”改革为“告知承诺制”，将“从事城市生活垃圾经营性清扫、收集、运输服务审批”等6项行政许可事项由“行政许可制”改革为“告知承诺制”，有效提高群众的办事效率。

是年，许可颁发建筑垃圾处理受纳证27宗、排放证34宗，拆除项目设施1宗。批复市政园林树木迁移等申请62宗。受理市区户外公益宣传、开业庆典活动申报登记备案公共服务173宗。

（区城管执法局：骆 雄）

生态环境

责任编辑：朱思敏

环境状况

【概况】 2020年，惠城区环境质量保持稳定优良，空气质量持续保持良好，空气质量综合指数为2.84，优良率为96.4%。东江干流惠城段水质符合国家Ⅱ类水质标准，西枝江水质基本符合国家Ⅲ类水质标准，城市饮用水源水质达标率为100%，主要湖库水质保持稳定，土壤生态环境质量保持总体稳定，未发生受污染耕地、污染地块利用不当造成不良社会影响的事件，声环境质量良好，全年未发生重大环境污染事故。

【大气环境质量】 2020年，惠城区空气质量综合指数为2.84，空气质量优良率为96.4%，优良天数353天，其中，优207天，良146天。按《环境空气质量标准》（GB 3095－2012）评价，二氧化硫（SO_2）、二氧化氮（NO_2）、一氧化碳（CO）和可吸入颗粒物（PM_{10}）年均值达到一级标准，细颗粒物（$PM_{2.5}$）和臭氧8小时（O_3-8h）年均值达到二级标准。降尘浓度达到省推荐标准。空气中二氧化硫（SO_2）、二氧化氮（NO_2）、可吸入颗粒物（PM_{10}）、细颗粒物（$PM_{2.5}$）、臭氧8小时（O_3-8h）和一氧化碳（CO）年均值分别为8微克/立方米、18微克/立方米、39微克/立方米、21微克/立方米、140微克/立方米、0.9毫克/立方米。六项指标与上年对比，浓度分别下降28.0%、18.8%、19.2%、5.4%、18.2%，二氧化硫（SO_2）浓度与上年持平。降尘年均值为2.1吨/平方千米•月，比上年上升10.5%，环境空气质量保持良好。

【水环境质量】 2020年，惠城区境内东江水质状况优，西枝江水质状况良好，较上年有所好转，淡水河水质状况良好，较上年明显好转。城区集中式生活饮用水源地水质符合《地表水环境质量标准》（GB 3838－2002）中集中式生活饮用水地表水源地水质目标要求。水环境质量状况保持稳定。

西枝江滨江公园段（区方志办朱思敏/摄）

【声环境质量】 2020年，惠城区区域环境噪声昼间平均等效声级值为54.3dB(A)（噪声分贝单位），等级为二级〔昼间≤55dB(A)〕，质量等级为较好。道路交通干线昼间噪声等效声级值为67.5dB(A)，达标率为100%，道路交通声环境质量等级为好；功能区声环境质量昼间等效声级和夜间等效声级达标率均为100%。声环境质量状况与上年同期持平。

（惠城生态环境分局：黄佩刃）

环境保护

【概况】 2020年，惠城区实现生态保护红线精准落图，划定面积78平方千米。污水收集率为99%，全区有7个地表水考核断面达标率均达到100%。

是年，惠州市生态环境局惠城分局（以下简称“惠城生态环境分局”）出动执法人员5210人次，检查企业1780家次，下发整改通知书582份，立案68宗，下达立案处罚决定书31宗，处罚金额157.9万元。受理处置各渠道环境信访投诉2400宗次，未发生因环境问题到京、到省上访及大规模到市上访情况，未发生重大环境安全事故。

【建设项目环保审批】 2020年，惠城生态环境分局受理建设项目环评文件176宗，通过170宗（否决6宗，否决率为3.4%），建设项目环境影响登记表网上登记备案504宗。

【主要污染物减排】 2020年，惠州鸿运实业有限公司、惠州市三环构件有限公司清洁能源替代减排以及华锋微线电子（惠州）工业有限公司、惠州市潮记食品有限公司完成主要污染物减排任务。

【生态示范创建】 2020年，惠城区配合省、市完成生态保护红线评估工作，成果上报自然资源部审批。惠城区生态保护红线面积89.06平方千米，占全区国土总面积的7.7%。

配合省、市优化调整饮用水水源保护区划定，在原有7处饮用水水源保护区基础上，增加东江芦岚片区饮用水水源保护区、东江横沥中心饮用水水源保护区、横沥大岚河饮用水水源保护区3个饮用水水源保护区。

【农村环境保护】 2020年，惠城区推进农村生活污水处理设施整改和建设工作。投资9亿元实施三栋镇农村污水治理工程。42座原有设施整改工程和农村污水处理设施建设项目二期工程，上述工程重点对环境敏感区域、人口集中区域的村庄开展污水收集治理，对收集范围内的农村生活污水做到应收尽收，切实提高农村生活污水收集率和治理率。

是年，全区1222个自然村基本实现雨污分流、污水排放管道收集或暗渠化，污水收集率为99%；712个自然村完成村庄生活污水治理，污水治理率为58%。开展10个农村环境综合整治行动。完成农村饮用水水源地保护、农村生活污水处理、农村生活垃圾收集处理、农村畜禽养殖污染治理等整治工作。

【水环境综合整治】 2020年，惠城区将12条黑臭水体列入监管治理范围，整治工程累计建设截污管网413千米（含支管165千米），河道清淤89千米。

对疑似雨、污管错乱接点楼盘进行核查，排查楼宇180栋，发现疑似点251处，排水立管3745根，其中，确认需整改排水立管660根，已完成整改660根。

农村污水处理设施建设不断完善，35个自然村（组）建成主管网21.72千米，完成率100%，支管完成17.8千米。水口、马安、汝湖、横沥和芦洲等227个自然村，已建成主管网190千米，完成率93.14%，支管完成104千米。

是年，完成东江一级支流等11条河涌入河排污口的“查、测、溯”工作和马安河、小金河等5个入河排污口的整治工作。市级、县级饮用水水源保护区的标识牌、视频在线监控及隔离防护网等规范化建设均完成。

8月13日，惠州市梅湖水质净化中心开展环保公众开放日活动（惠城生态环境分局黄佩刃/摄）

【核查疑似雨、污管错乱接点楼盘】 会同市住建局、区自然资源局、市水务集团成立专项行动组，开展“错接漏接”检查行动，对疑似雨、污管错乱接点楼盘进行核查，排查楼宇180栋，发现疑似点251处。排水立管3745根，其中，确认需整改排水立管660根，已完成整改660根。

【大气环境综合整治】 2020年，惠城区空气质量保持稳定优良，环境空气质量综合指数为2.84，优良天数353天，优良率为96.4%，创历史以来最好成绩。综合指数改善16%，改善率排惠州市第二（仅次于仲恺区）。

【声环境综合整治】 2020年，惠城区持续宣传推广使用低噪声机械器具和工艺，在城市建成区内禁止使用锤击桩、蒸汽桩等产生高噪声的施工器械施工作业。加强对施工工地、公园广场、娱乐服务业噪声监管，妥善处置一批群众关心的噪声投诉问题，下发《关于开展中高考期间噪声污染控制和现场监督检查的通知》，出动百余人次开展中、高考噪声专项整治行动。

【固体废弃物监管】 2020年，惠城生态环境分局抽查危险废物产废单位30家和危险废物经营单位5家，合格率为99.14%。强化医疗机构医疗废物、汽修行业危险废物和一般工业固体废物信息化监管。已在广东省固体废物云申报系统注册的医疗机构和汽车维修企业分别有860家和351家。778家注册危险废物产生企业，基本上在平台完成2019年危险废物申报登记和2020年危险废物管理计划。

是年，产生和转移危险废物3.6万吨、医疗废物约2242.15吨、生活污泥7.47万吨，收集废线路板1.50万吨、废矿物油987.15吨，转移废矿物油973.99吨。

（惠城生态环境分局：黄佩刃；区住建局：黄晖平；区自然资源局：廖志欢）

森林保护

【概况】 2020年，惠城区完成造林面积490.34公顷、抚育面积266.67公顷。全面推进自然保护地整合优化，自然保护地整合优化预案编制基本完成。整合优化后，惠城区自然保护地个数为14个，包括4个自然保护区、1个风景名胜区、5个森林公园、4个湿地公园。自然保护地批复面积由7260.69公顷调整为7955.90公顷，占惠城区国土总面积的6.87%。

进行生态公益林管护和生态公益效益补偿资金发放，全年发放补偿资金958.19万元。受理及办结林木采伐许可证核发、建设工程临时占用林地审批、省内“植物检疫证书”核发、木材运输证核发、出售、购买、利用国家“三有”保护野生动物及其制品审批业务87宗。

生态公益林区内未发生滥伐盗伐等情况，森林碳储量、生物多样性、林分质量均有提高。

【森林资源保护】 2020年，惠城区落实“两防两保”（森林防火、林业有害生物防治，森林资源保护、自然保护区保护）措施，依法依规审批办理长期占用林地项目17宗，面积199.46万公顷。办理临时征占用林地项目4宗，面积合计18.65万公顷。全区实施松材线虫病防治面积1300公顷，薇甘菊防治1013.34公顷，有害生物防治效果较好。做好省级以上生态公益林完善落界、天然林核定落界、生态公益林巡查监管等工作。

【野生动物保护】 2020年，惠城区全面强化陆生野生动物保护监管疫情防控工作。重点加强保护陆生野生动物人工繁育和经营利用监管以及陆生野生动物疫源疫病监测工作。加强对自然保护区、森林公园、湿地公园、林场和沿江滩涂等野生动物停歇地、栖息地相关集群活动区域野外巡护看守，确保野生动物资源安全。

全面加强对商品交易市场、农贸市场、活禽经营市场和餐饮店的检查，严禁销售、加工和使用野生动物及其制品交易，有力打击野生动物非法贩卖、盗猎行为。

（区自然资源局：廖志欢）

环境卫生

【概况】 2020年，惠城区卫生健康局结合新冠肺炎疫情防控，指导各镇（街道）居民区除“四害”（指苍蝇、蚊子、老鼠、蟑螂）消杀队开展消毒工作，邀请市疾控中心消杀科专家到惠城区进行疫情防控消毒知识培训。对集贸市场、居民区、机关单位办公场所、公交站点、垃圾中转站、高速路口卡点等公共区域以及确诊病例、疑似病例和密切接触者居住活动区域进行后续消毒，消毒面积2100多万平方米。负责区防控办设立的健康观察隔离点（技工学校、丽枫酒店、大自然酒店、金叶酒店等8处）的消毒工作，消毒面积298万平方米。

【灭鼠灭蚊工作】 2020年，惠城区整治“四害”孳生地，加强居民区除“四害”消杀队投药消杀。针对居民区下水道大量孳生蟑螂、蚊子的问题，将下水道作为灭蟑灭蚊工作的重点，使用烟炮机进行烟雾消杀。逐个小区建立消杀登记台账，防止遗漏。做到每个小区下水道一个季度消杀一次以上。在学校复学期间，加强辖区学校及周边除“四害”消杀，防止病媒生物传播的传染病发生。

【重点场所综合整治】 2020年，针对外省进口冷冻产品检测新冠病毒阳性的情况，8月起，区卫生健康局派专门人员每星期到江北海吉星批发市场值班，检查督促冷链冷库经营者落实疫情防控措施。对全区63个集贸市场全面排查，开展集贸市场环境、产品核酸检测，完成检测1176份。

是年，惠城区开展城中村、城乡接合部、集贸市场等重点场所综合整治工作。增加保洁人员，加大保洁力度，做到每天清洁消毒，每周大扫除。活禽市场执行“1110”制度（一日一清洗，一周一消毒，一月一休市，过夜零存栏），严禁销售野生动物。

【生活垃圾分类】 2020年，惠城区卫生健康局牵头组织各街道社区卫生服务中心以及市第三人民医院、市第二妇幼保健院、城区中医院、慢病站等14间公立医疗机构开展城市生活垃圾分类工作。制定推进垃圾分类实施（工作）方案，配备专人负责垃圾分类工作，建立有害垃圾、可回收物、厨余垃圾、其他垃圾分类清运台账。

【卫生村创建】 2020年，区卫生健康局加强对卫生镇、卫生村创建工作的督促、检查和指导，促进各镇村建立和完善“三个一”（每年开展一次“爱国卫生月”活动，每月组织一次清除卫生死角和“四害”孳生地为主的统一行动，每周进行一次环境卫生大扫除）环境卫生管理制度、清扫保洁、垃圾清运、禽畜管理、“四害”防控等卫生管理制度。

是年，惠城区有9个村申报省卫生村（三栋1个、汝湖4个、横沥4个），均已通过市级检查验收。

（区卫生健康局：陆建明）

农村·农业

责任编辑：朱思敏

农村工作

【概况】　2020年，惠城区开展村容村貌整治提升工作。以村容村貌整治为重点，全面铺开农村人居环境整治。全区各镇（街道）均完成基础整治任务，142个行政村均达到“干净整洁村”标准。7个地表水考核断面达标，比例为100%，入河排污口得到全面治理，12条黑臭水体实现“长制久清”要求，东江水质断面连续达到地表Ⅱ类水年度目标，各支流水质及水环境明显改善，惠城区水利工程建设、河湖管理范围划界等任务如期完成。

【农村综合改革】　2020年，惠城区基本完成农村集体产权制度改革工作，1384个农村集体经济组织（144个经济联合社、1240个经济合作社）全部完成产权制度改革工作，完成资产量化的单位282个，应进行资产量化单位完成率100%。确认成员股东数19.53万个，资产量化总额约11.5亿元。完成登记赋码工作。

是年，推进宅基地改革工作。贯彻“一户一宅”的法律法规及面积标准，除无宅基地的桥东、桥西外，11个镇（街道）已建立一个窗口受理联审联办制度，江南、龙丰、水口街道等7个镇（街道）出台农村宅基地管理细则及操作流程，受理报建51宗，审批通过14宗。

做好农村集体产权制度改革试点和农村承包经营权流转奖补试点工作，确定水口街道办事处为农村承包地经营权流转奖补试点单位，获得省级奖补资金48.4万元。

【发展农业龙头企业】　2020年，惠城区有农业龙头企业56家（其中，国家级1家、省级12家、市级26家、区级17家）。企业经营收入近30亿元，固定资产总值15.7亿元，辐射带动农户6.5万户，户均年增收7200元，农业龙头企业规模和档次都有较大提高。已注册登记农民专业合作社273家，录入全国家庭农场名录系统的家庭农场299家（其中，省级示范家庭农场5家、市级示范家庭农场11家），起到很好的示范作用。

【美丽乡村建设】 2020年，惠城区开展农村危旧泥砖房清理整治工作。安排省级专项资金94万元用于相关镇（街道）农村泥砖房的清拆整治，并指导乡镇制定工作方案。组织各镇（街道）开展摸排、建档、鉴定工作。完成农村泥砖房清理整治8268间，拆除面积26.36万平方米。全区各镇（街道）均已完成“三清三拆三整治”（“三清”即清理村巷道及生产工具、建筑材料乱堆乱放，清理房前屋后和村巷道杂草杂物、积存垃圾，清理沟渠池塘溪河淤泥、漂浮物和障碍物；“三拆”即拆除危旧房、废弃猪牛栏及露天厕所茅房，拆除乱搭乱建、违章建筑，拆除非法违规商业广告、招牌等；“三整治”即整治泥头车、工地扬尘、跨区域非法倾倒固体废物）基础整治任务，142个行政村已达到“干净整治村”标准。

开展农村“厕所革命”工作。重点推进4个行政村的“厕所革命”整村试点工作，完成横沥镇墨园村、芦洲镇芦村村、三栋镇坝山口村、莲塘村户厕改造任务821户。完成11座农村公厕的主体建设。

按照每个行政村500万元的标准，审批8000万元作为示范村创建工作经费。相关镇（街道）先行安排100万元，剩余经费列入年度财政预算。对全区16个示范村的创建项目库，组织相关镇（街道）、行政村、区直有关单位、第三方机构进行会商会审和实地核查后进行修订完善，由区委实施乡村振兴战略小组审定。启动汝湖镇乡村风貌示范区建设工作，创建方案经区政府审议通过，并要求加快创建步伐。

【脱贫攻坚】 2020年，惠城区建档立卡相对贫困户计3010户7186人。其中，有劳动能力的建档立卡相对贫困户633户2803人，通过全区87个帮扶挂钩单位结对帮扶及社会各界的关心帮扶，达到脱贫标准。无劳动能力的2377户4383人全部纳入政府兜底范畴，100%实现脱贫。

【富民兴村】 2020年，惠城区丝苗米产业园建设完成，投资2.3亿元，构建水稻绿色种植、冷链物流、电子商务、休闲体验等完整产业链，带动农户8500多户。开发新产品6个，完成技术规程5项，申请发明专利3件，建立农业产品质量安全标准和土壤地力分布数据库各1个，获得省农业技术推广一等奖1项、省科技进步二等奖1项。在新冠肺炎疫情防控期间，产业园实施主体紧急供应优质大米2万吨。

市级花卉产业园建设完成，投资4065万元，建成花卉种植温室、花卉市场、花卉加工及休闲观光农业等项目，引进种植蝴蝶兰等20多个花卉品种。

推进“一村一品一镇一业”建设，汝湖镇和横沥镇被认定为省级专业镇，汝湖镇横山头村、横沥镇土桥村、横沥镇矮陂村、横沥镇蔗埔村被认定为省级专业村。

（区农水局：邓凌燕）

水利建设

【概况】 2020年，惠城区农村水处理设施建设项目一期建设完成率为100%，二期完成率为86%。是年，实现河长湖长体系全覆盖。区内直接取用地表、地下水的用户全部纳入管理。成立20～30人的专职巡逻队，加强对非法采砂活动的巡查和打击。

【农村污水处理设施建设】 2020年，惠城区推进农村生活污水处理设施建设工作。加快三栋镇农村污水治理工程建设，建成管网（主管）43.72千米（完成占比98.9%），接户管完成24.31千米。5座一体化设施已通水运行，3座一体化污水提升泵站及两座“化粪池+简易湿地”处理设施完工并通水运行。

【河长制湖长制】 2020年，惠城区实现河长湖长体系全覆盖，全区设立区、镇、村和村组四级河长901人。河长巡河履职实现常态化，全区各级河长巡河6692次。常态化完成“清四乱”（乱占、乱采、乱堆、乱建）、“五清”（清污、清漂、清淤、清障、清违）工作。小金河、马安河剩余的5个入河排污口已完成整治销号，清理水浮莲约71万平方米。“清四乱”拆除涉河违建7200平方米，清理非法采砂点82个。

【水资源管理与保护】 2020年，惠城区严格执行取水许可、申请程序，对取水大户进行水资源论证，将区内直接取用地表、地下水的47户用户全部纳入管理，严格要求取水用户规范安装计量设施，除农业用水外，水表安装率达100%。

是年，惠城区用水总量3.227亿立方米，较2019年有所下降。万元GDP用水量与万元工业增加值用水量分别为37立方米/万元和32立方米/万元。农田灌溉水有效利用系数为0.515（要求系数≥0.5），与2019年基本持平。

【河砂整治】 2020年，惠城区在横沥、芦洲、汝湖镇成立20～30人的专职巡逻队，加强对非法采砂活动的巡查和打击。设置河滩地障碍物50余处，挖断通向河滩地的道路80余处，安装监控设备6处。

继续保持高压态势打击盗采河砂行为。对东江河段累计巡查137次，出动巡查装备151辆次，人员779人次，查扣各类作业、运输工具54台辆，处理涉水涉砂投诉事件51宗。

督导镇（街）组织对外围堆砂场的清理力度，清理整治82个非法堆场，清理河砂1万余立方米。

（区农水局：邓凌燕；区住建局：黄晖平）

种植业

【概况】 2020年，惠城区有耕地面积26.15万亩。全年农作物播种总面积48万亩，其中，粮食播种面积21.13万亩、总产量8.2万吨，粮食播种面积和产量保持稳定。

是年，惠城区良种良法推广工作获得4项奖励。参与的“高抗倒伏甜玉米新品种粤甜28号示范推广”项目获省农技推广奖三等奖。“抗倒伏甜玉米新品种粤甜28号示范推广”项目获市农技推广奖二等奖。“茶园高效安全生产技术”项目获市农技推广奖三等奖。“优质常规稻华航52的示范推广”项目获市农技推广奖三等奖。

【科教兴农】 2020年，惠城区组织45名基层农业技术推广人员到华南农业大学继续教育学院进行为期6天的全脱产农技培训。利用科技下乡、技术培训工作时机，调研和进行技术服务指导累计145次，举办各类技术培训班24场次。举办“惠城区2020年高素质农民培育项目培训班”，培训高素质农民100名。举办1期“惠城区新时代农业技术带头人（示范户）培训班”。推荐广东海纳农业有限公司作为数字农业主体加入广东数字农业发展联盟、农村乡土专家认定工作，遴选74名乡土专家。

【农作物新品种推广】 2020年，惠城区农业技术推广中心加强与科研院所、种子企业的联系，引进示范推广粤禾丝苗、南晶香占、19香、南油丝苗、黄广丝苗、禾广丝苗、广软占、黄广金占、胜优黄占、软华优6100、粤甜26号、粤甜28号、粤甜30号、华美甜9号、航花2号、粤油43、广薯72、粤引黑大豆1号、荔浦香芋等农作物优新品种48个，配套宣传推广农业技术项目11项。

实施国家玉米产业技术体系广州综合试验站示范县等种业项目，建设良种示范基地11个，其中，水稻示范区4个，甜、糯玉米示范区2个，花生示范区2个，大豆示范区1个，香芋示范区1个，甘薯示范区1个。引进推广的南晶香占、19香、粤甜26号、航花2号等品种因品质优、销路好而深受农户欢迎。

打造“惠城区农作物新品种新技术综合展示观摩会”推广品牌，组织举办现场观摩会8场。组织参观广东种业博览会1期。加强在《惠州日报》、“学习强国”平台等媒介宣传报道，加快新品种新技术转化应用的步伐。

加强与上级农科院校交流联系，协作实施“功能性水稻的选育”“优质稻品种选育及产业化”“鲜食玉米一次性机械化施肥示范试验”等项目。强化与广东海纳农业有限公司、广东绿湖园艺股份有限公司的交流联系，新培育合作平台。

编发《惠城农技》12期、“农作物选种与栽培技术指引”16期。促进农作物优新品种推介、购种注意事项、农作物实用栽培技术、防灾减灾措施等宣传推广。做好“一村一品、一镇一业”建设和农业产业发展技术服务。

5月18日，省农业科学院作物研究所、省农业技术推广总站、省农业科学院惠州现代农业促进中心联合调研组成员到汝湖镇开展甜玉米产业调研（区农业技术推广中心/供图）

【农作物病虫害防治】 2020年，惠城区农业技术推广中心利用现有的智能化监测设备与大田监测调查相结合，在确保粮食病虫监测预警的基础上，推进“一镇一业、一村一品”特色作物重大病虫监测预警工作开展，全面加强迁飞性害虫、流行性病害和突发病虫害的监测调查，按时上报病虫监测数据。

是年，惠城区各类作物病虫草螺鼠害累计发生面积212.76万亩次，防治面积270.42万亩次，挽回农作物损失3.848万吨。农作物病虫害发生的主要特点：纹枯病、稻纵卷叶螟、稻飞虱、草地贪夜蛾、玉米螟、小菜蛾、黄曲条跳甲等病虫偏重发生；上半年病虫害发生较往年同期轻，下半年稻飞虱害发生较往年同期重，局部地区水稻跗线螨害发生偏重。

10月12日，全国农业技术推广中心防治处处长刘万才（后排左一）、广东省农业有害生物预警防控中心主任江腾辉（后排左二）一行到惠城区汝湖镇仍北村指导省级草地贪夜蛾综合防控技术集成示范区建设工作（区农业技术推广中心/供图）

【提升耕地地力】 2020年，惠城区农业技术推广中心制定《2020年惠城区化肥使用量负增长技术实施方案》，开展科学施肥技术指导，印发水稻、蔬菜、甜玉米、花生科学施肥指引文章9篇。举办技术培训、现场观摩培训班5场，宣传培训耕地质量提升及化肥减量增效关键技术、土壤重金属污染防控技术、水肥一体化技术，现场发放有机肥一批、农业技术资料千余份。印刷科学施肥指引宣传材料，下发到各镇（街道），张贴到村，扩大宣传，提高广大种植户科学施肥水平和耕地保护意识。完成6个省级和7个市级耕地质量监测点工作，开展耕地质量等级调查36份。

【农技信息服务】 2020年，惠城区农业技术推广中心以农业技术惠民服务为重点，举办两期“惠城区农技带头人”培训班，培训新农业技术带头人50人，全区农业技术带头人已达150人。实施春季农业生产专项服务计划，制定《惠城区春季农业生产技术服务工作方案》，编发技术资料38期，举办综合性“农技三下乡”活动4场，送技术53场，送农资29批次，送项目10个，举办针对性技术培训25场，下乡指导49次。

是年，“农技110”服务热线接受咨询120次，办结率和回复率均为99%以上。进行调研和技术服务指导累计145次，举办各类技术培训班24场次，上传发布农业技术信息149篇。

【蔬菜检测】 2020年，惠城区蔬菜种植面积21.1万亩，产量41.64万吨。区农产品质量安全中心加强对镇（街）检测站的技术指导，提高检测强度。做好巡回检测服务工作，督促检查、指导蔬菜基地规范管理、完善生产记录、落实自检制度、安全使用农药。

是年，惠城区生产环节抽取蔬果样品12754份。其中，合格样品12740份，合格率为99.89%；不合格蔬果样品14份，未发生蔬菜中毒事故。

2020年惠城区蔬菜种植情况表

表5

单位	面积（亩）	总产量（吨）
合计	211212	416395
桥西	0	0
桥东	0	0

续表 5

单位	面积（亩）	总产量（吨）
龙丰	750	900
江南	0	0
江北	0	0
河南岸	0	0
小金口	19849	33403
水口	35723	60410
三栋	10132	15785
汝湖	35740	65750
马安	20161	32789
横沥	62492	156256
芦洲	26365	51102

注：此表由区统计局提供，数据包含蔬菜种植基地。

（区农水局：邓凌燕；区农产品质量安全中心：吴云普；区农业技术推广中心：郑　敏；区自然资源局：廖志欢）

畜牧业

【概况】　2020年，惠城区生猪年末存栏11.7万头，出栏20.1万头；家禽年末存栏189.73万羽，全年出栏275.49万羽；牛年末存栏0.65万头。禽蛋产量1.33万吨，肉类总产量2.62万吨，牛奶产量0.21万吨。畜牧业总产值9.4亿元。规模养殖场31家，主要分布在汝湖、马安、横沥等镇，其中，省级龙头企业5家，市级龙头企业3家。

广东省渔政总队惠城大队于2020年3月划转至区农业农村和水利局。区水产技术推广站于2020年10月划入惠城区农业科学研究所。

【动物防疫】　2020年，惠城区按照《惠城区2019年主要动物疫病免疫方案》《惠城区中长期动物疫病防治规划》，重点抓好春秋两季重大动物疫病免疫工作，组织供应猪O型口蹄疫疫苗37.5万毫升、牛口蹄疫疫苗9万毫升、禽流感灭活苗540万毫升、犬狂犬病疫苗4万头份。猪口蹄疫、牛口蹄疫、高致病性禽流感、小反刍免疫率均达100%。做好重大动物疫病免疫抗体水平检测和药物残留检测，落实动物卫生监督巡查工作，确保动物防疫工作落实到位。是年，惠城区未发生重大动物疫情。

【非洲猪瘟防控】　2020年，惠城区落实各项防控措施，下发防控文件及领导批示近20份，召开防控会议10余次。排查全区生猪养殖场1200多家次，全区范围的生猪养殖场已平均全覆盖排查2次以上，屠宰场每天派驻官方兽医对屠宰环节进行检查。集中开展违法违规调运生猪行为专项整治行动，24小时对入区生猪车辆设卡检查。抽取24份猪血样品送上级部门检测，未发现异常情况。开展动物防疫“大清洗大消毒”活动和落实24小时电话应急值守，做好储备物资、应急队伍的应急准备。全区全年未发现非洲猪瘟疫情。

【畜牧产品质量监管】　2020年，惠城区抓好产地检疫和屠宰检疫工作，产地检疫生猪27.6万头，产地检疫家禽258.82万羽。生猪屠宰检疫29.87万头，家禽屠宰检疫527.02万羽。全面落实国家生猪无害化处理补助政策，补贴年出栏50头以上规模场（小区）病死生猪无害化处理3416头，区配套补贴2.73万元。是年，惠城区未发生畜禽产品质量安全事故。

（区畜牧兽医与渔业局：蓝　超）

渔　业

【概况】　2020年，惠城区水产养殖总面积为3.78万亩，其中，池塘养殖面积为2.91万亩；内陆捕捞渔船140艘。水产养殖总产量为2.34万吨，其中，淡水养殖产量2.33万吨，淡水捕捞产量102吨。水产品总产值3.31亿元，其中，淡水养殖总产值3.13亿元，淡水捕捞总产值72万元，水产苗种产值1718万元。

惠城区有水产养殖场179家，主要分布在马安、汝湖、横沥等镇，其中，省级龙头企业1家，市级龙头企业2家，区级龙头企业1家。惠州市财兴实业有限公司、惠州市惠泽源实业有限公司、惠州市振华渔业有限公司、惠州市正道实业有限公司和惠州市丰源生态农业有限公司5家城区水产养殖企业获国家水产健康养殖示范场称号。

【水产品质量监管】　2020年，惠城区开展水产品质量安全宣传培训和兽用抗菌药减量化试点工作，利用抽样、检查等工作之际深入水产养殖场（户）开展宣传，发放宣传资料，进一步提高养殖户水产品质量安全意识。引导养殖场严格落实安全用药要求，辨识国家批准的正规渔药，拒绝购买和使用禁用药品及其他化合物。

加大监督抽检频次和力度，出动监督管理人员480多人次，检查生产经营企业134家次，未发现违法违规行为。同时，加强产地检疫，确保源头供应质量。检疫水产苗种89批次，出证89份，共289万尾，品种包括罗非鱼、鲫鱼、鲢鱼、鳙鱼、宝石鲈等。制定《2020年惠城区水产品质量安全监控实施方案》，完成水产品质量安全监控样品共211个，其中，例行监控142个，监督执法抽查69个，检测项目为孔雀石绿、氯霉素、呋喃西林、呋喃唑酮等。

是年，惠城区未发生各类水产品质量安全事故。

6月23日，省农业科学院惠州现代农业促进中心办公室主任赵沛华（右一）等专家到惠州市正道实业有限公司进行水产调研（区农业技术推广中心/供图）

（区畜牧兽医与渔业局：蓝　超）

综　述

【规模以上工业企业】　2020年，惠城区规模以上工业企业322个，规模以上工业总产值553.8亿元，同比增长2.3%，规模以上工业增加值137.3亿元，同比增长3.0%；工业投资73.3亿元，同比增长26.6%；工业技术改造投资21.6亿元，同比增长13.3%。

322个规模以上工业企业中，股份制企业216个，外商及港澳台商企业106个；规模以上工业企业近六成开设在水口街道和小金口街道；近四成从事计算机、通信和其他电子设备制造业、电气机械和器材制造业。主要产品有锂离子电池、灯具、工业机器人、变压器、服装、饲料等。

2020 年惠城区规模以上工业企业分布情况表

表6

镇（街）	企业数（个）	镇（街）	企业数（个）
桥东	5	水口	116
桥西	6	三栋	37
龙丰	9	汝湖	24
江南	9	马安	30
江北	6	横沥	2
河南岸	9	芦洲	0
小金口	69	—	—

【技术改造】 2020年，住润电装等9家企业获得2020年技术改造事后奖补资金2733.11万元。商祺科技等4家企业获得省、市、区技术改造（普惠性）资金362.75万元。玛克医疗等7家企业获得省、市、区疫情防控补助资金209.52万元。吉盛科技（惠州）有限公司获得“第六批市级企业技术中心”称号。广东利元亨智能装备有限公司获评2020年省人工智能骨干企业。惠州市西顿工业发展有限公司等两家企业获得市、区高成长骨干企业奖励资金100万元。

【工业节能】 2020年，区科工信局发动辖区内重点用能的工业企业打好污染防治攻坚战，推进节能技术改造和清洁生产工作，推动节能减排工作不断向前发展。威林科技等6家企业获得区级清洁生产奖励资金30万元。豪鹏科技被列入工信部第五批绿色工厂名单。

【工业企业选介】

先进科技（惠州）有限公司 公司由全球最大的半导体及LED集成和封装设备制造商ASM Pacific Technology Limited（简称“ASMPT”）投资，于2010年设立，位于惠州市惠城区小金口九龙高新科技工业园，占地面积4.5万平方米，投资额1.2亿美元。

2020年，公司员工近1700人。主要产品有半导体封装、LED封装、CMOS图像传感器等封装设备。公司拥有300多台高精密CNC设备，9条机器人自动化生产线，以及万级无尘装配中心等世界先进设备和工艺。年产值11.8亿元，同比增长16.6%。惠州公司先后获评广东省现代产业500强、惠州市现代产业100强、惠城区现代产业50强、惠城区重点项目建设先进单位、安全生产示范单位、A级纳税人、先进职工之家等。

惠州市豪鹏科技有限公司 公司成立于2012年，隶属豪鹏国际（纳斯达克上市公司），注册地址为惠州市惠城区马安镇新湖工业区，注册资金3亿元，是集研发、生产和销售于一体的高性能锂电池高新技术企业，工信部锂离子电池安全标准特别工作组全权成员单位。

2020年，公司职工总数2000人，研发人员210人，其中，博士3名。公司拥有自主产权专利103项，授权专利技术70项，其中，发明专利32项，实用新型专利38项。与清华大学、中南大学等一流高校展开产学研合作，成立中南大学博士后科研基地。建立广东省锂离子动力与储能电池工程技术研究中心、广东省企业技术中心、国家认证CNAS实验室、DEKRA认可实验室、中南大学博士后科研基地。参与国家标准《信息技术便携式数字设备用移动电源通用规范》制定，通过ISO9001、ISO14001、ISO50001、OHSAS18001等重要体系认证。

广东格林精密部件股份有限公司 公司成立于2002年4月29日，位于广东省惠州市三栋数码工业园北区，厂区占地面积12万平方米，生产与生活建筑面积14万平方米。

2020年，公司致力于智能家居（智能音箱、智能门铃、智能摄像头）、智能手机、可穿戴设备、电子书、平板电脑、移动POS机等智能终端精密结构件的研发、设计与生产制造，具有整合塑胶、金属、玻璃等多种材料的综合设计与生产能力。能够将天线、电磁屏蔽、声腔、散热增强、防水防尘、抗静电、抗过敏、装饰等功能集成到精密结构件产品上，为客户提供多功能且外观时尚的智能终端精密结构件的“一站式”制造服务。是年，公司产值超10亿元。年底有员工4000多人。

（区科工信局：李向红）

惠城区高新科技产业园

【概况】 惠城区高新科技产业园（以下简称“惠城高新园”）总规划面积67.7平方千米。2020年，园区有规模以上企业101家。规模以上工业产值为203亿元、为国家创造税收6.2亿元，推进创建省级高新区。惠城高新园按“1核心4组团”发展模式布局（“1核心”为东江湾产业园，“4组团”分别为三栋产业园、马安产业园、横沥产业园和汝湖产业园）。

东江湾产业园是惠州市重点打造的七大千亿级产业园之一，是中韩（惠州）产业园惠城组团的重要组成部分。位于水口街道和马安镇，规划面积30平方千米，主要发展新一代信息技术、数字经济、新能源新材料和装备制造产业。有规模以上企业70家，2020年规模以上工业产值135亿元。

三栋产业园是金山新城的核心智造区。位于三栋镇南部，规划面积10.6平方千米，主要发展电子信息和先进制造产业，有企业118家，2020年规模以上工业产值68亿元。

横沥产业园是惠城区国际生物健康谷的先行起步区。位于横沥镇，规划面积6.5平方千米，主要发展医疗器械创新研发与制造产业。

马安产业园是惠州湾产业新城的先行起步区，是中韩（惠州）产业园惠城组团的重要组成部分。位于马安镇南部，规划面积15.4平方千米，重点发展电子信息和装备制造产业。

汝湖产业园是中韩（惠州）产业园惠城组团的重要组成部分。位于汝湖镇，规划面积5.2平方千米，主要发展生物健康、现代物流和先进制造业产业。

惠城区高新科技产业园管理委员会（简称“惠城高新园管委会”）作为园区管理机构，是区政府直属一类事业单位。是年，深入开展“加快园区平台建设发展”和“清网增效”行动，组织实施《加快园区平台建设发展行动方案》《惠城区实施工业园区提质增效行动方案》，围绕“融湾入区”整合优化园区布局，加快推进用地收储、基础设施建设，大力实施招商引资，大力推行项目建设审批改革创新，简化审批程序，推出项目准入审批“限时办结”、建设“摘牌即动工”、用地“带方案”出让、项目服务“五个一”工作机制、企业纾困“快速通道”系列创新举措。

惠城区高新科技产业园门楼（区高新科技产业园管委会/供图）

【整合优化园区布局】 2020年，惠城区围绕破解高新产业园区分散、规模小、平台低的发展瓶颈，把握国家实施“双区”建设（粤港澳大湾区、深圳建设中国特色社会主义先行示范区）和惠州市实施“千亿园区、万亿产业”发展战略，全力整合优化园区布局。

依托原水口园区和马安北园区产业基础，重新规划整合，设立东江湾产业园。依托惠州市打造金山新城重大机遇，优化三栋产业园区布局和定位，打造成“双区”电子信息和先进制造产业高地。依托惠城区国际生物健康谷，优化横沥园区布局和定位，打造成“双区”医疗器械创新研发与制造产业高地。依托市区共建惠州湾产业新城，优化马安南园区布局和定位，打造成“双区”电子信息和装备制造产业高地。

【推进产业规划编制】 2020年，惠城高新园管委会组织编制《东江湾产业园产业发展规划》，根据《惠城区产业发展规划（2020—2030）》，结合园区产业基础和发展优势，明确重点发展产业布局，构建“1+3+X”产业体系（即：以新一代信息技术为一个核心产业，数字经济、新能源新材料、装备制造为三大支撑产业，以及发展若干个前沿产业）。组织编制《东江湾产业园专项规划和城市设计》，明确将东江湾产业园建设为产业强劲、品质一流、治理高效的东江湾生态智造城，推进园区控规编制。

【推进开发建设】 2020年，惠城高新园管委会落实园区新增建设用地指标604.78亩，用地规模300亩。完成用地收储5308.63亩，完成产业项目用地出让13宗，推动产业项目开工建设28宗，总投资180亿元，完成园区基础设施建设投资6946万元。提前启动推进东江湾产业园、横沥产业园、惠州湾产业园及跨境电商产业园等园区的基础设施建设前期工作，项目总投资16.61亿元。

（区高新科技产业园管委会：黄 俊）

建筑业

【概况】 2020年，惠城区住房和城乡建设局（简称“区住建局”）会同区人社部门督促建筑业企业全面实行工人工资分账管理，防止建筑业企业拖欠工人工资问题的发生。

是年，惠城区施工报建工程133宗，房屋建筑工程建筑面积893.43万平方米。

【建筑工程规范管理】 2020年，区住建局持续深化“放管服”改革，不断深化审批制度改革，规范施工许可办理程序，提高行政审批效率。施工报建工程133宗，房屋建筑工程建筑面积893.43万平方米，工程造价290.1亿元。办理工程竣工验收备案82宗，建筑面积527.9万平方米，工程造价188.8亿元。

【建筑工人和业主的权益保障】 2020年，区住建局会同区人社部门督促建筑业企业全面实行工人工资分账管理，防止建筑业企业拖欠工人工资问题的发生。在办理施工许可证时要求施工单位落实工人实名制，保障工人合法权益。

是年，解决拖欠工人工资案件33宗，处理各类质量安全投诉案件10余宗，回复各类网络问政45宗，信访件11宗，“12345”投诉件32宗。按要求做好物业小区信访及投诉工作，处理信访件91宗、“12345”投诉件2300宗、电话投诉1398宗、文件841宗。

【建筑工程质量监督】 2020年，区住建局不断强化工程质量监督工作，新受理监督注册工程128项。其中，房屋建筑工程126项，总建筑面积885.97万平方米。工程质量竣工验收工程62项，其中，房屋建筑工程61项，总建筑面积432.95万平方米。

是年，区住建局组织开展项目责任主体自查自纠和行业监督检查，将190个项目纳入安全监管范围，坚持“安全第一”的原则，做好隐患排查工作。开展建材打假专项检查，抽查15个在建工程，对钢筋原材、防水材料、建筑给水管材、排水管材等材料进行抽查，发出质量整改通知书126份，收到回复126份。开展在建工程质量监督执法检查，抽查38个在建工程，采取查看资料、勘查现场、检测实体等方式，对工程质量行为及工程实体质量等进行全面检查。

【提高建筑节能水平】 2020年，区住建局对全区20家预拌混凝土企业，开展超限超载、扬尘治理等检查工作80次。检查纠正不规范原材料自检台账9项，排查安全隐患3起，责令整改超限超载记录不完善5宗，处理扬尘投诉2宗。不定时开展预拌混凝土质量抽查工作，全年抽查水泥80批次、砂90批次、石76批次、粉煤灰56批次、外加剂50批次、矿粉6批次。抽查混凝土拌合物氯离子含量19组。引导企业贯彻绿色建筑理念，引导和督促预拌混凝土企业开展绿色生产三星级评价工作，有8家企业通过绿色生产三星级评价。

是年，惠城区竣工验收绿色建筑项目38项，楼栋数259栋，新增绿色建筑面积365.62万平方米。

【房地产市场监管】 2020年，区住建局加大处置力度，着力解决延迟交楼项目。经多次协调，润通达金地湾项目工地恢复施工。房地产开发企业资质初审职能移交区住建局后，区住建局在资质初审中依据法律法规对房地产开发企业设立的条件、程序等规定进行审核，做好开发企业年检等工作。

是年，办理房地产开发企业资质核准107宗，其中，四级资质24宗，暂定资质22宗，变更资质30宗，暂定资质延期31宗。

【高层建筑消防管理】 2020年，区住建局配合做好小区电动车消防安全综合治理。联合区消防救援大队下发《关于禁止电动车进入室内场所违规停放和充电的通知》，对电动自行车停放及充电进一步规范。选取水口、江北、河南岸等街道的物业小区作为试点推进电动自行车充放点。定期深入物业小区，普及宣传消防知识。开展以“法治物管•幸福家园”为主题的物业小区、大型楼宇、商业广场物业法治宣传及消防安全应急演练活动。

【住房维修基金管理】 2020年，区住建局做好维修资金、账户管理和完善维修基金监督制度工作。1—11月，新增开设维修资金专用账户28个住宅小区，6.09万户。归集资金金额2.07亿元，同比下降0.7%；使用资金金额0.20亿元，同比增长24.3%；使用项目481宗，受益面积749.27万平方米。

制定出台“惠城区维修资金监管工作管理制度”，严把维修资金使用关；加强审核，建立维修价格数据库，对同类维修项目进行对比，防止虚套资金。核减各类维修使用项目44宗，核减项目金额14.91万元。

【提升住房保障水平】 2020年，区住建局持续加大房屋安全事故隐患的检查力度，将事故隐患消灭在萌芽之中。全年完成房屋安全鉴定55栋，鉴定面积3.43万平方米，其中，局部危房27栋、整栋危房13栋。同时加强对公租房的日常修护，桥东所维修公房及公共设备类456宗，其中，大修80宗、小修356宗、公共设备类维修20宗，修缮面积3.71万平方米。桥西所完成房屋维修669宗，其中，大修64宗、小修605

宗，总计维修面积3.93万平方米。

【问题楼盘整治】 2020年，区住建局对负责包案的26个问题楼盘情况进行跟踪汇总，结案9个问题楼盘，起草印发问题楼盘处置办文件40余份，会议纪要10余份，参与组织召开问题楼盘会议60余次。

是年，1个楼盘全部完成备案进入办证程序，1个楼盘全部完工进入验收阶段；1个楼盘明确后续的相关处置思路；1个楼盘已按计划将执行案件报市中院，争取尽快立案破产；1个楼盘提交后续问题的处理方案。

【村镇建设提质增效】 2020年，为按时保质完成农村危房改造助力脱贫攻坚、农村巷道等农村建设工作，区住建局成立督导小组，履行区住建局关于统筹惠城区农村建设相关工作职责。

是年，完成改造任务90户（含27户建档立卡贫困无房户），全区农村削坡建房74处（123户）；完成16户（处）农村削坡建房风险点治理。加强农村房屋安全隐患排查整治工作，全面开展第一阶段农村用作经营的自建房安全隐患排查工作，排查出5202户农村用作经营的自建房，初步判断存在安全隐患53户。

【文化名城保护】 2020年6月17日，区委、区政府印发《惠城区打造惠州“一湖两江”城市会客厅工作方案》，区住建局协助做好水东街二期、金带街、祝屋巷“二街一巷”改造工作。组织第三方设计单位制定《横沥镇墨园村传统村落保护与发展建设工程修缮设计方案》，并通过市文广新局审查和专家评审。指导横沥镇完成墨园村保护修缮项目立项手续，加强对传统村落的保护。

是年，区住建局组织开展全区市、区级历史建筑现场核查、登记挂牌工作，且对丢失、损毁的牌匾进行统计、重新制作和下发挂上，按照“两表”（历史建筑挂牌情况核查表、历史建筑挂牌登记表）要求逐一实地察看和拍照建档。惠城区历史建筑131处，挂牌率为99%。

【城镇老旧小区改造】 2020年，区住建局根据《关于再次征求〈惠州市城镇老旧小区改造实施方案（征求意见稿）〉》的要求，逐步推进惠城区城镇老旧小区改造工作。

全区纳入统计范围的老旧小区356个，涉及楼栋3500多栋，惠及居民6万户。已完成356个小区的物业、供水、房屋外墙、消防等18项基本情况的摸查工作。

是年，落实892.89万元中央补助资金，用于老旧小区改造配套基础设施建设。对桥东街道金沙俊园、江南街道石油公司宿舍、龙丰街道（湖园小区、红园小区、检察院宿舍）等老旧小区进行改造。主要用于修复外墙、铺设道路、小区内雨污分流、修补屋面防水等。

（区住建局：黄晖平）

房地产业

【概况】 2020年，进驻惠城的全国百强房地产企业有60家。是年，惠城区商品房产交易48828套，占惠州市的25%，平均售价与惠州市持平；住宅2.86万套，占惠州市的18.5%，平均售价比惠州市高12%。

2020 年惠城区房产交易情况表

表7

类别	区域	套数		面积（万平方米）		金额（亿元）		均价（元 / 平方米）	
		本期	同比增长（%）	本期	同比增长（%）	本期	同比增长（%）	本期	同比增长（%）
商品房	惠城区	48828	19.30	428.26	15.10	495.75	23.80	11576	7.50
	惠州市	195113	11.60	1856.89	10.00	2119.47	18.10	11414	7.40
住宅	惠城区	28600	10.70	335.41	9.80	443.47	29.40	13222	17.80
	惠州市	151411	9.00	1643.15	10.20	1939.59	21.40	11804	10.20

注：惠城区数据不含仲恺区。

【品牌房企加快布局惠城】 2016年之后，受粤港澳大湾区利好政策的带动，品牌房地产企业加快布局惠城的步伐。是年，进驻惠城的全国百强房地产企业有60家。

2020年上半年，华润置地斥资27亿元，以楼面价7735元/平方米、溢价率33.3%，成为惠城区单宗地块成交价、惠州土地成交楼面价新纪录。之后，方直集团项目溢价率为36%。9月，泰丰地产溢价率为45.6%，楼面地价7784元/平方米。

（《惠州房地产》编辑部）

交　通

【概况】　2020年，惠城区推进金龙大道改造工程、仲恺大道改造工程等重点项目建设，加强芦洲至泰美大桥及其引道工程、芦洲至泰美大桥二期引道工程、农村路建设。完成G205线沥青路面路口改造，G205线、G324线沥青路面挖补，S120线水泥路面挖补等任务。按建设标准完成管辖路段“平安村口”建设任务，对14个存在安全隐患的路口（村口）进行专项整治。

【路桥建设】　2020年，惠城区推进路桥建设，进一步完善交通基础设施，增强城乡路网功能。由惠州市公用事业局负责实施的2个重点项目建设进展顺利，G205线金龙大道惠城段改造工程完成总工程量约88.1%；G205线仲恺大道改造工程全线完工。芦洲至泰美大桥及其引道工程累计完成投资4.95亿元，占总投资的77.0%；芦洲至泰美大桥二期引道工程（生态园进场路）累计完成投资4.24亿元，占总投资的84.8%。建好农村路，镇通行政村公路窄路面拓宽改造113千米；通20户以上村民聚居地村道路面硬化建设11千米；实施“畅返不畅”农村公路修复工程28千米；公路安全生命防护工程291千米；危桥改造6座。惠城区承担建设省“四好农村路”砂土路攻坚任务38.74千米，于2020年10月28日提前完成。乡村振兴村道硬底化建设完成75千米，占比52%。完成惠城区农村公路生命安全防护工程项目。

【公路养护管理】　2020年，惠城区加强公路养护规范化管理，推进路面保洁、保畅工作，抓好路政执法，更好地服务群众安全便捷出行。

国省道养护　管养国省道公路里程总计131.90千米，其中，国道56.81千米，省道59.34千米，联络线3.96千米，支线3.41千米，匝道8.38千米。年末优良路率98.62%。养护桥梁54座（含大桥12座、特大桥1座）。修补路面4830平方米，沥青灌缝2265千米，整修边坡1.62万平方米，清理路障559立方米。坚持每月巡查、检查，对G324线东江大桥加强监测、检测以及病害追踪等工作。

地方道路养护 加强汛期公路巡查，定期开展公路桥涵检查工作，确保公路、桥梁安全畅通。巡查公路里程5694千米，巡查天数182天，巡查人次456人，发现违法案件43宗，自行制止54宗，办理路政许可4宗，查处车辆损坏路产案件8宗，收取损坏路产赔偿费3.9615元，清除路障64处。以“养好公路，保障畅通”为中心，开展农村公路日常养护管理工作，每月对各道班所管养线路进行一次检查、考核、评比，对存在的问题及时给予指导整改落实，确保公路优、良、中等路的比例在80%以上。完成农村公路主干道（包括惠城区“四好农村路”、X227线、X199线、S259线、X205线惠州大道G324至永湖镇交界段）路面维修2.59万平方米，投入资金924.3万元。

路政管理 继续落实交通综合行政执法机构与公路管理机构业务协作办法、路政与养护联合巡查机制，落实路养联合巡查工作，保护路产路权。依法处理路政赔偿案件7宗，结案率100%。勘验超限运输54宗。清理乱摆乱卖39处、清理沿线违章广告牌50处。完善公路标志380块、标线8481.6平方米，确保公路交通安全。

（市交通运输局惠城区分局：曾远彪；惠城公路管理局：周 倩）

运 输

【概况】 2020年，惠城区从事旅客运输企业16家（道路客运班车企业8家、客运包车企业11家），车辆667辆。有客运站场4家（市汽车总站、市南线客运站、市城北汽车客运站、横沥汽车客运站）；拥有跨市班线100条，跨省班线65条，发车班次17万班次，发送旅客102.24万人次，发送旅客同比下降72.23%。

2020年，惠城区有普通货运企业566家，普通货运车辆7961辆（包括个体运输车辆）；危运企业17家，危运车辆358辆。经营巡游出租车企业8家，出租车辆1421台，驾驶员1256名。公交企业8家，公交线路80条。汽车综合性能检测站7个，综合性能检测及等级评定车辆1.64万辆次。驾培机构39家，招收学员6.56万人次，同比下降75%。受理从业资格证培训开班申请44期3190人次。注销逾期年审教练车147台、新增备案教练员105人。无水路货运企业、水路运输辅助业企业、船舶管理业和运输船舶业。

6月10日，惠州市交通运输局惠城区分局揭牌仪式（市交通运输局惠城区分局曾远彪/摄）

惠州市交通运输局惠城区分局是惠州市交通运输局的派出机构，为正科级，于2020年6月

10日揭牌成立。10月19日，中共惠城区交通运输行业委员会成立。

是年，市交通运输局惠城区分局会同卫健、公安、公路、街道等部门驻守辖区21个联合检疫站，24小时轮班，有效阻止惠城区疫情输入。按照“外防输入、内防扩散”要求，及时调整客运班线，落实交通工具和站场的安全、卫生措施，加强对从业人员安全管理，严防市内公共交通导致交叉感染。

【春节旅客运输】 2020年春运期间（1月10日至2月18日），惠城区道路运输企业和轨道交通发送旅客151.16万人次。其中，轨道交通发送38.98万人次；道路运输企业发送112.18万人次，同比下降47.61%；发送班次5.57万班次，日均发送旅客2.8万人次。

道路运输企业旅客运输，发送省际班次1838班次，发送旅客4.69万人次；省内班次2.76万班次，发送旅客25.56万人次；跨市（县、镇）公交客运2.49万班次，发送旅客71.47万人次；其他客运（包车、农村班线等）1387班次，发送旅客10.46万人次。

【惠州火车运输】 2020年，惠州火车站发送旅客222万人次，日均发送0.6万人次，实现运输收入3.2亿元。办理行包到发7万件，日均办理190件。货运装车3065辆，发送8万吨，卸车1.7万吨。日均办理接发列车148列（含客车88列），始发车2对（惠州站—武昌站，惠州站—达州站）。惠州站有直达北京、沈阳、上海、西安、天津、兰州、大同、南京、青岛、济南、成都、武昌、合肥、信阳、九江、泰州、重庆、齐齐哈尔、西宁、苏州等100多个城市的列车。年内，惠州站客运设施进行提质改造，提高站台高度，满足动车开行条件；加建钢结构雨棚241.6米；新建站台面积806平方米；新增电梯11部（其中8部扶梯，3部垂梯）；增设跨站台6米宽天桥1座，实现二、三候车室直通二、三站；扩建一楼进站门厅面积530平方米，全面启用铁路电子客票。

【公共交通建设】 2020年，惠城区有公交企业8家，公交线路80条，公交车辆1262辆（纯电动车985辆，混合动力车277辆），实现公交车100%电动化。依托常规公交为主体，快线公交和社区公交为补充的“快干支微”公交网络，形成覆盖市区中心区、辐射周边县区和乡镇、全面对接交通枢纽的公交体系。惠城中心区公交路网覆盖率90%，中心城区城市交通绿色出行分担率75.45%，公交出行满意度7.66。升级公交站牌，改造公交简易站牌100个，新款公交简易站牌541个。新增及优化调整公交线路17条，其中，开通微巴线路1条、公交快线4条，市区两个重要交通节点（厦深铁路惠州南站、市汽车客运总站）开通惠州首条行经高速公路的K3公交快线，实现市区与高铁惠州南站快速对接；开通三栋至火车站公交快线、环城公交快线等线路，实现市区公交快速通勤；开通东平半岛微巴线路，实现岛内住宅区、公交空白区域与学校、医院、市场、商超等场所往来。评选公交示范线路10条、最美公交驾驶员10名和优秀公交驾驶员90名。是年，组织公交运力助力复工复产，科学安排班次计划，对途经火车站、汽车站、高铁站及机场等交通枢纽站的公交线路加密发车班次，保障返工市民公交出行。开通企业复工复产定制公交，提供企业集中公交出行服务。

【农村出行网络优化】 2020年，惠城区推进城市公交覆盖农村，缩小城乡公共交通服务差距，农村的公交、客运网络逐步完善。优化调整233、K1等17条公交线路，完善农村公交候车点及临时站牌等设施。做好“村村通班车”工作，采用“镇通村”模式，开通汝湖圩镇至古仙村、横沥镇圩镇至大岚峯洞村、横沥圩镇经矮陂、县道X203至芦岚村等多条农村客运班线，实现行政村通达率100%。

【运输市场管理】 2020年，惠城区加强运输市场管理，抓好交通行业安全生产、环保、执法等各项工作，推动交通运输行业规范化建设。执法查处非法营运事件28宗、非法网约车事件25宗、班车违章事件56宗、包车违章事件21宗、出租车违章事件13宗、货车违章事件88宗、危险品运输违章事件8宗、维修未备案事件4宗、驾培违章事件52宗、源头企业调查立案633宗、非现场超限超载执法立案1179宗。完成各类行政许可495宗，IC卡年审6659宗，新增车辆1949辆，过户647宗，换证59宗，注销许可证82宗，注销逾期未年审车辆“道路运输证”632本。受理并办结各类投诉2133宗。

道路交通安全整治 惠州市公安局交警支队（简称“市交警支队”）以高速公路、城市道路、地方公路为重点，深化公路交通安全防控体系应用，重点查处各类严重交通违法行为。强化“高速公路重点车辆动态监管与预警系统”应用，坚持视频巡查与路面巡逻相结合，严查疲劳驾驶、闯禁行、违法停车、不按规定安装使用行驶记录仪等严重交通违法行为。严格落实“三必查”（周末必查、节假日必查、大型活动期间必查）勤务机制，严查酒驾醉驾违法犯罪行为，严防涉酒道路交通事故。开展突出道路隐患风险专项整治，持续推进省、市、县三级督办路段治理工作。市交通运输局惠城区分局加强客货运车辆结构调整，优化运力结构，加速淘汰不符合安全运行条件的老旧车辆；与区生态环境局组成联合检查组，检查47家营运车辆和运输企业用车大户，检查车辆314辆，无不合格车辆，同时督促其加强车辆维护保养，使用符合标准要求的车用燃油和车用尿素，建立完善台账。开展巡游出租车专项整治活动，提升行业服务质量，对违规行为予以严肃查处。

网约车行业监管 规范网约车经营行为，保障运营安全、乘客及经营者合法权益，许可网约车平台13家，完成欧拉惠州分公司、首汽惠州分公司等4家网络预约出租车平台的初步审核。办理滴滴出行惠州分公司、神州优车惠州分公司等平台8560辆网约车运输证。

交通执法监管 公安、交通部门联合检查道路运输企业674家次，发出整改通知书289份。市交警支队开展农村公路“两违”（违法超员、违法载人）整治行动，以农村面包车、农用车、摩托车为重点，发挥“两站两员”、农村派出所等基础力量，强化重点时段（5时至8时、17时至20时）管控力度，严厉打击违法超员、违法载人重点违法行为。结合文明城市复检等时机，严厉查处无牌无证、超员载客、不戴头盔、“摩电”逆向行驶、不按交通信号规定通行等五类严重违法行为。市交通运输局惠城区分局利用科技手段，推动普通公路非现场治超和货运源头远程监控治超。省交通运输厅于2019年在全省设立普通公路非现场治超点，惠州试点设于三环路水口皇冠酒店前，通过不停车称重、车辆识别技术，实现路面全天候无人值守，自动监测、自动查处过往超限货运车辆。对重点货运源头单位安装视频、称重和车辆识别设备，把相关数据接入惠城交通运输数据中心科技治超平台，实现对货运车辆货物装载、过磅、出场等全过程自动化监督。

交通出行安全教育 市交警支队坚持教育引导，推进“五进”工作，在违法处理大厅、车管所业务窗口、农村劝导站、执法站、国省道与农村交叉路口摆放交通安全宣传展板、发放交通安全宣传资料。制作“一盔一带”公益宣传短视频，通过全市诱导屏滚动播放，利用“双微一抖”（微博、微信、抖音）等新媒体进行宣传报道。联合热心公益企业组织发起爱心头盔捐赠活动18场，捐赠头盔1800余个。抓好警示教育，加强新闻曝光和重点群体宣传引导。召开“两公布一提示”新闻媒体发布会，向社会公布终生禁驾人员名单，集中曝光严重违法的重点车辆驾驶人，曝光主体责任不落实运输企业。推广应用“两个教育”（即：驾驶人违法记分满分教育和审验教育）互联网学习教育平台，网办率居全省前列。

【交通拥堵治理】 2020年2月，市政府建立城市道路交通管理工作联席会议制度。9月，市委、市政府成立畅通工程工作专班，制定“畅通工程”五年计划（2021—2025）、高速公路和市区道路占道施工管理规定、推行“路长制”工作机制、高速公路应急封控分流工作机制等一系列文件，开展道路治堵“微改提速”工作。封闭麦地南路两处灯控路口和惠州大道东段4处灯控路口，提升道路通行能力。对三环南路实验中学人行天桥进行改造，拓宽1条东向车道。封闭三环南路尖峰路口，减少行车干扰因素。对惠河高速四角楼收费站路段进行优化改造，把双向四车道拓宽为双向六车道。对惠州大道小金河路口至广惠高速小金收费站路段进行改造提升，减少沿线岔路口，提高安全系数和畅通指数。

（市交通运输局惠城区分局：曾远彪；市公安局交警支队：李小明；惠州火车站：温　静；惠州市公共交通管理有限公司）

邮　政

【概况】 2020年，中国邮政集团有限公司惠州市城区分公司（简称“城区邮政公司”）通过主题沙龙活动及客户尊享品鉴会等，结合时点宣传集邮业务，传播集邮文化知识，培育集邮文化氛围。与惠城区税务局、仲恺高新技术产业开发区税务所合作税务执法文书项目，提供执法文书寄递取证服务。坚持“四不中断、四免费办”（网点服务不中断、机要通信不中断、揽投服务不中断、在线服务不中断，救援物资免费送、上门揽收免费办、个人捐助免费寄、捐款转账免费汇），全区邮政干部员工投身疫情防控工作。

是年，实现经营收入1.12亿元；网点覆盖率、建制村直接通邮率、邮件和报刊妥投率、全程时限达标率、区及以上党政机关《人民日报》当日见报率均为100%。条码平信信息断点率压降至1‰以下，普遍服务用户满意度95分以上。

完成订销各类报纸1223.17万份，订销各类杂志64.39万份。全区有邮政储蓄服务网点25个（含仲恺高新区），各项贷款结余44.57亿元，个人储蓄余额47.25亿元，公司存款余额39.47亿元。

【邮政金融服务】 2020年，惠城区抓好邮政金融服务工作，提升综合服务能力。

代理金融业务 城区邮政公司通过深耕存量客户和大力开发新价值客户，有效缓解疫情影响，改善存款客户结构，实现金融收入6011.32万元，比上年增长268.28万元，同比增长4.67%。

普惠金融服务 城区邮政公司组织网点开展以“拒绝出租出售出借银行账户，远离赌博洗钱违法犯罪”为主题的反洗钱宣传活动及多项金融知识宣传活动，增强公众反洗钱和消费者权益意识。做好政府惠民工程，承担惠州市社保金融IC卡发卡任务，累计投入4.24万元，免费发放社保金融IC卡2059张。中国邮政储蓄惠州市城区支行25个实体网点覆盖全区域农村地区，为近百万名城乡个人客户提供金融服务。

助农惠农服务 城区邮政公司加强农村电商基础服务能力建设，开展农产品进城、工业品下乡等活动，推进“农村电商+金融+寄递”融合发展，开发惠东“三红”蜜柚、博罗柑橘、龙门年橘等农产品上架邮乐渠道；建设邮乐购站点104个，打造数字化优质站点35个，建成邮乐小店3333个，建成快递包裹代收代投站点56个。中国邮政储蓄惠州市城区支行作为惠城区农业局国家级农业示范区助保贷项目唯一一家合作银行，搭建“政府（农业部门）—银行—保险—农业经营主体”四方合作平台，多次召开分支行工作会、政银企座谈会、银企交流会，查找问题、对症下药、优化流程、提高效率。

【包裹快递业务】 2020年，城区邮政公司包裹快递专业实现收入3327.75万元。其中，国内标准快递业务实现收入45.01万元，增长2.4%；快递包裹业务实现收入2036.73万元，增长39.21%；国际业务累计实现收入1151.72万元。

【邮政速递业务】 2020年，中国邮政速递物流股份有限公司惠州市分公司（以下简称“市邮政速递公司”）开展政务服务“真心真意•全心全意•万家满意”专项行动，进一步提升运营服务质量。承接居住证、身份证、签证、机动车证照、牌托、抵解押、法律文书集约送达等寄递项目，满足群众日益增长的“门到门”“桌到桌”用邮需求。6月，启动电动自行车号牌寄递项目。8月，启动机动车号牌牌托项目。依托警邮E网通平台标准化流程，拓展本地抵解押代办服务市场。全面接入换发回乡证寄递业务，实现港澳同胞回乡证换发资料提交和出证双程寄递服务。以“青春主场 邮你成长”为主题，开展高考录取通知书寄递专项活动。

年底，市邮政速递公司有从业员工627人，揽投服务车辆320多辆，投递服务范围涵盖惠州全境，达1.12万平方千米。主辖惠城、惠阳、仲恺、大亚湾四区及惠东、博罗、龙门三县，有营业网点26个。

（中国邮政集团有限公司惠州市城区分公司：杨静怡；中国邮政储蓄银行惠州市城区支行；中国邮政速递物流股份有限公司惠州市分公司）

电 力

【概况】 2020年，惠州惠城供电局严格实行综合停电管控，加强综合停电管理，续优化停电计划，实现逢停必检、逢停必试，减少停电时间。综合运用负荷控制、峰谷电价等有效手段削峰填谷，确保电网安全运行和负荷可控在控。

2020年，惠城区电力用户数70万户，累计完成供电量70.25亿千瓦时，同比增长5.87%。

惠州惠城供电局是广东电网有限责任公司惠州供电局下属的县区级供电企业，下设7个职能部门，9个供电所。

【电网设施】 2020年，惠城电网有110千伏及以上公用变电站33座，其中，500千伏变电站1座，220千伏变电站7座，110千伏变电站25座。10千伏线路（含专线）630回，10千伏线路5954.55千米。10千伏公用配变4686台，容量271.32万千伏安；专用配变6173台，容量376.9万千伏安。

（惠州惠城供电局：邓 治）

网络建设

【概况】 2020年，惠城区建立由区领导负责的惠城区加快5G产业发展联席会议制度，负责协调推进全区5G网络建设、技术创新、产业发展、融合应用与政策扶持等工作。完善全区5G基站建设协调联络机制和微信群，明确各镇（街道）及行政村（社区）负责5G基站建设协调工作的联系人，形成精准高效的5G建设日常工作联系沟通机制。建立惠城区5G问题站点协调联动工作机制，明确问题站点的协调流程，各单位、各部门的职责分工，高效有序推进问题解决。

年底，惠城区新增5G基站1147座，完成市下达任务的104.7%（全年任务1096座）。5G用户38.8万户，占比32%，排名全市第一。光纤入户率排名全市第二。20户以上自然村网络覆盖率98.1%。通信基础设施投资4.45亿元，排名全市第一。百兆以上宽带入户完成任务的88.6%，移动宽带普及完成任务的156.8%。

【统筹推进5G产业】 2020年，惠城区政府高度重视信息化建设工作，把开展5G基站建设作为深入贯彻落实习近平总书记关于“加快5G网络建设”重要指示精神的具体举措，建立惠城区加快5G产业发展联席会议制度，负责协调推进惠城区5G网络建设、技术创新、产业发展、融合应用与政策扶持等工作。完善5G基站建设协调联络机制，建立微信群，明确各镇（街）及行政村（社区）负责5G基站建设协调工作的联系人，形成精准高效的5G建设日常工作联系沟通机制。

（区科工信局：李向红）

电子信息产业

【概况】 2020年，惠城区电子信息产业完成规模以上工业总产值160亿元，同比增长1.82%，占全区规模以上工业总产值的32.6%。

电子信息产业有亿元以上工业企业34家，产值131亿元，同比增长2.4%，占规模以上工业总产值的26.8%。电子信息产业有亿元以上工业企业34家，其中，10亿元企业有5家，分别是惠州雷士光电科技有限公司、天宝电子(惠州)有限公司、惠州市西顿工业发展有限公司、惠州市锦湖实业发展有限公司和先进科技(惠州)有限公司。此外，每月月底前均按时完成全市电子行业前50强企业情况、智能终端品牌及代工产量的运行情况监测工作。完成惠州华为配套、小米代工产值调研表，掌握企业数据和完成建立百家重点工业企业跟踪服务机制。

【信息化助力疫情防控】 2020年，惠州移动公司发挥信息化优势抗击新冠肺炎疫情。8小时高效精准完成惠州市卫生健康局5G室建设，三栋“火神山”医院等防疫重点医院5G建设。为超500家企事业单位、近2万人提供云视讯远程视频服务。协助车站、学校等场所安装体温热成像检测设备117套。为政府提供大数据分析报告59份，协助政府免费发送疫情相关短信12.9亿条。

【参加“省长杯”工业设计大赛】 2020年，第十届“省长杯”工业设计大赛惠州赛区在惠城区举办。收集作品1053件，涵盖家具、服装、智能装备、交互、厨卫、CMF（色彩、材料与工艺）和综合类七大类别，参加省工信厅10月23—24日主办的广东省第十届“省长杯”工业设计大赛。惠州赛区获得总决赛概念设计组金奖1个（全省共6个），产品设计组绿色设计奖1个以及优秀奖30个；单项奖一等奖1个，二等奖3个，三等奖7个，单项赛特别奖6个和优秀奖22个。共获得奖项71个，参赛作品总数和获奖总数均创历年新高。

（区科工信局：李向红）

【中国电信惠州惠城分公司】 2020年，中国电信惠州惠城分公司主要面向惠城区内的各级政府、行业机构、企业、家庭、个人等各类客户提供包括固网语音、移动语音、移动网络、互联网接入、云计算服务、物联网、增值服务、综合信息应用服务、信息集成服务等多元化的通信产品及服务。

是年，惠城电信开始实施三维联动改革，全面实行云改数转战略，重构企业文化理念。加快推进“网是基础、云是核心、网随云动、云网一体”的云网融合战略，重点打造数字化平台能力。惠城电信作为惠城政务云唯一供应商，完成6个政务系统上云，打造报业融媒体云、供电云医疗安全标杆项目。依托云产品和云基地，深耕各类社会现代化治理场景，深化联动创新，致力于数字化民生服务，形成面向民生行业的数字化平台、合作生态、网络能力及服务能力。陆续打造江南祝屋巷数字街区、桥西街道智慧社区、黄沙洞平安乡村等社会治理智慧精品项目。提升“应用+终端+专网+平台”产业数字化能力，建立惠城区5G产业联盟、城区企业服务平台、线上工业园区，联动本地行业龙头企业，形成产业集群数字化服务规模发展态势。

惠城电信完成主营业务收入5.10亿元，2020年年底，移动有效用户达28.9万户（含5G终端用户4.5万户），宽带有效用户达21.8万户，ITV活跃用户达7.5万户。

（中国电信惠州惠城分公司）

【中国移动惠州分公司】　2020年，惠州“岭南名郡——城市中轴廊道”5G示范区入选全国TOP1005G标杆示范区。预警并协助关停高危号码超过15.8万个，准确率达81%。协助公安机关打掉诈骗窝点3个，抓捕21人。加强应急保障和抢险救灾工作，提前对易受灾镇政府、三防办、核心区统筹布局，累计建设堡垒基站74个，确保网络可用性。

惠州移动公司落实国家“提速降费”要求，100兆（Mb/s）、300兆（Mb/s）宽带基本资费分别由原来每月30元、40元降至每月20元、30元，降价幅度分别为33.3%和25%，5G用户突破70万户。在“5G+”行业应用方面，公司加快5G技术向各个行业渗透，与本地多个龙头企业开展“5G+”行业应用合作。其中，与中海油惠州石化有限公司、广东利元亨智能装备股份有限公司、惠州锂威新能源科技有限公司合作的3个“5G+”工业互联网项目成功入围广东省工信厅2021年工业互联网标杆示范项目。

是年，惠州移动公司荣获“广东省五一劳动奖状”。

5月17日，惠州移动公司主导的“5G+”应用示范街区举行揭牌仪式（惠州移动公司/供图）

（中国移动惠州分公司）

【中国联通惠州市分公司】　2020年，中国联合网络通信有限公司惠州市分公司贯彻“网络强国”战略，推进基础网络建设与5G共建共享，网络支持能力稳中提升。落实粤港澳大湾区战略，推进行业创新发展。保障网络与信息安全。全面落实“提速降费”，切实保障合规经营。实现经营收入稳步增长，推出27项免费信息化应用，配合政法委、海事局、消防局等单位紧急开通会议系统，助力惠州政府打赢疫情防控阻击战。

投入资金补强现有网络，完善4G网络；加大与惠州电信5G网络的共建共享。惠州联通平均流量单价同比下降12.1%，200兆（Mb/s）宽带资费降低25%。

是年，惠州联通以云计算、大数据、创新应用技术为支撑，助力“双区”建设。深化云平台的基础能力建设，助力政府推动“企业上云”和部分医院实现“医卫信息上云”。惠州联通与惠州市第三人民医院互联网医院运营中心暨5G远程医疗中心启动，双方在互联网诊疗及5G医疗应用领域开展深度合作，加快地区优质“三甲”医疗资源向基层下沉、向居家慢病管理延伸。

（中国联通惠州市分公司）

数字政府建设

【概况】　2020年，区政务服务数据管理局深化商事登记制度改革，加快推进“数字政府”建设工作要求，着力解决企业、群众办事堵点、痛点问题，在全市率先上线商事登记“秒批”系统，用全程电子化智能审批流程取代人工审批方式，让商事登记速度从“以日计”到“按分秒计”，实现商事登记免预约、零见面、全天候、全程电子化、高效率办理。

是年，发出登记执照4419张。部分政务服务事项已全面进驻五大国有银行（中国工商银行、中国农业银行、中国银行、中国建设银行、交通银行）的智慧一体机，进一步扩大政务服务覆盖范围。其中，首创的商事登记“智慧批”系统已入驻中国建设银行6个服务大厅的政务服务专区网点。

【证明开具业务清理试点】 2020年，惠城区梳理证明事项91项，通过直接取消部门核查、个人承诺、数据共享、电子化证明等方式优化包括儿童入园（入学）预防接种证查验证明、生育登记证明、计生证明、资信证明等13项证明事项。是年，已完成计划生育证明、城镇独生子女父母奖励、无犯罪记录证明等证明事项全流程网办及证明电子化建设。每年为基层群众、企业及镇（街道）、区直部门等减少近30万宗证明开具业务。

【电子证照、印章推进应用】 2020年，区政务服务数据管理局在完成全区各职能部门发证、用证摸底调研的基础上，组织召开惠城区电子证照应用工作推进会，明确2020年度电子证照发证、用证工作目标，倒排各项任务完成时间节点，扎实做好证照照面信息、电子印章申办、发证事项配置、流程梳理等工作，加强对接第三方技术支撑企业，完善系统配置。是年，惠城区已有80个单位签发电子印章。

【政务服务标准化】 2020年，惠城区政务服务数据管理局完成政务服务事项网上办、指尖办，实现办事不出门。依托“数字政府”一体化在线政务服务平台和省政务大数据中心的统一电子印章、电子证照、数据共享、身份认证服务，政务服务事项网上可办率提升至100%。推动高频政务服务事项移动化办理，惠城区5850项政务服务事项进驻广东政务服务网，708项可通过“粤省事”平台办理，250项可通过“粤商通”平台办理。大力推进网上缴费和双向物流服务，实现实体办事大厅政务服务自助办理基层覆盖。政务大厅提供分时段预约，加强服务引导，扩大自助服务终端业务范围，探索政务服务事项接入金融机构自助终端，拓展政务服务渠道和覆盖面，打通群众办事“最后一千米”。惠城区13个镇（街道）已实现政务服务终端全覆盖，其中，8个镇（街道）及2个社区设置“湾区通办”政务服务自助终端机，其余5个镇（街道）“湾区通办”政务服务自助终端处于现场布设及网络调试阶段。“湾区通办”自助终端可办理128项政务服务事项。

（区政务服务数据管理局：叶莉珊）

综　述

【发展消费新业态】 2020年，惠城区抓住国务院批准惠州市成为跨境电子商务综合实验区的契机，大力推动跨境电商孵化及交易平台建设。利用前海自贸区与惠城区属于同一关区的有利条件，引进“e码头”创新实施“保税+新零售”的模式。11月7日，CW大药房在港惠新天地开业。惠城区开展特色消费活动，以水东街、祝屋巷等老旧街区改造为基点，充分挖掘本地民俗风情，刺激休闲旅游消费。

是年，惠城区通过公共网络实现限额以上商品零售额49.86亿元，同比下降4.4%。社会零售总额673.76亿元，同比下降9.6%，环比收窄0.9个百分点。其中，限额以上社会消费品零售总额334.03亿元，同比下降12.7%，环比收窄0.3个百分点。社会销费零售总额限额以上和限额以下占比为46∶54，占全市比重为39.1%。

【商贸企业服务】 2020年，惠城区做好商贸流通工作，重点监测商贸企业538家，及时掌握市场动态。推荐惠州市天虹商场有限公司和广东海纳农业有限公司两家企业申报中央财政2020年服务业发展专项资金，推动农商互联完善农产品供应链项目。推荐惠州市零售商业行业协会和惠州酷友网络科技有限公司等27家企业及行业（商）协会申报，获得2020年惠州市商务发展专项资金（内贸流通）186万元。推荐惠州市天虹商场有限公司、旭日商贸（中国）有限公司、惠州酷友网络科技有限公司4家企业申报，获得2020年惠州市商务发展专项资金（电子商务）65万元。

【消费促销活动】 2020年5月1—31日，惠城区发放“春满鹅城，惠城有礼”消费券299124张，核销320.826万元，核销率31.1%，直接拉动消费比为8.1倍。“双十一”期间，惠城区做好节假日促销工作，促进消费复苏，电商龙头企业酷友全口径销售额（不含退换货）GMV（成交总额）为16.05亿元，同比增长37%。惠城区组织人员分组走访辖区内参与家电下乡活动的经销商及企业，并将宣传海报、画册分发至各镇（街道）、社区及参与活动的商家，张贴宣传海报650余张。12月4—6日，在横沥镇举办汽车下乡活动。

【隆生金山湖中心开业】 隆生金山湖中心于2020年12月18日开业，位于金山湖湖心岛，是惠州商业体量最大的购物中心，总面积52万平方米。包括金山湖中心购物广场、隆生中心、金山湖中心花园等高标准配套组合。位于甲级写字楼“隆生中心”顶端的云端停机坪是全国首家获得A级资质的商务直升机停机坪。

（区科工信局：李向红）

粮油储备

【粮油储备概况】 2020年，惠城区粮食局（简称“区粮食局”）采取静态和动态相结合的方式，按期保质落实区级储备粮油任务。完成区级储备粮轮换任务，6月完成轮换出库，至9月完成轮换补库。为应对疫情，7月，完成市政府下达的惠城区临时增加成品粮储备的任务。

1月27日至2月1日，区粮食局领导检查粮油供应保障工作（区粮食局/供图）

【粮油库存与应急管理】 2020年，开展区级储备粮油春、秋季检查，确保承储企业库存质量好、账实相符、账账相符。加强粮油应急管理，做好粮油应急预案，科学规划保供网络，纳入管理的粮食应急供应网点17个、应急配送中心1家、应急加工企业14家、应急储运企业2家，确保每个镇（街道）都有一个应急供应网点。

【军粮供应保障】 2020年，区军粮供应站严格贯彻国家和省军粮供应政策，按照“不断供、不漏供、不误供”的要求，加强与保障对象的沟通协调，精准对接供应关系，组织充足的粮油库存，确保供应及时到位。依法依规为供应对象特别是外出执行任务、交通不便、购粮困难的单位提供高效的保障服务，圆满完成多个驻惠独立伙食单位的配送任务。

【惠城区粮食仓库建设与维修】 惠城区粮食储备仓库建设项目列入2020年政府工作报告，区领导多次专题研究涉及项目土地划转、土地征收及项目建设资金等工作。区粮食局成立工作组，多次会同有关部门到选址地实地勘察，委托第三方测绘公司勘界测量，修订编印项目建议书和可行性研究报告等。年底，项目仍在推进。

是年，继续投入资金用于国有储粮企业粮食仓库维修，为储粮安全创造良好的仓储条件。

【粮油加工业统计】 2020年，惠城区粮食局对粮油加工企业进行调查统计，纳入统计范围的粮油加工企业共11家，其中，大米加工企业9家（其中，1家新增企业整年暂未加工）。工业总产值7.68亿元，产品销售收入7.7亿元。饲料加工企业1家，工业总产值4.7亿元，产品销售收入4.71亿元。制酒加工企业1家，工业总产值3.92亿元，产品销售收入12.91亿元。

【粮油供需平衡调查】 2020年，惠城区粮食局对辖区社会粮油供需平衡进行抽样调查，为政府加强和改善粮食宏观调控提供决策依据。全区粮食播种面积21.1万亩，总产量8.2万吨。粮食消费量40.2万吨，比上年增长约5万吨。其中，口粮消费31.4万吨，饲料用粮7.8万吨，工业用粮0.9万吨，种子用粮0.1万吨。食用油总需求2.5万吨，销售食用油0.33万吨。

（区粮食局：何 慧）

供销合作商业

【概况】 2020年，惠城区根据区发改局和民政局关于行业协会与行政机关脱钩的通知要求，区供销社与惠城区农业生产资料协会完成脱钩改革工作。

是年，新建3家“益民综合服务社”，纳入惠城供销社综合平台建设。完善镇级服务社和农家店的终端建设，提高服务社的辐射面和经营效益。区供销社“益民综合服务社”发展到40多家。

年底，惠城区有农资经营网点78家、区级农资配送中心1个、区级益民综合服务配送中心1个，工商登记的农民专业合作社29家、益民综合服务社40家、田头交易市场3家。经营总额10.52亿元，同比增长10.8%；购进总额5.2亿元，同比增长10.6%；销售总额5.33亿元，同比增长11.04%。销售总额中，农资销售2.62亿元，日用消费品销售1.88亿元，农产品销售1191万元，专业合作社销售额1570万元，再生资源销售额1704万元，烟花爆竹销售额750万元。

【助农服务体系建设】 2020年9月，惠城区完成区级助农服务综合平台建设，即位于水口街道的海纳现代农业生态园。该平台项目投资80万元，具备农产品展示、电子商务、农产品质量检测、植保服务和农技培训等多项为农服务功能。完成两个镇级助农服务中心建设（芦洲供销社、汝湖供销社）。其中，芦洲供销社服务中心开设农资购销服务和农产品购销服务；汝湖供销社助农服务中心设立庄稼医院、日用消费品购销及农资购销服务。在重点完成芦洲供销社改造任务的同时，11月，在芦洲镇成立惠城区供销系统第一家村级供销合作社——惠城区芦洲镇青塘村供销合作社，加强了与村“两委”、农村集体经济组织的合作。

年底，惠城区有1个区级综合平台和6个镇级助农服务中心。

11月6日，惠城区芦洲镇青塘村供销合作社成立（区供销社/供图）

【专业合作社建设】 2020年，惠城区根据专业合作社发展需要，结合惠城区一村一品发展要求，完成3家专业合作社的建设任务。全系统农民专业合作社有29家，其中，省级示范合作社5家，合作社成员300多人，辐射带动农户超过1200户。

【项目资金申请】 2020年4月，惠城区组织惠环供销社申报惠州市2019—2020年度化肥、农药储备补贴资金10万元。分别组织芦洲供销社和汝湖供销社申报2020年广东省财政助农服务中心建设资金20万元。向区政府申报2020年惠城区供销社综合改革发展资金100万元。争取省财政资金的支持，将惠城区横沥、马安、汝湖供销社助农服务中心完善服务功能项目和惠城区盈丰青枣专业合作社300亩青枣配套设施建设项目报省财政项目库。

【农资农技供应服务】 2020年，惠城区以农资连锁配送网络为依托，通过多种合作形式，完善农资配送中心建设，建立和完善农资连锁网点78个，其中，省天禾农资配送中心加盟店23家。在疫情防控期间，把化肥等农资配送到村、组、户、田间地头。3月，区供销系统储备农资2.58万吨，其中，肥料2.49万吨、农药824吨、农膜122吨。同时以“惠城区惠环农资配送中心”为平台，加强对农资门店加盟店的管理，农资配送服务到田间地头。

【消费扶贫建设】 2020年，惠城区突出重点，细化措施，参与消费扶贫。分别在马安供销社助农服务中心、横沥供销社大岚助农服务中心设立扶贫专柜，集中推介、展示、销售贫困地区、贫困家庭生产的特色农产品。发挥电商平台的作用，挖掘和培育乡镇特色农产品，拓展农产品销售途径，在电子商务网站设立扶贫专区，帮助农户解决农产品销售问题。采取“农民专业合作社+基地+贫困户”模式，密切与贫困户的利益联结机制，提高农产品供给的组织化水平。

【安全生产管理】 2020年，区供销社组织4次地毯式安全大检查，出动车辆65台次、检查人员195人次，对4家公司、8个基层供销合作社进行检查。在检查中对1个出租厂房、45家出租门店、8家烟花爆竹（网点）门市、1个烟花爆竹仓库进行督查。发现安全隐患42处，已整改完毕。由于监管到位，措施得当，全年系统各企业安全生产无事故，确保了系统内的消防安全。

（区供销社：刘海涛）

对外及中国港澳台地区经济贸易

【概况】 2020年1月1日起，《中华人民共和国外商投资法》及《中华人民共和国外商投资法实施条例》施行，取消“外商投资企业设立及变更备案”行政许可业务，进一步优化外资准入管理程序。惠城区做好引导企业通过市场监管部门的企业登记系统在线提交初始、变更报告，引导企业通过国家企业信用信息公示系统在线提交上一年度的年度报告等工作，企业无须重复填报资料，且可以通过信息共享获得所需的企业数据、信息，增加了便利性。通过全面落实外商投资信息报告制度，顺利完成2020年联合年报工作。外商投资企业联合年报参报企业1286家，通过率100%。办理对外贸易经营者登记备案业务418宗，其中，新办293宗，变更110宗，注销15宗。协助威林科技、格林通信等27家企业申报防疫物资白名单。

【外商投资】 2020年，惠城区新设立外资项目91宗，同比增长16.67%；合同外资38.84亿元，同比增长105.75%；实际利用外资13.17亿元，同比增长110.74%，总量、增幅均在全市各县（区）中排名第二，完成总量占全市份额的24%。

【涉外及中国台港澳企业】 2020年12月，惠城区有外商及中国台湾、中国香港投资企业1400家，投资来源地主要有韩国、日本、英属维尔京群岛等国家（地区），以及中国香港和中国台湾。其中，中国香港1140家、中国台湾92家、韩国55家、日本22家、欧美55家（含英属维尔京群岛20家）、中国澳门8家，其他28家。企业产业（行业）主要分布：第一产业18家，占比1.28%；第二产业502家，占比35.86%，主要行业包括电子、五金塑胶、服装箱包；第三产业880家，占比62.86%，主要行业包括批发和零售、商贸服务业、房地产业等。投资总额超千万美元的企业共有122家。

【外贸（进）出口】 2020年，受新冠肺炎疫情全球蔓延影响，外贸不稳定不确定因素显著增多，外贸短期订单受到较大冲击，尤其是欧美国家（订单占全区出口市场份额的24%）成为疫情重灾区，对企业订单影响尤其严重。1—7月，惠城区进出口总额117.30亿元，同比下降10.6%，其中，出口85.79亿元，同比下降8.4%；进口31.51亿元，同比下降16.0%。开展进出口业务的企业378家，比2019年减少近100家，其中，负增长企业195家（占52%）。全区48家进出口超亿元的重点企业进出口额为92.07亿元（占全区进出口总额的78%），同比下降10.86%。全年，全区进出口总额210亿元，同比下降9.8%，其中，出口额155亿元，同比下降8.3%；进口额55亿元，同比下降14.6%。

【跨境电商】 2020年4月7日，国务院批复同意惠州设立跨境电子商务综合试验区。借此契机，惠城区计划推动区内跨境电商产业综合园、进口商品展示交易中心等重点项目建设。惠城区与京东、旭日、蚂蚁金服、惠州博易之禾等签订战略合作协议，为惠城区跨境电商产业稳步发展奠定基础。11月17日，出台《惠城区支持加快推进跨境电商发展的若干政策措施》，在支持跨境电商聚集发展、销售、物流等方面给予政策扶助，扎实推进惠城区跨境电子商务综合试验区建设，促进对外贸易转型升级，培育跨境电子商务产业链。搭建平台，12月24日，京东智联云（惠州）数字经济产业园在旭日集团总部大厦13楼正式开园，现场TCL、旭日集团等20多家企业签约入驻，为惠城区跨境电商企业提供“一站式”服务。

是年，惠城区的跨境电商企业已通过直接出口（9710模式）累计达4000万美元。

（区科工信局：李向红）

旅 游

【概况】 2020年，惠城区依托农业公园、田园综合体、农旅融合示范项目、新农村示范片建设，打造城乡旅游点，促进产业融合发展。辖区内有区属旅行社58家，星级饭店9家，AAA级旅游景区5家（劲家庄、华贸景区、白鹭湖景区、源茵生态园、广东海纳现代农业生态园）。是年，惠城区获2020年度全国市辖区旅游综合实力百强区，在全国973个市辖区旅游发展情况综合测评中列第17位。

【旅游宣传推介】 2020年，惠城区举办以“爱旅游，爱健康”为主题的惠城区线上“5·19中国旅游日”系列活动暨惠州新媒体岗位培训基地惠城区“文旅体+”线上直播平台、惠城区手信网红直播带货基地活动。组织文化旅游企业参加2020年深圳线上文博会、2020年广州旅博会等平台。举办七夕“‘叹’‘非遗’——‘非遗’集市进酒店暨‘康帝城市手作’”活动。参与“惠州手信产品征集PK赛”活动，有9款入围惠州手信50强，分别是一典心意系列、东道羽茶叶、劲家庄健康食品系列、惠州糯米酒、丹荔荔枝酿系列产品（“祯州”牌即食梅菜）、永记腊味、赢记盐焗鸡、惠蜜•蜂蜜酒、东坡寓惠彩瓷系列。举办惠城区第四届晒秋民俗文化旅游节暨惠城区第二届“非遗”展演月，活动为期一个月，围绕“人文牌”“乡村牌”分类展示麒麟舞、龙形拳、李家拳、舞草龙、惠州剪纸、邓氏神农凉茶制作等非物质文化遗产项目独特深厚的文化魅力。重点推进黄沙洞、墨园、泰安、上围、下源等旅游资源丰富村庄的旅游开发，打造一批乡村旅游特色村，并串珠成链，以线带面，深入推动乡村旅游发展。组织乡镇参评第二届“广东十大美丽乡村”“广东美丽乡村精品线路”“广东特色名村”系列评选活动，组织横沥镇黄沙洞村、三栋镇鹿颈村申报“广东文化旅游名村”评选活动。劲家庄工业园被广东省文化和旅游厅、广东省工业和信息化厅授予广东省工业旅游精品线路——惠州轻工艺术美食之旅称号。推进乡村旅游创客示范基地建设，优化创业环境，大力吸引各类旅游创新创业人才向创客示范基地集聚、发展，不断提升乡村旅游发展水平和质量。

10月，惠城区第四届晒秋民俗文化旅游节暨惠城区第二届“非遗”展演月活动在山里头农场举行（区文广旅体局/供图）

【广东旅博会参展】 2020年9月11—13日，惠城区随惠州市集体组团参展的第九届广东国际旅游产业博览会。按照惠州市“岭东雄郡·惠州有礼”参展主题，惠城区重点推介展示惠城区的旅游景点、手信产品、特色美食、“非遗”项目等文旅产品，推荐具有惠城特色的高品质旅游文化。

【源茵生态园获评国家AAA级旅游景区】 2020年3月4日，经惠州市旅游景区质量等级评定委员会批准，源茵生态园获评国家AAA级旅游景区。该园位于惠城区汝湖镇黄埔村，总占地面积2000余亩，拥有“生态农业示范区”及“生态农业休闲区”两大功能区。生态农业示范区主要用于现代农业生产示范，有“生态环保优质种猪养殖基地”“鸵鸟养殖基地”“有机葡萄园种植基地”“现代科技种植示范基地”等。生态农业休闲区主要用于现代农业观光、农业科普教育、鸵鸟观赏、休闲旅游。

6月27日，惠州源茵生态园国家AAA级旅游景区揭牌仪式（刘宇枫/摄）

【广东海纳现代农业生态园获评国家AAA级旅游景区】 2020年9月25日，经惠州市旅游景区质量等级评定委员会批准，广东海纳现代农业生态园获评国家AAA级旅游景区。该园位于惠城区水口街道龙湖大道，占地面积超3000亩，是由农业产业化国家重点龙头企业广东海纳农业有限公司依托稻米产业和文化打造的综合型示范性农业基地。主要由“一心一园一区”三个重要区域组成：“一心”即现代农业综合展示中心，“一园”即水稻文化公园，“一区”即现代农业综合性示范区。现代农业综合性示范区包括水稻文化公园、有鲤•稻舍、海纳仙眷花洲花海景区、农业产业研学实践基地、有鲤庄园5个重要区域组成。

（区文化广电旅游体育局：张蓬瑶）

税务·财政·审计

责任编辑：朱思敏

税　务

【概况】　2020年，国家税务总局惠州市惠城区税务局（简称“区税务局”）完成个人所得税年度汇算清缴工作，组建土地增值税清算专业队，提高土地增值税清算工作质量和效率。加强税收分析，发挥税收大数据优势，开展复工复产复销情况和组织收入情况分析，为地方党政领导决策提供支持，充分发挥税务部门以税资政作用，确保组织收入取得实际成效。

是年，惠城区累计组织各项税费收入310.99亿元，较上年同期330.96亿元减收19.97亿元，同比下降6.0%。其中，国内税收收入239.91亿元，同比增长1.7%；费金收入71.08亿元，同比下降25.2%。各级次收入中，中央级收入97.47亿元，同比增长2.0%；省级收入43.85亿元，同比增长5%；市县级收入75.44亿元，同比增长7%。

【落实减税降费政策】　2020年，区税务局持续推进省税务局“税务十条”发布相关措施，支持企业抗击疫情，针对受疫情影响较大的公共交通、生活服务、快递收派等行业服务纳税人开展全面筛查，做好为纳税人提供疫情防控重点保障物资运输收入免征增值税，为纳税人提供公共交通运输服务、生活服务及居民必需生活物资快递收派服务收入免征增值税等税收优惠政策业务指导工作。落实一系列阶段性社保费减免政策，扶持企业复工复产，对辖区内疫情防控重点保障物资生产企业情况、公益捐赠情况、重点物资配送情况进行摸排，多种渠道精准推送相关税费优惠政策内容，让企业在疫情防控期间享受税收优惠。全年累计新增减税降费33.9亿元。

【提升税收征管质效】　2020年，区税务局依托市政务服务平台，强化第三方涉税数据共享与应用，对房地产业全链条、全税种、全业务进行一体化管理，提升税收管理水平。配合市税务局先行稳步推广实施“票证房齐到手”不动产登记模式，成立增值税专用发票电子化试点工作组，稳步推进增值税专用发票电子化试点工作。深入开展企业所得税汇算清缴工作，汇算清缴退税清理实现“应提醒、尽提醒”“应退抵、尽退抵”。

7月底，全面完成208个村、社区POS机的安装与调试工作，实现全区全覆盖，解决缴费人“最后一千米”缴费难的痛点问题。

【税收风险防控】 2020年，区税务局利用大数据服务税收征管工作，推进税收共管共治工作，加强税警联动，联合查处涉税违法犯罪行为，构建税警合作大格局，促进税警工作常态化。提升风险分析层级，对接风险任务，严防税收风险，提高税收风险管理质效，实现税源风险管理系统化、流程化、一体化。

【依法治税】 2020年，区税务局落实全面推进依法治税重要部署和地方党政普法工作要求，推进社会信用体系建设，推行“银税互动”“黑名单”“双公示”制度，公布税收“黑名单”企业并实施联合惩戒，促进诚信兴商，营造公平法治的税收环境。做好网站建设等政务信息公开工作，受理相关信访投诉件，加强面向全社会税收法治教育培训力度，开展普法工作。同时依托《南方日报》《惠州日报》等主流媒体和西子论坛等新媒体宣传税法新政，增强全社会税收法治观念。

【优化税收营商环境】 2020年，惠城区树立“惠税有为 非常满意”品牌意识，加强规范智能化办税服务厅建设，努力打造全省纳税人满意度文化建设样板厅。通过成立网格税宣志愿服务队和惠城税务新媒体工作组，依托各类媒体平台制作新冠疫情防控优惠政策专题节目和宣传信息，推动减税降费政策进校园、进社区、进商场、进景区，为广大纳税人、缴费人传递最新税费优惠政策。

完善纳税服务规范，落实省税务局244项“全程网上办”清单，推广“非接触式”办税服务，提升办税服务体验。通过举办专题税企座谈会、政策辅导例会等方式，帮助企业纾困解难，助力惠城区营商环境优化。

10月29日，广东省税务局党委委员、副局长伍关兴（右二）一行到区税务局河南岸办税服务厅调研纳税服务工作（区税务局/供图）

（区税务局：魏巧莹）

财　政

【概况】 2020年，惠城区财政总收入117.8亿元，财政总支出111.2亿元，均首次突破100亿元规模。一般公共预算收入增长率5.2%，超过全市平均水平2.8%。税收占比达82%，超过全市平均水平72%。

是年，落实惠民惠农财政补贴资金“一卡通”管理系统信息库建设，100%实现一人一卡领取财政各项补贴资金。

【拓宽财政收入来源】 2020年，惠城区通过存量税收清收、土地增值税清算、村企合作项目清缴、物业资产处置等措施带动收入增长，一般公共预算收入完成39.39亿元，在第一季度增长率为-19.86%的情况下实现逐月回升，最终实现全年增长5.2%。

是年，收到上级转移支付资金29.37亿元（含中央财政特殊转移支付资金1.12亿元），比上年增加6.16亿元。利用国家财政政策，争取专项债资金8.24亿元和抗疫特别国债1.69亿元，两项比上年增加4.03亿元。

【疫情防控经费保障】 2020年，惠城区在医疗救治、防控物资、设备采购、疫情防控人员及隔离场所补助等方面做到经费“全保障”，安排和拨付疫情防控资金1.13亿元。

及时将困难人员纳入低保、特困人员供养和临时救助等政策保障范围，阶段性扩大保障范围，有效缓解因物价波动对低收入家庭的影响。将基本公共卫生服务补助标准从每人每年69元提高到每人每年74元，新增部分的600万元全部用于乡村和城市社区的疫情防控工作。增加工业企业结构调整专项奖补奖金、一次性就业专项补贴、非公有制企业应对新冠肺炎疫情包车包机临时性补助、企业线上适岗培训经费、创业贷款展期等财政政策措施。

【民生保障投入】 2020年，惠城区加大民生保障投入，重点向教育、医疗、就业、粮食安全等领域倾斜，推进社会各项事业发展。

教育投入 2020年，惠城区教育支出26.77亿元，比上年同期增长11.9%。其中，拨付教育公用经费2.23亿元，保证学校正常运作；拨付学校建设资金2.12亿元，新建、扩建6所学校，新增学位9330个；拨付建档立卡贫困户学生、普通高中学生、中职教育学生免学费及生活费补助资金0.18亿元，受惠学生7236人次。

医疗卫生投入 惠城区医疗卫生支出10.7亿元，比上年同期增长21.5%。其中，公共卫生投入2.07亿元，公立医院和基层医疗卫生机构投入1.85亿元。此外，还从政府专项债中安排1亿元用于支持第三人民医院二期建设，安排5000万元专项债资金用于支持第三人民医院横沥分院建设。

社会保障投入 惠城区城乡居民基本医疗保险补助标准从每人每年520元提高到每人每年550元，城乡居民养老保险基础养老金从每人每月173元提高到每人每月185元。发放城乡低保户低保金0.43亿元，城镇和农村特困人员供养金0.19亿元，困难残疾人生活补贴和重度残疾人护理补贴988万元。

稳就业投入 惠城区就业创业资金支出0.79亿元，其中，“以工代训”补贴0.46亿元，企业职工线上适岗培训补贴948万元，创业带动就业补贴621.4万元，企业新招用员工一次性就业补贴558.7万元，劳动力技能晋升培训补贴406万元，灵活就业人员社会保险补贴359万元，应届毕业生到基层就业一次性补助184万元等。

粮食安全保障投入 安排粮食储备资金专项用于区级储备粮的保管、轮换、租仓、贷款利息等费用开支，确保粮食储备落实到位，增强粮食安全保障。

【支持实体经济】　2020年，惠城区累计减税降费超29.1亿元，其中，2020年出台的支持应对新冠疫情防控优惠政策减税降费23.5亿元、上年出台的优惠政策在2020年翘尾新增减税降费5.6亿元。支持新冠肺炎疫情防控应急物资生产、减轻社会保险负担、减轻企业租金负担，机关事业单位和镇街物业减租达0.3亿元。拨付区高新园区基础设施建设费用及土地盘整资金7.67亿元，其中，2亿元为2020年新增政府专项债券。拨付新兴产业发展专项资金0.82亿元、提高科技创新支撑能力资金0.33亿元，用于扶持新型经济和科技企业。安排区级资金0.18亿元，用于高新技术企业奖励、小升规企业奖励，以及支持制造业企业技术改造。安排区级资金0.1亿元发放消费券，用于应对新冠肺炎疫情，促进市场消费。

【支持城市建设】　2020年，惠城区安排专项债资金1亿元用于祝屋巷、金带街、水东街等老旧小区和惠民空间微改造项目，安排0.24亿元资金用于内街小巷改造建设；安排500万元用于老旧小区电梯安装的补助；安排0.1亿元用于中山公园改造。

【支持乡村振兴】　2020年，惠城区制定《惠城区涉农资金统筹整合实施方案(试行)》《惠城区涉农资金统筹整合管理办法》，加大涉农资金统筹整合力度。

是年，省下达涉农统筹资金0.55亿元，市下达涉农整合资金0.61亿元；安排乡村振兴方面资金（包括上级专项补助资金）7.4亿元，主要用于农村人居环境整治“百日攻坚”行动、农村基础设施建设、农田水利建设、绿化造林、扶贫开发等项目，改善惠城区农业农村的生产生活条件和村容村貌。

【增强区级财政实力】　2020年，惠城区政府采购简化流程，工程预决算压缩审核时间。在税收方面，加强征管，应收尽收。实现税收收入比上一轮财政体制增加分成收入2.1亿元；在土地收入方面，加强征拆工作，保证土地出让需要，市商住用地出让收入返还惠城区15.4亿元，新增延长土地使用年限补地价收入5.6亿元。

推进“数字财政”建设。预算域按时平稳上线实施，执行域、核算域和政府采购平台也测试成功，正式启用。

【抓好财政监管】　2020年，惠城区建立债务风险应急预案，细化应急响应程序，明确责任追究的范围，硬化预算约束程序，有效化解债务风险。同时配合省市审计部门对区政府债务的审计工作，摸清政府隐性债务情况。

成立跨部门督查工作小组，开展中央直达资金和债券实施项目督查。开展2018—2019年度公款吃喝整治和“小金库”专项检查、预决算公开和信息公开检查等监督检查工作。

对158个项目进行绩效评审，对6个项目开展重点评价，提高预算单位对绩效管理的重视程度，推动财政资金的高效合理使用。

理顺227家（含一、二级预算单位）的树形结构及相应的登录权限，提升各机关事业单位内部控制报告的编报水平，提升财务管理水平和风险防控能力。

【提升政府投资效能】　2020年，区财政局加强对新开工建设项目的资金来源落实的审核工作。严格按照规定审核项目概算，控制政府投资成本，扎实开展政府投资项目预结算审核工作。完成财政投资审核项目312项，涉及送审金额8.58亿元，审定金额7.21亿元，核减1.37亿元，平均审减率为16%。

（区财政局：高媛媛）

审　计

【概况】 2020年，惠城区审计局累计完成审计（审计调查）项目37个，审计查出主要问题金额48381万元，审计处理处罚金额4335万元，应减少财政拨款或补贴1481万元，核减投资额1481万元，审计提出建议39条，被采纳审计建议39条。

【重大政策措施落实跟踪审计】 2020年，惠城区审计局围绕贯彻落实国家和省重大政策措施情况，对应对新冠肺炎疫情防控资金和捐赠款物管理情况、落实稳就业政策、推动分区分级精准复工复产、保障基本民生完成脱贫攻坚任务、落实促进民办教育发展政策措施等情况进行跟踪审计。

【财政审计】 2020年，区审计局对惠城区2019年度一般公共预算、政府性基金、国有资本经营预算、社会保险基金预算执行情况进行审计，对73个一级预算单位2019年度预算执行和其他财政收支情况、区直部门2019年度“三公”经费管理使用情况进行审计，涉及预算资金81.27亿元，实现区一级预算单位预算执行情况审计全覆盖。

【国有资产审计】 2020年，区审计局对区级国有资产管理、使用情况进行审计调查，涉及区级行政事业单位60家（不含乡镇、街道）、区属国有及国有控股企业48家，重点关注区级行政事业单位和区属国有企业不动产管理，货币资金、国有资产收益管理，国有资产保值增值，资产核算，违规处置资产，或出租资质证照等情况。

【政府投资审计】 2020年，区审计局对小金口农贸综合市场升级改造工程、2016年度高标准基本农田建设项目等13个项目进行竣工结算审计，累计核减投资额1481万元；对惠城区棚户区改造安置房项目、惠城区16个示范村创建工作项目、汝湖镇和三栋镇乡村风貌提升先行示范区创建工作项目等9个工程项目进行跟踪审计。

【自然资源资产审计】 2020年，区审计局对三栋镇、马安镇自然资源资产管理和使用情况进行专项审计调查，同时重点关注辖区内水资源管理、堆砂场、环境卫生管理等情况。

【绩效审计】 2020年，区审计局对惠州市第二妇幼保健院2018年度绩效情况进行审计，重点关注医院的收支结构、费用控制、项目建设、固定资产管理等情况。

【经济责任审计】 2020年，区审计局累计完成7个单位7位领导干部任期（任中）经济责任审计项目，查出主要问题金额1441万元。

【直达资金审计】 2020年，区审计局对中央新增财政资金直达市县基层直接惠企利民情况进行专项审计，上级下达给惠城区新增财政资金预算金额总计3.6亿元，已使用3.59亿元，总体支出进度为99.84%，重点关注支出进度、履行招投标程序等情况。

【审计整改】 2020年，区审计局重点开展惠城区2019年度区本级预算执行和其他财政收支审计查出的问题整改工作。有关部门通过上缴国库、统筹使用结转结余资金、调整投资计划等方式整改问题金额38.67亿元。

（区审计局：蔡丽青）

金　融

责任编辑：朱思敏

综　合

【存款余额】　2020年年底，惠城区（含仲恺高新区）本外币存款余额4283.39亿元，同比增长12.3%；本外币贷款余额4224.73亿元，同比增长22.8%；住户存款余额1324.05亿元，同比增长13.7%。

【推动企业挂牌上市】　2020年，惠城区组织产值较高、发展前景较好的20余家重点企业参加惠州市企业上市培训会，帮助企业及时了解掌握注册制改革最新政策。组织恒大新材料、威林科技、大兴化工3家企业参加惠州市金融局组织的赴深圳证券交易所考察学习活动，观摩企业上市仪式。协助格林精密部件（惠州）有限公司申请2020年惠州市发展利用资本市场专项奖励资金200万元，并在资金下达后及时拨付至企业。

【化解涉众金融风险】　2020年6月，惠城区为化解涉众金融风险，排查走访重点领域机构968家，发现存在宣传虚假问题机构15家，责令整改。为做好金融领域“扫黑除恶”宣传工作，制定《2020年度防范非法集资及“扫黑除恶”宣传工作方案》，制作宣传折页、环保袋、宣传礼品等用品，通过进企业、进村居、进社区、进机关等形式开展宣传活动。协调辖区内有电子显示屏的场所滚动播放防范非法集资宣传口号及标语，在村（社区）宣传栏张贴宣传海报或悬挂横幅等，营造防范和打击非法集资的社会氛围。

6月28日，惠城区科技工业和信息化局联合河南岸街道办事处在南山翡翠小区开展“防范非法集资”集中宣传活动（区科工信局/供图）

【金融知识宣传】 2020年，惠城区科工信局联合小金口街道办事处、惠州农商行惠城支行及联讯证券公司在柏岗村开展“普惠金融知识”宣传及“扫黑除恶”宣传活动，派发宣传手册200余份，接受群众咨询100余人次。

（区科工信局：文巧如）

保 险

【概况】 2020年，惠城区境内有保险机构61家，其中，保险中介39家。全区保费收入62.86亿元，同比增长7.9%。其中，寿险业务保费收入35.24亿元，同比下降1.7%。健康险和意外伤害险保费收入11.4亿元，同比增长6.7%，财产保险费收入16.13亿元，同比增长2.4%，支付各类理赔款17.42亿元。

是年，完成2020年政策性农村住房保险续保工作，投保农户5.34万户，保费16万元。

【太平养老保险股份有限公司惠州中心支公司】 成立于2018年，是惠州市首家国有专业养老险公司。2020年年底，作为惠州市场的主要团体保障服务商，公司管理的企业年金累计达1.22亿元，实现保费收入1383万元。

（惠州市保险业协会：刘金怀；太平养老保险股份有限公司惠州中心支公司）

证 券

【概况】 2020年，惠城区境内有证券机构26家，营业部网点30家；上市企业6家，其中，在上交所挂牌的是广东骏亚电子，力王高新科技、威林科技、绿湖园艺、聚英人力资源、锡源爆破科技均在“新三板”挂牌。同年，广东股权交易中心在惠州设立分公司，为中小企业提供多样化金融服务。

【中金财富证券有限公司惠州文昌一路证券营业部】 该营业部成立于2016年，是中金财富证券有限公司在惠州唯一一家分支机构。营业部于2020年11月30日完成品牌升级，办公地址从惠阳区迁至惠城区华贸大厦，有工作人员15人。

是年，营业部新增资产规模3亿元，资产规模总额达3.5亿元，交易量排名及地区市场占有率从第43位上升至27位。

（区科工信局：黄 煜；中金财富证券有限公司惠州文昌一路证券营业部）

经济综合管理

责任编辑：林永康

发展规划管理

【概况】 2020年，惠城区固定资产投资实际完成535亿元，同比增长22.8%。其中，工业投资完成73.34亿元，同比增长26.6%；基础设施投资完成147.84亿元，同比增长15.4%；房地产开发投资完成326.24亿元，同比增长26.5%。

是年，惠城区发展和改革局（简称“区发改局”）组织建立并严格落实执行全区经济运行监测联动机制，牵头协调区直相关职能部门及镇、街道，全面打通涉及固定资产投资项目的信息、数据共享渠道，实现对项目建设的准确监测、精准施策。完成2019年度“法治惠州”建设考核及社会信用体系建设第三方评估工作。依法依规办理企业投资项目备案454宗，计划总投资2274.85亿元；定期对在库储备肉品进行抽检，保证储备肉品质量，完成储备任务。配合市车改办开展区属国有企业和事业单位公车改革工作总结，全面梳理惠城区企事业单位改革前后公务用车数量、费用支出等情况。

2020年8月31日，经惠城区委机构编制委员会批准保留惠城区重点建设项目管理办公室，由区发展和改革局下属公益一类事业单位调整为区人民政府直属事业单位，公益一类，正科级。

年底，区发改局加挂惠城区粮食和物资储备局牌子，管理惠城区价格信息中心（挂惠城区发展和改革局价格认证中心牌子）、惠城区节能中心两个事业单位。

【经济政策研究】 2020年，区发改局组建经济工作专班，建立全区经济运行监测联动机制，为区委、区政府决策提供支撑。开展疫情防控期间经济运行情况专题调研、季度经济运行情况调研，完成月度、季度经济运行分析报告10余篇。密切监测工业总产值、社会消费品零售总额、固定资产投资等重要经济指标完成情况，形成季度分析报告3篇。严格执行惠城区固投运行监测联动机制，牵头协调区直相关职能部门及镇、街道，全面打通涉及固定资产投资项目的信息、数据共享渠道，实现对项目建设的准确监测、精准施策。

【发展规划编制】 2020年，区发改局撰写《惠城区2019年国民经济和社会发展计划执行情况与2020年国民经济和社会发展计划草案的报告》，统筹指导社会事业发展。牵头起草《惠城区推进“一核一带一区”建设实施方案》。制定《惠城区镇（街道）差异化高质量发展综合绩效考核实施方案》，引导各镇、街道打造差异化功能区，推动实现区域协调发展。起草《惠城区推动老区振兴发展（2019—2022年）实施方案》（初稿），联合农村农业部门完善老区振兴发展实施细则。梳理对接粤港澳大湾区建设重点，起草《惠城区推进粤港澳大湾区建设实施细则》。牵头编制《惠城区产业发展规划（2020—2030年）》，明确惠城区产业发展思路、发展定位、发展目标、产业重点、空间布局、重大工程和保障措施等内容，已印发实施。印发《惠城区优先发展产业指导目录》《惠城区强化产业规划衔接工作专班工作方案》和《惠城区实施乡村振兴的路径指引》等文件。组织横沥镇成功申报广东省城乡融合发展示范点。

【固定资产投资】 2020年，惠城区安排年度政府投资项目65宗，总投资金额80.06亿元，年度计划投资29.5亿元，年度执行投资17.88亿元，执行率61%。完成惠城区2019年度政府投资项目年度总结及2020年度政府投资项目编报工作。依法依规办理企业投资项目备案454宗，计划总投资2274.85亿元；办理政府投资项目审批项目17宗，计划投资24.98亿元；办理建设项目招投标方式核准项目24宗。

【社会信用体系建设】 2020年，区发改局做好2019年度“法治惠州”建设考核及社会信用体系建设第三方评估工作。进一步规范惠城区信用信息归集目录以及数据标准，制定并印发《关于明确惠城区信用“双公示”事项目录以及建立信用信息数据报送工作机制的通知》，明确各单位信用“双公示”服务事项目录，常态化指导开展修正补报工作，建立信用信息动态管理机制，提升信用信息数据归集质量。组织举办全区信用信息归集专题培训会，推动信用信息报送工作规范化。印制信用知识宣传册、宣传海报，组织党员干部实地学习社会信用体系建设政策法规。利用各镇（街道）、各成员单位电子显示屏及微信公众号等新媒体平台播放信用宣传标语，推送电子宣传册，广泛开展信用宣传工作。

【重点领域改革】 2020年，区发改局根据省、市发改部门和民政部门的工作部署，在征求区相关部门意见基础上报请区政府同意后，公布惠城区行业协会商会与行政机关脱钩改革名单。落实全区各行业协会商会脱钩改革工作，全面完成机构、编制、人员、资产财务、党建外事脱钩各项任务。按照省发展改革委的工作要求，开展党政机关和国有企事业单位培训疗养机构调查统计工作，组织全区58个党政机关单位，严格对照调查统计范围，开展培训疗养机构甄别确认工作。

【优化营商环境】 2020年，区发改局推进优化营商环境工作，全面清理不符合《优化营商环境条例》的现行规定和政策文件，完成废止、修订工作。做好惠州市营商环境评价测评数据推送，推进营商环境评价工作。牵头组织区22个相关部门对评价报告中反映的问题和提出的建议进行研究，提出涉及企业开办、建筑许可、财税登记等九大方面建议措施。研究确定2021年优化营商环境改革任务。

加强监督检查，落实营商环境各项改革任务。做好省委改革办营商环境综合改革专项督察调研工作，牵头组织区市场监督管理局等33个单位，对照《广东省委深化营商环境综合改革行动方案》要求，围绕简政放权、放管结合优化服务等方面改革开展自查，提出整改意见和工作措施，促进各项改革任务取得实效。做好国务院深化“放管服”改革，优化营商环境大督查工作，牵头成立惠城区深化“放管服”改革优化营商环境工作组，组织区28个相关单位对照《惠州市深化“放管服”改革优化营商环境工作清单》以及历年中央审计署、国务院督查组对惠州市“放管服”督查发现的问题，开展问题排查，建立督查工作台账和问题清单，制定整改计划，确保整改取得实效。

【成品油市场专项整治】 2020年，根据省、市关于进一步加强打击成品油非法经营工作的有关意见，区发改局牵头制定并印发《惠城区进一步加强打击成品油非法经营工作方案》，明确全区各镇（街道）、各职能部门的职责分工。是年，出动240人次，取缔成品油非法加油窝点24处，查没加油工具一批，非法制汽油3.14万升，柴油1.12万升。

【新能源设施建设】 2020年，区发改局备案38个充电基础设施项目；建成公共充电基础设施项目13个、公共充电桩129个；接入供电部门的个人充电桩累计建成1180个（2020年度内建成630个）。协助企业做好光伏项目前期备案申报工作，完成2020年度光伏竞价上网以及平价上网的申报工作。

【节能降耗工作】 2020年，区发改局牵头会同区科工信局完成6家重点用能单位节能监察工作，配合惠州市能源和重点项目局完成2家公共机构节能监察工作；完成惠城区2019年度公共机构能源资源消费统计工作；按照“十三五”规划要求，完成公共机构能源审计工作；牵头会同相关单位完成对惠城区2019年度节能目标责任评价考核工作。联合区财政局制定并印发《惠城区发展和改革局 惠城区财政局非工业领域节能循环经济专项资金管理办法》。10月，组织开展“惠城区2020年非工业领域节能循环经济专项资金项目”申报工作，12月24日向相关企业拨付专项资金。

（区发改局：朱巧玲）

【重点项目】 2020年，惠城区安排重点建设项目70宗（含省重点项目1宗，市重点项目36宗），总投资301.48亿元，年度计划投资68.94亿元，全年累计完成投资74.14亿元，完成年度投资计划的107.53%。开工及续建项目65宗，其中完工项目28宗。

工业项目30宗，总投资120.51亿元，年度计划投资28.48亿元，全年完成投资31.51亿元，完成年度计划的111.64%。其中，新建项目15宗，新开工15宗，开工率100%。

现代服务业项目20宗，总投资136.52亿元，年度计划投资25.9亿元，全年完成投资30.31亿元，完成年度计划的117.03%。其中，新建项目10宗，新开工8宗，开工率80%。

政府投资项目20宗，总投资44.45亿元，年度计划投资14.57亿元，全年完成投资12.32亿元，完成年度投资计划的84.58%。其中，新建项目13宗，新开工10宗，开工率76.92%。

（区重点项目办：戴伟业）

物价管理

【概况】 2020年，惠城区除高耗能行业用户外，执行一般工商业及其他电价、大工业电价按原到户电价水平95%结算，支持企业复工复产，阶段性降低电价的政策惠及4.48万户企业用户，优惠金额达1.37亿元。对个体工商户的用水到户价格每立方米按不低于10%的幅度下调。优惠政策惠及5696家用户，优惠金额85.55万元。10月1日起，惠城区商品房明码标价监制工作移交区市场监督管理局，区发改局不再承办商品房明码标价监制工作。牵头制定惠城区农业水价综合改革实施计划，梳理总结年度农业水价综合改革各项工作。联合区住建局、区自然资源局印发《促进惠城区混凝土及砂、石、水泥行业健康有序发展的工作方案》，多措并举纠正行业不当竞争行为。

是年，惠城区发展和改革局价格认证中心被国家发展和改革委员会价格认证中心评为“2019—2020年度先进单位”。

【收费管理】 2020年，区发改局开展惠城区2019年度行政事业性收费情况报送工作，组织各收费单位通过“收费单位年报系统”填报情况，对发现的问题及时纠正，督促整改落实。进一步推进清理规范涉企收费工作，重点对行政事业性收费和政府基金、行政审批中介服务收费、物流交通领域收费、行业协会商会收费、政府电子政务平台收费及动态更新收费目录清单等六大项清理规范任务，开展自查工作。规范公办幼儿园收费行为，严禁幼儿园收取保教费、服务性收费和代收费以外的其他费用。开展民办教育收费调研，选取具有代表性的民办学校进行实地考察及座谈交流，为制定价格提供科学依据。根据教育收费政策有关规定，核定或调整4所公办幼儿园的保教费收费标准；核定3所民办新办学校的学费及住宿费收费标准；调整15所民办学校的学费收费标准，以及6所民办学校的住宿费收费标准。

【落实阶段性降价政策】 2020年，区发改局落实阶段性降价优惠政策，缓解因新冠肺炎疫情对群众生活带来的影响。督促惠城供电局严格执行国家、省、市出台的阶段性电价优惠政策，对除高耗能行业用户外，执行一般工商业及其他电价、大工业电价的电力用户，2月1日至12月31日，电价按原到户电价水平95%结算，支持企业复工复产。2—12月，惠及企业用户4.48万户，优惠金额1.37亿元。督促各镇（街道）供水企业严格贯彻落实省、市的水价优惠政策，执行惠州市应对新冠肺炎疫情支持企业共渡难关的十条措施，对非居民用户（行政事业单位除外），用水价格每立方米下降0.1元，执行时间不少于6个月。落实省发展改革委关于贯彻落实阶段性降低用水价格工作措施，2月1日至6月30日，个体工商户用水到户价格每立方米按不低于10%幅度下调。2—7月，水价优惠政策惠及用户5696家，优惠金额85.55万元。

【转供电违规整治】 2020年，区发改局清理违规转供电加价行为。组织区住建局、区市场监管局和惠城供电局等部门召开规范物业行业有关收费工作推进会。加强与企业、电信运营商协调，多次组织召开专题协调会，解决5G基站建设中的转供电违规加价问题，推动转供电改直供电工作，进一步清理和规范惠城区转供电环节收费行为。

【水价改革】 2020年，区发改局牵头制定惠城区农业水价综合改革实施计划，推进年度农业水价综合改革各项工作。完善自来水价格政策，区发改局会同区住建局、农水局、各镇（街道），督促辖区内供水企业自2020年12月1日起，落实非居民用水超定额超计划实行累进加价措施。对淘汰类、限制类企业，实行更严格的累进加价制度，发挥价格机制调节作用，促进水资源可持续利用和城镇节水减排。

【加强价格监测】 2020年，区发改局加强价格监测管理，做好全区商品价格，特别是新冠疫情防控期间重要商品价格的动态监测和变化趋势分析，提高价格监测的时效性、适用性和准确性。开展18个项目成本监审，核减成本1640万元。完成涉案物价格认定案件724宗，涉案金额6.78亿元，其中，涉税案件7宗，涉案金额6.68亿元，案件无一复议。

推进涉纪、涉刑、涉税财物价格认定和价格争议纠纷调解工作，有序开展国家价格认定综合业务平台的学习和推广应用，得到国家和省发改委价格认证中心的高度认可。

（区发改局：朱巧玲）

公共资源交易管理

【概况】 2020年，惠城区完成各类公共资源交易项目56宗。其中，政府采购成交24宗，完成产权交易项目32宗；完成自2014年成立以来至2019年年底的全部档案资料的整理入库工作，合计814件文书档案、1363件业务档案，初步具备电子索引功能。

惠州市公共资源交易中心惠城分中心为区政府直属公益一类事业单位，主要负责惠城区区属范围内的建设工程、产权交易及政府采购的公共资源交易工作。

【公共资源交易项目】 2020年，惠城区完成各类公共资源交易项目56宗，总成交金额3.74亿元，为财政增收节支594.36万元。其中，政府采购成交24宗，成交金额8690.71万元，节约金额91.68万元，节约率1.04%；完成产权交易项目32宗，成交金额2.87亿元，溢价502.68万元，溢价率1.8%。

【公共资源交易改革】 2020年，惠城区落实“放管服”改革工作，修订项目交易规范，完善评标专家抽取工作流程。设置专人管理，明确抽取主体责任，实现抽取工作与业务工作分离。设立专用场所、专用设备供抽取专家使用，使用独立IP管理。在专家抽取室安装监控设备，留存声像档案。完善专家抽取制度，及时淘汰掉与新工作规范不匹配的条款。

（市公共资源交易中心惠城分中心：黄惠盈）

市场监督管理

【概况】 2020年，惠城区市场监督管理局（简称“区市场监管局”）严把许可准入关，发放食品经营许可证9187张。办理药品经营许可证各类业务394宗，全年新注册内资企业1.48万户，同比增长10%。加强标准化工作。引导119家企业公开声明产品标准726项。受理群众投诉举报17064宗，同比增长92.34%，指导建立5家“放心消费承诺单位”。查处各类违法违规案，已结案948宗。

惠城区市场监督管理局（简称“区市场监管局”）加挂“惠城区知识产权局”牌子。

【食品安全监管】 2020年，区市场监管局严把许可准入关，发放食品经营许可证9187张。加强食品安全风险监测，完成农贸市场食用农产品快检8.08万批次，合格率为98.96%。开展“你点我检”便民活动46次，检测食用农产品565批次。100%完成“每千人5批次”任务，抽检4022批次。加强重点环节、重点食品日常监管和专项整治工作。对全区食品生产企业、食品生产加工小作坊实行A、B、C级风险分级管理，开展校园及周边食品安全、冷加工类糕点食品安全、“倍氨敏”固体饮料排查等10余项专项整治，及时消除各类食品安全风险隐患。推进学校食堂“互联网+”“明厨亮灶”民生工程建设。辖区内352家学校食堂建设完成率100%。创新监督检查形式，建立检查人员名录库与检查单位信息库，每周双随机开展食品专项检查。在2019年度惠州市食品安全考核中获A+，排名居惠州市第一。

7月，区市场监管局开展商场超市食品安全检查工作（区市场监管局/供图）

【药化械安全监管】 2020年，区市场监管局办理药品经营许可证各类业务394宗，医疗器械经营许可、备案641家。化妆品生产经营企业“国产非特殊用途化妆品”备案后监督检查14家、220个产品品种。抽检药品119批次、化妆品16批次、医疗器械26批次。新冠肺炎疫情防控期间，上报系统购药者信息21.54万人次，上报镇街三人小组疫情线索933条。两家药店申报为连锁总部，辖区零售药店连锁率56%，位居惠州市第一。开展公立医疗机构、中药饮片质量、药品网络销售违法违规行为整治行动，推动药品经营管理规范化。

【特种设备安全监管】 2020年，区市场监管局开展特种设备日常监督检查，开展压力容器和压力管道、东升石材城特种设备和金泽物流园叉车等专项整治工作。发现存在隐患特种设备485台（套），督促企业落实安全主体责任，整改率100%，立案查处案件31宗，罚没入库金额95.4万元。开展特种设备安全宣传和特种设备事故应急演练，提高突发事故应急能力。完成特种设备安全监督抽查529台，工业管道4500米。

【产品质量安全监管】 2020年，区市场监管局加强产品质量专项监督工作，前移监管和服务关口，主动帮助企业复工投产。开展养老机构、月子服务中心、电动自行车整治等工作，完成不合格产品后续处置197宗。开展重点工业产品监督抽查193批次，合格率为96%。加强标准化工作，引导119家企业公开声明产品标准726项，涵盖632种产品。协助11家企事业单位完成项目申报18个，获得惠州市技术标准战略专项资金193万元。“双随机”活动抽检11个企业标准实施情况，整改完善11个。

【便民服务改革】 2020年，为应对新冠肺炎疫情，区市场监管局推行“网上办”、双向快递“零见面”等便民服务改革。5月，率先在惠州市实现商事登记“秒批”。新注册内资企业1.48万户，同比增长10%，占惠州市新注册内资企业的35%。新注册个体户1.64万户，同比增长24%。通过“秒批”成功办理营业执照4002份。实施商事登记经营范围规范表述，多举措推进企业注销便利化改革工作，企业注销时间压缩至两个工作日内。制定《惠城区撤销隐瞒重要事实取得商事登记管理办法（试行）》，维护商事登记权威。

是年，受理107起涉嫌隐瞒重要事实取得商事登记的信访案件。

【企业信用监管】 2020年，区市场监管局推进年度企业年报，企业年报率89.73%。推进信用修复和失信市场主体管理工作，完成9户企业信用修复，吊销“僵尸企业”2456户，列入经营异常名录企业7814户，列入严重违法失信企业黑名单1户。

市场监管领域全面推行部门联合“双随机、一公开”（在监管过程中随机抽取检查对象、随机选派执法检查人员，抽查情况及查处结果及时向社会公开）监管，全区有17个联席会议成员单位全部建立“一单两库”（建立随机抽查事项清单，建立随机抽查市场主体名录库、建立随机抽查执法检查人员名录库），牵头跨部门抽查对象121户，完成“双随机、一公开”抽查1561户。公示守合同重信用企业1308户，办理不动产登记业务91份，抵押登记总额8.02亿元。

【知识产权保护】 2020年，区市场监管局开展知识产权服务万里行活动，助力企业复工复产、自主创新。充分发挥知识产权行政保护作用，开展集中排查整治重点领域知识产权侵权行动。有驰名商标7件、地理标志集体商标1件。2020年专利申请量、发明专利申请量、发明专利授权量分别为4660件、785件、151件，PCT国际专利申请数量14件。

【计量监管】 2020年，区市场监管局做好计量惠民和认证认可工作。开展电子秤检定工作，检定全区69个集贸市场5356台电子秤。开展防疫用品领域认证专项整治，排查口罩、消毒液生产企业49家，抽查12家企业获证结果、5家企业认证活动现场。

【市场监管执法】 2020年，区市场监管局加大对制售假冒伪劣商品、5G转供电及学校、物业等领域价格、民生领域违法广告、防控疫情相关产品价格及质量等重点领域和行业违法行为查处力度。加强价格和反不正当竞争行为监管，对节假日期间及日常民生领域价格加强巡查。抓好清理规范转供电环节收费、5G网络建设转供电加价行为的整治工作，开展妨碍统一市场和公平竞争行为审查工作，加强反不正当竞争工作。加强与公安、烟草部门联动协作，提升案件查办效率。查处各类违法违规案件，结案948宗。其中，查办哄抬物价大案，罚没入库额30.3万元；移送涉嫌犯罪案件10宗，公安部门受理并立案3宗。

（区市场监管局：张 瑾）

国有资产监督管理

【概况】 2020年，惠城区国有资产监督管理局（简称“区国资局”）开展国有企业、行政事业单位资产清查。以区国资局作为出资人组建区国资平台惠城区国有资本投资运营有限公司，统筹运作全区国有资本、资产、资源、资金。

对承租区直各单位、区属国企经营性物业的企业或个体工商户实行“免三减三”（减免租金的首月统一定为2020年2月，在疫情防控期间免收3个月租金，减半收取第四、五、六个月的租金）。

【国有资本投资运营】 2020年，区国资局开展国企、行政事业单位资产清查，摸清全区国有资产底数，将行政事业单位经营性国有资产进行统管，分批注入区国投公司平台，有效盘活经营性国有资产，提高运营效率。制定出台《惠城区行政事业单位国有资产管理暂行办法》《惠城区国有资本投资运营有限公司权责清单》，进一步规范国有资产监管和国有资本投资运营。

国资平台公司建设。以区国资局作为出资人，组建区国资平台惠城区国有资本投资运营有限公司，统筹运作全区国有资本、资产、资源、资金，围绕企业功能界定和主业定位，平台公司新设城投、德正、德晟、汇智4家二级国企公司，形成“1+1+N”公司架构。全区行政事业单位经营性国有资产注入平台公司，归并报表，做大平台公司资产总量，2020年年底，平台公司资产达31亿元，在较短时间内实现了平台公司资产总额和净资产规模的大幅提升。

承接重点项目建设。区国资平台成立后，下属国企参与市重点项目建设，包括区老年大学及南部新城、马安惠州大道绿化带两个项目拆迁安置房建设前期工作，承接“一湖两江”城市会客厅中的祝屋巷、金带街、水东街三个历史文化街区的“微改造”及惠博大道、西出口、南出口沿线道路品质提升等基础建设项目。投资参股飞来石场、河砂、水泥搅拌站、建筑余泥渣土收纳场建设运营。

【国有（集体）企业管理】 2020年，惠城区制定《惠城区区属国有（集体）企业优化整合工作实施方案》，根据“三个一批”原则，对区属194家国有（集体）企业进行清理撤并、重组整合，优化国有资本布局结构。对下辖的26个国有（集体）企业党支部进行优化，新设支部1个、整合联合支部1个、撤销支部8个。

是年，惠城区属国有企业129户，其中，正常经营区属国有企业18户。正常经营18户区属国有企业可统计资产38.71亿元，负债5.76亿元，所有者权益32.95亿元，资产负债率14.88%，年度营业总收入1.84亿元，净利润205.61万元。

【国企遗留问题处理】 2020年，惠城区完成国有企业退休人员社会化管理工作，与257家企业签署移交协议，移交社区退休人员管理9330人，党员管理2254人。提前完成目标任务数，接收中央、省、市人数占惠州市完成数的70%。

落实“僵尸企业”出清工作，惠城区在省“僵尸企业”库企业113户全部按要求完成出清规定动作。妥善处理企业历史问题，协调处理惠阳水泥厂、仍图食品站等几十家老国企涉及的职工安置、破产清算、债务纠纷、职工信访等历史遗留问题和法律诉讼问题。

【落实减租惠企政策】 2020年，区国资局在新冠肺炎疫情防控期间，制定区属国有企业减免租金政策，对承租区直各单位、区属国有企业经营性物业的企业或个体工商户实行“免三减三”，切实减轻承租企业负担。减免物业租金1315万元，惠及491家企业、个体工商户。惠州市惠城区投资管理办公室（以下简称“区投资办”）多举措提高国有物业出租率，落实新冠疫情防控期间减免租金政策，减免租金200万元，收益418.3万元，同比下降36%。

【持股企业管理】 2020年，区投资办加强对持股企业管理工作。对于持有的联讯证券股票，区投资办与联讯证券、中国建设银行三方签订交易结算资金管理账户，确保国有资本投资持续增量和保值增值。完成与联和冷冻仓储运输有限公司的物业租赁工作，并与客户签订长期固定合同，营业收入总额110.49万元。区投资办下属区投资管理有限公司持有的招元水库和伯公坳水电站发电股份，因暂停水电发电，收入为零。

【政府投资重点项目】 2020年，区投资办推进重点项目建设工作。对于棚户区改造一期安置房建设项目（位于江北西16号小区，占地面积2.9万平方米，规划总建筑面积为13.49万平方米，项目总投资5.58亿元），调整采用“政府直接投资”模式推进建设，已全面启动建设。为解决水北二期拆迁安置住宅小区项目（2014年完成竣工验收并安排拆迁户入住，项目总体拆迁进度完成99%，仍有一户未签订征拆补偿协议）历史遗留问题，区投资办协调有关单位以“三旧”改造方式推进江北9号、10号小区项目，做好安置房结算工作。

（区国资局：罗鸿峰；区投资办：廖达豪）

民营企业管理

【概况】 2020年，惠城区有民营企业7.89万家，占惠州市的37.18%，新增企业1.54万家。

民营经济增加值353.28亿元，民营规模以上工业企业有205家，占全区规模以上工业企业的63.9%。累计实现工业增加值51.83亿元，同比增长9.4%。

是年，组织15家民营企业代表参加市科工信局举办的专题研修班，分别到南京大学、复旦大学和人民大学参加培训。组织民营企业家代表参加市科工信局举办的《广东省促进中小企业发展条例》与《中华人民共和国民法典》等专题讲座，提高企业家的经营意识。

草拟印发《惠城区鼓励支持新型产业发展实施意见》；组织推荐8家企业申报第二批国家“专精特新”“小巨人”企业。协助200多家企业申报省、市奖励扶持资金1700多万元。拖欠民营企业无分歧账款已按规定完成清偿，为民营企业发展营造更加良好的营商环境。

【民营企业创业创新】 2020年，惠城区加大对优质民营企业的扶持力度，推进企业创业创新。

惠城区草拟印发《惠城区鼓励支持新型产业发展实施意见》《惠城区工业物业产权分割及分割转让不动产登记操作指引》，探索新型产业项目用房分割机制，引导产业链合作企业入驻。同时，加强项目资金监管，组织辖区39家民营企业开展2017—2019年资金项目绩效评估工作，涉及省、市扶持资金项目878.09万元。

组织推荐8家企业申报第二批国家“专精特新”“小巨人”企业；推荐19家企业成功申报广东省2020年“专精特新”企业；组织企业参加2020年广东省“专精特新”新品发布会新品遴选工作。推荐1家企业申报2020年度国家小型微型企业创业创新示范基地；组织推荐15家企业申报省中小企业示范平台示范基地；推荐7家企业成功申报2020年惠州市中小企业公共服务示范平台。推荐惠州市正牌科电有限公司入库工信部上市后备培育库。推荐惠州市西顿工业发展有限公司和惠州市九惠制药股份有限公司申报惠州市总部企业奖励。

全力推动小微工业企业转型升级。2020年完成市下达惠城区的60家“小升规”任务，推荐入库企业69家。

落实各级政府促进民营经济高质量发展的政策措施和奖励办法，组织本级民营企业申报国家、省、市“专精特新”、国家“专精特新”“小巨人”及“民十条”等资金项目，协助200多家企业申报省、市奖励扶持资金1700多万元。

【企业投诉调处】 2020年，惠城区开展企业投诉受理工作，指导受监测企业定期上报企业数据，并做好相关协调工作。到镇（街道）及区直部门走访企业14875家次，培训人员5.28万人次；企业反映问题94宗，已协调解决94宗。

（区科工信局：李向红）

统计工作

【概况】 2020年，惠城区统计局全力做好第七次全国人口普查工作，开展2020年度城乡划分、2020年城乡一体化住户调查工作，做好巡察整改和审计工作，继续加强统计“四大工程”建设、镇（街道）基层基础建设和统计法制建设，加快统计信息化进程，加强经济社会运行监测。

是年，做好基本单位名录库维护工作，新增录入法人单位3726家。做好“四上”企业（规模以上工业企业、资质等级建筑业企业、限额以上批零住餐企业、规模以上服务业企业）申报入库工作和月度变更工作，新增入库企业349家，其中，工业77家、批零住餐业110家、服务业68家、房地产业22家、建筑业38家、投资行业34家。推进“放管服”改革，做好省统计局权责清单事项的承接和落实工作，全部承接认领省统计局重心下移类清单15项行政处罚事项，并在广东政务服务网站公布。区统计局干部职工撰写各类分析文章96篇、信息64条。其中，64条信息、1篇分析文章在惠城区政府信息网上发表，统计参谋助手作用得到进一步发挥。

【城乡一体化住户调查】 2020年，区统计局根据《国家统计局关于开展住户调查样本轮换工作的通知》和《国家统计局关于做好2020年住户调查样本轮换工作的通知》要求，开展住户调查样本轮换工作，落实确定2021—2022年的住户调查样本。

加强对辅调员和记账户的业务培训；每月召开全区辅调员住户调查互审会议，交叉互审，查找问题，强化业务交流。召开年度记账户培训会议，培训新记账户，完成城乡一体化住户调查各项报表，有效推进电子记账工作。完成2020年全区样本轮换工作，轮换样本70户。

【第七次全国人口普查】 2020年，区统计局开展第七次全国人口普查工作。成立惠城区第七次全国人口普查领导小组及其办公室，落实区级人口普查工作经费，制定《惠城区第七次全国人口普查领导小组办公室工作规则》《惠城区第七次全国人口普查领导小组成员单位职责分工和工作方式》等工作制度，全区应设村（居）委会普查小组213个，完成率100%。开展形式多样的人口普查宣传工作，“统计开放日”现场为市民讲解第七次全国人口普查相关内容，向全区党员发放《致全区广大党员的一封信》。在微信公众号“惠城发布”、短信平台推送宣传信息、视频、音频；张贴宣传海报1.5万份；联合区教育局开展“小手牵大手”活动，通过“一堂课”“一封信”，开展面向学生与学生家庭的人口普查宣传工作。全区选聘“两员”（普查员和普查指导员）5942人，举办46场综合业务培训，参训“两员”5900余人。

（区统计局：毛广燕）

安全生产监督管理

【**概况**】　2020年，惠城区完善安全生产监管队伍，实现机构、人员、经费、设施和装备“五到位”（机构、人员、经费、设施和装备）。理顺“三防”（防火、防灾、防事故）、森林防灭火、消防工作机制。完善“党政同责、一岗双责、失职追责”的压力传导机制。惠州市惠城区应急管理局被广东省安全生产委员会评为“2018—2020年度广东省安全生产工作先进集体”。2020年，惠城区安全生产形势稳定。

【**生产安全事故**】　2020年，全区发生生产安全责任事故10宗。其中，建筑施工事故6宗（含市属事故2宗。其中，三栋辖区2宗，江南辖区1宗，河南岸辖区2宗，汝湖辖区1宗）；工矿商贸事故3宗（小金口辖区1宗，三栋辖区1宗，水口辖区1宗）；农村自建房事故1宗（三栋辖区1宗）。

【**监管体系建设**】　2020年，惠城区完善安全生产监管队伍，实现机构、人员、经费、设施和装备“五到位”。按照“强化县（区）、完善乡（镇）”的思路，落实属地管理责任，推进三级监管体系建设。

理顺“三防”、森林防灭火、消防工作机制，将应急管理部门的综合优势和相关部门的专业优势有效结合，建立科学规范、运行高效的应急管理职能体系。

惠城区所有镇（街道）独立设立应急管理办公室，按照有一个健全的应急组织体系、有一支应急救援队伍、有一个应急指挥平台、有一个应急救援物资仓库的“四个一”标准健全基层应急管理体系。

应急管理工作经费全部列入同级财政预算，配备必备的办公设施和综合监管执法装备，基本能够满足日常工作需要。全区镇（街道）、工业园区加强安全监管工作，均已明确专职安全监管机构和工作人员，落实基层安全生产监管责任，能够按照区应急管理与安全生产工作要求全力开展安全生产检查、防灾、减灾、救灾和监管业务工作。

【安全生产监管责任落实】 2020年，惠城区全面落实安全生产监管责任，区安全生产委员会办公室组织召开4次安全生产季度会议、3次随机安全生产会议，通报每季度安全生产工作和事故情况，分析安全生产形势，研究解决安全生产工作中存在的突出问题和薄弱环节，具体部署全区安全生产重点工作。

完善“党政同责、一岗双责、失职追责”的压力传导机制，建立健全安全生产考核机制，统筹整合、科学设定安全生产考核指标，发挥考核指挥棒作用，加大督查检查、定期通报、警示约谈力度，约谈警示镇（街道）1次、部门2次。注重深化基层安全生产网格化管理，全面融入社会治理“一张网”，并以网格化管理为依托，发挥基层网格的信息员、宣传员和监督员作用。

按照“三个必须”（管行业必须管安全、管业务必须管安全、管生产经营必须管安全）和“谁主管、谁负责”的原则，进一步厘清安全生产综合监管与行业监管职责和界限。修订安全生产委员会成员单位工作职责，明确各有关部门安全生产和职业健康工作职责，推动负有安全监管职责的部门建立完善安全生产责任清单和权力清单，做到依法履职、各负其责。

制定下发《关于进一步规范企业全面落实主体责任安全管理台账的通知》，全面规范企业主体责任的内容和要求，从5月起组织开展全区规模以上企业主要负责人履行安全生产职责专项执法行动，检查企业104家，开出“现场检查记录”104份、“责令限期整改指令书”78份，发现企业主要负责人履职情况存在问题420项，并督促企业完成整改。

【重点行业安全生产监管】 2020年，惠城区应急管理局按照区安委会《关于印发安全生产领域七大专项整治方案的通知》和《关于印发惠城区安全生产专项整治三年行动实施计划的通知》要求，全面进行安全隐患排查治理，加大安全生产日常监管和执法力度，做好各行业领域安全生产综合监管工作。

道路交通安全 惠城区交通运输部门对辖区内驾培机构、一二类维修企业、重点运输企业、站场和渡口等开展安全生产检查，派出检查人员1589人次，排查安全隐患465宗，发出整改通知164份，均完成整改。围绕公路急弯陡坡、危桥、临水临崖、高边坡等隐患，发现问题隐患4处，已按要求完成整改。对两个在建工程项目进行消防、高边坡、高空作业、临时用电等安全生产检查，发现存在问题58处，对检查中存在的安全隐患问题下发安全检查通报两份，要求监理督促施工单位限期整改完毕，做好闭环工作。推进普通铁路安全隐患治理，全区102个普通铁路安全隐患完成整治（其中，普通隐患95处，重难点7处）。投入272万元建设惠城区源头治超监管平台项目，已签订15家源头企业的安装合同。

建筑施工安全 惠城区在建工程项目161个（其中，商住项目126个，厂房18个，学校3个，其他项目14个），建筑面积1950万平方米，排查出重大危险源77个（其中，深基坑28个，高支模40个，高大边坡9个），起重机械设备共675台（其中，塔吊342台，施工升降机318台，物料提升机15台），建筑施工人员共22441

名，活动板房（工棚）共640栋。惠城区住建部门按照“党政同责，一岗双责”原则，制定检查工作方案，落实检查，开展安全生产大检查12次，下发限期整改通知书512份，暂停施工整改通知书25份，查出隐患1997处。

危险化学品和烟花爆竹安全 2020年，区应急管理局出动安全监管人员850人次，检查企业256家次，填写现场检查记录256份，发出责令限期整改指令书50份、整改复查指令书50份，检查发现事故隐患452宗，立案查处违法违规企业5家。

是年，惠城区未发生危险化学品或烟花爆竹生产安全事故。

消防安全 惠城区制定《惠城区电动车综合治理方案》，明确电动自行车集中停放充电点的建设标准，成立电动车消防安全整治专班，全面统筹全区电动自行车整治工作。投入120万元专项整治经费，以江北街道、水口街道和河南岸街道为试点，分类别建设40余处电动自行车集中充电示范点，全面推进电动自行车集中停放充电点的建设。

水上交通安全 区委农办和区农水局联合印发《惠城区渔船“不安全、不出海”专项行动实施方案》，加大对渔业渔船安全隐患的排查力度，加强对渔船生产安全检验工作，区农水局综合执法大队出动执法艇51次、执勤车6次、执法人员171人，检查渔船122艘，纠正临水作业不穿救生衣、消防器材摆放不到位、安全设备损坏没有及时修缮等25起安全生产事故隐患。渔政大队7次突击查处以芦洲槟榔潭为重点的惠城、博罗、紫金交界区域，暂扣非法“三无”（无船名船号、无船舶证书、无船籍港）船只36艘，有效震慑涉渔违法捕捞行为。

【安全生产专项督查检查】 2020年，惠城区安全生产委员会办公室牵头组织相关部门成立督查检查组，对13个镇（街道）和有关行业开展岁末年初、新冠肺炎疫情隔离点、复工复产、建筑施工和制砂行业等专项检查督查和随机检查9次，检查企业60余家，发现和整改各类安全事故隐患620余处，并对发现的问题进行通报，督促整改到位。

【安全生产监管执法】 2020年，惠城区应急管理行业领域开出“现场检查记录”617份、“责令限期整改指令书”316份、“现场处理措施决定书”8份，行政处罚立案28宗，罚款301.78万元。道路交通行业领域实施行政处罚990次，罚款271.265万元（非现场案件57万元，源头案件158.5万元，运政案件55.77万元），约谈警示15家，联合惩戒1家。建筑施工领域责令停产整顿60家，约谈警示3家。消防安全领域实施行政处罚47次，责令停产整顿26家，罚款93.43万元，约谈警示76家，联合惩戒9家。文化广电旅游体育领域实施行政处罚1次，责令停产整顿1家，约谈警示5家。特种设备领域实施行政处罚31次，罚款95.4万元，约谈警示5家。

【安全生产宣传教育】 2020年，区应急管理局紧紧围绕构建全媒体、立体化、全覆盖安全生产宣传教育大格局，丰富创新内容形式，大力开展宣传教育活动。编印《习近平总书记关于安全生产重要讲话指示批示摘编》小册子1.13万份，印发《疫情防控安全生产两手抓 两不误》《企业复工复产要做到安全生产六个到位》等各类宣传资料10万多册。

制作《惠城区防溺水安全教育纪录片》并发放到惠城区400多所学校，和惠城区教育局联合心连心公益救援队在惠州市第十一小学金山湖校区进行防溺水安全公益宣传现场会，通过观看警示片、分析溺水原因、演示溺水急救措施和讲解防溺水安全注意事项等多种形式进行防溺水宣传教育。

制作《惠城区应急管理局社区家居安全警示教育片》，从小区物业管理、疏散逃生通道、燃气使用、电器使用、电线拉接、电动车停放充电等方面进行案例警示和安全防范教育。

组织应急管理法律知识竞赛活动，通过发文、微信工作群等方式动员局机关全体干部、惠城区企业、各镇（街道）和安委会成员单位干部职工以及惠城区群众参加竞赛活动，扩大活动覆盖面和参与度。惠城区企业通元科技（惠州）有限公司安全组获2018—2019年度全国“安康杯”竞赛优胜班组称号。惠州市惠城区应急管理局获2018—2019年度广东省“安康杯”竞赛优秀组织单位称号。

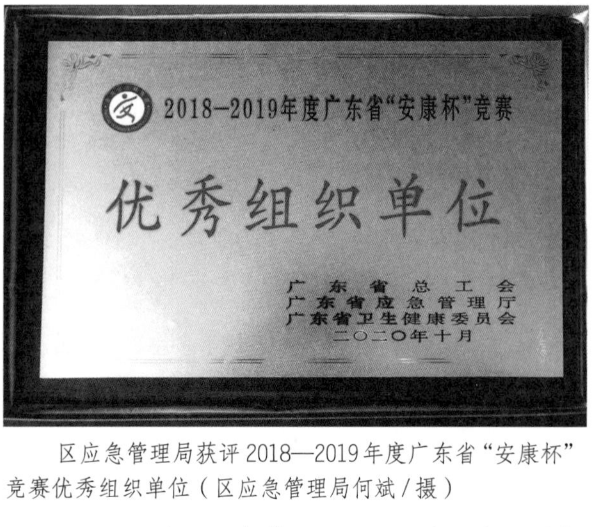

区应急管理局获评2018—2019年度广东省“安康杯”竞赛优秀组织单位（区应急管理局何斌/摄）

（区应急管理局：何 斌、袁小燕）

消防管理

【概况】 2020年，惠城区消防救援大队（简称“区消防救援大队”）针对三年综合整治的要求，制定并发布各类有针对性的工作方案，采取针对性火灾防控措施。全区13个镇（街道）均依托云平台创立消防监督执法终端，落实对企事业单位的日常消防监督检查。充分利用微博、抖音等网红软件有针对性地开展消防宣传。区消防救援大队在市消防救援支队年度全员岗位练兵考核中获得第一名。

是年，区消防救援大队出动消防车1937辆次，出动人员9709人次，成功处置“5·17”华贸天地购物中心、“12·2”意生广场火灾扑救等急难险重任务2206次，成功抢救疏散遇险群众206人，抢救财产价值1200万元。

1月8日，惠城区消防救援大队举行挂牌仪式（区消防大队/供图）

【消防安全隐患专项治理】 2020年，区消防救援大队进一步健全火灾隐患排查整治常态化机制，针对三年综合整治的要求，制定并发布各类有针对性的工作方案，采取针对性火灾防控措施，全面组织实施火灾隐患排查整治。年内检查1638家单位，发现安全隐患1368处，督促整改1361处，下发责令整改通知书599份。

全面掌握辖区“三小”场所、工厂企业、商（市）场等场所基本情况，全区13个镇（街）均依托云平台创立消防监督执法终端，落实对企事业单位的日常消防监督检查。

完成对全区102个高层住宅小区的消防车道整治工作。同时不定期联合交警、城管等部门对违规占用、封闭消防通道的违法行为进行突击检查。

指导辖区超高层建筑按“一站两队”的要求分别建立微型消防站，提升高层建筑初期火灾处置能力。

制定《惠城区电动车综合治理方案》，明确电动自行车集中停放充电点的建设标准，联合区住建局、区城管、区自然资源局、区应急局和区治安大队等部门成立电动车消防安全整治专班，全面统筹全区的电动自行车整治工作。投入120万元专项经费，以江北、水口和河南岸街道为试点，分类别建设40余处电动自行车集中充电示范点。

结合2019年度大型商业综合体消防评估结果，制定大型商业综合体标准化管理的制度。

【消防宣传】 2020年，区消防救援大队充分发挥互联网平台优势，充分利用微博、抖音等网红软件有针对性地开展消防宣传，微信平台订阅人数和注册人数逐渐增加。发放消防安全告知书3万余份，电动车消防主题宣传海报13万余份，防火主题宣传资料3万余份，组织开展消防宣传活动近百次。编排“冠军叔叔讲消防”系列宣传短视频，利用电视台和电台等主流媒体、西子湖畔和新浪微博等热门新媒体在主要街道、重点场所、住宅小区电梯楼宇广告屏上播放消防广播、标语。开展重点场所消防演练，在省、市级媒体刊发消防宣传文章近30篇。组织各镇（街道）网格员、安全员500余人开展消防监督和宣传工作专项培训，明确各镇（街道）应有两名专职消防安全员落实开展消防监督检查和宣传工作，推动基层消防安全治理体系优化。组织重点消防单位开展“广东智慧新消防”系统培训，深入宣传“消防安全家园”建设，特别针对老人、留守儿童等弱势群体面对面传授消防知识，提升群众消防意识。

（区消防救援大队：孙晓东）

社会保险

【概况】　2020年6月，惠城区社保服务大厅启动“一窗通办”模式。根据“人社服务快办行动”要求，职工正常退休养老保险待遇申领等高频服务事项的办结时限均缩短50%。开展全民参保计划，完成32个市直下划单位参保和征缴支付衔接。启动机关事业单位养老待遇领取资格认证，实现2020年度职业年金虚账做实8000万元等工作。城乡居民养老保险参保人数为14.10万人，缴费人数5.05万人；城乡居民医疗保险参保人数61.53万人，缴费人数50.15万人。

是年，区医保局通过组建医保政策法律法规宣讲队，发放各类宣传品，举办医保脱贫再动员暨医疗救助培训班等，开展医保政策法规大宣传，提升全区基层医保工作人员业务能力，提升群众政策知晓率。

利用智能化技术手段，加强医疗保障基金的立体化监管；建立部门间协调机制、城乡困难人员医疗保障情况公示制度、督导机制等，宣传医疗救助政策，推动村卫生站“一站式”联网结算。

【社会保险关系管理】　2020年，自人社部、省人社厅社保网办平台相继开通职工养老保险转移业务网上办理渠道以来，惠城社保分局办理职工养老保险转移网上申请5860单，线上线下办理社保关系转移1.75万人次。社保费用补缴方面，办理工龄补缴1930人次，一次性补缴14人、退休延缴人员一次趸缴309人。

【社保待遇发放】　2020年，惠城社保分局审批按月领取企业职工养老金2496人，区累计发放企业职工养老金25464万人次7.06亿元。审批按月领取城乡居民养老金2297人，全区累计发放城乡居民养老金共4.98万人次1.55亿元。审批按月领取失业待遇2486人，累计支付失业待遇1.54万人0.27亿元。审批核发一次性养老保险待遇873人次3874.39万元。审批核发一次性失业保险待遇303人次208.53万元。核发工伤保险待遇3211人次（包含供养遗属待遇1418人次）5269.40万元；核发居民医保待遇80.40万人次7.29亿元，其中，核发零星报销业务2018人次782.04万元。核发离休干部医疗费2524人次638.10万元；代发2019年公务员高额医疗补助250人次164.47万元；审批特定门诊资格申请和变更申请2797人。

【机关事业单位养老保险】 2020年，惠城区机关事业单位征缴支付工作平稳开展，向全区290个机关事业单位1.49万名机关事业单位养老保险参保人员提供社保服务。征收养老保险费4.09亿元，征收职业年金2.06亿元，对5125人支付养老保险累计4.8亿元。年内完成32个市直下划单位参保和征缴支付衔接，为2311人次退休老人和退休中人重核待遇变更情况，启动机关事业单位养老待遇领取资格认证，实现2020年度职业年金虚账做实8000万元。

【社保“放管服”改革】 2020年6月，惠城区社保服务大厅启动“一窗通办”模式，5个综合窗口均可受理养老、失业、工伤保险及社保关系业务。广东政务服务网惠城区社保服务事项从45项增加到89项。医保生育备案等5种业务开始实行申请人承诺制，减少办事材料5项。根据“人社服务快办行动”要求，职工正常退休养老保险待遇申领、失业保险金申领、职工养老保险关系转移等三个高频服务事项的办结时限均缩短50%。

（惠城社保分局：赖振峰；区医保局：张新森）

民　政

【概况】 2020年1月28日开始，惠城区32个“三社联动”服务站的社工陆续提前返岗，参与城乡社区的新冠肺炎疫情防控工作。

是年，从河南岸学府社区分设出学苑社区，并新设立湖心岛社区。惠城区现有74个社区，142个行政村，1230个村民小组。惠城区投入5000万元，选取43个老旧小区开展公共空间微改造、微提升。设立惠城区社会组织等级评估扶持奖励资金，完成20家社会组织等级评估工作。龙丰街道金峰社区党委书记黄伟被民政部评为全国抗击新冠肺炎疫情优秀城乡社区工作者。殡葬基本服务、免费服务数量为3755宗，免除金额401.03万元（按市财政40%、区财政60%的比例核算），火化率100%。

【困难群众基本生活保障补助】 2020年，惠城区城乡最低生活保障标准为每人每月824元；城镇特困人员和农村特困人员供养基本生活标准分别为每人每月1620元和每人每月1320元；孤儿生活保障标准由每人每月1680元提高到每人每月1820元。

【社会福利】 2020年，惠城区享受困难残疾人生活补贴2906人，发放补贴684.9万元；享受重度残疾人护理补贴8506人，发放补贴0.23亿元；孤儿76人，发放养育金180.2万元；事实无人抚养儿童171人，发放补贴313.13万元；困境儿童526人，发放补贴106.93万元。

【慈善事业】 2020年，惠城区慈善事业支出2410.96万元。其中，医疗救助金支出65.55万元；教育扶困助学金支出23.5万元；公安民警救助金支出26.3万元；生育关怀救助金支出25.5万元；新冠肺炎疫情捐赠支出193.63万元；“春满鹅城、惠城有礼”投放448.5万元。拨付学府社区开展慈善老年大学社会工作服务项目经费12.86万元；慰问贫困户8.8万元；拨付广东扶贫济困日资金0.16亿元。

【基层政权社区建设】 2020年1月28日开始，全区32个“三社联动”服务站的社工陆续提前返岗，参与城乡社区的疫情防控工作，配合社区进行疫情信息排查与跟进，线上线下发动宣传、关顾和支援居民心理等，上门排查3600人次（其中弱势群体探访67户），电话访问5700人次，防控数据录入（粤省事、大数据排查等）2620条，发放宣传资料1220份，为隔离住户送购物资413次，开展线上活动5场次。区民政局为村（社区）工作人员1304人审核发放各级补助637.27万元。3月，启动换届先期准备工作，对村（社区）“两委”班子情况开展全面摸底调查。6—11月，陆续开展换届审计、集体经济组织章程修订、届中补选、资格审查等换届准备工作。12月，换届选举正式启动。至9月底，依照法定程序，惠城区142个村及72个社区全部完成村规民约的修订工作。

是年，惠城区投入5000万元，选取43个老旧小区开展公共空间微改造、微提升，并在12个小区内增设“长者之家”和“健康之家”，派驻社工及医务人员为小区居民提供社区养老服务和健康医疗服务；完成正常离任村干部信息采集工作，采集1595人，乡镇（街道）完成审核1512人，区级部门联审通过1483人，审核通过率98.08%。

【社会救助】 2020年，惠城区纳入低保救济的有2545户、6270人（其中，城镇610户、1232人，农村1935户、5038人），发放低保金3629.07万元。新增低保对象家庭454户，取消低保救助对象135户，实现动态管理下的应保尽保。有特困供养对象1110人，其中，农村特困对象959人，城镇特困供养对象151人，集中供养特困老人145人，分散供养特困老人965人。城镇特困人员和农村特困人员供养基本生活标准分别为每人每月1620元和1320元，发放特困供养金1795.44万元、日常照料护理金175.91万元、住院照料护理金52.63万元。

【社会组织管理】 2020年，惠城区开展社会组织等级评估工作，设立惠城区社会组织等级评估扶持奖励资金。完成20家社会组织等级评估工作，AAAAA级社会组织1家、AAAA级社会组织8家、AAA级社会组织11家。开展打击整治非法社会组织专项行动，重点对打着“一带一路”“精准扶贫”“军民融合”“乡村振兴”等国家战略旗号为名的非法社会组织予以打击整治。惠城区社会组织党委管理的社会组织成立38个党支部，有党员265名。

年底，惠城区有社会组织1071家，其中，依法登记的社会团体103家，民办非企业单位716家，备案的社区社会组织有252家。

【区划地名】 2020年，区民政局审核区地名录和区地名文化故事文稿，协助市民政局编纂全市地名录。联合规划建设、公安、市场监督、交通等部门开展不规范地名全面摸排工作，向6个单位发出建筑物、住宅区不规范名称标志（悬挂）物及非法宣传广告限期整改的告知函。办理建筑物、住宅区命名38宗，更名2宗。完成惠城与惠东县级界线联检，完成联检联合材料，上报市、省民政部门备案。

【婚姻登记】 2020年，惠城区民政局办理婚姻登记1万对。其中，国内结婚登记6288对，国内离婚登记2861对，补领婚姻证书857宗。办理涉外国人、华侨、中国港澳台同胞与惠城区居民结婚登记21对，离婚登记14对。接待婚姻档案查询483人次。发放免费婚检卡1.24万张，参加免费婚检1.16万人，婚检率92%。

【福利彩票发行】 2020年，惠城区销售福利彩票2.1亿元，完成市福利彩票发行中心下达任务的150.27%。其中，电脑票销售1.81亿元，“刮刮乐”即开型彩票销售2985.19万元，筹集福利资金651.64万元。

（区民政局：林梦馨）

长者服务

【概况】 2020年5月，惠城区长者服务中心（简称“区长者服务中心”）成立，为正科级区政府直属公益一类事业单位。7月，区长者服务中心承接长者服务卡办理工作。

是年，第一批3个“长者之家”已建成并投入运营。出资为全区70周岁以上长者，60周岁以上低保、特困及困难残疾人购买银龄安康老年人意外综合保险；出资为困难空巢老人购买巡访探视服务，提供家政等方面的上门服务。

【办理长者服务卡】 2020年7月，区长者服务中心承接长者服务卡办理工作，为年满65周岁长者免费办理服务卡。其中，异地户籍长期在惠城区生活的65周岁及以上长者的服务卡在各镇（街道）、区长者服务中心进行线下申请，本地户籍长者可选择在“粤省事”上进行线上申请。

是年，通过“粤省事”共办理长者服务卡441张，线上线下办理长者服务卡8436张，承担费用12.65万元。

【银龄安康行动】 2020年，政府出资为全区70周岁以上长者，60周岁以上低保、特困及困难残疾人购买银龄安康老年人意外综合保险，购买人数53134人（标准：20元/年/人），承担费用106.27万元。2020年统括保单占60周岁以上老年人人口的49%，统括保单理赔1123人，金额88.21万元，理赔做到应赔尽赔，赔付及时、方便、快捷。

【关爱困难空巢老人】 2020年，惠城区出资54.45万元为181名困难空巢老人购买巡访探视服务，提供家政、生活照料、医疗护理、心理慰藉等方面的上门服务。巡视探访服务上门1.09万人次。委托第三方专业评估机构对项目服务机构“惠城区阳光老年服务中心”开展2018—2020年政府购买服务项目成效评估工作，选定惠州市顺源养老服务有限公司为2021年度服务机构。

【长者之家建设运营】 2020年，惠城区在“惠民空间”社区微改造项目中，利用物业小区提供的闲置用房，打造12个嵌入式“长者之家”。第一批3个“长者之家”已建成并投入运营，第二批9个长者之家已建成，待社工服务采购完成即可投入运营。

“长者之家”提供的服务分免费的普惠性服务和低偿的个性化服务两类。普惠性服务有图书阅览、音乐、绘画、隔代亲子活动，以及组织开展健康知识讲座、防电信诈骗讲座等活动。

【居家适老化改造】 2020年，区长者服务中心联合区民政局、区卫生健康局、区残联、各镇及街道，对居家适老化改造试点对象情况进行排查，有86户符合改造条件，已完成76户居家适老化改造。项目社会反响良好，南方+、惠州电视台等新闻媒体多次报道。

【老年协会管理】 2020年，惠城区有老年协会208个，委托各镇（街道）对老年协会开展达标验收，达标104个，达标率为50%。区财政对每个达标老年协会补助3500元/年，拨付扶持经费36.4万元。

（区长者服务中心：刘宇翔）

水库移民服务

【概况】 2020年，惠城区人民政府移民办公室（简称“区移民办”）做好全区水库移民及区水利移民的后期扶持工作，申报移民资金项目计划14批次，项目申报资金共2680.33万元。制定《横沥镇三峡移民房屋重建资金追加方案》，落实追加758.95万元重建费用。制定《惠城区水库移民后期扶持项目计划审批工作制度（试行）》，成为全市首个完成水库移民后期扶持项目计划审批权下放承接工作的县区。

年底，惠城区有来自4个大型水库、6个中型水库的移民4822户1.77万人，分布在8个镇（街道）31个村74个村民小组。其中，三峡水库移民67户267人，省属新丰江水库、枫树坝水库移民1854户6796人（含新丰江水库“投亲靠友”移民1429人），白盆珠水库等7个面上大中型水库水利移民2901户1.07万人。

【水库移民项目建设】 2020年，惠城区推进水库移民后期扶持项目建设，申报移民资金项目计划14批次，项目申报资金2680.33万元，批复移民资金建设项目20个。全年完工验收水库移民项目30个，包括村道硬底化1.03千米，场地硬底化1302平方米，村道绿化美化项目1宗，新建文化广场4个，新建挡土墙1宗长180米，改造农田排灌渠450米，村庄排水排污改造3宗，新建文化室1座，帮助5个村小组实施自来水管网改造，3个村小组安装路灯312套，8个村安装光伏发电系统，新建门店8间、占地面积824平方米。

【移民村建设】 2020年，区移民办以“助推全市乡村振兴、主导移民振兴发展”为导向，对全区特别是郊区三镇（芦洲、横沥、汝湖）的移民村组深入走访，争取当地政府、村（居）委会支持，推动移民美丽家园整村推进建设。委托较有经验的规划设计单位，综合考虑移民村的整体乡村规划、乡村文化建设、乡村建设工程、乡村人居环境整治等多方面要求，计划打造横沥镇泰安村招一小组生态宜居示范点和小金口街道小铁村大三小组移民围龙屋风貌示范点。

【三峡移民房屋重建】 2020年，区移民办推进三峡移民专项工作落实。解决资金缺口，制定《横沥镇三峡移民房屋重建资金追加方案》，落实追加758.95万元重建费用。强化督查效能，不定期到4个安置点开展督促检查，对照各镇、办预期进度，加大工作协调力度，及时处理实施工作中的问题，确保按期全面完成三峡移民重建统建房验收。

（区移民办：杨 创）

民族·宗教

【概况】 2020年，惠城区在各中小学校、涉少数民族用工企业中，充分发挥社会志愿服务组织和志愿服务者、党工义工社工“三工”服务、法律副主任的作用，构建创建平台实现各民族共同团结进步。新冠肺炎疫情防控期间，惠城区宗教场所有序开放。宗教团体（场所）向区红十字会捐款人民币30.6万元。

是年，惠城区有外来少数民族流动人口5966人，分别来自19个省（自治区），其中，回族559人、维吾尔族71人、彝族600人、藏族454人。惠城区信教群众约1.99万人。其中，佛教约4800人，道教约9600人，基督教约4000人，天主教约900人，伊斯兰教约600人。全区登记的开放的宗教活动场所30处（其中，佛教场所8处，道教场所4处，伊斯兰教场所1处，基督教场所12处，天主教场所5处），认定备案宗教教职人员53人。

【民族团结宣传教育】 2020年，惠城区以“中华民族一家亲，同心共筑中国梦”为总目标，巩固金榜学校、龙湖学校、河南岸石桥社区、江北文昌社区、龙丰大岭社区等创建成果。以打造江北文昌社区争创国家级示范单位、推进金榜分校为广东省“铸牢中华民族共同体意识示范教育”单位为契机，推进全面创建新局面。以“铸牢中华民族共同体意识”为主题，在各镇街、各中小学校、涉少数民族用工企业中，充分发挥社会志愿服务组织和志愿服务者、党工义工社工“三工”服务、法律副主任的作用，积极构建创建平台，在日常事务中促发展，实现各民族共同团结进步、共同繁荣发展。

【宗教活动场所管理】 2020年6月，惠城区召开全区宗教场所工作部署会议，与各宗教团体、宗教活动场所签订2020年安全工作目标管理责任书，落实安全管理主体责任。新冠肺炎疫情防控期间，惠城区对辖区内宗教活动场所是否严格实施“双暂停”要求进行检查，宗教场所有序开放。

【宗教团体（场所）捐赠钱物】 2020年，惠城区宗教团体（场所）向区红十字会捐款人民币30.6万元（佛教14.2万元，道教8万元，天主教2.1万元，基督教5.5万元，伊斯兰教0.8万元）及物资若干，专项用于支援惠州市疫情防控工作。广东扶贫济困日，区佛教协会捐赠1万元，区道教协会捐赠5000元给惠城区横沥镇马岭村贫困户帮扶项目。

（区委统战部：刘怡君）

退役军人事务

【概况】 2020年，惠城区退役军人事务局先后接待省内（外）参观学习65批932人次，为退役军人工作提供“惠城答案”和“惠城经验”。

在国家出台解决部分退役士兵社会保险问题政策后，惠城区退役军人事务局率先摸索出部分退役士兵社会保险接续方式路径，被省退役军人事务厅确定为示范单位，成为全省样板，成功摘得广东省双拥模范区“十连冠”。

是年，惠城区做好军转干部安置工作，100%落实安置政策。为自主就业退役士兵发放一次性安置补助金并推荐就业。累计发放定期抚恤补助金3341.28万元、重点优抚对象低收入价格临时补贴250.43万元。

【优抚安置】 2020年，惠城区依法维护优抚对象权益，将优抚对象的定抚、定补、优待金全部纳入财政预算，累计发放定期抚恤补助金3341.28万元、重点优抚对象低收入价格临时补贴250.43万元，定补定抚面达100%。常态开展走访慰问和困难帮扶活动，在政策允许的范围内，最大限度做好情感沟通、政策解释和人文关怀工作，全年发放帮扶救助款416万余元。

【权益维护】 2020年，惠城区退役军人事务局把落实政策作为治本之策，建立健全服务保障退役军人的服务清单、落实清单，切实维护退役军人合法权益。

【双拥共建】 2020年，惠城区推动全区驻军单位与辖区30个企事业单位结成共建对子，着力解决军用土地确权置换、部队后勤生活保障、营区周边安全整治、节日慰问等实际问题。做好慰问对象走访、随军家属安置、军人子女优先入学入托等工作。

（区退役军人事务局：王跃飞）

教 育

责任编辑：李秀颜

综 述

【机构改革】 2020年8月，惠城区将市教师进修学校与区教育局教研室、电教站、师资培训办公室工作任务整合，设立惠城区教师发展中心，并于12月25日挂牌运作。

12月，惠城区民办学校管理办公室更名为惠城区民办教育指导中心。惠城区教育局（简称“区教育局”）学校安全管理办公室更名为惠城区教育局学校安全教育中心。区教育局德育工作办公室更名为惠城区教育局思想政治教育中心。设立惠城区教育局教育服务中心（惠城区教育局财务结算中心、惠城区学生资助管理中心）。不再保留区教育局教研室、区教育局电教站、区教育局师资培训办公室，不再保留区教育局财务结算中心事业单位建制。艺术、体育有关行政管理工作划转到区教育局教育股承担。

是年，惠城区有托幼园所282所，在园（托）幼儿6.83万人。中小学161所，在校生19.92万人。教育培训机构310所。区教育局获《中国教育报》教育新闻宣传先进单位称号。

12月25日，惠州市惠城区教师发展中心揭牌（区教育局谢嘉欣/摄）

【教育系统疫情防控】 2020年，区教育局成立新冠肺炎疫情防控工作领导小组（下设新冠肺炎疫情防控工作小组7个）和“三人小组”。建立新冠肺炎疫情防控机制，制定系列预案，加强宣传教育，储备防疫物资，印发通知方案，返校复学前开展摸排跟踪、完善台账、应急演练、督查检查（44个督查验收组）等措施，通过多方联动，众志成城，做好校园疫情防控工作。为做好居家学习期间的线上教育工作，出台《关于疫情防控期间利用网络资源指导学生开展居家自主学习的意见》等指导文件，为学校开展线上教学和学生线上学习提供指导。制定切实可行的“一人一策”线上教育条件保障解决方案，联系对接移动、电信、广电公司，确保通信网络畅通。

为调适师生和家长的心理情绪，开通心理咨询热线，组织心理教师为全区师生、家长提供“一对一”心理咨询，接受咨询50人次，召开全区中小学心理防护工作专题会议2次，组织专职心理教师录制20多节心理重建视频课并在全区学校推广使用，全系统在各媒体平台、微信公众号推送、转载心理教育宣传图文近2000篇，完成返校复学重点关注学生群体排查工作。学校常态化疫情防控和传染病防控工作有序开展，未出现确诊病例和疑似病例，校园安全稳定和谐。

【学校建设】 2020年，惠城区完成德威江誉诚小学、第二十八小学、第五中学综合楼扩建、河南岸中学综合楼扩建、南坛小学鼎峰分校二期第一期工程及区教师发展中心等6个项目建设。开工建设第十六小学、第三十一小学、第五小学、第四十一学校、第三幼儿园等5个新建项目。推进金山湖小学等4所配建学校项目开工建设，同步开展3所学校项目前期筹建工作。

9月，德威江誉诚小学建成开学（区教育局谢嘉欣/摄）

【素质教育】 2020年，惠城区组织4.01万名学生参与加强劳动教育的综合实践活动，其中包含洗衣服、整理宿舍内务等日常生活劳动，垦荒、播种、除草、采摘等农林生产劳动，面点制作、豆浆制作、野炊等服务性劳动共计60余门劳动课程。组织开展“光盘行为”、“垃圾分类”教育、“劳动币”等活动。组织全区3万多名师生参加“‘中国梦·诵读美——讲好惠城故事’献礼祖国70周年主题阅读暨语文朗读活动”。举办区“童声飞扬·筑我国防”红歌云大赛，共800个节目报名参赛，89支队伍进入决赛。组织3万多名师生参加区“诵读中国·惠城风采”活动。

是年，评选出省级优秀学生两名（其中，高中生1名，第三中学；初中生1名，第五中学），市级优秀学生186名，区级优秀学生1097名。评选出2020年度惠城“新时代好少年”20名。评选出“惠城气质少年”100名。480名学生获市第十六届美德少年“旭日奖”，93名学生获第十三届未成年人思想道德进步“旭日奖”，38名教师获第十二届未成年人思想道德先进工作者“旭日奖”，58位家长获第十届未成年人思想道德优秀家长“旭日奖”，4名教师获市第五届乡村（城市）学校少年宫优秀辅导员“旭日奖”，6名教师获市第五届乡村（城市）学校少年宫优秀辅导员“旭日奖”，李瑞麟小学、南坛小学实验学校获第十届未成年人思想道德先进学校“旭日奖”。

【传统文化教育】 2020年，区教育局持续以“我们的节日”为主题，依托春节、清明节、端午节、中秋节等节日开展传统文化教育，举办“寻找节日民俗”主题班会、节日手抄报比赛、“欢庆端午 纪念屈原”等系列教育活动。深入开展非物质文化遗产教育，组织水口文华学校“英雄少年武术操比赛”、仍图中学龙形拳社团活动、湖山小学“李家拳”活动和市东江小学竹板健身操活动等，引导学生在体育活动中继承发扬中华传统文化。组织开展第五届岭南童谣征集活动，通过激励学生以耳熟能详的词汇和韵律创作活泼健康、朗朗上口且有童心童趣、体现时代气息的童谣，并以网络传唱的方式扩大活动参与面和影响力，持续深化传统文化教育。

【学校安全】 2020年，区教育局落实校园安全监督指导工作，学校“平安校园”建设合格率100%，优秀率79%，有105名教职工被评选为学校安全工作先进个人。307所学校和幼儿园食堂完成“互联网+明厨亮灶”建设工作，做到100%全覆盖。

组织全区校车安全管理员、驾驶员和跟车人员集中培训，联合市公安交警支队开展校车路面检查，约谈超速行驶的4名校车驾驶员及其单位的2名校车安全管理员。收集整理校园周边交通、食品、流动摊贩等安全隐患102项，涉及59所学校；经各镇（街道）联合相关部门综合治理，校园周边食品、交通等安全隐患被有效消除。

是年，惠城区没有发生校园安全责任事故。

【教师队伍建设】 2020年，惠城区公办学校在职在编教职工6704人，教师学历达标率99.67%，其中，研究生学历132人，占1.96%；本科学历5360人，占79.95%；大专学历1093人，占16.3%；中专学历97人，占1.45%。教师中，高级职称961人，占14.33%；中级职称3996人，占59.6%；初级职称1413人，占21.08%。30周岁以下334人，占5%；31～35周岁1301人，占19.4%；36～40周岁1275人，占19.01%；41～45周岁1281人，占19.1%；46～50周岁1234人，占18.41%；51～55周岁993人，占14.81%；56周岁以上286人，占4.27%。年内，区教育局新增合同制教学教辅人员招聘指标330人，合同制教学教辅人员共有1937人。

年内，开展区级以上各类培训35项，培训教师3.04万人次，其中，国家级培训14人次，省级培训14人次，市级培训555人次，区级培训2.99万人次。惠城区入选广东省中小学信息技术应用能力提升工程2.0试点区。组织全体教职工签署“立德树人承诺书”，激励全区教职员工增强立德树人使命感。推进优秀教师评选工作，调动教师教书育人积极性和主动性。2人获评市级优秀校长；67人获市级优秀教师、教坛新秀、优秀乡村教师、市优秀班主任、市优秀思想政治工作者、优秀教育工作者等荣誉；979人获区级优秀校长、教师等荣誉；50人获“十佳”校长（园长）、班主任、教师、思想政治工作者、乡村教师等荣誉。

【教育信息化】 2020年，区教育局全力做好疫情防控期间的线上教育工作，为448名线上学习困难学生解决学习终端等问题，确保线上教育参与率100%。依法依规采购安装局机关中考主控室监控系统、局新办公楼信息化设备和德威江誉诚小学、第十六小学、第五中学综合楼、南坛小学鼎峰分校二期教学设备，并保证及时顺利使用。推进国家课程数字教材规模化应用工作，转发和印发实施国家课程数字教材规模化应用工作方案，召开中小学实施国家课程数字教材规模化应用培训会和布置会，通过督导，实现学校和教师100%开通国家课程数字教材平台账号。印发《惠城区中小学编程教育实施方案》，在18所学校开展试点工作；利用上级专项资金为9所学校改造装备9间电脑室。

【民办教育】 2020年，惠城区有民办学校39所，其中小学14所、初中1所、九年一贯制学校21所、十二年一贯制学校2所、小学特殊教育学校1所。在校生54602人，占全区在校生总人数的27.4%；民办学校教师2388人。区教育局加大对民办学校的扶持力度，推进落实《惠城区扶持民办学校发展办法》和《惠城区民办教育发展专项资金使用实施细则》等扶持政策。年内，批准设立民办学校5所。

【培训机构】 2020年，惠城区有教育培训机构310所，其中非学历成人高等教育机构25所、学科类辅导培训机构211所、早期教育中心31所、艺术类培训机构42所、智障培训机构1所。全区培训机构教职工4200人，专任教师1600人。批准开办培训中心54所，停办3所。区教育局加强培训机构管理，指导规范办学行为，强化安全责任，坚持集中整治和日常监管，采取“改”“停”“关”的办法，妥善清理整顿无证教育培训机构。通过全国统一的校外培训机构管理服务平台，实现对校外培训机构的全过程管理，依托媒体平台面向社会公布合格校外培训机构有关信息，接受各界监督。

（区教育局：蔡晓毅、陈 昊）

学前教育

【概况】 2020年，惠城区有幼儿园275所，托儿所7所，在园（托）幼儿数共6.83万人，比上年增加1531人；有省一级幼儿园4所，市一级幼儿园99所，区一级幼儿园94所，比上年增加20所，等级园占比71.6%；规范化幼儿园267所，比上年增加20所，保教示范园5所。学前教育毛入园率为100%，学前三年入园率为99.4%。幼儿园平均规模为248人/园。

【园所管理】 2020年，区教育局成立小区配套幼儿园治理工作小组，制定并落实《惠城区小区配套幼儿园治理方案》，推进小区配套园治理工作。批准筹办幼儿园10所、开办20所、变更6所，新办园所增加优质学位6480个。

是年，有20所幼儿园通过区一级幼儿园评估，5所幼儿园通过保教示范园评估，新增优质学位约7500个。275所托幼园所为年度检查合格单位。区财政拨付43.4万元资助困难儿童434人，拨付622.32万元补助入读普惠性规范化民办园幼儿1.56万人，拨付学前教育生均经费1771.10万元，补助199所托幼园所。

【幼儿园选介】

泰晤士幼儿园 该园创办于2009年9月，位于江北24号小区，是区保教示范幼儿园。占地面积3306平方米，现有教学班12个，幼儿360人，教职工52人。其中，专任教师26人，大专及以上学历100%，持证率92.3%。

2020年，幼儿园荣获市第十二届中小学生围棋赛暨幼儿园围棋赛团体季军；园长王艳玲参编著作《学前儿童卫生与保育》获第四届全国学前教师教育案例和教研科研成果评选三等奖。

桥东中心幼儿园 该园创办于1958年，原名为花园围居委会幼儿园。1992年2月搬入桥东沐范湖36号，改名为桥东中心幼儿园，1995年被评为市一级幼儿园。2001年至今，由市伟鸿实业有限公司管理。园区占地面积2876平方米，建筑面积2328平方米，是桥东街道办事处下属的公办幼儿园。现有教学班6个，幼儿200多人，教职工人数29人。其中，专业教师12人，专业合格率为99%，本科学历4人，其余均获大专学历；一级教师4人，二级教师4人，均取得幼儿园教师职称。园内拥有科学先进的教学、办公设备，配有阅览室、音体室、美术室、科学室、体育室等多个功能室。

2020年，幼儿园参加区教师论文比赛，1人获一等奖，3人获三等奖；1人获区级优秀班主任称号。

（区教育局：蔡晓毅、陈 昊）

小学教育

【概况】 2020年，惠城区有小学106所，比上年增加4所。其中，区直小学34所，比上年增加2所；中心区办事处小学10所；镇（街道）小学48所（含面上小学）；民办小学14所。小学在校生15.27万人，比上年增加3649人。

是年，区教育局克服新冠肺炎疫情等因素影响，集中精力抓教育教学。围绕《课程标准》，从专业建设、课程建设、教师队伍建设、教学教研等方面推进教学改革。研究探索高效课堂、教师学习和教学方式变革，深化教育教学课题研究，提高教师科研能力。探索多元评价体系，改革教学管理，不断推进素质教育。

【小学教研成果】 2020年，惠城区教师参加省、市、区的教学技能、教学论文、教学设计、录像课、科研课题、辅导学生等各项教学教研成果评比，10人获省级一等奖，11人获二等奖，11人获三等奖，1人获优秀奖；156人获市级一等奖，163人获二等奖，94人获三等奖，7人获优秀奖；2人被评为市级优秀教研工作者，获评市级示范教研组5个。

学生参加各科竞赛活动，4人获市级一等奖，10人获二等奖，1人获三等奖。

【小学选介】

实验小学 小学创办于1994年9月，位于中心区麦地片区，是一所区直全日制公办小学。校区占地面积9527.5平方米，建筑面积11695.2平方米。现有39个教学班，学生2038

人，教职工114人。学校建设按照标准化、现代化、均衡化要求，配备了齐全的功能室。

2020年，学校获市第十九届青少年科技创新大赛优秀组织奖、第二届教育机器人大赛优秀组织奖、第三届小学数学青年教师教学能力大赛科组指导奖、第二届中小学生围棋赛团体亚军。

光彩小学 创办于1992年，是由政府拨款、工商个体户集资共建而成的公办小学，被评为广东省一级学校、全国青少年校园足球特色学校。现有48个教学班，学生2533人，教职工156人。2020年，学校获评区师德师风建设先进单位。

（区教育局：蔡晓毅、陈 昊）

中学教育

【概况】 2020年，惠城区有九年一贯制学校35所，比上年增加3所。其中，公办学校12所，民办学校23所。初级中学20所，其中，公办学校19所，民办学校1所。初中在校生4.65万人，比上年增加2826人。

【中学教学】 2020年，全区教学教研工作以深化素质教育、提高教育教学质量、推进课堂教学改革为中心，不断深化教学管理和质量评价体系，促进教学教研质量和效率提升。为响应教育部“停课不停学”号召，采取多种措施指导学校线上教学和学生线上学习，为全区中小学校提供20多节网络优质课。通过组织各学科研讨会、研讨课等各类研讨活动，提高教研活动实效性。继续推进镇（街道）、民办学校教学质量提升工程，加强对全区镇（街道）学校和民办学校教学管理，优化“送教下乡”活动形式和内容，发挥优秀教师的引领和示范作用，采取同课异构、专题讲座、集体备课、帮带青年教师等形式到民办、乡镇学校开展送教活动。全区教育科学研究课题立项和成果双丰收，其中，市级立项课题通过140项，占全市通过立项课题的40.1%；教育科研成果获奖12项，占全市评奖项目总数的近30%。全区高考、中考均取得较好成绩，其中，高考优投上线6人，优投上线人数实现零的突破；本科上线314人，比上年增加10人，上线率提高8.87%；大专上线1304人，全区仅3人未上线。有2所学校获市高中教学质量二等奖。中考方面，惠州一中上线率6.65%，较上年增长2.7%；第一批、第二批上线率41.81%，最低控制线上线率60.30%，均高于上年，呈现高分段人数较多、录取比例大幅提升的特点。全区有6所学校、4个科目、10人获满分，有5所学校获市初中教学质量一等奖，5所学校获市初中教学质量二等奖。

【中学教研成果】 2020年，惠城区教师参加各级教学技能、教学论文、教学设计、录像课、科研课题、辅导学生获奖等各项教学教研成果评比，10人获省级二等奖，15人获省级三等奖，1人获省级优秀奖；102人获市级一等奖，103人获市级二等奖，89人获市级三等奖，12人获市级优秀奖；697人获区级一等奖，546人获区级二等奖，627人获区级三等奖。省级优秀教研工作者1人，市级优秀教研工作者4人，市级示范教研组8个，区级示范教研组15个。

组织学生参加各科竞赛活动，20人获市级一等奖，30人获市级二等奖，51人获市级三等奖；800人获区级一等奖，1201人获区级二等奖，1297人获区级三等奖。

【中学选介】

华侨中学　该校创办于1957年，由知名人士彭东海、林振雄等聚乡贤之力，于桥西更楼下一间小祠堂内创建“惠州惠新中学”，先后更名为“惠州华侨中学”“惠州第三中学”“惠州市第六中学”等。1986年10月，复名为“惠州市华侨中学”，延续至今。校区占地面积7139.6平方米，生均6.3平方米，校舍建筑面积9305.58平方米。现有24个教学班，在校生1122人，教职工92人，专任教师90人。其中，高级教师28人，中级教师54人。

第三十九学校　该校创办于2017年9月，是一所由政府投资，按照广东省标准化、规范化建设的九年一贯制公办学校。规划用地面积约40723平方米，分两期建造，一期建筑面积约12000平方米。配有教学楼、综合楼、行政楼、报告厅、300米环形塑胶跑道、标准篮球场等场地。现有教学班42个，学生2305人；专任教师131人，其中，研究生3人，本科115人，学历达标率100%；有南粤优秀农村教师1人，省级骨干教师1人，市级骨干教师12人，区级骨干教师20人。

2020年，学校荣获省优秀传统文化教育诗词特色学校称号；教师参加区级以上各类教学比赛，获奖124人次；学生参加区级以上各类比赛，获奖118人次。

（区教育局：蔡晓毅、陈 昊）

中等职业学校选介

【惠州市惠城职业技术学校（惠州市惠城区技工学校）】　学校最早创办于1958年9月，是惠城区唯一的全日制公办职业（技工）学校，由惠城区人力资源和社会保障局主管，主要承担全日制职业、技工教育和职业技能培训、鉴定任务。惠城区技工学校（创办于1994年9月）原址位于丰山惠城区委党校旁，2002年迁至下角共建路8号，2008年7月迁至江北三新金石一路12号，与惠城职业技术学校合并，挂两块牌子。2010年5月，学校被评为广东省重点技工学校。2011年12月，被评为国家重点技工学校。

学校占地面积6.3万平方米，建筑面积4.1万平方米，有教学楼4栋，宿舍楼7栋，图书馆、综合楼、培训楼、学生饭堂各1栋，400米环形塑胶跑道1个，拥有数模、车工、电工、电子技术实验、实训场地及舞蹈、琴房等70间。

2020年招生1307人，在校生共3548人。学校开设汽修、电子电工、数模、计算机、会计、幼师等17个专业。有教职工161人，本科以上学历151人，其中研究生学历17人；专任教师124人，其中，中、高级职称77人，“双师型”教师75人。2020年，全年开展人社部门的汽车维修工、电工等4个工种及教育部的网店运营推广、幼儿照护2个工种共361人次的培训、500人次的鉴定工作，通过率为83.9%。学校与TCL集团、信华精机、利佳电讯、澳宝化妆品公司、泰晤士幼儿园、广东利元亨智能装备股份有限公司等20多家惠州知名企业（幼儿园）建立校企合作关系，开展教学实（见）习、顶岗实习就业、教师实践等多种形式的校企合作模式。2020年，实现学生就业率92.5%，对口就业率76.6%。共有19位老师在各级技能竞赛中获奖。其中，获得省级奖项4个、市级奖项15个。共有26名学生在各级技能竞赛中获奖。其中，获得省级奖项5个，市级奖项21个。

（惠城职业技术学校：余心浩）

【财经职业技术学校】 学校创办于1989年，是一所全日制民办中等职业学校。学校暂时搬迁至惠阳县三和国际中建教育园区，占地面积24万平方米，建筑面积6.23万平方米。配有计算机机房、舞蹈室、烹饪实训室、汽修实训室、钢琴实训室、形象设计实训室等功能场室。

2020年，学校有118个班，学生4758人，教师165人。设有会计电算化、工商行政管理事务、金融事务、汽车应用与维修、计算机平面设计（广告与室内设计方向）、学前教育（幼师）、航空服务、美发与形象设计、中餐烹饪与营养膳食、电子商务、市场营销等专业。

（区教育局：蔡晓毅、陈 昊）

科学·文化·体育

责任编辑：李秀颜

科　技

【概况】　2020年，惠城区采取措施应对新冠肺炎疫情冲击，加快实施创新驱动战略，强化企业自主创新，推进技术进步。2020年，惠城区有高新技术企业300家。2020年，区科工信局配合抓好区本级科技项目集中清理收尾工作。

惠城区2019年全社会研究与试验发展经费投入18.21亿元，研究与试验发展经费投入强度达2.24%。

【高新技术企业认定】　2020年，惠城区高新技术企业认定申报3个批次，推荐企业128家，通过高新技术企业认定108家，总通过率85.2%，高新技术企业总量300家，比惠城区国民经济和社会发展第十三个五年规划中预计的高新技术企业数量翻了一番。

【创新平台建设】　2020年，惠城区企业工程技术研究项目通过省级工程技术研究中心认定通过2家，市级工程技术研究中心认定通过5家，累计有省工程技术研究中心28家、市工程技术研究中心57家。

【孵化器建设】　2020年，惠城区有科技企业孵化器7家，新增1家由“佳兆业创想域科技（惠州）有限责任公司”运营的孵化器，科技企业孵化器总面积7.43万平方米，在孵企业158家，孵化企业30家，众创空间9家。新增省级孵化器1家，市级培育孵化器2家。

【企业科研项目申报】　2020年，惠城区有惠州市九惠制药股份有限公司等9家企业（项目）获市2020科技计划专项计划项目立项，其中，第三人民医院等单位3项新冠疫情防治项目获市立项，获上级财政资金支持205万元。

（区科工信局：文巧如）

惠城区社会科学界联合会

【概况】 2020年，惠城区社会科学界联合会（简称“区社科联”）推荐1个课题参加“2020年度惠州市哲学社会科学规划重点课题”申报。

分别组织有关单位、协会开展国防教育进学校、进社区、进农村活动，完成15场宣讲活动，取得良好的社会效果。

【社会科学普及宣传】 2020年，区社科联更新宣传栏内容，充分利用横沥镇黄沙洞村、三栋镇鹿颈村、水北社区、河南岸成语公园宣传栏等宣传栏阵地，以阵地为平台开展社会主义核心价值观常态化宣传。

（区社科联：任 行）

文 化

【概况】 2020年，惠城区文化广电旅游体育局（简称“区文广旅体局”）通过整合文化、旅游、体育资源，组织举办春节联欢晚会、第十三届西湖灯会等重大文旅体活动，群众喜闻乐见，参与率高。通过举办“文化+旅游”“文旅+体育”等多要素多模式活动，扩大和提升了活动的参与面与品质，文旅体融合发展进一步提升。

是年，区文广旅体局组织文艺骨干创作抗击新冠肺炎疫情的文艺作品，以文艺形式宣传防控知识及各条战线防控抗击疫情的事迹，传递必胜信念。原创歌曲、快板等50余个作品被省、市电视台，“惠州头条”平台等转载推送，其中，8首作品被省音乐家协会推荐至中国音乐家协会进行推广，31个作品登上“学习强国”平台。

【举办群众文化活动】 2020年，惠城区举办2020年鹅城舞台秀第六季活动，首次采用云报名、云海选的方式，举行赛事18场（网络海选9场、复赛6场、半决赛2场、总决赛1场）；报名参赛队伍123支，参赛人员400人次，累计登台表演群众2000人次；全程采用网络直播，观众累计100万人次。组织“助力脱贫攻坚 实现文化小康”2020年惠城区文艺轻骑兵下乡活动，组织文艺演出13场次。联合市文化馆开展线上艺术培训课程，推出线上课程培训班次65个，培训学员3000人次。举办《舞无处不在》《夫妻恩爱是孩子一生幸福的基石》《中医养生》《乔建军教你“怎样把握古诗词歌曲演唱”》《艺术歌曲创作》《指挥排练前对乐谱的分析与处理》等专家讲座，学员累计1000人次，网络直播点击量10000人次。联合各镇街分馆举办“我们的节日”——“庆国庆 迎中秋”文艺演出6场。联合各镇街分馆举办3期免费培训，开办35个免费培训班、259节课，培训学员5004人次。

8月17—28日，鹅城公益艺术培训系列活动——江南街道少儿美术公益培训班举行（区文广旅体局/供图）

【西湖花灯博览会】 2020年1月22日晚，“岭东雄郡·大美鹅城”惠州市惠城区第十三届西湖灯会亮灯。灯会展出52组花灯，其中，大型花灯灯组34组、小品灯饰10组、廊道灯5组。灯会首次在东坡园广场设置互动体验区和灯光夜景亮化工程，提高了游客游览西湖体验感。为防范新型冠状病毒感染风险，减少人流聚集，1月23日起暂停亮灯。

5月1日晚，结合西湖灯会举行“逆行者之夜”赏灯活动，活动主题为“为英雄亮灯，为祖国祝福”，以庆祝惠州市援鄂医疗队凯旋，向战斗在抗疫一线的逆行者致敬，向仍然坚守在抗疫前线的工作人员表示慰问。活动当晚邀请援鄂医疗队队员及其家属，医院、社区、公安、交警、交通等一线防控人员代表及爱心企业代表2000多人，分批分时段入园赏灯。

【文化遗产保护】 2020年，惠城区完成全区122处不可移动以上的文物保护单位巡察、数据录入、安全公示牌制作，完成1起破坏文物执法行动。完成全区第六批非物质文化遗产名录专家评审会，3个项目、5位传承人通过专家评审。启动梅花馆、中华全国总工会旧址两处省级文保单位的用电线路改造项目。完善铁炉湖修缮工程，编制邓演达故居二阶段工程规划。“东湖旅店——营救中国文化名人陈列馆”项目获评2020年全国革命文物保护利用十佳案例。

【线上“5·19”中国旅游日系列活动】 2020年5月15日，以“爱旅游，爱健康”为主题的惠城区线上“5·19”中国旅游日系列活动启动。活动通过网络直播形式宣传“全域游鹅城 精品十条线”旅游线路景点，为本土特产手信直播带货。活动按照“政府主导、市场运作、搭建平台服务企业”的理念，以稳增长、促消费为目标，发挥互联网直播平台活力，加快产品线上推销。通过拉长产业链条，激发休闲旅游、文化娱乐和体育健身消费潜能，有效应对突发疫情，推动行业平稳健康发展，不断满足广大市民对美好生活的需求。

【民俗文化节系列活动】 2020年9月27日至10月31日，惠城区举行“庆国庆 贺中秋”文旅体行业促销月系列活动，包含“家庭健身”欢乐跑、亲子自救互救技能培训、游泳水上趣味运动会、亲子篮球活动、国防体育展示与体验、趣味足球家庭同乐日、定向运动、少儿瑜伽、轮滑亲子接力计时障碍赛等40多项群众体育活动。直接参与家庭2万个，参与市民6万人次。

10月底，惠城区第四届晒秋民俗文化旅游节暨惠城区第二届“非遗”展演月在惠州市山里头农场举办，活动为期1个月。设置晒秋、戏秋、啃秋、闹秋、拍秋、写秋、画秋、抖秋等环节，围绕“人文牌”“乡村牌”分类展示麒麟舞、龙形拳、李家拳、舞草龙、惠州剪纸、邓氏神农凉茶制作等非物质文化遗产项目的独特深厚文化魅力，传承弘扬本土民俗文化，打造丰收民俗文化盛典。

10月17日，2020年惠城区“文艺轻骑兵下乡活动”在芦洲镇举行（区文广旅体局/供图）

【广播电视户户通升级工作】 2020年，未覆盖有线电视网络的龙丰、江南、水口、三栋、汝湖、横沥、芦洲等7个镇（街道）、71个行政村、1.97万户农户，完成有线电视网络全覆盖，光缆覆盖长度835.7千米。

该项目总投入2400万元，其中，惠城区政府投入720万元，实现全区有线数字广播电视全覆盖接收，保障基本公共服务。完成有线电视网络数字化、双向化、高清化、智能化改造和光纤入户，保障农村地区与市区同城同网同质，同时保障安全播出。

【文化旅游市场管理】 2020年，区文广旅体局开展集中联合执法行动31次、分散行动564次，出动执法检查人员1411人次，检查网吧125家次、歌舞娱乐场所74家次、电影院13家次、营业性演出1次、高危场所6家次、旅游场所5家次，排查印刷企业69家次、出版物经营场所173家次，检查酒吧12家次。处理投诉案件24宗，立案1宗，办结1宗。开展“双随机”抽查4次，抽查文旅场所41家，出动执法人员158人次，其中，抽查出版物经营场所10家次。

【公共服务】 2020年，惠城区完成文化站馆评估定级工作。惠城区文化馆参加评估定级，再次获评国家一级馆。13家综合文化站全部获评省一级站以上等级。在保级基础上，江南、汝湖两家综合文化站从一级站升为特级站。

分两批完成全民健身体育工程配置项目。完成全国第五次国民体质监测工作任务，测试11个点826人。建成旅游厕所5座（改扩建2座，新建3座）。水口、横沥、芦洲11家“小片网”所有地面卫星接收设施已拆除，“小片网”机房统一采用联通公司提供的IPTV信号源，联通公司安装监控摄像头对“小片网”机房进行实时监控，实现信号源可控，群众不得接入原“小片网”，改用联通或广电网络，有效维护当地广播电视安全播出。

【文艺创作】 2020年，歌曲《那就是你》《雪中一枝梅》《喝杯热茶再走》3首作品发表在中国音协刊物《歌曲》上。歌曲《喝杯热茶再走》获2020年广东省音乐舞蹈花会金奖。抗疫歌曲《我是党员冲在前》被选入《人民日报》、新华网视频和央视频手机端进行推广，点击率100万人次。歌曲《村里变化大》获评惠州市群众文艺作品一等奖，入选广东省扶贫办、广东省广播电视台和广东省音协主办的征集扶贫大电影《凤归梧桐》主题歌十强。歌曲《谢谢你》获2020年惠州童谣征集三等奖，并在“致敬逆行先锋，争做新时代好少年”优秀作品征集中获一等奖。舞蹈手语操《不放弃》获2020年惠城区妇联举办的战“疫”家力量视频大赛第一名。

（区文广旅体局：张蓬瑶）

体　育

【概况】 2020年，惠城区文广旅体局通过创新群众体育举办形式，整合多方资源，推动体育事业发展。投入资金67万元，加强体育基础设施建设。

是年，承办2020年惠城区第十届传统武术公开赛；承办2020年惠城区第二届篮球赛暨首届“职工杯”三人篮球赛；420人次参加市级以上体育比赛，在国家级比赛中获得第四名1个。举行趣味足球家庭同乐日、少儿瑜伽、轮滑亲子接力计时障碍赛等40多项群众体育活动。

【体育基础设施建设】 2020年，惠城区为满足群众日益增长的全民健身需要，加强体育基础设施建设。投入区本级体彩公益金67万元，覆盖9个镇（街）39个单位。安装器材篮球架14副、室外乒乓球台24台、室内乒乓球台7台、羽毛球架2副，建设户外健身路径144条。

【主办传统武术公开赛】 2020年11月28日，区文广旅体局主办，区体育总会、惠州市搏击协会、区武术协会承办的2020年惠城区第十届传统武术公开赛在惠州市体育馆开幕。公开赛分成年组、青年组、高中组、初中组、小学组、幼儿组6个组别，由拳术、器械、对练、太极和散打搏击等传统武术项目组成。赛事以竞技运动为载体，将中国传统武术文化与现代媒体艺术相结合，打造本土特色武术文化品牌。

【竞技体育人才培养】 2020年，惠城区420人次参加市级以上体育比赛，在国家级比赛中获得第四名1个；在省级比赛中获得1金2银4铜；在市级比赛中获得29金41银36铜。是年，向市体育运动学校输送竞技体育后备人才5人，其中1人被转送广东省青少年竞技体育学校深造学习。

（区文广旅体局：张蓬瑶）

医疗卫生

责任编辑：李秀颜

综　述

【卫健机构改革】　2020年，惠城区有区属医疗卫生机构874家。3月，区委、区政府将区卫生健康局的老龄工作职责划入区长者服务中心，不再设老龄工作委员会办公室。挂靠参公单位有区红十字会办公室、区计划生育协会。下设事业单位有惠城区健康教育所、惠城区流动人口管理办公室、惠城区依法征收社会抚养费办公室、惠城区除“四害”监测监督管理站、惠城区退休职工管理委员会办公室、惠城区委干部保健委员会办公室。

【医药卫生体制改革】　2020年，惠城区推进公立医院改革，落实政府办医责任。区财政落实对公立医院的基本建设和设备购置、重大学科发展、人才培养、符合国家规定的离退休人员费用、政策性亏损补贴等资金投入。全区卫生健康支出5.48亿元，同比增长46.3%。其中，对基层医疗卫生机构的基本建设、设备配置、人员经费等投入8400万元。

统筹布局养老服务和医疗服务资源，支持养老机构设置对内服务的医务室，鼓励养老机构和其他社会资本设置独立的康复医院、老年病医院、护理院等医疗机构。

建成各类医联体4个，包括紧密型医联体1个、专科联盟2个、托管模式1个。区卫生健康局联合区人社局以市第三人民医院为试点，开展公立医院薪酬制度改革。市第三人民医院采用国内先进的RBRVS绩效管理方式，实施新的绩效工资制度，建立奖励性绩效分配体系。

基层医疗机构和二级、三级公立医疗机构的国家基本药物采购品种数占比分别为79%、53.7%、35.3%，基层和二级医疗机构达到目标值。三级公立医院住院患者抗菌药物使用强度为34.2DDDs（DDDs=抗菌药物的总DDD值×100/住院人天数），同比下降5.1DDDs。

【推行医保支付方式改革】　2020年，惠城区以按病种分值付费为切入点推行医保支付方式改革，引导和激励医疗机构合理控制费用。构建医保管理网络，升级医保控费系统，实现“三库合一”。参与和推进药品跨区域联合集团采购。全区各公立医院药品均落实网上平台采购，自行选择省、深圳药品交易平台采购，同时落实药品购销“两票制”。

落实村卫生站工作人员参加社保政策，为符合条件的160多名村卫生站医务人员购买“四金”（养老保险金、住房公积金、失业保险金、医疗保险金）。完成对区141家纳入镇村一体化管理的村卫生站医生、护士的考核工作。将村卫生站作为乡镇卫生院（社区卫生服务中心）的延伸点，基本医疗保险、大病保险、医保二次报销、医疗救助、兜底保障等五项待遇“一站式”结算，实现全区村级医保网络全覆盖。

年内，141家村卫生站医保“一站式”结算项目全部完工并投入使用。全区村卫生站“一站式”结算1378人次，“七类人群”（新生儿、大学生毕业返乡人员、职工转居民、退伍军人、出国人员回国、劳改服刑期满人员、新迁入人员）结算1174人次，医疗费用总额5.34万元。

【基本公共卫生服务】 2020年，惠城区继续实施国家基本公共卫生服务项目。调整国家基本公共卫生服务项目工作领导小组，由市第三人民医院、市第二妇幼保健院、区慢病站、区中医医院、区疾控股为技术指导机构，负责项目实施情况的监测指导、培训和日常督导、考核工作，区各卫生院、社区卫生服务中心负责具体工作。实施绩效考核，基层卫生单位的服务模式由单一医疗服务向基本医疗与基本公共卫生服务并进模式转变。

以卫生院、卫生服务中心为责任单位，由医生、护士等组成家庭医生工作团队，分工负责，适应群众需求，错峰开展工作，利用午间或晚间上门服务。制定《惠城区家庭医生签约服务绩效评估实施方案》，对家庭医生签约工作数量、工作质量进行管理和常态化履约考核。根据家庭医生签约服务数量和质量，把有偿签约费按比例分配给家庭医生团队，使家庭医生团队多劳多得、优绩优酬。

联合区财政局成立惠城区国家基本公共卫生服务项目绩效评价小组，对全区9家社区卫生服务中心、7家镇卫生院的国家基本公共卫生服务项目执行情况和实施效果进行现场绩效评价。对年度综合评价成绩结果排名靠后的两家社区卫生服务中心、一家卫生院扣减下一年度国家基本公共卫生服务项目补助资金，由区卫生健康局统筹用于评价结果靠前的单位。

【全民预防保健】 2020年，区卫生健康局推进全民预防保健工作。联合区财政局成立区全民预防保健年终考核评估工作小组，进行年度全区全民预防保健项目现场评价。落实全民预防保健经费。区级全民预防保健管理经费向山区乡镇卫生院倾斜，统筹设立基层医疗机构相关设备设施保障经费，年内各项经费下拨到位。

根据《关于印发<惠州市进一步加强疫苗接种管理的行动方案>的通知》要求，对全区17家儿童预防接种门诊进行标准化改造和建设，接种门诊环境改善，接种流程更加规范合理。

联合区教育局制定《惠城区入托、入学儿童预防接种证查验指导方案（试行）》，全区入学儿童家长无需特意到接种门诊开具“儿童预防接种情况审核报告”，由学校统计收集汇总后交由辖区接种门诊统一查验、开具证明，规范入托、入学儿童查验预防接种证工作，提高适龄儿童国家免疫规划疫苗接种率。

5月下旬至6月中旬，联合区市场监管局对全区各疫苗使用单位开展疫苗使用安全督查工作，重点对疫苗的进货渠道、储存、运输、质量进行督导检查。市疾控中心对城区预防接种门诊开展专项督查。年内，收到群众关于预防接种咨询（投诉）27件，及时回复27件，避免了预防接种不良事件的发生。

自12月4日起，对全区九类重点人群开展新冠病毒疫苗接种工作。区新冠肺炎疫情防控领导小组办公室成立新冠病毒疫苗紧急接种工作专班，负责统筹协调疫苗接种工作。全区设置9家医疗机构为新冠病毒疫苗定点接种单位，预设5家医疗机构为新冠病毒疫苗接种储备单位，每家接种单位均配备救护车和必需的急救药物，开展接种人员、临床医务人员的接种和急救技术培训，确保疑似预防接种异常反应发生时，患者能够得到有效救治。

【卫生健康教育宣传】 2020年，区卫生健康局重点开展新冠肺炎疫情防控知识宣传。将省、市下发，城区各医院印制，各镇（办）印制的防控宣传海报和宣传单2.9万幅（册）分发至辖区各居民小区、市场、超市、学校、村居、卫生站等场所。在各镇（街道）人流密集处设点发放宣传彩页及手册64万份。全区村、社区卫生站、诊所设置宣传栏178个，在人群密集处、各居民小区、村道、各高速路口处悬挂横幅380幅。通过各医疗卫生机构滚动播放防控疫情公益宣传片（画）2600次、宣传标语2000条。通过三大电信网络运营商发送疫情防控短信135万条。利用各医疗机构、新媒体推送科普文章268篇。通过区政府发布平台推送防控科普文章、医务人员感人事迹原创文章101篇。

创建健康素养促进医院6家，健康社区（村）以及健康家庭创建率20%。开展重点领域和重点人群健康教育工作，围绕高血压、糖尿病等重点慢性病，艾滋病等传染病，地方病，心理健康，安全与急救等方面，针对儿童、青少年、妇女、老年人、残疾人、流动人口等重点人群开展符合其特点的健康教育活动。开展老年健康宣传周活动，糖尿病日专题宣传活动，全国高血压日、全国爱眼日、全民营养健康周、全国爱牙日等主题宣传活动265场。

是年，惠城区作为惠州市唯一一家国家级居民健康素养监测点，对3个镇（街道）的6个（村）居开展健康素养监测，任务完成率100%。

【医疗卫生项目建设】 2020年，区卫生健康局加强卫生项目建设。重点推进的建设项目有市第三人民医院二期建设项目、市第三人民医院横沥分院项目，于11月动工建设，市第二妇幼保健院江北新院开展前期工作。完成市第二妇幼保健院上排扩院项目，完成区中医医院扩建升级。完成市第三人民医院、市第二妇幼保健院、小金口人民医院发热门诊建设并投入使用。完成17家基层医疗单位发热诊室及预防接种门诊建设并投入使用。区财政安排300万元用于桥西社区卫生服务中心及汝湖、横沥卫生院装修改造，年内均完成装修改造任务。新建龙丰社区卫生服务中心，新建水口、河南岸第二社区卫生服务中心，异地改建麦地社区卫生服务中心项目，均开工建设。

【医疗人才引进与培养】 2020年，区卫生健康局完成24名博士及副高以上高层次人才入编手续。向社会公开招聘136名专业技术人才（其中，综合医院70人，基层医疗单位66人）。完成聘用人员笔试、面试、体检等工作；完成2020年度粤东西北事业单位公开招聘人员20人的入职手续；公开招聘录用乡村医生1人。

是年，完成惠城区1480名医务人员2020年卫生专业技术资格考试、443名卫生系列高级专业技术资格实践能力考试报名工作。

【医疗卫生人事管理】 2020年，区卫生健康局激励医疗卫生系统广大干部职工尽职尽责做好疫情防控和医疗救治工作。根据《抓紧办理驰援湖北医务防疫人员考察招聘手续的通知》，为48名防疫一线的编外医务人员办理入编手续。新冠肺炎疫情防控一线医务防疫人员临时性工作补助发放到位并建立管理台账。

同时做好参与新冠肺炎疫情防控第一批医疗卫生人员高级职称评审、2020年卫生专业技术资格考试新冠肺炎疫情防控一线医务人员报名工作。

【妇幼卫生保健】 2020年，区卫生健康局继续推进妇幼卫生工作，提高妇幼健康服务质量和水平。召开两次城区妇幼“两纲”（妇女发展纲要、儿童发展纲要）重难点指标推进会，开展两次妇幼卫生信息质量控制工作专项督导；惠城区母子健康手册APP绑定率77.19%，达省下达目标值。继续实施适龄妇女“两癌”（乳腺癌、宫颈癌）筛查、出生缺陷综合防控、地中海贫血筛查、新生儿遗传代谢性疾病筛查、新生儿听力筛查、增补叶酸预防神经管缺陷、免费婚前医学检查、免费孕前优生健康检查等妇幼健康项目。完成婚检率92.10%。广东省“两癌”项目任务11260例，完成乳腺癌检查例10715例；宫颈癌检查10715例，完成目标任务数的95.16%。

制定促进3岁以下婴幼儿照护服务发展工作联席会议制度，建立信息互通机制，规范托育机构设立备案流程。首家婴幼儿照护机构市第二妇幼保健院完成备案，开展4家托育机构卫生评价工作。

（区卫生健康局：陆建明）

医疗卫生机构

【概况】 2020年，惠城区属医疗卫生机构有827家，分别为惠州市第三人民医院1家综合医院，惠州市第二妇幼保健院、惠州市口腔医院、惠州市慢性病防治站、惠州市惠城区中医院4家专科医院；镇（街道）医院7家；社区卫生服务中心9家，社区卫生服务站54家，农村卫生站141家。民营医疗机构611家，其中，诊所460家，门诊部151家。

全系统有员工5604人，其中，在编职工2168人，临时聘用2642人，离退休人员794人；博士18人，硕士322人，本科2205人；农村卫生院卫生技术人员408人，农村卫生站工作人员166人。

年底，区卫生健康系统业务收入19.02亿元，比上年增长1%。门诊患者390.98万人次，住院患者7.79万人次。固定资产23.60亿元，其中，医疗设备价值9.88亿元；房屋25.58万平方米，其中，业务用房22.50万平方米；职工人均年收入13.36万元。

【镇（街道）医疗机构】 2020年，惠城区7家镇（街道）社区中心（卫生院）总建筑面积5.28万平方米，业务用房面积3.58万平方米，床位236张，万元以上设备580台。职工总数1540人（在编826人，聘用449人），其中，卫生技术人员1079人，高级职称58人，中级职称280人，初级职称672人，无职称69人；全年门诊人数200.41万人，住院0.07万人，健康检查19.51万人。

【医院选介】

惠州市第三人民医院 2020年，该院有床位1497张（实有床位），在岗人员2394人，其中，卫生技术人员1930人，包括执业（助理）医师725人，注册护士930人，药剂人员166人，检验人员62人。房屋建筑总面积14.44万平方米，其中，业务用房面积11.13万平方米。拥有万元以上设备2237台（套），其中，100万元以上设备115台（套）。资产总值18.75亿元，其中，固定资产11.02亿元。内设56个临床科、13个辅助诊疗科及2个门诊部。

是年，诊疗总数136.13万人次，健康检查人数9.75万人次，入院5.49万人，出院5.49万人，病床使用率92.15%，年病床周转41.01次，出院者平均住院日7.68天，遵医嘱出院率96.35%，遵医嘱转院率0.31%，非医嘱出院率1.54%，病死率0.85%。住院患者手术29362人次，住院危重患者抢救1681人次，抢救成功率89.17%。

惠州市第二妇幼保健院 2020年，该院有编制床位500张(实际开放床位400张)，在岗人员796人，其中，卫生技术人员675人，包括执业（助理）医师182人，注册护士334人，药剂人员27人，检验人员41人。房屋建筑总面积4.22万平方米，其中，业务用房面积3.34万平方米。拥有万元以上设备957台（套），其中，100万元以上设备44台（套）。资产总值3.63亿元，其中，固定资产净值2.72亿元。内设10个临床科、6个辅助诊疗科及15个门诊诊室。

是年，诊疗总数64.9万人次，健康检查人数12.0万人次，入院1.72万人，出院1.73万人，病床使用率58.3%，年病床周转率43.17次，出院者平均住院日4.98天，遵医嘱出院率94.82%，遵医嘱转院率0.18%，非医嘱出院率5%，病死率0。住院患者手术1.25万人次，住院危重患者抢救328人次，抢救成功率100%。

惠州市惠城区慢性病防治站 2020年，该院在岗人员39人，其中，卫生技术人员28人，包括执业（助理）医师15人、注册护士5人、药剂人员5人、检验人员3人。房屋建筑总面积1314平方米，全部为业务用房面积。拥有万元以上设备21台（套）。内设3个临床科、3个辅助诊疗科，全年诊疗总数2.1万人次，健康检查人数3757人次。

惠州市城区中医医院 2020年，该院编制床位80张，实有床位80张，在岗人员126人，其中，卫生技术人员109人，包括执业（助理）医师46人、注册护士36人、药剂人员10人、检验人员4人。房屋建筑总面积5944平方米；拥有万元以上设备156台（套），其中，100万元以上设备2台（套）。内设7个临床科、4个辅助诊疗科及1个门诊部。全年诊疗总数12.67万人次，健康检查人数4万人次，入院1257人，出院1247人，病床使用率38.1%，抢救成功率100%。

（市第三人民医院：张梦友；市第二妇幼保健院：廖　猛；区卫生健康局：陆建明）

医　疗

【概况】　2020年，惠城区制定《惠城区创建全国基层中医药工作先进单位实施方案的通知》《惠城区中医药文化“四进”工作方案》，开展中医全科医师转岗岗位培训和中医助理全科医生规范化培训，深化中医医院薪酬制度改革。选派优秀中医药骨干技术人员不定期下沉至基层一线工作。

【医疗设备】　2020年，惠城区医疗卫生单位单价100万元及以上的设备有161台（套）。其中，市第三人民医院115台（套），市第二妇幼保健院44台（套），市城区中医院2台（套）。全年新增加32台（套），其中，市第三人民医院25台（套），市第二妇幼保健院7台（套）。

【中医建设】　2020年，区卫生健康局加强中医药服务能力建设，成立惠城区创建全国基层中医药工作先进单位工作领导小组，制定《惠城区创建全国基层中医药工作先进单位实施方案的通知》，完成创建全国基层中医药先进单位基线调查统计和区中医医院二级中医医院评定工作。

制定《惠城区中医药文化“四进”工作方案》，推进中医药文化传承“四进”（进社区、进农村、进学校、进企业）工作。年内，全区组建124个团队，每月下乡2～3次开展“四进”活动。建立中医药文化“四进”工作月报制度，跟进各单位工作措施落实情况。

建立健全陈小凯市名中医工作室、黄时浩市名中医工作室、王子耀省名中医工作室。完善名中医师带徒制度，对名中医工作室的指导老师拨付5000元/年的带教补助经费。年内，招收4名基层中医骨干，由各名中医师带徒一年。

区中医医院与深圳平乐骨伤医院建立骨伤专科联盟，利用深圳平乐骨伤医院技术骨干的传、帮、带，培养区中医医院本院技术团队。区中医医院治未病专科与16个基层医疗机构建立中医治未病专科联盟。第三人民医院筹建全区针灸康复专科联盟，提升各基层单位的中医康复能力。

深化中医医院薪酬制度改革，鼓励区中医医院和基层医疗单位合作，选派优秀中医药骨干技术人员不定期下沉至基层一线工作。增加基层中医药人才中医处方及中医非药物疗法处方的绩效比例，允许依据职称高低给予额外的奖励性绩效，额外的奖励性绩效政策向农村一线中医药人才倾斜。

开展中医全科医师转岗岗位培训和中医助理全科医生规范化培训，对全区村医进行中医适宜技术培训。开展中医药适宜技术推广、组织全镇中医药爱好者参加家庭适用的适宜技术培训。城区中医医院为疫情密切接触者及隔离人员提供中医药预防性用药，免费发放预防性中药约48万元，惠城区隔离人员无一例发病。

【西医建设】 2020年，区卫生健康局开展区级临床重点专科申报工作。区卫生健康局申报市第三人民医院消化内科、内分泌科、心脏大血管外科，市第二妇幼保健院小儿神经内科、小儿外科为惠城区“区级临床重点专科培育项目”。

推进“互联网+医疗健康” 市第三人民医院率先成立惠州市首个网约护理服务科，患者可预约护士上门提供医疗护理服务。同时开通互联网医院，为患者提供在线处方、在线支付、药物配送上门的配套服务，实现全省检查、检验数据共享。是年，为患者提供线上咨询1000多人次。

推进医联体建设 市第三人民医院接受基层转诊患者6790人次，将糖尿病高血压患者及产妇下转至基层医疗单位进行慢病管理随访。以市第三人民医院与省卫健委投放的移动查房车组建的远程医疗中心为平台，接通城区7家基层医疗单位开展远程会诊、远程查房服务。2020年，城医联体区域检验中心集中检验标本6522例，区域影像中心提供远程影像诊断3493例，区域消毒供应中心集中洗消无菌物品4062件。为医联体试点单位（横沥+桥东）提供培训43场次，培训试点单位医务人员145人次。市第二妇幼保健院支援芦洲镇卫生院中医科和产科专科建设，开展分娩技巧、院感等业务培训。年内，市第二妇幼保健院接受基层门诊转诊816人次、住院转诊368人次，产后转往基层5195人次。

（区卫生健康局：陆建明）

重大疾病防治

【概况】 2020年，区卫生健康局加大传染病防治宣传力度，指导教育机构开展传染病疫情处置。成立镇（街道）“三人小组”，组织开展重点人群排查工作。制定《惠城区建立严重精神障碍患者监护责任落实年度评估制度实施办法》，将非户籍常住患者纳入监护补助对象。对全区16家基层医疗单位和11家综合医院开展结核病防治第一季度和年终专项督导工作。

【传染病防治】 2020年，区卫生健康局加大传染病防治措施力度。在各基层医疗卫生机构、村卫生站、村委会、居委会、学校、工厂等公共场所，通过悬挂横幅、宣传栏、电子滚动屏、发放传单等形式广泛宣传传染病防控知识，提高群众防病意识。加强流感疫苗、肺炎球菌疫苗、水痘疫苗和腮腺炎疫苗等常见秋冬季呼吸道传染病疫苗接种的宣传，鼓励群众接种疫苗，减少流感等秋冬季呼吸道传染病发病。指导教育机构开展传染病疫情处置。

是年，城区现场处置学校传染病疫情10起，主要处置的传染病疫情有水痘、诺如病毒和流感等。

【新冠肺炎疫情防控】 2020年，区卫生健康局重点做好新冠病毒感染的肺炎疫情的医疗防控工作。在应急小分队的基础上，成立镇（街道）“三人小组”，组织开展重点人群排查工作。编制《惠城区向从湖北返（抵）惠的朋友发出的公开信》，落实重点人员居家隔离观察工作。成立由公共卫生医生和防保人员组成的流行病学调查小分队16支，共37人。成立24小时高速路口医疗卫生联合保障队伍，联系各类社会组织，负责在汽车站、火车站、高速路口、省道等26个联合检疫点设卡排查，对进入城区的各交通点人员，特别是湖北、温州到惠州人员进行重点排查。设置发热门诊3间、发热诊室17间。组织业务培训39次，培训医护人员8221人。医疗机构物资物品储备量可满足30天满负荷运转需要，疾控机构防护消杀物资储备量可满足30天满负荷运转需要。

选定金叶酒店为入境人员隔离观察场所，世纪龙腾酒店为市密切接触者隔离健康观察场所。区政务数据技术部门做好粤康码和“一码通”平台技术支持和培训工作，完善各级管理人员账号权限，指导各级防疫工作人员熟练平台操作。

是年，惠城区累计确诊新冠肺炎病例13例，治愈出院13例。累计阳性病例4例，治愈出院4例。累计管理密切接触者277例，解除隔离277例；重点人群核酸检测采样累计4.31万例。

【严重精神障碍患者管理与服务】 2020年，区卫生健康局成立惠城区严重精神障碍患者救治救助工作领导小组，建立联席会议制度，开展1次检查督导，举办1次救治救助业务培训。制定《惠城区建立严重精神障碍患者监护责任落实年度评估制度实施办法》，将非户籍常住患者纳入监护补助对象。

年内，严重精神障碍救治救助管理工作和信息系统覆盖全区13个镇（街），覆盖率100%。排查疑似严重精神障碍患者6300余人，确诊纳入系统管理809人。录入信息管理系统人数4906例（除死亡人数），检出率为4.04‰。免费发药1480人，免费住院治疗379人次。

【结核病防控】 2020年，区卫生健康局成立肺结核患者健康管理服务督导小组，对16家基层医疗单位和11家综合医院开展结核病防治第一季度和年终专项督导工作。

是年，发现疑似肺结核患者1033例，登记免费抗结核治疗活动性肺结核患者257例，肺结核报告发病率60/10万，报告肺结核患者和疑似肺结核患者总体到位率90%，肺结核患者管理率99%，肺结核患者规则服药率94%。

（区卫生健康局：陆建明）

医疗卫生监督

【概况】 2020年，区卫生健康局加强医政管理工作，实施二级及以下医疗机构设置审批与执业登记“两证合一”，全年受理医疗投诉、医疗纠纷359件。完善政府办基层医疗卫生机构及村卫生站全部配备使用、零差率销售基本药物政策。组织执法人员对辖区内各社会办医疗机构进行监督检查，监督检查医疗机构1448家次。继续落实计划生育奖励扶助政策，受理利益导向奖励扶助人数3万多人。

【医政管理】 2020年，区卫生健康局加强医政管理工作。规范医疗机构执业行为，实施二级及以下医疗机构设置审批与执业登记“两证合一”。依法受理行政许可928宗。其中，医疗机构设置审批102宗，医疗机构变更131宗，医疗机构校验615宗，医疗机构注销70宗。

牵头组织对全区医疗机构开展医疗质量全面检查3次，对发现问题跟踪落实整改。检查已开业医疗美容机构17家，发现问题突出的民营医院1家，责令其限期整改。

开展医疗乱象专项整治。区卫生健康局联合区委网信办、区发改局、区公安分局、区市场监督管理局、区医保局、镇（街道）社区卫生服务中心开展执法行动，重点检查健康体检、医疗美容、眼科、口腔科等社会办医活跃的领域的违法违规行为。检查涉嫌违规诊所7家，查实有违法事实的诊所5家，均立案依法处理。

组织医疗质量控制小组的处方点评专家到城区各医疗机构，对处方点评落实情况开展现场评鉴和点评，规范医务人员处方书写和合理用药行为。

举办“惠城区2020年医疗机构新冠肺炎疫情防控和医疗安全知识培训班”和“惠城区2020年医疗机构新冠肺炎疫情防控和医疗救治相关培训班”，培训人员1300余人次。

实行农村五保户和农村低保户一、二类对象等特殊困难人群免费参加居民医保优惠政策，落实政府全额资助600多户贫困人口参加城乡居民基本医疗保险政策。

受理医疗投诉、医疗纠纷359件，其中，接访电话投诉92件，接待来访投诉42批次。委托申请医学技术鉴定6宗。组织开展年度全区医疗卫生机构医疗纠纷防范和处理及相关法律法规培训，培训人数650人。

【药政管理】 2020年，区卫生健康局巩固完善国家基本药物制度，完善政府办基层医疗卫生机构及村卫生站全部配备使用、零差率销售基本药物政策。落实村卫生站实施基本药物政策补助的发放工作。

对马安镇卫生院、曾求恩医院、区中医医院等15家使用麻醉药品和第一类精神药品的单位进行现场检查。联合区市场监督管理局对全区21家公立医疗机构的药品使用、药品购进等进行现场检查。

【卫生监督执法】 2020年，区卫生健康局加强日常监督管理，对门诊部，个体诊所，口腔、耳鼻喉专科医院及医疗美容机构进行督查，对不具备接诊发热患者条件的医疗机构责令其暂停诊疗活动。派出执法人员对全区21个集中医学观察隔离点进行防控督导，重点检查集中隔离场所选址布局、隔离人员及其场所的管理、集中隔离场所消毒隔离、工作人员个人防护和隔离环境的消毒等情况。组织执法人员对辖区内各社会办医疗机构进行监督检查，检查率28.5%，发出卫生监督意见书21份，责令整改4家。

对辖区内重点涉及职业病防治的企业开展执法检查，检查企业20家。对江南、江北、小金口街道涉及职业病危害因素的企业开展现状调查，完成13个街道的企业摸排工作，完成调查企业732家。委托第三方监测机构对辖区内8个街道和5个乡镇开展职业病危害监测。

【人口计生惠民】 2020年，区卫生健康局继续落实计划生育奖励扶助政策。建立特殊家庭信息档案368份，建立健康档案368份，家庭医生签约215户。确定市第三人民医院1家区级综合性公立医院作为区级计划生育特殊家庭成员优先便利医疗服务的定点医疗机构，设立门诊就诊优先窗口，建立住院绿色通道，提供优先便利医疗服务工作。是年，惠城区受理利益导向奖励扶助人数30006人，发放金额403.64万元。

（区卫生健康局：陆建明）

医疗保障

【概况】 2020年，惠城区医疗保障局（简称“区医保局”）做好参保缴费工作的牵头和统筹协调，对接财政、社保、税务等部门，从资源共享、优化流程等方面加强沟通协调，推动参保缴费工作形成合力，全面完成2020年城乡居民医保参保缴费任务。通过组建医保政策法律法规宣讲队、发放各类宣传品、举办医保脱贫再动员暨医疗救助培训班等方式，开展医保政策法律法规大宣传。

是年，推广激活“医保电子凭证”，所有定点药店和定点医疗机构实现“医保个人账户支付”。利用智能化技术手段，加强医疗保障基金的立体化监管：1万多人（含重残人员）享受城乡居民医疗保险财政代缴；落实门诊医疗救助3.3万人次；药品集中采购费用节省4244.14万元。

【助力企业复工复产】 2020年，区医保局贯彻落实新冠肺炎特殊医疗保障政策，确保确认疑似和确诊新冠肺炎的参保患者享受医保待遇。落实阶段性减征职工基本医疗保险费用政策，同步实施延期缴纳基本医疗保险（含生育保险）费用政策，减轻企业缴费负担，支持企业复工复产。完成新冠肺炎确认和疑似患者已结算费用清算，医疗费用总额59.67万元，医保基金支付金额56.67万元，占总费用的95%。

【医疗救助】 2020年，惠城区建立部门间协调机制、城乡困难人员医疗保障情况公示制度、督导机制等，宣传医疗救助政策，推动村卫生站“一站式”联网结算，开展“医疗救助”。年内，12004人（含重残人员）享受城乡居民医疗保险财政代缴，医疗救助资金资助参保支出约340万元。落实门诊医疗救助33000人次，支出金额275万元。落实住院医疗救助2700人次，支出金额860万元。落实零星医疗救助5000人次，支出金额66万元。

【医疗保障基金监管】 2020年，区医保局利用智能化技术手段，加强医疗保障基金的立体化监管。年内，审核定点医院住院单据数10万多条，涉及扣款单据数3000多条，追回医保基金总金额39万多元。发现存在问题异常数据5283条，涉及医疗费用总额49万多元，其中，医保基金统筹支付金额19万多元；行政立案2宗，罚款4000元。

【药品采购管理】 2020年，惠城区加强节省采购费用管理工作，把节省的费用直接转化为补贴群众的药费和增加医院控制成本。全区药品集中采购费用节省4244.14万元，以量换价成效明显。通过破除药价畸高，改变“以药养医”，腾出空间对医疗服务价格进行调整，调动医疗服务机构的积极性。

【医保信息化建设】 2020年，惠城区“医保电子凭证”激活量在30万份左右，所有定点药店和定点医疗机构实现“医保个人账户支付”。推进落实广东省医疗保障信息平台惠州上线准备工作，指定专人与区“两定”机构对接协调，严格按照《广东省医疗保障信息平台惠州上线工作方案》的时间节点安排，做好各项上线准备工作。

（区医保局：张新森）

桥东街道

【概况】 2020年，桥东街道辖区面积约13.57平方千米，下辖东湖、东河、新建、菜园墩、水东东、和平直、桃子园、长湖苑、荷乡、东城10个社区和东平村、文头岭村两个村，常住人口约15万人。

全年完成地区生产总值62亿元，同比增长3.7%；完成规模以上工业总产值7.7亿元，同比增长4.3%；完成社会消费品零售总额26亿元；完成固定资产投资48亿元，同比增长34.9%；税收收入完成15.8亿元，同比增长15.5%。

【互联网经济】 “互联网+”商创小镇是广东省首批、惠州首个互联网特色小镇，2020年高分通过省工业和信息化厅的验收。截至2020年12月，小镇重点企业数650家，其中，互联网企业160家，主导产业产值103亿元，互联网产业产值33亿元。小镇现有40个创新创业平台，其中，有1个国家级科技企业孵化器培育单位（惠州市电子商务产业园）、1个国家级众创空间（惠城创客空间）。

【项目建设】 2020年，以中海阅江府、隆生西江花园、金悦华府等商住项目为代表的项目建设，成为拉动桥东固定资产投资和GDP增长的主引擎。野岛文化创意园、赛格二期人才公寓两宗区重点项目，全年累计完成投资1.57亿元，完成年度投资计划的121%。

水东街二期改造项目成为春节期间惠州市民热门打卡地标。水东街一期、野岛文化生活社区、合江楼、东坡亭粮仓等文旅商项目步入更新活化利用的良性发展轨道。

桥东街道文头岭片区新貌（桥东街道/供图）

实施10个惠城区老旧小区“惠民空间”微改造项目，改造点分别为第三人民医院宿舍、金沙俊园、东湖花园一区、东湖花园二区、长湖苑一期、金典水岸居民区、永平路居民区、黄家塘居民区、粮仓居民区、水上大队居民区。其中，金沙俊园微改造项目作为微改造示范点，重点打造长者之家、长者饭堂、健康之家以及园林景观、休闲娱乐空间，并配套社工服务、医疗服务、长者服务等特色功能，成为“惠民空间”微改造项目的标杆。

【社区党建工作品牌】 2020年，桥东街道探索创新“三化”（社区党建网格化、社区服务智能化、党群互动多元化）模式，把东湖社区打造成社区城市党建工作品牌。深化“三亮”（亮身份、亮承诺、亮结果）工程，打造“两新”（新经济、新社会）组织党建品牌，互联网小镇党委成为惠城区首家商圈非公有制组织党建示范点。

推进街道党群服务中心建设，建立小镇党委党员活动中心、村（社区）党校和党群服务中心、街道新时代文明实践所、东河社区新时代文明实践站和“云讲堂”等学习阵地，为党群联动开展活动搭建新舞台。深化社区邻居APP应用，在东河社区开展“云课堂”讲党课，还通过东湖旅店、东坡祠、新时代文明实践广场、互联网小镇跟党创业体验展厅等阵地作为移动课堂，增强党课的吸引力和感染力。举办认领“云心愿”创新项目，以居民点单、线上“云心愿”下单、党员接单的“三单”模式，实施点亮“云心愿”、党员在行动计划，及时链接各方资源为群众办好事实事，实现老百姓的各种“云心愿”。

【文化体育】 2020年，桥东街道文化站高分通过2020年广东特级综合文化站复检。完成文化站升级改造工作，增设舞蹈室、书画室、少儿活动室、乐器室等功能室。2020年，街道“扫黄打非”工作在城区考评中排名第一。

【推进垃圾分类】 2020年6月，桥东街道启动垃圾分类工作，掀起垃圾分类工作大宣传活动，组织有条件物业小区、内街小巷以及两个村建设垃圾分类投放点，督促各机构将垃圾进行分类转运。辖区物业小区、办公区、文教区、医疗机构、集贸市场、餐饮机构、其他产生源等“八大场景”全面铺开，基本建成垃圾分类配套设施。实施新民后街、和平横街摇铃服务上门收运生活垃圾；新世界曦岸垃圾分类宣传中心正式启动；制作住户专属“二维码”垃圾袋等亮点工程得到区的肯定。

全面落实河长制工作，巡河工作实现常态化、制度化，开展多次河道沿岸清理整治集中行动和沿江巡查集中行动等有力措施，实现属地沿岸卫生保洁到位、入河污染源排查到位、日常巡查监管到位，确保岸绿水清。扎实开展油烟噪声整治、建筑工地扬尘整治、入河排污口整治和固体废物规范管理等工作，持续改善桥东环境治理。

7月21日，桥东街道在新建社区开展垃圾分类宣传活动（桥东街道/供图）

【社会保障】 2020年，桥东街道完成城乡居民养老参保4958人，参保率100.42%；完成居民养老缴费1327人，完成率100.45%。桥东社保所全年办理市内职工养老金生存验证6572例，省内职工异地验证284例，省外职工协助认证29例，居民养老金生存验证1888例。

加强社会救助工作，对城镇低收入家庭进行摸排，建立快速救济机制，做好最低生活保障等救济工作。全年新增低保户30户，实施临时救助70多人次，发放慰问物资780多份，实施新建社区社会救助试点项目，由惠民社工负责运营，试点区域覆盖周边和平直、菜园墩、水东东3个社区，形成“政府救助制度保障+社会慈善力量参与+专业技术力量支撑”良好局面，发挥政府、困难群众之外第三方机构专业价值。

利用市级智慧健康养老补贴项目资金建设长者照护之家，提升街道智慧健康养老体系。街道居家养老服务中心开展活动、培训约30场，服务上万人次。该社工机构“长者问安计划”关爱空巢老人服务项目获2020年惠州市共建共治共享社会治理创新十大项目一等奖。

【网格化治理】 2020年，桥东街道进一步深化网格化治理，下沉人力，细化网格，开发使用网格治理微信小程序，提高事务流转和快速解决效率。开展平安村（居）视频安装工程，增设上千个治安视频监控，提高社会治理水平。开展“平安细胞”十百千万工程创建活动，覆盖率已全部达100%。

（桥东街道：李翠英）

桥西街道

【概况】 桥西街道面积6.08平方千米，下辖北门街、尔雅巷、更楼下、紫西岭、南坛、数码街、下埔、横江、花边岭、南湖、黄田岗、麦地12个社区。2020年，街道地区生产总值113.55亿元，第二产业28.99亿元，第三产业增加值84.55亿元，社会消费品零售总额103.97亿元，固定资产投资3.18亿元，工业投资1.15亿元。

是年，桥西街道退役军人服务站获“广东省五星级退役军人服务站”称号，桥西街道团委获评惠州市“五四红旗”团委标兵。

年底，桥西街道有户籍人口15.52万人，流动人口3.3万人。

【项目建设】 2020年，桥西街道内资项目4项：金带街专项整治提升项目，总投资约2000万元，主要用于旧城改造更新；惠州一中初中部危楼拆建项目，总投资约8736万元，总拆除面积13659.8平方米，新建总建筑面积共15740平方米；桥西街道南片区老旧小区改造工程，总投资约2805.25万元，主要对20个小区进行改造维修，涉及101栋房屋，共计改造2959户；桥西街道北片区老旧小区改造工程，总投资约2884.42万元，主要对28个小区进行改造维修，涉及216栋住宅楼，共改造3505户。

【城市更新】 2020年，桥西街道启动“一湖两江”城市会客厅金带街整治提升工程。进行“三线”下地，有效提升居民生活空间的安全性。提升建筑风貌，以灰、白为主要色调统一改造沿街建筑，主街路面铺设青石板，重新唤醒金带街原有的历史风貌，已完成雨污分流，同时更换自来水主管。金带街东、西出口的门楼根据以往造型重新设计，考虑居民的进出需求取消楼梯并扩宽门口，金带街东、西出口都进行精心装饰并增添景观灯，夜晚点亮之后是西湖与水门路边一道“亮眼”的风景。

投入资金约1000万元，完成11个老旧小区微改造“惠民空间”项目。其中，南湖莲子塘，下埔紫荆苑，花边岭TCL小区、嘉华楼，麦地华夏、银安小区为市级改造项目6个，下埔新银小区、尔雅巷林业局宿舍、更楼下长寿路29号小区、花边岭鑫华楼和麦地长线局宿舍为区级改造项目。

8月24日，桥西街道组织部分人大代表开展老旧小区专项视察调研活动（桥西街道张嘉伟/摄）

【党组织建设】 2020年，桥西街道新增加党员807人，新发展党员11人，其中，约750名党员为国有企业社会化管理后党组织关系转入街道。用好党组织服务群众经费有效解决群众身边的难事，完工43个项目，经费使用241.97万元。10月，完成街道12个社区党总支部升格党委。12月22日，圆满完成第七届党组织换届选举工作。

年底，桥西街道有基层党组织117个，党员3335人。

7月23日，桥西街道开展“部门下沉，共建一流”党建结对共建活动（桥西街道王碧丽/摄）

【文化创作】 2020年，桥西街道先后创作7个以抗疫为主题的文艺作品，受到广东电视台、惠州头条等微信公众号广泛转载推送。其中，3个作品被“学习强国”平台选用并在全国推广，歌曲《一天》被广东广播电视台“音乐之声”和佛山电台等进行展播。为献礼惠州得名1000年，组织文化学者和专家创作《风雅鹅城：惠州府城的文化记忆》。

【环境卫生】 2020年，桥西街道推进市容环境卫生综合品质提升“一号工程”，完善社区街巷基础设施，对后所街4号、象岭巷32-1号、后所街二巷4号等多条内街道路的堵塞下水道进行疏通修整，对北门街、尔雅巷、麦地、南坛等社区多处内街损坏沙井盖进行修补。落实垃圾分类工作，加强示范创建工作。选定桥子头为摇铃式收集垃圾试点街，选定南湖花园、幸福家园创建示范点。通过第一次“无违建镇（街）”审核。拆除违法建设2宗，共727平方米，无土地卫片图斑整改情况，以总分第一获评惠城区“两违”绿牌通过。

【民生事业】 2020年，城乡居民基本养老保险缴费完成率为162.5%；街道城镇居民基本医疗保险缴费完成率100%。为低保户和其他困难居民发放临时生活救助资金17.25万元，是2019年9.4万元的1.83倍。疫情防控期间，对弱势、困难群体摸排走访慰问201人次，送口罩、酒精2922件，组织康园中心会员康复活动1000余人次，更换第三代残疾证1099个，新办证419个，申请重度残疾人护理补贴294份、贫困残疾人生活补贴62份。

桥西街道居家养老服务中心有效统计辖区1.78万名老人基本信息，办理长者服务卡1241张，申请高龄津贴376份。在林业局宿舍内建立“长者之家”“健康之家”。退役军人服务站开展辖区退役军人帮扶，辖区临时生活救助125人次共约18.82万元，医疗救助14人次共约6.07万元，住房困难救助19人次共约2.14万元。利用社会资金帮扶26人次，帮扶资金约4.8万元。

10月21日，桥西街道在新时代花园开展“敬老从心开始，助老从我做起”大型公益便民活动（桥西街道/供图）

【安全生产】 2020年，桥西街道坚持科学防范，利用物防技防措施降低风险隐患。建设3个电动车智能充电桩试点，致力于解决居民“飞线”充电、电池入户充电的安全隐患。与中国电信合作对辖区餐饮行业使用瓶装液化石油气门店开展燃气智能检测设备以及智能烟雾报警器安装工作，实时监控燃气泄漏情况，及时进行应急处置，降低风险，开展第一批500家场所安装工作。引进资金，对老旧电线进行分步改造，对街道存在安全隐患的老旧线路分批改造，同时定期组织电工志愿者对存在安全隐患的线路进行更换。

（桥西街道：林丹纯）

龙丰街道

【概况】 龙丰街道辖区面积51平方千米，下辖大岭社区、黄塘社区、花园水社区、飞鹅岭社区、新联社区、金峰社区、万林湖社区等7个社区和共联村。

2020年，受疫情影响，地区生产总值为73.29亿元，同比下降1.3%；第三产业增加值66.29亿元，同比下降0.3%；限额以上工业总产值13.34亿元，同比下降15.88%；固定资产投资21.7亿元，同比增长23.1%；社会消费品零售总额84.8亿元，同比下降8.3%。

年底，户籍人口9.34万人，流动人口1.97万人。

【投资项目】 2020年，龙丰街道完成7宗新建项目（房地产项目4宗，工业项目3宗），项目总投资达29.16亿元，完成投资7.1亿元；1宗重点项目（惠州市金莱物业管理有限公司酒店、商务办公楼建设项目，项目总投资9681万元），完成投资3777万元。

在征地拆迁方面，市中心人民医院扩建工程、新联路改造工程项目、区武装部周边道路完善工程、新建广州（新塘）至汕尾铁路项目、新建赣州至深圳铁路项目、广汕铁路仲恺联络项目、党校南路道路完善工程、第四十四小学清场等项目征拆工作稳步推进。

在片区改造方面，实施城市更新，总投资约6700万元用于重点提升改造出入口西、南出口片区。

【环境整治】 2020年，龙丰街道重点开展农村人居环境整治工作，全面实现“三清三拆三整治”、绘制村道墙绘、道路硬底化项目，村与城市商铺店面制作“门前三包”责任牌、党员责任岗牌、宣传册等，使农村与城市人居环境得到较大改善。辖区19个入河排污口已全部完成整改，整改率达100%。拆除违法建设39宗，面积15.66万平方米。同时，持续强化“两违”（违法占地、违法建设行为）管控，拆除不规范户外广告1715个。

【党组织建设】 2020年，龙丰街道以建设创全省一流的街道党群服务中心为核心，重点推行“一中心多站点”模式，在各村、社区打造基层党建新阵地“红色党建展厅”，实行党员星级管理等。在苗圃场小区、啤酒厂宿舍等无物业管理小区示范推进“1+3”红色物业进小区。不断深入推进党工委中心组领头学、支部宣讲广泛学、邀请专家辅导学、红色基地引领学、党员交流互动学以及手机微党课随时学等“六学”模式、自主开发党员星级积分管理APP等，实现传统与创新学习方式的融合。组织各类理论学习和实地参观53场次，培训党员干部1246人次。建立党员“候鸟”基地，开展微心愿认领、幸福食堂等活动，发挥党员先锋模范作用，紧密联系群众。

【社会保障】 2020年，龙丰街道发放低保金180.52万元、临时生活救济18.71万元；为621名劳动者追回工资1184.6万元；城镇登记失业率控制在2.38%；为1147名辖区老人办理政府津贴，完成各类人群健康体检1.02万人。

【安全生产】 2020年，龙丰街道全面落实安全生产“一岗双责”制度，出动人员2000余人次，检查“三小”场所（小档口、小作坊、小娱乐场所）、危险化学品储存场所、工贸企业、建筑工地、人员密集场所、农贸市场、出租屋等9600余家次。同时，开展学校、商场、人口密集场所消防演练与逃生演练实操活动，发放相关安全知识手册万余份，定期组织街道安全工作人员网上培训与视频学习活动。

6月25日，龙丰街道召开物业（小区）消防网格员火灾警示现场会（龙丰街道/供图）

（龙丰街道：曾祥斌）

江南街道

【概况】 江南街道位于惠城区西部，辖区面积约28.8平方千米，下辖2个行政村、6个社区。

2020年，围绕区委“3+2”系统工程和基层党建“十大计划”，突出“党建引领、强基铸魂、实战练军、勤政为民”四大行动，创新机制，人大工委创新推行听民意解民忧“三三制”〔街道人大中心联络站、村（社区）人大联络站、社情民意联络员联络点三级联络机制，驻站接待、掌上畅联（江南民意通）、主题下访三个主要联络渠道，群众诉求限时办理制、人大代表跟进网格事件处置机制、约请共商会机制三个层次处置机制〕，充分发挥人大代表在联系群众、了解民情、反映民意方面的作用，协调解决10余件热点难点问题，为基层治理探索了新路径。

是年，街道地区生产总值36.18亿元，同比增长0.2%；重点项目投资完成额（祝屋巷文创街区项目）2020年计划投资3000万元，累计完成3468万元，完成年进度的115.6%；固定资产投资累计完成12.16亿元，同比增长14.7%。

年底，户籍人口5.95万人，流动人口1.81万人。辖区内现有法人、产业活动单位648家，个体工商户2656家。

【项目建设】 2020年，区重点建设项目祝屋巷文创街区项目计划投资3000万元，累计完成投资额3468万元，完成全年计划的115.6%。结合“一湖两江”城市会客厅项目，加快推进祝屋巷历史文化街区升级改造，同步导入文旅产业，并成功撬动两亿元社会资本，实现“小切口大变化”。同步推进塑料厂、发动机厂等老旧企业升级改造和弘毅云谷后续发展工作。

加快推进弘毅云谷项目（占地面积2700平方米，建筑面积约1.2万平方米）进驻工作，已入驻科技信息创业发展企业74家，提供就业岗位500个以上，企业孵化能力显著提升。以泛菱湖2平方千米吃、住、玩、乐、购的文化旅游综合产业链体系为主体的“江南文化旅游区”已基本形成。

通过大力引进顺丰粤东智慧供应链以及碧桂园、海伦堡等大型商住项目和新兴产业，集群效应和点状辐射效应以及“江南新兴产业区”的发展格局初步显现。其中，顺丰粤东智慧供应链科技创新总部基地已顺利摘牌，并于12月2日上午举行动工仪式。江南街道“以点带面、从线到片”的整体发展布局基本形成。

【村（社区）建设】 2020年，社区建设工作稳步推进，亚婆田社区党群服务中心已整改完成并进驻办公。辖区6个社区办公用房全部按标准化完成建设。

推进惠民空间、老旧小区微改造建设，特别是对祝屋巷老街区进行改造，与文创街区结合，提升其文化特色，提高居民生活质量。高质高效完成辖区5个惠民空间改造，统筹140万元党组织服务群众专项经费，精准解决群众反映最多最强烈的痛点问题，旧城面貌得到改善。

【人居环境整治】 2020年，江南街道累计投入110万元资金，创新建立“红黑榜”和“卫生家庭标兵户”评比机制，街道人居环境整治工作走在全区前列。聚焦乡村振兴，筹措200万元用于沙墩头村民小组雨污分流工程和墙体彩绘，协调近200万元新建下梅湖文化广场，乡村振兴工作取得扎实成效。聚焦污染防治攻坚，以上率下带动各级河长巡河391次，整改问题16处，实现梅湖沥、沙墩头沥水质“长制久清”，城市化饮用水源水质达标率100%。

【党组织建设】 2020年，江南街道累计投入200余万元打造街道党群服务中心、综合治理智慧中心、人大代表履职活动中心以及亚婆田社区党群服务中心，辖区8个村（社区）党群服务中心全部达标。打造御景花园党建综合体、银湾“红色物业”、祝屋巷“党群连心店”、文创街“红色驿站”、弘毅云谷产业园5个党建示范点。谋划部署“争先创优，我为群众办实事”实践活动，街道16名党政班子成员、8名村（社区）书记各自谋划一件“有创新、有亮点、有品质”的民生实事，带领团队为群众排忧解难。协调碧桂园项目部党支部、慈善总会以及时代基金会为七联村安装156盏太阳能路灯，为特殊学校及辖区4户困境儿童实现改造学习空间的梦想。

【文体教育卫生科技】 2020年，江南街道创意摄影《口罩小乾坤》被选登在“学习强国”平台、南方网、《惠州日报》；抗疫摄影作品《生命之光》《留住春天》被选登在《羊城晚报》。联合八大村（社区）举办“书香伴我成长 知识伴我同行”——世界读书日活动。开设各类别特色培训活动：免费公益少儿美术培训班、成人合唱培训班、成人瑜伽培训班、成人中国舞培训班。

4月23日，江南街道联合祝屋巷社区在爱树·观湖书院开展“书香伴我成长 知识伴我同行”——世界读书日活动（江南街道曾晓玲/摄）

【社会保障】 2020年，江南街道每月为87户低保户发放低保金11.20万元，为16名“三无”（无生活来源、无劳动能力、无法定抚养义务人或法定抚养人丧失劳动能力而无力抚养的公民）人员发放供养经费2.59万元，为2名五保户发放供养经费2300元，为2名孤儿发放孤儿供养经费3240元，为13名困境儿童发放生活补贴2560元，为5名父母双方不能履行抚养义务的儿童发放供养经费4000元。同步对一些特殊的低保对象以及边缘困难户给予生活、医疗、子女上学等困难救济，解决临时困难救济70户，发放救助金5.61万元。春节、端午、中秋期间，通过香港旭日集团慈辉基金会慰问活动，为辖区低保户、五保户、“三无”人员赠送大米、油约300份。

【安全生产】 2020年，江南街道落实安全生产、消防安全责任制，排查和消除安全隐患，排查各类安全隐患230多处，出动检查人次超过6800人次，签订安全生产、消防安全责任书1400多份，开具“安全生产现场检查表”和“江南街道办事处消防安全检查表”2400多份，下发知识宣传手册4.30万册。

【环境保护】 2020年，江南街道先后开展以“三清三拆三整治”为重点的多次专项行动。集中力量组织人员对辖区内“四乱”（乱占、乱采、乱堆、乱建）村、东江、青年河、沙墩头沥、梅湖沥、西湖进行全面摸查清理，清理两岸、水面垃圾漂浮物、建筑垃圾等3000多吨，拆除违法建筑、乱搭乱建建筑5000多平方米。辖区为整治黑臭水体，开展梅湖沥雨污分流管道工程，将污水分流至污水处理厂净化。惠州市看守所、江南学校、惠新大道等多处污水截污已纳入污水管网，有效解决污水流入梅湖沥的问题。联合区环保分局、第三方水利环保公司对南东坑水进行生态修复，成效显著，水质也得到很大提升。

（江南街道：曾晓玲）

江北街道

【概况】 江北街道位于东江北部，辖区面积19.36平方千米，下辖三新、望江2个行政村和水北、惠桥、云山、文昌、新城、江城、期湖塘、清湖、惠新9个社区。

2020年，江北街道地区生产总值144.64亿元，同比增长3.5%；第三产业增加值134.66亿元，同比增长3.9%；规模以上工业总产值10.89亿元，同比增长4.5%；固定资产投资22.7亿元，同比下降7.4%；社会消费品零售总额103.7亿元，同比下降9.1%；工商税收区级入库7.77亿元，同比下降3.3%，总额继续排在各镇（街道）首位。

年底，有户籍人口8.76万人，流动人口5.58万人。

【重点项目推进顺利】 2020年，惠州中京总部大厦（市重点）、中海广场（区重点）、太东金融大厦（区重点）3个市、区重点项目顺利施工建设，累计完成投资4.88亿元，超额完成全年3亿元投资任务。

3月24日，区委书记刘光滨（左五）到江北街道调研经济社会发展、土地整理及社会治理等工作（江北街道党政办资料室/供图）

【征地拆迁】 2020年，江北街道完成东江北岸望江段道路工程、新寮南路、东江二路东延段、三新北路南侧智慧停车场、文成路智慧停车场5个征拆项目，其他项目稳步推进。清场交地386.03亩，签约房屋144宗、面积2.1万平方米，拆除房屋124宗、面积1.8万平方米。

【乡村振兴】 2020年，江北街道持续做好乡村振兴工作。“农村人居环境”活动整治期间，成立16个整治工作组，将力量下沉村小组，出动清洁劳动力量1200多人次，清理路段35千米，清理河道10千米，清理积存垃圾265吨，辖区两个村的村容、环境卫生面貌不断更新。

【民生事业】 2020年，江北街道顺利完成城乡居民养老保险与城镇居民医疗保险工作，辖区累计养老保险参保5441人，完成城乡居民养老验证与市、区离退休职工生存验证共1663人。

多管齐下推进公共文化场所免费开放。7月起，街道面向全街道居民群众开设声乐合唱、中国舞、瑜伽、国画、素颜妆等常设性课程免费培训班，服务人群近40000人次。

按照试点先行、以点带面、全面铺开的工作思路推进垃圾分类工作，建成碧水湾小区、云山花园等4个市级垃圾分类示范点，由点到面全面铺开垃圾分类工作。75个物业小区、11个公共场所、8个文教区全部配齐垃圾分类设施设备，市民分类意识明显提升。

10月15日，第四场惠城区镇街党政领导座谈会在江北街道召开（江北街道党政办资料室/供图）

（江北街道：黄谭奕）

河南岸街道

【概况】 河南岸街道位于市区南部，总面积35平方千米，辖石桥、惠南、班樟湖、牛和地、银岗岭、金湖、学府、南城、学苑、湖心岛10个社区和河南岸、马庄、冷水坑、冰塘、高布、湖山6个村。

2020年，街道完成地区生产总值129.6亿元，同比增长0.5%；第三产业增加值108.7亿元，同比下降1.7%；规模以上工业总产值8.8亿元，同比增长5.4%；限额以上社会消费品零售总额40.01亿元，同比下降21.7%；固定资产投资69.2亿元，同比增长38.4%。

是年，街道获“广东省家庭文明建设示范点”“五星级退役军人服务站”“惠城区党建创新项目PK大赛一等奖”“河南岸李家拳‘非遗’进校园十大优秀案例”“河南岸街道牛和地社区学雷锋志愿服务先进典型最佳志愿服务组织”“河南岸街道牛和地社区学雷锋志愿服务先进典型最美志愿服务社区”“河南岸街道石桥社区学雷锋志愿服务先进典型最美志愿服务社区”等奖项。

至2020年年底，有户籍人口14.76万人，流动人口7.83万人。

【项目建设】 2020年，河南岸街道重点项目5宗，总计划投资11.9亿元，完成投资额13.86亿元，完成年任务的116.47%。其中，惠州金山湖隆生广场在12月中旬顺利开业，港惠新天地三期超进度完成，惠州印象城购物中心、惠州万象天汇广场、惠州移动生产调度大楼稳步推进。

街道征地拆迁项目28宗，已签署天安数码城惠州湖山智慧生态小镇项目、金山分区市政道路工程纵三路北段项目、新桥路项目等8宗征地协议，面积1512亩，拆除各类房屋688栋（间），拆除面积约14.86万平方米。其中，征收拆除永久性建筑366栋，面积9.62万平方米，征收拆除简易结构（包括砖墙铁皮房）322间，面积5.24万平方米。

街道“两违”整治共拆除各类违法建设61宗，面积16.11万平方米，共拆除广告招牌2383块、拆除面积2万平方米，实现“零增长，减存量”的管控目标。

【森林防火责任制】 2020年，河南岸街道落实森林防火责任制，主要与各村、小组、大中小学校、林区作业企业和果场主签订森林防火责任书136份。建设了一支快速反应、招之能战的森林防火队伍。开展森林防火宣传教育，悬挂宣传横幅150条，张贴标语2000份，发出森林防火信1500多封，固定防火宣传牌26个，发出森林防火短信20万余条。开展山林防火工作大排查，未发生山火。

【网格化管理】 2020年，河南岸街道网格平台核查采集基础信息293249条，其中，人口信息167968条，房屋信息核查录入109921条，单位信息15360条。辖区73个网格开展日常巡查47124次，重点人群巡查3552次，特殊人群巡查3086次，处理事件14742件。

【创新党建模式】 2020年，河南岸街道实现“三首”创新。

首个打造街道党群服务中心。整合文化站现有资源，推行一室多用、集中服务，一方所有、多方共享的综合管理模式，并通过与辖区的党组织形成共建模式，推动机制共建、阵地共用、资源共享、活动共联的工作新格局。

首个实施“家门口”党建工作模式。通过打造集多个服务阵地于一体的党建品牌，组建在职党员、青年人才、党员楼栋长三支队伍，建立多方联动议事、党员接单跑腿、服务窗口前置三项制度，将党建工作下沉到小区，将治理推进到家门口。

首个成立村民小组党群理事会。选取马庄村下马庄村民小组作为村民小组党群理事会试点，并完善一系列运行及管理机制，为辖区内成立党群理事会提供借鉴范本，由党员和群众共同管理村务，实现“民事民治、民事民办、民事民议”的农村治理格局。

10月26日，下马庄支部第一届党群理事会选举大会举行（河南岸街道/供图）

【文化惠民】 2020年，河南岸街道大力推动公共文化服务体系建设转型升级，组织开展阅读、展览、送书、送戏、送电影到农村（社区）学校等文化惠民服务项目12项，80场次。推进李家拳非物质文化遗产保护传承工作，在全区中小学校广泛开展李家拳进校园教学活动。迎接广东省文化和旅游厅到文化站检查指导工作；迎接广东省文化站站长培训班共175名文化站站长到街道文化站参观交流。

结合“世界读书日”“世界知识产权日”“法制宣传日”，深入开展“扫黄打非”进校园、进社区、进农村等宣传活动，录入全国“扫黄打非”信息管理系统52条。开展“清源”“固边”“净网”“护苗”“秋风”五大专项联合执法行动9场次，严厉打击参与经营非法出版活动和销售违禁非法出版物的行为。

【社会保障】 2020年，河南岸街道城乡居民养老保险的参保人数1.13万人，缴费率106.1%，基本实现城乡居民养老保险全覆盖。城乡居民医疗保险缴费人数4.48万人，完成缴费率100%。街道有13人符合条件享受特困供养救助，其中有3人住进惠州市福利院集中供养，其余的分散供养，供养率达到100%。

【综治维稳】 2020年，河南岸街道紧抓涉军群体诉求、涉众型金融诉求、挂牌整治突出问题的整治工作，顺利通过市、区关于挂牌整治突出问题的整治验收。接待群众来信来访来电1944件（人）次，到期办结率为100%。成功处理了历史积案世贸三期问题楼盘，解决了景富时代、景富双湖湾、奥园领寓、浩达建筑公司等工人欠薪问题，妥善解决了湖心岛1号开发商强拆冰塘温氏祠堂一事。

【消防网格管理】 2020年，河南岸街道结合辖区实际，将螺子湖一路打造为消防示范街，优化升级基层消防网格管理，建立河南岸数字消防管理平台。投入200余万元开展消防物联网建设，建设社区微型消防站，为“三小”场所配备智能烟感报警器，实现对火灾隐患信息的实时监控。2020年，未发生重大安全生产事故。

【全民预防保健】 2020年，河南岸街道多渠道向辖区群众宣传预防保健工作，引导群众积极主动参加免费健康体检。配合河南岸社区卫生服务中心，组织开展全国人口与家庭动态监测调查、家庭医生签约、健康素养宣传等工作，为辖区不同人群提供全方位的基本公共卫生服务，消除家庭成员健康隐患。2020年，完成健康体检人数3.08万人；常住人口家庭医生签约人数达7.23万人，实现计划生育特殊家庭家庭医生签约全覆盖。

强化利益导向机制，落实计划生育“惠一生”奖扶政策，让计划生育家庭享受到自己创造的“人口红利”。累计确认奖扶对象2429人，发放奖励308万元，各项奖励扶助优惠政策及时兑现率达100%。

（河南岸街道：罗鸿雁、林　建）

小金口街道

【概况】 小金口街道地处惠州市区北部，距市中心5千米，辖区总面积66.7平方千米。辖乌石、青塘、九龙、柏岗、金鸡、白石、小铁7个行政村，金青、金源、金石3个社区和59个自然村（村民小组）。

2020年，小金口街道地区生产总值77.06亿元，同比增长0.1%；第三产业增加值31.83亿元，同比增长0.3%；规模以上工业总产值

116.24亿，同比增长0.83%；限额以上社会消费品零售总额61.46亿元，同比下降10.5%；固定资产投资52.94亿元，同比增长39%；工业投资4.54亿元，同比增长55%；工业技改投资3.5亿元，同比增长33.9%。

是年，小金口街道办事处获评“惠州市先进集体”“爱国拥军模范单位”。小金口街道党工委获评“惠州市先进基层党组织”。小金口街道人民调解委员会获司法部通报表扬，文化站被广东省文化和旅游厅评为第四届“广东省基层文化工作先进单位”。

至2020年年底，有户籍人口5.44万人，流动人口9.15万人。

【项目建设】 2020年，小金口街道引进7宗区级重点建设项目（含5宗市重点项目），计划到位资金9.1亿元，实际投资9.16亿元，完成投资计划的100.5%。大力推动1号公路征拆建设，加快广惠高速公路惠州北互通项目、白石路、金龙大道等重点项目的征拆力度。借助交通枢纽的优势，带动小金口经济社会发展迈向新台阶。

【人居环境】 2020年，小金口街道投入1500余万元开展农村人居环境整治工作，彻底清理河道沿岸、大件物、建筑垃圾、生活垃圾等。开展市容市貌清理行动，清理横幅标语、广告灯箱、伸缩棚470多个，城市面貌焕然一新。开展生态环境整治行动，巡查企业286家（包括重复巡查），完成排污企业登记989家。打响蓝天保卫战，开展露天焚烧巡查24次，开展扬尘巡查15次。有序推进水环境整治，完成水污染防治攻坚战指挥部交办的34个入河排污口整治任务。“两违”整治保持高压态势，拆除违法建设168宗，总面积超28.40万平方米，完成年度任务的103.13%。清理拆除各类广告2400多处（个）。

【支部建设】 2020年，小金口街道进一步提高“两新”组织“两个覆盖”（党的组织覆盖和工作覆盖）水平。成立14个疫情防控和助力企业复工复产、7个人居环境整治和8个项目征地拆迁等重点工作临时党支部，强化党组织服务群众、服务企业作用，为推动中心工作注入党建力量。创新“党建网格化”管理模式，将综治网格化和党建网格化深度融合，实现“支部建在小区上，小组建在楼宇上，工作落在网格中”。

【非物质文化遗产】 2020年，小金口街道开展“喜迎新春 文化惠民”大型广场文化活动10场次。传承弘扬麒麟舞、龙形拳等民俗文化，林文钦被评为第六批省级非物质文化遗产项目龙形拳代表性传承人。麒麟舞参加广东省第六届麒麟文化节暨麒麟舞大赛，获得创新组优秀奖。

辖区有农家书屋10家、文化室10家、晨（晚）练体育活动点24个、服务指导点5个。文化室按要求配备图书、电脑、乐器等设备，全街道基层服务点文化信息资源网络实现全覆盖。有小金口医院1家、社区卫生服务中心1家、社区服务站1家、村（社区）卫生站9家。举办健康教育知识讲座9次，发放各类宣传资料7.14万份，制作健康教育宣传栏11期，进行各种健康宣传、义诊活动9次。

【社会保障】 2020年，小金口街道落实各项社会保障工作，低保、困难群众、特困人员救济工作有序开展，累计发放各类供养金、救助金、慰问金、低保金约158万元。发放“残护补”99万元，惠及412人；“残生补”17万元，惠及94人。加强高龄津贴发放管理工作，发放高龄津贴87万元，惠及670人。开展“双百”社工计划工作和居家养老工作，累计服务1215人次。

11月27日，惠城区国家第二批老年人心理关爱项目试点启动仪式在小金口街道九龙村举行（小金口街道/供图）

【网格化疫情防控】 2020年，小金口街道建立10个村（社区）大网格、27个片区网格、108个小网格，并设定网格长，做到街道不漏村（社区）、村（社区）不漏户、户不漏人。同时，充分发挥网格化平台系统大数据优势，通过“摸、排、管、控、服”开展疫情防控各项工作。网格化疫情防控措施受到国务院疫情防控督导组的充分肯定，并在省政府新闻发布会上介绍经验做法。

【“一线三排”】 2020年，小金口街道践行“一线三排”工作机制，落实安全生产工作责任制，整年辖区安全生产形势稳中有进。签订“党政同责、一岗双责”责任书32份，签订企业安全生产责任书858份，签订“三小”场所消防安全责任承诺书2381份。检查各类社会单位200家次，下达责令改正指令书400余份，排查整改各类安全隐患700余处，上报上级有关部门处罚存在安全隐患企业6家次，开展“打非治违”行动4次。投入102.8万元，保障安全生产和消防监管工作顺利开展。为街道7个村、3个社区和骆屋小组配备微型消防站。对辖区现有消火栓进行了除锈翻新，全面提升街道（村、社区）扑救初期火灾的能力、水平和基础保障能力，搭建小金口消防数字管理平台。

（小金口街道：余姣龙）

水口街道

【概况】 水口街道是惠州市区的东大门，是城区工业经济的主战场。辖区总面积120平方千米，下辖17个村和4个社区，户籍人口10.13万人，流动人口7.96万人。水口地理环境得天独厚，土地以平原为主、地势平坦；拥有众多山塘、水库，水利资源丰富；气候温和、雨量充沛。惠州大道、三环路、广惠高速、惠大高速、隆生大桥及河惠莞高速在辖区纵横交错，区位优势明显，道路交通便利。水口街道被评为“国家级生态街道”“中华诗教先进单位”“广东省教育强镇”“广东省人口文化示范基地”“广东省群众性体育活动先进单位”“广东诗教之乡”“惠州市‘两违’整治先进集体”“惠州市文明村镇”“惠州市卫生先进镇”。

2020年，进一步完善“数字消防管理平台”建设，增设出租屋和建筑工地两个领域，将行业部门相关数据纳入消防大数据共享范围，开展智慧消防数据治理工作。以“街路巷”将湖滨社区细分为100个小网格，充分运用综治网格平台从“地理网格”向“线上网格”提升，打造覆盖全域、直达末端的“区域网格”，实现“网格再细分、管理再精准、措施再严密”的目标。依托惠城水口数字网格通小程序，建立“线上”治理网格，群众反映的问题采取“云端集中受理、专业化精准办理”方式，实现基层治理“零距离”。采集人口信息18.69万条，房屋9.32万间，单位1.04万个，解决民生问题4986起，办结率99.8%。

是年，受疫情影响，街道完成地区生产总值85.99亿元，同比下降3.4%；规模以上工业总产值177.33亿元，同比增长3.88%；固定资产投资43.83亿元，同比下降11.5%，其中，工业固定资产投资12.71亿元，同比增长36.2%；社会消费品零售总额41.65亿元，同比下降2.8%；税收收入17.38亿元，同比增长8.2%。

【项目建设】 东江湾千亿产业园规划面积30平方千米，水口街道所占面积25.1平方千米。2020年，已建设区域土地面积6.63平方千米，规模以上企业70家，其中，18家为高新技术企业，产值132.74亿元。

继续推进南区、荔城、青塘三大园区组团建设，园区新开工项目6宗，为恒昌盛、西顿照明、沃尔核材、合升智能、天宝智能、创润达项目。重点项目8宗（市重点项目7宗，区重点项目1宗），其中，新投资项目5宗，续建项目3宗。累计完成投资8.27亿元，完成年度计划投资的114.6%。

【征拆工作】 2020年，水口街道持续推进征拆工作，签订征地协议12宗，面积1787.2亩。签约地上附着物434宗，面积956.41亩。签约房屋28宗，面积2.25万平方米；拆除房屋28宗，面积2.25万平方米。

依法依规开展拆除行动167次，出动人员4040人次、车辆820辆次、机械260台，拆除“两违”建筑面积84.9万平方米，完成率102.8%。对辖区内近20个统征地进行清场，拆除减存量80宗，拆除面积1.86万平方米。采取“一户一宅”“疏堵结合”有力措施确保农村刚需建房落实落地，定期召开“一户一宅”联审会议，先后审批通过符合“一户一宅”建房名单94户。

【乡村振兴】 2020年，水口街道以大喇叭宣讲、“小手拉大手”活动、发放“公开信”“倡议书”等形式，提高群众对人居环境整治工作的知晓率。加大力度做好垃圾分类宣传工作，开展公益活动16场次，入户宣传率达95%。发动办事处及各村干部职工、党员志愿者组建服务团队，齐心协力下沉到各村开展人居环境整治工作，参与人数2.34万人次。

打造省级现代农业示范区，整合万年、万卢、下源、水口村等沿东江片边，形成农业产业带。以广东绿湖园艺股份有限公司为实施主体打造花卉产业园，融合休闲、娱乐、购物、文化等第三产业，辐射新民、张村、澳背、蓬陵等村，以产业振兴助力。

投入资金3906.9万元完善市政基础设施建设项目，道路硬底化工程完成长度6116米，面积4.60万平方米。拨付移民房屋重建租房补贴22.12万元，设备进场资金4万元，改善移民群众生产、生活等问题。抓好农村冬修水利工程，其中，街道办事处投入资金30万元，完成危房改造21户。

成立机动小组全力开展卫生环境整治工作。开展户外广告清拆行动，严格查处垃圾倾倒现象。依托新时代文明实践站、所等活动载体，提升群众文明素质，打造湖滨社区为第二个实践站示范点。

全面落实河长制工作，做好河道及周边保洁、清漂工作。持续开展饮用水源地保护日常巡查，已完成农村污水处理设施整改6处，为4个行政村新建农村生活污水处理设施。

【优化人才队伍】 2020年，水口街道全面储备优化人才队伍工作。全面铺开农村“建档立卡”工作。从各村（社区）18周岁至45周岁群体中建立青年人才库。增加村党组织书记、村“两委”储备人选等人才数量，先后招聘16名村（社区）党组织书记储备人选和12名村（社区）“两委”干部储备人选。

全面谋划换届选举工作。所有村（社区）“两委”均完成届中调整，“两委”干部交叉率达87.38%，平均年龄约40岁，大专以上学历93人，占比74.40%。“两委”干部趋于年轻化、高学历。

【信访工作】 2020年，水口街道按照一个窗口服务群众，一个平台受理反馈，一个流程调解到底，一个机制考核监督的要求规范运作流程。组建“6+1”联心服务团，推动信访工作下沉，变被动接访为主动接访。发生各类信访及矛盾纠纷案件共538宗，办结率94%，回复率100%。

（水口街道：张素瑜）

三栋镇

【概况】 三栋镇是位于惠城区最南部的郊区镇，下辖10个村和2个社区。村民小组共有151个，户籍人口3.28万人，流动人口3.11万人。辖区面积68.6平方千米。三栋镇是中国农工民主党创始人邓演达的故乡、“国家卫生镇”“国家级生态乡镇”“广东省宜居示范城镇”“广东省教育强镇”“惠州市文明示范镇”。三栋镇鹿颈村是广东省首批“广东十大美丽乡村”。2020年，三栋镇获评广东省乡村治理示范镇。

2020年，受疫情影响，经济发展受挫明显，但二季度以后逐步回暖。全镇实现地区生产总值43.1亿元，实现正增长。规模以上工业总产值68.5亿元，同比增长3.6%。投资逆势上扬，固定资产投资28.2亿元，同比增长21.6%。工业投资6.4亿元，同比增长1.4%。工业技改投资2.2亿元，同比增长64.2%。

【机构改革】 2020年，三栋镇按照省、市、区委的工作要求，如期完成行政机构体制改革工作。行政内设机构由原来的7个（党政办公室、纪检办公室、人大办公室、社会事务办公室、农林水办公室、经济办公室、计划生育办公室）调整为11个（党政综合办公室、人大办公室、党建工作办公室、纪检监察办公室、公共服务办公室、综合治理办公室、综合行政执法办公室、经济和建设办公室、生态环境保护办公室、应急管理办公室、农业农村办公室），行政编制38名，其中用于行政执法的编制9名。党政机构设正股级领导职数11名、副股级领导职数10名。机构改革后11个部门人员已全部到位上任，机构挂牌工作全部完成。机构职能整合后，已按要求清理擅自设立的机构7个，拆除加挂的牌子33块。办公场所按照便民、规范的要求，科学设置办公场所。党群服务中心等公共服务部门均在沿街办公楼设立便民服务窗口，对乡镇的自设机构统一撤并。

【项目建设】 2020年，三栋镇制定《征地拆迁工作考核奖惩办法》，开展项目征拆攻坚年行动，在项目征拆一线成立指挥部，将精干队伍下沉到重难点项目一线。大力协调解决回拨地问题，争取822亩留用地指标，保障被征地群众的利益。征拆工作因疫情暂缓了近2个月，但下半年工作提速增效明显。在上半年新签订土地协议和新交地均不足千亩的情况下，全年完成6宗重点项目征拆，签订土地协议约4977亩，清场交地约3395亩，清场交地面积是2019年的3倍。

【乡村振兴】 2020年，三栋镇坚持打好“农村人居环境整治三年行动”收官之战。在惠城区农村人居环境整治“百日攻坚”行动统一指挥下，先后投入800多万元开展整治，清拆危旧房和乱搭乱建1500余间，清理垃圾7万余吨。全镇10个村达到“干净整洁村”标准。坝山口村、莲塘村、鹿颈村代表惠城区接受省乡村振兴实地考核，整治成效获得认可。木沥村获评“广东省卫生村”。加强农村基础设施建设，各村雨污分流全面完成，进行村道路面硬底化6.46千米，完成养志小学门楼修缮、破损道路修复等工程。

规范农村宅基地报建审批，制定《三栋镇农村住宅建设管理办法（试行）》，疏导村民刚性住房需求。组织开展两轮遍访群众工作，成功解决群众反映强烈的刚需建房问题和留用地历史遗留问题，问题解决率达90%。开展“一提升九整治”行动，查处数十宗非法侵占国有及集体资产行为，追回损失近百万元，清理被占用的国有土地近20万平方米。

巩固黑臭水体整治成效，完成木沥河生态修复第一阶段工程，加强排污口巡查整治，木沥河水质稳定达到V类水标准。完善截污管网建设，率先在全区各镇中实现雨污分流全覆盖，配合完成惠南片区农村集体留用地雨污分流改造工程。加强企业排污管控，指导辖区内253家企业开展排污许可信息登记。加强生态资源保护，完成2020年省级生态公益林重新落界工作，增强对莲塘布县级自然保护区的巡查监管，实现森林火灾零事故和非法盗伐林木事件零发生。

【换届选举】 2020年12月26日，完成12个村（社区）党组织换届选举工作。推选出村党组织委员69人，其中，书记12人，副书记5人。平均年龄为37.2岁；大专及以上学历54人，占比78.3%。

【社会保障】 2020年，三栋镇163户建档立卡相对贫困户实现脱贫，总脱贫率达100%，全部实现“两不愁三保障”。低保户低保金每人每月平均上调208元。

加强特困人员精细化管理，66户五保户100%与供养机构或监护人签订委托照料护理协议，通过购买服务定期为缺乏生活自理能力的空巢老人、独居老人提供居家养老服务。完善低保、特困人员排查制度，制定驻村团队与困难人员挂钩联系服务制度，健全长效管理服务机制。

实施贫困户危房改造工程，10户贫困户危房改造项目均已全部竣工验收。

【网格化管理体系】 2020年，三栋镇健全网格化管理体系，启动沙澳村、新兴社区网格化试点工作。设立数码园北区警务室，增强数码园北区治安防控力量。推进“雪亮工程”，在全镇加装约400个治安视频摄像头，形成视频监控网络系统。刑事盗抢警情同比下降46%，治安类警情同比下降19%，无因矛盾激化升级为刑事案件或引发不良社会响应的情况发生。拆除“两违”建筑物445宗约70万平方米。开展安全生产、消防安全“百日攻坚”大行动，建立消防安全网格化平台。做好新兵入伍“四尊崇”、退役返乡“五关爱”、日常关怀“六必访”工作，镇退役军人服务站成功创建广东省五星级服务站。

（三栋镇：郑艳芳）

汝湖镇

【概况】 汝湖镇位于惠州市区东北部，东江中游西岸，属江北片东区规划范围，2020年，汝湖镇总面积153.3平方千米。辖区有23个行政村和4个社区，户籍人口5.69万人，流动人口1.54万人。汝湖镇是惠州市甜玉米之乡、“全国社会治安综合治理先进集体”“广东省教育强镇”“广东省卫生镇”“广东省一村一品一镇一业专业镇”。

地区生产总值32.48亿元，同比增长9%；规模以上工业总产值35.25亿元；固定资产投资26.65亿元，同比增长7.3倍；社会消费品零售总额31.26亿元，同比增长1.3%。农村居民可支配收入约2.6万元，同比增长10.3%。全镇505户建档立卡相对贫困户实现脱贫，脱贫率100%。

【机构改革】 2020年8月，汝湖镇党委、政府机构变更为11个党政机构：党政综合办公室、人大常委会办公室、党建办公室、纪检监察办公室、公共服务办公室（党群服务中心）、综合治理办公室、行政执法办公室、经济和建设办公室、生态环境办公室、应急管理办公室、农业农村办公室。机关行政编制55名，用于行政执法工作的编制10名。镇领导班子职数按有关规定确定。综合行政执法办公室主任1名（副科级）。党政机构设正股级领导职数11名（含综合行政执法办公室副主任1名），副股级领导职数10名。充实21名高学历年轻干部，中层以上干部本科学历占比90%。制定完善《汝湖镇编外人员管理制度》等5项制度，优化干部考核奖惩机制。

【项目建设】 2020年，汝湖镇23宗征地项目完成土地征收3895亩，其中，收储用地2680亩。惠州市现代农业示范园、白鹭湖康体运动建设项目等3宗区级以上重点项目完成投资2.3亿元。引进星河传奇、光伏复合发电项目等社会投资项目共13宗，总投资达81.27亿元。其中，光正学校扩建项目、丰田4s店等4宗项目已完工。

【乡村振兴】 2020年，汝湖镇推进农村生活污水治理，投入3500万元整改污水处理设施8座，建成污水收集主管23.4千米、支管20.8千米，农村生活污水治理率在60%以上。完成“新农村公路”“四好农村路”“乡村振兴道路硬底化”共69.39千米，扩宽窄村道路面12.36千米。开展农村人居环境整治“百日攻坚”行动，突出抓好“厕所革命”，改造户厕44座；加强农村垃圾治理，完善垃圾处理点设置，23个行政村均达到“干净整洁村”标准。实施乡村风貌提升工程，建设以广仍路—东湖路为主轴共25千米环线的风貌提升示范区，完成632栋农房微改造、12个“四小园”建设、2000米沿线绿化、3800米沥青罩面。启动乡村风貌提升示范区建设，实施农房微改造、特色景观打造、“三线”下地、绿化提升等工程，乡村面貌焕然一新。大良至茶径道路实现通车，安装路灯3100余盏，陈塘河黑臭水体实现“长制久清”。

上下围村新貌（汝湖镇钟艳群/摄）

【人才“大储备”】 2020年，汝湖镇组织村（社区）“两委”干部集中培训，实施镇、村、组三级六类人才“大储备”，收录812名优秀人才入库“建档立卡”。加大经济薄弱村、“两新”组织党员发展力度，吸收预备党员25名，平均年龄28岁。完成村（社区）“两委”换届工作，新进“两委”干部61人，大专以上学历占比提高33.9%，平均年龄降低10岁，队伍学历水平、专业素质、整体功能和年龄实现“三升一降”。创新建立“大棚”党建工作室，荣获区党建项目PK赛三等奖。

【文体教育卫生】 2020年，汝湖镇成立仍图商会、仍图教育促进会。发展文化体育旅游产业，成功举办环汝湖60千米徒步活动。推进教育强镇复评工作，投入1078万元加强教育教学设施。整理编印《汝湖镇民间文化故事集》，原创歌曲《白鹭湖恋歌》被遴选为优秀文艺节目。完成镇文体广场升级改造，新建公办幼儿园“汝湖中心幼儿园”。

【综治维稳】 2020年，汝湖镇全年拆除“两违”建筑257宗，面积11.2万平方米。完成广惠高速汝湖出口改造任务，深化“一村（居）一警”工作，刑事警情发案数下降14%，治安案件发案数下降46%。

【安全生产】 2020年，汝湖镇制定《汝湖镇开展消防车通道集中治理行动》《汝湖镇开展今冬明春火灾防控工作》《“三小”场所敲门行动》《粤商通消防安全线上承诺推广工作》《2020年度惠城区“119”消防安全宣传月活动》等7个工作方案，保障各项消防安全工作。

是年，检查企业149家次，有效排查消除隐患289处。处置23宗灭火救援任务（火警类21

宗、水灾类2宗），检查企业、“三小”场所1850余家次，有效排查消除消防安全隐患860余处。

（汝湖镇：肖 游）

马安镇

【概况】 马安镇位于惠州市区东部、西枝江之滨，毗邻惠州机场，是惠州市区的“东大门”，总面积76平方千米。2020年，马安镇下辖13个村、2个社区，户籍人口3.55万人，流动人口1.17万人。农村集体“三资”流转交易一律在平台上进行，全年完成集体土地流转交易5宗，交易面积716亩，交易溢价率达52%，每年为村集体增加收入153.6万元，农村集体“三资”管理更加健全。

完成地区生产总值39.3亿元，同比增长4.4%；规模以上工业总产值56.8亿元，同比增长14.9%。大力推进项目招引和建设，完成固定资产投资45.9亿元，同比增长18%；工业投资7.81亿元，同比增长70%。

是年，重点打造群乐社区、下良村2个基层治理网格化互融共治试点。全年排查受理各类信访案件163宗，网络问政办结率100%，特别是成功调解5宗历史疑难复杂的积案。获“全国发展改革试点城镇”“广东省教育强镇”“广东省宜居示范城镇”“广东省卫生镇”“惠州市文明镇”“惠州市卫生镇”等荣誉称号。

【项目建设】 2020年，马安镇全力推进“一园两城”建设，大力实施“三个三”发展战略，即聚焦“三大课题”（乡村振兴、实体经济、城市更新），高质量打造“三大经济板块”（大沥口城市板块、千亿产业园工业板块、惠州湾产业新城产业板块），努力建设“三大新城”（市区东部新城、产业新城、活力新城）。

坚持“生态优先、绿色发展”的理念，以区高新科技产业园（东园）、惠州湾产业新城建设为契机，承接深圳、东莞等地外溢资源，引进精力科技、银山科技、金环宇新材料、志惠八方环保科技、福斯康姆智能安防科技等项目，总投资额达30亿元。在续建和增资扩产项目上，稳步推进广东利元亨智能装备股份有限公司、惠州市豪鹏科技有限公司二期项目等7宗市区重点建设项目，2020年计划总投资6.7亿元，1—12月完成投资7亿元，完成年度投资计划的105%。

在服务项目上，以市、区、镇三级“首席服务官”制度全面推行为契机，提升服务企业质量。对广东利元亨智能装备股份有限公司等7宗项目，实行“一个项目、一名领导、一个班子、一套方案、一抓到底”的“五个一”工作机制，帮助项目单位（企业）及时解决报建、施工过程中遇到的问题。推行“特优保”惠企政策，协助广东利元亨智能装备股份有限公司、惠州市豪鹏科技有限公司、胜华电子（惠阳）有限公司等入选惠城区2020年“特优保”企业，有效帮助企业吸引高新人才入驻马安。

【乡村振兴】 2020年，马安镇深入实施乡村振兴战略，大力开展农村人居环境整治。累计投入2200万元完善农村基础配套设施，重点打造水贝、新楼2个美丽宜居示范村。对上寮村道、东深引水工程路木棉段、马水公路及柏田村委广场、马安村耕寮小组广场等进行绿化。清理公共区域长期积存垃圾1700处，建筑材料340处，沟渠、鱼塘、河湖的淤泥、漂浮物及障碍物800多处。拆除乱搭乱建、违章建筑988处，非法违规商业广告、招牌1500处，危旧房、猪牛栏、残垣断壁、泥砖房1076间。整治“三线”（供电线、通信线、有线电视线）乱搭乱接706宗、污水乱排乱倒202宗、村民房前屋后乱堆乱放2300家，13个行政村全面达标干净整洁村。

完成6座农村生活污水处理设施整改，铺设管网12千米。新增硬底化（含拓宽）村道15.7千米。扎实开展脱贫攻坚，283户建档立卡贫困户有序脱贫。累计投入100万元，实施马安、新群2个村级集体经济发展试点项目。完成贫困户危房改造57户。引进绿湖园艺水贝村花卉产业园、神农兰香谷龙塘村葡萄园等项目，有效盘活丢荒耕地近1000亩。完成“两违”拆除任务90宗，拆除“两违”占地面积22.85万平方米、建筑面积26.94万平方米，完成率达115%。

3月25日，马安镇开展“全民义务植树、建设绿美乡村”全民义务植树活动（马安镇/供图）

【强基固本】 2020年，马安镇建立“一清单三名单”（“一清单”即“问题清单”，“三名单”即继续留任名单、需要调整名单、拟新进班子名单），在换届前打掉涉黑涉恶团伙，把年龄偏大、工作不胜任等不符合条件的干部在换届前调整下来，确保村级换届蹄疾步稳、依法依规推进，村（社区）党组织换届于12月底全面完成。

开展镇村人才大储备，“建档立卡”外出人员506人，公开招聘党建指导员5人、党建联络员4人、村（社区）党组织书记储备人选6人、“两委”班子储备人选2人，有效化解乡村振兴“人”这个核心问题。

高标准完成镇党群服务中心建设，村（社区）评定五星党组织3个、五星党群服务中心2个。为村（社区）党组织发放服务群众专项经费150万元、办公经费75万元。创新开展“主题党日+”活动，赴叶挺纪念馆、东江纵队纪念馆等地开展党性教育。

举办脱贫攻坚、乡村振兴与农村社区治理培训班，先后到华南农业大学、高要家训廉政教育基地、英德连樟村、英德电子商务产业基地等地学习取经，提升干部职工推动乡村振兴与农村社区治理能力。

【文体教育卫生科技】 2020年，马安镇联合“两新”企业举办马安镇党建引领系列活动之篮球育苗培训班，丰富青少年的体育生活。原创村歌《总有花开的时候》获惠州市原创村歌文化汇创作奖。

镇辖区中小学校教育软硬件设施进一步完善，德威江誉诚小学和东安幼儿园交付使用，增加小学、幼儿园学位2300个。举办马安镇教师节座谈会，投入8万元用于教师节表彰慰问。

开展公共卫生服务，为65岁以上老人进行免费体检2083人次。100%完成计生特殊家庭免费体检和家庭医生签约工作。

4月23日，马安镇举办“书香岭南”全民阅读日暨“忠孝民俗文化”大讲堂活动（马安镇/供图）

【社会保障】 2020年，马安镇城乡居民医疗保险参保任务完成率100%。转移农村富余劳动力114人，城镇新增就业810人，城镇登记失业率控制在2.6%以内。底线民生全面保障，为高龄老人、低保户、五保户、困难家庭发放高龄津贴、救助金等计约530万元。落实新群村137名被征地农民养老保障金258万元。

（马安镇：吴莎莎）

横沥镇

【概况】 横沥镇位于惠城区东北部，地处东江中上游，分别与惠东、惠阳、博罗、紫金接壤，辖区面积约343平方千米，是惠城区面积最大的镇。户籍人口7.91万人，流动人口723人。横沥镇分为横沥片区、矮陂片区、大岚片区，有40个村和3个社区，是惠州市惠城区的生态功能区。区内有温泉、林场、东江、生态农业、古建筑群等旅游资源。2020年，横沥镇完成地区生产总值18.45亿元，同比增长2.06%；固定资产投资5.65亿元，同比增长20.6%；工业投资18011万元，同比增长5倍；社会消费品零售总额5.9亿元，同比下降6.7%。是年，横沥镇人民政府被惠州市禁毒委评为“最美禁毒团队”。

【项目建设】 2020年，横沥工业园一期规划占地面积8909亩，总收储面积约2200亩，已有三和建材有限公司、荣盛业杭萧钢构有限公司、惠州市中闽钢结构有限公司选择在该园落户。重点项目有两个。

万乾工业园项目。项目总面积48826平方米，预计总投资约1.5亿元，将打造“横沥·横岗产业转移试点”，重点承接深圳横岗先进制造业转移项目。厂房分两期建设，至年底，一期主体已经完工，进入装修收尾阶段。

建筑产业化基地项目。规划占地面积200亩，拟在惠州建设一个装配式钢结构绿色建筑产业基地，主要生产专利产品钢管束构件及配套产品，总投入13亿元。该项目于2020年7月起正式进场施工建设。

【乡村振兴】 2020年，横沥镇按照“一村一品”的发展思路发展矮陂梅菜、大米，大岚蜜柚，横星慈姑，蔗埔柠檬园（2020年获评广东省“一村一品，一镇一业”柠檬专业村），新荣小龙虾，沿江连片番石榴等农产品，提高农产品附加值，拓展产业链，吸纳更多村民就业。

9月11日，由镇党委、镇政府主办的“以柚为媒，奔向小康”惠州市横沥镇首届大岚蜜柚节揭幕，当天就订购出近5万公斤蜜柚，首个周末就吸引30多个家庭到现场进行采摘，售出蜜柚18万公斤。12月30日，在黄沙洞村举办首届温泉旅游节暨第三届梅菜文化节，把“温泉古镇，梅菜之乡”的美誉传到各地。通过电商、网络销售，特别是农产品网络电商和直播电商，多渠道、全方位拓宽农产品销路，带动村集体和贫困户增收。通过电商销售、网络直播销售等平台共销售各类农产品（番石榴、青枣、橘子、丝苗米、蜂蜜、梅菜等）约43万公斤，金额约258万元。

【村镇建设】 2020年，河惠莞高速建设完成并顺利通车。完成投资约10亿元的省道S120线扩宽改造工程；完成总投资1395.4万元，全长1.5千米的县道X226线改建工程；投入资金9980万元，完成农村公路硬底化建设138.79千米。投入资金约1200万元，完成“四好农村路”镇通行政村公路窄路面拓宽改造18.7千米；投入约404万元推进“四好农村路”“畅返不畅”道路维修改造工程，投入74万元对泰安村社前桥危桥进行改造。投入资金331万元，完成南截渠、鲤鱼沥、排洪沥和潭头村瓦寮坑陂头、潭头村打狗坑陂头、马岭村长坝陂头、大陂头村洪坑陂头、中洞村塘子背陂头5个陂头的修复加固工程。完成43个村自来水管网铺设，通管到户，正常通水。

推动墨园、增湖、黄沙洞、森柏洞等4个美丽乡村示范村建设。实施墨园村中国传统古村落保护与发展建设项目。完成黄沙洞美丽乡村建设示范点项目。投入约2200万元用于人居环境整治，进行“三清三拆三整治”工作。清理公共区域乱堆乱放生产工具、建筑材料2.43万处，清理杂草、沟渠淤泥约15.79万吨，清理河溪143条约9.02万米，清理池塘384个。拆除危旧房、违章建筑、废旧牛栏约38万平方米（人居环境整治以来共拆除约53万平方米），拆除非法违规广告约612处。整治“三线”乱搭乱接233宗，整治垃圾乱扔乱放、污水乱排乱倒约6386宗。村容村貌焕然一新，乡村人居环境整治取得一定成效。

【环境保护】 2020年，横沥镇完成总投资约2540万元的横沥镇污水处理厂项目，该污水处理厂日处理污水量2000吨。继续完善观音山、天罡、新荣、森柏洞等4个村污水处理设施及配套管网建设。整改改造大岚村、小岚村、岚联村等14个村农村生活污水处理设施14座，已通水试运行。霞塱村、沙岗村、大利村等10个村的10座农村生活污水处理设施已全部进入施工期。投入资金约168万元，完成横沥圩街雨污分流项目。

【人才“大储备”】 2020年，横沥镇落实人才“大储备”，推进“建档立卡”1387人，发挥11名党建指导员、5名党建联络员的联动作用，深入村（社区）一线，指导党务具体工作。稳推换届选举工作，换届调整后，“两委”干部235人，100%实现“三个一肩挑”，大专及以上学历131人，“两委”干部平均年龄41.3岁，女性57人，实现学历、年龄、性别“一升一降一优”。打造“四季党建”，在“惠城区党建创新项目PK赛”中荣获第一名，丰富黄沙洞村“劳动者港湾”、墨园村“七彩党建”、蔗埔村“五心家园”等党建亮点。

11月30日，惠城区基层党建工作现场推进会（横沥站）暨提升基层党建组织服务水平交流会在横沥镇召开（横沥镇黄婷婷/摄）

【文体教育卫生科技】 2020年，惠州市第三人民医院横沥分院建设有序推进。加速推进横沥镇中心幼儿园开园办学工作，该幼儿园占地面积2500平方米，建筑面积2380平方米，9月招生开园。横沥镇协调相关部门采取“政府出大钱、家长出小钱”的模式出资1000多万元，实现用校车接送学生上下学，解决近1600名学生上下学出行安全问题。出版《横沥镇革命英雄故事集》。因地制宜改扩建蔗埔村老少群体活动中心、翟村文体广场等惠民文化载体，兴建拥有万卷藏书的泰安村图书馆。

【社会保障】 2020年，横沥镇新增缴费渠道，城乡居民医疗保险已在村（居）委会全面推广，可通过建行、手机APP、粤省事缴费。开通广东省社会保险待遇领取资格认证，方便户籍在省内市外的居民就近办理养老年审。2020年，城乡居民养老保险实际缴费10860人，完成率104.3%；城乡居民医疗保险实际缴费54189人，缴费率达101.5%。

（横沥镇：黄婷婷、张靖楠）

芦洲镇

【概况】 芦洲镇位于惠城区北部、东江中游，东部与紫金县好义镇交界，西、北部临东江，与博罗县观音阁镇、泰美镇隔江相邻，南接横沥镇。2020年，芦洲镇面积205平方千米（含墩子林场），下辖龙颈、芦村、大兴、香园、岚派、岚星、岚中、岚田、岚石、军田、墩子场、上青、横江、青塘、三洲、群建、东胜、富星、横岭19个村和芦兴、双洲2个社区。芦洲镇户籍人口2.96万人，流动人口469人。完成地区生产总值6.18亿元，同比增长3.6%。其中，农业增加值3.188亿元，同比增长4.6%；第二产业增加值1653万元，同比下降49.1%；第三产业增加值2.83亿元，同比增长3.6%；固定资产投资完成0.85亿元，同比下降79%；社会零售总额完成2.90亿元，同比增长6.4%；完成税收98万元，同比下降45.6%。

是年，按农村干部“大储备”工作的要求，对全镇35岁以下、大专学历以上人员进行全面摸排，完成550人信息收集工作。

【项目建设】 2020年，芦洲镇有重点项目2宗，分别为芦洲镇重点帮扶村基础设施建设项目、县道X203延长线道路改扩建工程。重点帮扶村基础设施建设项目，完成投资2769万元，完成19.16千米村道，以及12座箱涵的建设和接驳道路路面硬底化。8座桥梁在施工中。其中，3座桥梁已完成桥面浇筑，4座桥梁已完成下部结构，累计完成工程量的84.05%。县道X203延长线道路改扩建工程总里程4.7千米，扩建路基宽7.5米，路面宽6.5米，年底已完工，已在办理相关竣工手续。

年内，芦洲镇粮食播种面积完成1.90万亩，优良品种推广率在90%以上。“一村一品”经济作物重点发展种植玉米、花生，面积均在1500亩以上，其中，甜玉米达到1000亩，花生3000亩。

【村镇建设】 2020年，芦洲镇开展《芦洲镇镇区控制性详细规划》和《芦洲镇发展总策划》编制工作，《芦洲镇镇区控制性详细规划》已完成专家意见评审，《芦洲镇发展总策划》已上报市政府常务会议通过生效。芦村、三洲、群建、横江村庄规划编制已完成。

开展镇通行政村公路窄路面拓宽改造工程，涉及大兴、横江、东胜、芦村、龙颈、群建、上青、横岭、岚石、军田、墩子场、富星、青塘、岚田等村，全长34.56千米，至年底已全部完成。

完成20户以上村民居住地道路硬底化1.93千米，“畅返不畅”农村公路修复工程0.1千米。

开展农村人居环境整治“百日攻坚”行动。累计投入启动资金300万元，出动清理整治人员4.97万人次，投入挖掘机、垃圾运输车等机械设备3810辆次，清理垃圾约4762吨，拆除泥砖房约1153间2.93万平方米。基本完成农村户厕、公厕改革。开展美丽乡村建设工作，三洲村和芦村村已申报2020年美丽乡村示范村项目，每个村投入建设资金为500万元，均已完成验收。

8月27日，芦洲镇召开人居环境整治“百日攻坚”专题培训会（芦洲镇/供图）

【届中选举】 2020年，芦洲镇19个村和2个社区届中调整补选48名村（社区）“两委”干部。新进48人，书记调整10人，全镇21个村（社区）支部书记、主任全部实现“一肩挑”。调整后，班子成员中男性78人，占75%；女性26人，占25%。大专以上文化程度42人，占40%。调整后村（社区）“两委”干部平均年龄39岁。

【文体教育卫生科技】 2020年，芦洲镇对二房外屋、文林第、五房糖房、二房大屋、角楼大夫第、呈陂、古井、九龙衍派祠堂、华萼堂等开展不可移动文物检查保护工作。

定期对各文物点进行安全检查，针对部分文物点存在的问题制定方案整改，排除安全隐患。

芦洲镇有芦洲学校、芦岚中学、芦岚中心

小学3所公办学校，芦洲中心幼儿园1所公办幼儿园。年内教育经费总投入4106.7万元。修缮镇辖区内学校设施，投入23万元。改造芦洲中心幼儿园消防设施，投入约45万元。设立教育奖励金，对成绩优秀的学生给予奖励2万元。资助困难学生44人，总额4万元。启动芦岚片区公办幼儿园建设项目，计划投资600万元。

芦洲镇医院全年门诊就诊5.49万人次。村卫生站规范化建设完成率100%，已全部投入使用。家庭医生签约人数6400人，签约率33.4%。芦洲医院推进中医诊疗服务并与惠州市第二妇幼保健院中医康复科达成专科联盟帮扶，每周下沉到芦洲镇医院进行中医诊疗服务，19个村卫生站全部落实镇村一体化管理。

开展“便民服务跑男团队”“防疫宣传大喇叭、小蜜蜂”“农产品滞销，干部带货”等活动，带货农产品累计40余万公斤。

芦洲镇联合供电部门、通信营运商、各村（居）多方进行实地排查，摸清镇辖区信号覆盖面现状以及群众居家通信需求，结合本地实际，为下一步光网铺设入组入户，协调涉村、涉农产权征用，5G基站建设以及改造奠定坚实基础。大兴、龙颈、岚中、群建、墩子场5个村壮大集体经济项目，落实光伏发电项目建设，年底已完成项目建设。支持农民购买农机，现有整耕机386台、收割机36台。推广高产优质高效良种，主推杂优9802、5814。

【网格化服务中心】 2020年，芦洲镇成立镇社会管理工作网格化服务中心，完善网格工作制度上墙。配置大数据电子信息平台，按照各网格的实际情况和工作需要，实行“一格一员”制，配足工作人员。芦洲镇有大网格21个，其中，一级网格1个、二级网格21个。

（芦洲镇：吴仕贤）

新任区领导

【新任区委常委】

陈广文 男，汉族，1980年9月生，广东惠城人，2001年6月加入中国共产党，2001年8月参加工作，中共中央党校公共管理专业毕业，大学学历，获华南农业大学农业推广专业硕士学位。

1998年9月后，在惠州学院物理系物理教育专业学习。2001年8月后，任惠阳市水口镇职员。2001年12月后，任惠阳市水口镇组织干事（副股级）。2004年2月后，任惠阳区水口镇团委书记。2005年4月后，任惠城区水口镇党委组织委员。2006年4月后，任惠城区水口街道党工委委员（其间，2004年9月至2006年7月，参加中共中央党校公共管理专业本科班学习并毕业）。2007年10月后，任惠城区水口街道党工委组织委员。2009年10月后，任惠城区水口街道党工委副书记、办事处主任（其间，2012年4月至2012年6月，参加惠州市委党校第二十五期中青班学习。2010年9月至2012年6月，参加华南农业大学在职研究生农业推广专业学习并取得硕士学位）。2013年12月后，任惠城区水口街道党工委书记、人大工委主任。2016年8月后，任惠城区水口街道党工委书记。2016年11月后，任惠城区人民政府副区长、水口街道党工委书记。2017年7月后，任区政府党组成员、副区长，不再兼任水口街道党工委书记职务。2020年4月后，任惠城区委常委、区委办公室主任。

（区委办）

【新任区人大常委会副主任】

庄豪源 男，汉族，1963年6月生，广东揭西人，1980年9月参加工作，1986年3月加入中国共产党，华南农业大学法学专业毕业，大学学历。

1980年9月后，任揭阳市揭西县上砂小学教师。1982年8月后，在揭阳市揭西县师范学校学习（其间，1982年9月至1985年12月，参加汕头教育学院地理专业函授师范专科学习并毕业）。1983年9月后，任揭阳市揭西县上砂附中教师。1986年3月后，任惠州市龙门县龙城中学教师。1990年11月后，在惠州市龙门县人民检察院工作。1992年9月后，任惠州市龙门县人民检察院办公室副主任。1994年2月后，任惠州市人民检察院反贪局侦查科科员级助理检察员。1999年8月后，任惠州市人民检察院反贪局举报中心副科级助理检察员。2000年10月后，任惠州市人民检察院办公室副主任、助理检察员。2001年10月后，任惠州市人民检察院办公室副主任、检察员（其间，1999年9月至2001年12月，参加广东省委党校政法专业本科班学习并毕业）。2003年1月后，任惠州市人民检察院司法警察支队队长、检察员（其间，2002年9月至2004年7月，参加华南农业大学法学专业本科班学习并毕业）。2009年9月后，任惠州市人民检察院反渎职侵权局局长、检察员。2010年8月后，任惠州市人民检察院反渎职侵权局局长、检察委员会委员、检察员。2011年9月后，任惠城区人民检察院党组书记。2011年11月后，任惠城区人民检察院党组书记、检察长。2016年11月后，任惠城区人民检察院党组书记、检察长、四级高级检察官。2017年6月后，任惠城区人民检察院党组书记、检察长、三级高级检察官。2020年4月后，任惠城区人大常委会党组成员，区人民检察院党组书记、检察长、三级高级检察官。2020年5月后，任惠城区人大常委会副主任。

余道方 男，汉族，1966年9月生，广东紫金人，1988年6月参加工作，1986年4月加入中国共产党，中共中央党校法律专业毕业，大学学历。

1985年9月后，在惠阳师范专科学校数学专业学习。1988年7月后，在惠阳师范专科学校工作。1990年11月后，担任惠阳师范专科学校数学系股级政治辅导员。1991年7月后，在惠城区委办公室工作。1992年5月后，任惠城区委办综合科正股级干事。1992年11月后，任惠城区委新闻秘书(副局级)。1995年10月后，任哈奇食品（惠州）有限公司总经理（副科级）。1998年10月后，任惠州市正泰集团公司总经理（保留副科级）。1999年6月后，任江南办事处党委副书记、纪委书记（其间，2000年8月至2002年12月，参加中共中央党校法律专业学习并毕业)。2003年10月后，任惠城区政府办公室副主任、主任科员。2006年11月后，任惠城区劳动和社会保障局局长。2010年7月后，任惠城区委组织部副部长、区人力资源和社会保障局局长。2010年12月后，任惠城区教育局党委书记、局长。2014年11月后，任桥西街道党工委书记、人大工委主任。2016年7月后，任桥西街道党工委书记。2019年6月后，任桥西街道党工委书记、四级调研员。2020年1月后，任惠城区人大常委会党组成员，桥西街道党工委书记、四级调研员，区总工会党组书记。2020年5月后，任惠城区人大常委会副主任，区总工会党组书记。2020年6月，任惠城区人大常委会副主任，区总工会党组书记、区总工会主席。

（区人大办）

【新任区政府副区长】

叶光明 男，广东紫金人，汉族，1971年8月出生，1993年7月参加工作，1997年10月加入中国共产党，惠州学院汉语言文学专业大学本科毕业。

1991年9月至1993年7月，在广东人民警察学校交通管理专业中专班学习。1993年7月后，任惠州市公安局内保科办事员。1997年1月后，任惠州市公安局技侦支队科员。2001年10月至2004年10月，在湖南大学网络教育学院法学专业大专班学习。2002年5月后，任惠州市公安局行动技术支队副支队长。2003年8月至2005年12月，在中共中央党校函授学院总装备部分院本科班法律专业学习。2006年2月至2009年1月，在广东省惠州学院汉语言文学专业本科班学习。2006年10月后，任惠州市公安局刑警支队反盗抢机动车辆大队教导员。2009年12月后，任惠州市公安局行动技术支队政委。2010年9月后，任惠州市公安局技术侦察支队政委。2012年7月后，任惠州市公安局技术侦察支队支队长。2015年3月后，任惠州市公安局治安支队支队长。2016年9月后，任龙门县政府副县长、党组成员，县公安局党委书记、局长、督察长。2020年11月后，任惠城区人民政府党组成员、区公安分局局长、区委政法委第一副书记。2020年12月后，任惠城区人民政府副区长。

颜明光　男，汉族，1970年11月出生，广东潮南人，1991年8月参加工作，1996年12月加入中国共产党，广东省社会科学院经济学专业研究生毕业，华南农业大学经济管理学院农业推广专业硕士毕业。

1989年9月至1991年7月，在华南农业大学经贸英语专业学习。1991年8月后，任惠城区对外经济贸易委员会外资管理科办事员。1995年10月后，任惠城区对外经济贸易委员会外资管理科科员。1996年9月至1999年11月，参加广东省社会科学院政治经济学专业研究生班学习并毕业。1997年1月后，任惠城区对外经济贸易委员会外资管理科副科长（正股级）。1997年10月后，任惠城区对外贸易经济局外资股股长。2002年4月后，任惠城区对外贸易经济合作局副局长。2003年5月后，任惠城区三栋镇党委副书记。2003年10月至2006年6月，参加华南农业大学经济管理学院农业推广硕士专业学习并毕业。2006年7月后，任惠城区三栋镇党委委员、政府负责人。2006年10月后，任惠城区三栋镇党委委员、副镇长。2007年10月后，任惠城区三栋镇党委副书记、政府主要负责人。2008年1月后，任惠城区三栋镇党委副书记、镇长。2014年7月后，任惠城区三栋镇党委书记、人大主席。2016年8月后，任惠城区三栋镇党委书记。2017年7月后，任惠城区水口街道党工委书记。2019年6月后，任惠城区水口街道党工委书记、四级调研员。2020年4月后，任惠城区政府党组成员、副区长。

（区政府办）

【新任区政协副主席】

陈俊杰　男，汉族，1973年6月出生，广东陆丰人，1991年12月参加工作，1993年9月加入中国共产党，哈尔滨工业大学远程教育学院公共管理专业毕业，大学学历，硕士学位。

1991年12月后，任汕尾市公安边防支队战士。1993年9月至1995年8月，在湛江市人民警察学校公安专业就读。1995年8月后，任汕尾市公安边防支队陆丰大队金厢边防派出所正排职干事。1996年10月后，任汕尾市公安边防支队陆丰大队甲子边防工作站正排职干事。1996年9月至1999年8月，参加广东省委党校经济管理专业大专班学习并毕业。1997年5月后，任汕尾市公安边防支队陆丰大队副连职副艇长、党支部委员。1998年8月后，任汕尾市公安边防支队陆丰大队碣石边防派出所副连职干事。2000年6月后，任汕尾市公安边防支队陆丰大队碣石边防派出所正连职干事。2000年9月后，任汕尾市公安边防支队海丰大队鲘门边防派出所正连职干事。2002年7月后，任汕尾市公安边防支队海丰大队鲘门边防派出所副营职副所长、党支部委员。2003年7月至2006年7月，参加哈尔滨工业大学远程教育学院公共管理专业本科班学习并毕业。2004年9月后，任汕尾市公安边防支队海丰大队鲘门边防派出所正营职政治教导员、党支部书记。2007年3月后，任汕尾市公安边防支队海丰大队副团职政治委员、大队党委副书记。2007年7月后，任东莞公安边防检查站沙田分站副团职政治委员、分站党委书记。2008年2月后，任惠州市公安边防支队惠东大队副团职政治委员、大队党委书记。2009年3月后，任惠州市公安边防支队司令部参谋长（副团职）、支队党委常委。2010年5月后，任惠州仲恺高新区规划建设局副局长。2011年10月后，任小金口街道党工委副书记、政法委书记（正科级）。2013年3月后，任小金口街道党工委副书记、办事处主任。2014年7月后，任小金口街道党工委书记、人大工委主任。2016年7月后，任小金口街道党工委书记。2019年6月后，任小金口街道党工委书记、四级调研员。2020年4月后，任惠城区政协党组成员、小金口街道党工委书记、四级调研员。2020年5月后，任惠城区政协副主席、党组成员，小金口街道党工委书记、四级调研员。

（区政协办）

省级以上荣誉获得者

黄　伟　男，广东龙川人，汉族，1999年3月生，中共中央党校行政管理专业毕业，本科学历，中国共产党党员。现任龙丰街道金峰社区党委书记、居委会主任。2020年12月，被中华人民共和国民政部评为“全国抗击新冠肺炎疫情优秀城乡社区工作者”。

余党政　男，河南新蔡人，汉族，1976年10月生，大学学历，中国共产党党员。现任惠州市惠城区人民检察院四级主任科员。2020年4月，被惠州市精神文明建设委员会评为2019年度惠州市最佳文明创建信息管理员。2020年7月，被检察日报社评为2019年度全国检察宣传先进个人。2020年9月，其作品在广东省文学艺术界联合会举办的“脱贫攻坚看广东”美术书法摄影主题展中获摄影类三等奖。2020年11月，被检察日报社评为2020年度全国检察宣传先进个人。

徐新民　男，江苏武进人，汉族，1966年2月生，解放军电子工程学院毕业。现任惠州市惠城区工业科学研究所所长、惠州市惠城区生产力促进中心主任（副科级）。2020年9月，被中国生产力促进中心协会评为中国生产力促进中心协会25周年突出贡献者。

成妙淼　男，广东惠州人，汉族，1975年5月生，本溪冶金高等专科学校微型计算机应用专业毕业，大专学历。现任惠城区生产力促进中心副主任。2020年9月，被中国生产力促进中心协会评为中国生产力促进中心协会25周年突出贡献者。

荣誉录

2020 年惠城区“广东好人”一览表

表8

姓名	性别	职业	类别	评定时间
徐永辉	男	惠州市第三人民医院消化内科主任助理，内镜中心负责人；惠州第一批援鄂医疗队队长	敬业奉献	2020年第二季度
黎志伟	男	惠州市德邦物流有限公司惠城区水口营业部快递员	见义勇为	2020年第三季度
邓文进	男	惠州市善行公益志愿服务队队长	助人为乐	2020年第四季度
胡　枫	女	惠城区民间文艺家协会副主席	助人为乐	2020年第四季度

2020 年惠城区“惠州市好人”一览表

表9

姓名	性别	职业	类别	评定时间
陈淑华	女	惠城区粮食局会计师、内审组副组长	孝老爱亲	2020年第一季度
周雪梅	女	惠城区芦洲镇居民	孝老爱亲	2020年第一季度
黄金华	男	自由职业者（西子公益召集人）	助人为乐	2020年第二季度
徐永辉	男	惠州市第三人民医院消化内科主任助理，内镜中心负责人；惠州第一批援鄂医疗队队长	敬业奉献	2020年第二季度
陈维生	男	惠州市第三人民医院EICU主任，惠州市支援湖北第二批医疗队副队长、临时党支部副书记	敬业奉献	2020年第二季度
王　科	男	惠州市第三人民医院神经内科医生	敬业奉献	2020年第二季度
刘莉莉	女	惠州市惠城区中医医院	敬业奉献	2020年第二季度
姚淑婷	女	小金口人民医院内科护士长	敬业奉献	2020年第二季度
张文倩	女	桥西街道文化站站长兼团委专职副书记	敬业奉献	2020年第二季度
陈畅纳	男	原惠阳县水口镇人民政府退休干部	助人为乐	2020年第三季度

续表9

姓名	性别	职业	类别	评定时间
杨广全	男	惠州益养酒庄负责人	助人为乐	2020年第三季度
黎志伟	男	惠州市德邦物流有限公司惠城区水口快递点部快递员	见义勇为	2020年第三季度
刘建红	女	河南岸街道石桥社区主任、书记	敬业奉献	2020年第三季度
吕汉源	男	马安镇武装部副部长、退役军服务站站长、联防中队队长	敬业奉献	2020年第三季度
舒　赢	女	芦洲镇芦村村民委员会委员	敬业奉献	2020年第三季度
黄爱兰	女	马安镇马安中学保洁员	敬业奉献	2020年第三季度
欧秀丽	女	惠州市第三中学教师	孝老爱亲	2020年第三季度
黄丹丹	女	河南岸街道南城社区居民委员会书记、主任	敬业奉献	2020年第四季度
邓振雄	男	惠州市第三人民医院医师	敬业奉献	2020年第四季度

（区委宣传部）

2020年惠城区获市级以上集体荣誉情况表

表10

获表彰单位	荣誉称号	授予单位	授予时间
惠城区关心下一代工作委员会	广东省离退休干部先进集体	中共广东省委组织部、中共广东省委老干部局	2020年1月
惠城区农业技术推广中心（第三完成单位）	《茶园高效安全生产技术》获市农业技术推广奖三等奖	惠州市农业技术推广奖评审委员会	2020年1月
	《抗倒伏甜玉米新品种粤甜28号示范推广》获市农业技术推广奖二等奖		
惠城区小金口街道人民调解委员会	“大排查 早调解 护稳定 迎国庆”专项活动表现突出集体	司法部	2020年1月

续表 10

获表彰单位	荣誉称号	授予单位	授予时间
惠城区农业技术推广中心（第五完成单位）	《优质常规稻华航52的示范推广》获市农业技术推广奖三等奖	惠州市农业技术推广奖评审委员会	2020年1月
惠城区消防救援大队江北特勤消防救援站	基层建设先进救援站	惠州市消防救援支队	2020年2月
惠城区人民法院小金口人民法庭	2019年度全市法院致敬集体	惠州市中级人民法院	2020年2月
江南街道亚婆田社区谢涌华家庭	惠州市平安家庭示范户	惠州市妇女联合会	2020年3月
惠城区法律援助处	集体嘉奖	中共惠州市司法局党组	2020年3月
惠城区司法局江北司法所	先进集体	中共惠州市司法局党组	2020年3月
惠城区司法局三栋司法所	先进集体	中共惠州市司法局党组	2020年3月
桥东街道妇联	惠州市三八红旗集体	惠州市妇联	2020年4月
惠州市第二妇幼保健院运营管理部	2020年惠州市学雷锋活动示范点	中共惠州市委宣传部、惠州市精神文明建设委员会办公室	2020年4月
惠州市公安局惠城区分局调研宣传股	集体三等功	惠州市公安局	2020年4月
惠州市公安局惠城区分局国保大队	集体三等功	惠州市公安局	2020年4月
惠州市公安局惠城区分局便衣大队	集体三等功	惠州市公安局	2020年4月
惠州市公安局惠城区分局江北派出所	集体三等功	惠州市公安局	2020年4月
惠州市公安局惠城区分局桥东派出所	集体三等功	惠州市公安局	2020年4月

续表 10

获表彰单位	荣誉称号	授予单位	授予时间
惠州市公安局惠城区分局新村派出所	集体三等功	惠州市公安局	2020年4月
中国共产主义青年团惠州市第二妇幼保健院总支部委员会	2019—2020年度惠州市五四红旗团支部（总支）	中国共产主义青年团惠州市委员会	2020年5月
惠城区人民检察院未成年人检察工作办公室	2019年度惠州市巾帼文明岗	惠州市妇女联合会	2020年6月
惠城区人民检察院政治部	全省检察机关2019年度政工信息工作先进集体	广东省人民检察院	2020年6月
小金口街道办事处文化站	第四届“广东省基层文化工作先进单位”	广东省文化和旅游厅	2020年6月
河南岸街道河南岸村委会	广东省家庭文明建设示范点	广东省妇女联合会、广东省精神文明建设委员会办公室	2020年7月
小金口街道办事处	惠州市先进集体	中共惠州市委、市人民政府	2020年7月
惠城区人民代表大会常务委员会	2019年度考核“优秀”等次	中共惠州市委组织部	2020年8月
惠州市横沥镇蔗埔村民委员会	广东省“一村一品、一镇一业”专业村	广东省农业农村厅	2020年8月
惠州市公安局惠城区分局巡特警大队	集体二等功	广东省公安厅	2020年8月
江南街道办事处	惠州“零酒驾”单位	惠州道路交通安全工作联席会议办公室	2020年9月
桥东街道办事处社区卫生服务中心	在新冠肺炎疫情社区防控工作中表现突出的社区卫生服务机构	中国社区卫生协会	2020年9月

续表10

获表彰单位	荣誉称号	授予单位	授予时间
惠城区应急管理局	2018—2019年度广东省“安康杯”竞赛优秀组织单位	广东省总工会广东省应急管理厅广东省卫生健康委员会	2020年10月
惠州市公安局惠城区分局	在主创的异地流窜侵财犯罪研判模型中，获“一等奖”	惠州市公安局	2020年11月
	在主创的反诈先锋模型建模大赛决赛中获“二等奖”		
惠城区农业农村和水利局	2020年全市水利系统法律法规知识竞赛“二等奖”	惠州市水利局	2020年11月
惠州市第二妇幼保健院儿童保健中心	第20届广东省青年文明号	中国共产主义青年团广东省委员会	2020年11月
惠州市第二妇幼保健院健康教育部	2020年南方健康科普作品创作大赛中被评为“年度十大健康传播卓越团队”	广东省医学会	2020年11月
	2020年南方健康科普作品创作大赛中荣获科普创作贡献奖一等奖		
	2020年南方健康科普作品创作大赛中被评为“年度十大健康传播优秀单位”		
	2020年南方健康科普作品创作大赛中荣获创作优秀团队一等奖		
惠城区教育局	惠州市首届学校食品安全管理人员技能大赛团体二等奖	惠州市教育局、惠州市市场监督管理局	2020年11月
惠城区教育局	教育新闻宣传先进单位	中国教育报编辑部	2020年11月
桥东街道文头岭村委会	广东省村民委员会档案工作目标管理省二级单位	广东省档案局	2020年11月

续表 10

获表彰单位	荣誉称号	授予单位	授予时间
桥西街道办事处团委	2020年惠州市新冠肺炎疫情防控优秀组织	共青团惠州市委员会	2020年12月
桥东街道办事处	五星级退役军人服务站	广东省退役军人事务厅	2020年12月
黄元胜家庭	2020年度全国最美家庭	中华全国妇女联合会	2020年12月
河南岸街道牛和地社区学雷锋志愿服务队	2020年度惠州市学雷锋志愿服务先进典型“最佳志愿服务组织”	惠州市精神文明建设委员会办公室、惠州市志愿服务联合会	2020年12月
惠州市公安局惠城区分局治安管理大队	集体二等功	广东省公安厅	2020年12月
惠州市李家拳协会	2020年度广东省“非遗进校园”十大优秀案例	广东省文化和旅游厅	2020年12月
河南岸街道牛和地社区	2020年度惠州市学雷锋志愿服务先进典型“最美志愿服务社区”	惠州市精神文明建设委员会办公室、惠州市志愿服务联合会	2020年12月
河南岸街道石桥社区	2020年度惠州市学雷锋志愿服务先进典型“最美志愿服务社区”	惠州市精神文明建设委员会办公室、惠州市志愿服务联合会	2020年12月
河南岸街道办事	五星级退役军人服务站	广东省退役军人事务厅	2020年12月
桥东街道办事处社区卫生服务中心	惠州市抗击新冠肺炎疫情先进集体	惠州市人民政府	2020年12月
小金口街道办事处	惠州市爱国拥军模范单位	惠州市委、市政府、惠州军分区	2020年12月
小金口街道党工委	惠州市先进基层党组织	中共惠州市委	2020年12月
小金口街道办事处人民武装部	先进基层武装部	惠州市国防动员委员会	2020年12月
小金口街道退役军人服务站	广东省五星级示范服务站	广东省退役军人事务厅	2020年12月

续表 10

获表彰单位	荣誉称号	授予单位	授予时间
小金口街道办事处	惠州市抗击新冠肺炎疫情先进集体	中共惠州市委、惠州市人民政府	2020年12月
桥西街道退役军人服务站	广东省五星级退役军人服务站	广东省退役军人事务厅	2020年12月
龙丰街道办事处	广东省五星级退役军人服务中心（站）	广东省退役军人事务厅	2020年12月
龙丰街道青年志愿服务队	2020年惠州市新冠肺炎疫情防控志愿服务优秀组织	共青团惠州市委员会、惠州市志愿者联合会	2020年12月
惠城区价格认证中心	2019—2020年度全国价格认定工作先进机构	国家发展和改革委员会价格认证中心	2020年12月
惠州市交通运输局惠城区分局	惠州市抗击新冠疫情肺炎先进集体	中共惠州市委、惠州市人民政府	2020年12月
惠城区农业技术推广中心（第三完成单位）	《高抗倒伏甜玉米新品种粤甜28号示范推广》获省农业技术推广奖三等奖	广东省农业技术推广奖评审委员会	2020年12月
惠城区综合福利院	2020年全国“敬老文明号”荣誉称号	国家卫生健康委及全国老龄办	2020年12月
中共惠城区委	惠州市抗击新冠肺炎疫情先进集体	中共惠州市委、惠州市人民政府	2020年12月
三栋镇人民政府	广东省乡村治理示范镇	中共广东省委农村工作办公室、广东省农业农村厅、广东省民政厅、广东省司法厅	2020年12月
惠城区市场监督管理局	惠州市抗击新冠肺炎疫情先进集体	中共惠州市委、惠州市人民政府	2020年12月
中共惠州市惠城区人民政府办公室总支部委员会	惠州市先进基层党组织	中共惠州市委	2020年12月

续表 10

获表彰单位	荣誉称号	授予单位	授予时间
国家税务总局惠州市惠城区税务局志愿服务队	惠州市最佳志愿服务组织	惠州市精神文明建设委员会办公室、惠州市志愿服务联合会	2020年12月
国家税务总局惠州市惠城区税务局	惠州市最佳志愿服务项目	惠州市精神文明建设委员会办公室、惠州市志愿服务联合会	2020年12月
惠城区科学技术协会	2020年全国科普日活动优秀组织单位	中国科学技术协会	2020年12月
黄元盛好人工作室	惠州市学雷锋志愿服务最佳志愿服务站点	惠州市精神文明建设委员会办公室、惠州市志愿服务联合会	2020年12月
马安镇退役军人服务站	2020年度广东省五星级退役军人服务站	广东省退役军人事务厅	2020年12月
江南街道社会体育指导员服务站	2020 年度乡镇（街道）社会体育指导员服务站A级	广东省体育局	2020年12月
桥西街道团委	2020年惠州市新冠肺炎疫情防控优秀组织	共青团惠州市委员会	2020年12月
桥西街道退役军人服务站	广东省五星级退役军人服务站	广东省退役军人事务厅	2020年12月
惠城区人民检察院	2020年度全市检察理论研究优秀组织单位	惠州市人民检察院	2020年12月
惠城区小金口街道金源社区	2020年“广东省民主法治示范村（社区）”	省委依法治省办、省委农办、省司法厅、省民政厅	2020年12月
惠城区水口街道姚村村	2020年“广东省民主法治示范村（社区）”	省委依法治省办、省委农办、省司法厅、省民政厅	2020年12月

续表10

获表彰单位	荣誉称号	授予单位	授予时间
惠城区江北街道清湖社区	2020年“广东省民主法治示范村（社区）”	省委依法治省办、省委农办、省司法厅、省民政厅	2020年12月
惠城区融媒体中心	2020惠州抗疫最强抗疫优秀新闻采编团队、新媒体专题一等奖	惠州市新闻工作者协会	2020年12月

2020年惠城区获市级以上个人荣誉情况表

表11

姓　名	性别	所在单位	职业、职务、职称	荣誉称号	授予单位	授予时间
陈　娟	女	惠城区人大常委会	主任	2019年度考核“优秀”等次	中共惠州市委组织部	2020年8月
黄凯锋	男	惠城区人大常委会	副主任	2019年度考核“优秀”等次	中共惠州市委组织部	2020年8月
邓展煌	男	惠城区人大办教侨工委	副主任	2019年度优秀社员	九三学社惠州市委员会	2020年1月
何　斌	男	惠城区应急管理局	办公室主任	2018—2019年度广东省“安康杯”竞赛优秀个人	广东省总工会、广东省应急管理厅、广东省卫生健康委员会	2020年10月
蒋海霞	女	惠城区人民法院	审判员	惠州市“三八”红旗手	惠州市妇女联合会	2020年2月
钟志明	男	惠城区人民法院	研究室副主任、审判员、执行局负责人	个人三等功	惠州市中级人民法院	2020年2月

续表 11

姓名	性别	所在单位	职业、职务、职称	荣誉称号	授予单位	授予时间
马家驹	男	惠城区人民法院	审判员、审管办（研究室）负责人	个人三等功	惠州市中级人民法院	2020年2月
				致敬人物		2020年4月
				惠州市先进工作者	惠州市委市政府	2020年8月
邹鹏飞	男	惠城区人民法院	审判员	个人三等功	惠州市中级人民法院	2020年2月
苏绿琴	女	惠城区人民法院	审判员	致敬人物	惠州市中级人民法院	2020年4月
黄志平	男	惠城区人民法院	执行科副科长	“基本解决执行难”二等功	广东省高级人民法院	2020年4月
陈曙涛	男	惠城区人民法院	执行员	广东省劳动模范	广东省委、省政府	2020年12月
邹建生	男	惠城区人民检察院	一级检察官	检察荣誉章	广东省人民检察院	2020年1月
房云文	男	惠城区人民检察院	二级检察官	检察荣誉章	广东省人民检察院	2020年1月
邱晓莹	女	惠城区人民检察院	五级检察官助理	2018—2019年度惠州市优秀共青团员	共青团惠州市委员会	2020年3月
余党政	男	惠城区人民检察院	四级主任科员	2019年度惠州市最佳文明创建信息管理员	惠州市精神文明建设委员会	2020年4月
				2019年度全国检察宣传先进个人	检察日报社	2020年6月
				“脱贫攻坚看广东”美术书法摄影主题展中荣获摄影类三等奖	广东省文学艺术界联合会	2020年9月
				2020年度全国检察宣传先进个人	检察日报社	2020年11月
周美珍	女	惠城区人民检察院	二级检察官	2019年惠州市最美（文明）家庭	惠州市妇女联合会	2020年7月

续表 11

姓名	性别	所在单位	职业、职务、职称	荣誉称号	授予单位	授予时间
李燕芬	女	惠城区人民检察院	四级主任科员	2019年惠州市最美（文明）家庭	惠州市妇女联合会	2020年7月
陈文彬	男	惠城区人民检察院	二级检察官	广东省十佳公诉人	广东省人民检察院	2020年8月
谢智经	男	惠城区人民检察院	二级检察官	全省案管业务能手	广东省人民检察院	2020年9月
要　琦	女	惠城区人民检察院	二级检察官	广东省法学会检察学研究会第十四届年会二等奖	广东省人民检察院	2020年10月
				惠州市检察机关第一届检察理论研讨会“二等奖”	惠州市人民检察院	2020年12月
				惠州市检察机关第一届检察理论研讨会“优秀奖”		
叶瑜平	女	惠城区人民检察院	五级检察官助理	广东省法学会检察学研究会第十四届年会二等奖	广东省人民检察院	2020年10月
				惠州市检察机关第一届检察理论研讨会“二等奖”	惠州市人民检察院	2020年12月
朱惠婷	女	惠城区人民检察院	二级检察官	惠州市优秀公诉人	惠州市人民检察院	2020年11月
李荣华	男	惠城区人民检察院	四级警长	2020年度惠州市检察机关司法警察警衔晋升培训与集训班中被通报表扬	惠州市人民检察院	2020年11月

续表 11

姓名	性别	所在单位	职业、职务、职称	荣誉称号	授予单位	授予时间
叶海松	男	惠城区人民检察院	检察长	惠州市检察机关第一届检察理论研讨会“一等奖”	惠州市人民检察院	2020年12月
李　维	男	惠城区人民检察院	副检察长	惠州市检察机关第一届检察理论研讨会“一等奖”	惠州市人民检察院	2020年12月
				惠州市检察机关第一届检察理论研讨会“二等奖”		
				惠州市检察机关第一届检察理论研讨会“优秀奖”		
李泽源	男	惠城区人民检察院	五级检察官助理	惠州市检察机关第一届检察理论研讨会“二等奖”	惠州市人民检察院	2020年12月
				惠州市检察机关第一届检察理论研讨会“优秀奖”		
陈俊婷	女	惠城区人民检察院	横沥检察室负责人	惠州市检察机关第一届检察理论研讨会“三等奖”	惠州市人民检察院	2020年12月
邱　琦	女	惠城区人民检察院	政治部负责人	惠州市检察机关第一届检察理论研讨会“三等奖”	惠州市人民检察院	2020年12月
钟雯婷	女	惠城区人民检察院	五级检察官助理	惠州市检察机关第一届检察理论研讨会“优秀奖”	惠州市人民检察院	2020年12月

续表 11

姓名	性别	所在单位	职业、职务、职称	荣誉称号	授予单位	授予时间
张小莉	女	惠城区人民检察院	第五检察部负责人	惠州市检察机关第一届检察理论研讨会“优秀奖”	惠州市人民检察院	2020年12月
温梅茹	女	惠城区人民检察院	一级科员	惠州市检察机关第一届检察理论研讨会“优秀奖”	惠州市人民检察院	2020年12月
李展斌	男	中共惠城区委组织部	区关工委办公室主任	全省关心下一代工作先进工作者	广东省关心下一代工作委员会、广东省精神文明建设委员会办公室	2020年12月
冯雪辉	男	中共惠城区委宣传部	区融媒体中心采编部副主任	2020年惠州抗疫优秀新闻工作者、新媒体专题三等奖	惠州市新闻工作者协会	2020年11月
张爱军	男	中共惠城区委政法委员会	四级调研员	新中国成立70周年维稳安保工作先进个人	中共广东省委办公厅、广东省人民政府办公厅	2020年2月
肖　毅	男	区委党史研究室	二级主任科员	参与项目入选“2020年度广东省文物古迹活化利用典型案例”	广东省古迹保护协会、广东省规划师建筑师工程师志愿者协会	2020年10月
凌俊杰	男	惠州市公安局惠城区分局办公室指挥调度股	四级警长	个人嘉奖	惠州市公安局	2020年1月
				2020年“十大建模能手”		2020年11月
余刘国焕	男	惠州市公安局惠城区分局治安管理大队	四级警长	个人二等功	广东省公安厅	2020年2月
冯耀龙	男	惠州市公安局惠城区分局治安管理大队四中队	四级警长	个人三等功	惠州市公安局	2020年2月

续表 11

姓名	性别	所在单位	职业、职务、职称	荣誉称号	授予单位	授予时间
曾德平	男	惠州市公安局惠城区分局桥东派出所	二级警长	个人三等功	惠州市公安局	2020年2月
				个人二等功	广东省公安厅	2020年12月
刘伟雄	男	惠州市公安局惠城区分局小金口派出所	一级警员	个人嘉奖	惠州市公安局	2020年2月
黄　晴	女	惠州市公安局惠城区分局下角派出所	四级警长	个人嘉奖	惠州市公安局	2020年2月
				个人三等功		2020年4月
刘　铭	男	惠州市公安局惠城区分局刑事侦查大队四中队	警务技术四级主管	“广东省刑事技术杰出青年人才”荣誉称号	广东省公安厅刑侦局	2020年2月
邓益辉	男	惠州市公安局惠城区分局河南岸派出所	四级警长	个人三等功	惠州市公安局	2020年4月
周　阳	男	惠州市公安局惠城区分局小金口派出所	四级警长	个人三等功	广东省公安厅	2020年4月
黄元盛	男	惠州市公安局惠城区分局巡特警大队九中队	三级警长	个人三等功	惠州市公安局	2020年4月
曾红兵	男	惠州市公安局惠城区分局新村派出所	三级警长	个人三等功	惠州市公安局	2020年4月
钟国威	男	惠州市公安局惠城区分局巡特警大队三中队	三级警长	个人三等功	惠州市公安局	2020年4月
潘映国	男	惠州市公安局惠城区分局国内安全保卫大队	三级警长	个人三等功	惠州市公安局	2020年4月
臧国栋	男	惠州市公安局惠城区分局马安派出所	三级警长	个人三等功	惠州市公安局	2020年4月

续表 11

姓名	性别	所在单位	职业、职务、职称	荣誉称号	授予单位	授予时间
陶金忠	男	惠州市公安局惠城区分局水上派出所	二级警长	个人三等功	惠州市公安局	2020年4月
华　锋	男	惠州市公安局惠城区分局河南岸派出所	四级警长	个人三等功	惠州市公安局	2020年4月 2020年11月
郭训雄	男	惠州市公安局惠城区分局水口派出所	四级警长	个人三等功	惠州市公安局	2020年4月
叶尚荣	男	惠州市公安局惠城区分局汝湖派出所	四级警长	个人三等功	惠州市公安局	2020年4月
邸　磊	女	惠州市公安局惠城区分局情报指挥大队	四级警长	个人三等功	惠州市公安局	2020年4月
许艺蕊	女	惠州市公安局惠城区分局云山派出所	四级警长	个人三等功	惠州市公安局	2020年4月
李　惠	女	惠州市公安局惠城区分局办公室	三级警长	个人三等功	惠州市公安局	2020年4月
陈诗文	男	惠州市公安局惠城区分局监督室	四级警长	个人三等功	惠州市公安局	2020年4月
张朝鹏	男	惠州市公安局惠城区分局法制大队	四级警长	个人三等功	惠州市公安局	2020年4月
潘威龙	男	惠州市公安局惠城区分局公共信息网络安全监察大队	警务技术四级主管	个人三等功	惠州市公安局	2020年4月
刘影枫	男	惠州市公安局惠城区分局刑事侦查大队七中队	一级警员	个人三等功	惠州市公安局	2020年4月
郁希文	男	惠州市公安局惠城区分局三栋派出所	四级警长	个人三等功	惠州市公安局	2020年4月

续表 11

姓名	性别	所在单位	职业、职务、职称	荣誉称号	授予单位	授予时间
骆松林	男	惠州市公安局惠城区分局缉毒大队二中队	一级警员	个人三等功	惠州市公安局	2020年4月
陈莉莎	女	惠州市公安局惠城区分局治安管理大队七中队	四级警长	个人三等功	惠州市公安局	2020年4月
刘浩帆	男	惠州市公安局惠城区分局巡特警大队十一中队	四级警长	个人三等功	惠州市公安局	2020年4月
韦杰强	男	惠州市公安局惠城区分局巡特警大队	二级警长	个人三等功	惠州市公安局	2020年4月
罗向阳	男	惠州市公安局惠城区分局巡特警大队四中队	二级警长	个人三等功	惠州市公安局	2020年4月
杨　俊	男	惠州市公安局惠城区分局水口派出所	三级警长	个人三等功	惠州市公安局	2020年4月
李永龙	男	惠州市公安局惠城区分局三栋派出所	三级警长	个人三等功	惠州市公安局	2020年4月
温志威	男	惠州市公安局惠城区分局麦地派出所	三级警长	个人三等功	惠州市公安局	2020年4月
钟靖涛	男	惠州市公安局惠城区分局桥东派出所	一级警员	个人三等功	惠州市公安局	2020年4月
严伟诚	男	惠州市公安局惠城区分局马安派出所	三级警长	个人三等功	惠州市公安局	2020年4月
许志勇	男	惠州市公安局惠城区分局小金口派出所	三级警长	个人三等功	惠州市公安局	2020年4月

续表 11

姓名	性别	所在单位	职业、职务、职称	荣誉称号	授予单位	授予时间
何培新	男	惠州市公安局惠城区分局江北派出所	二级警长	个人三等功	惠州市公安局	2020年4月
黄　凯	男	惠州市公安局惠城区分局河南岸派出所	一级警员	个人三等功	惠州市公安局	2020年4月
陈　乾	男	惠州市公安局惠城区分局河南岸派出所	四级警长	个人嘉奖	广东省公安厅	2020年4月
陈铸贵	男	惠州市公安局惠城区分局三栋派出所	四级高级警长	个人嘉奖	广东省公安厅	2020年4月
李亚轩	男	惠州市公安局惠城区分局圆通桥派出所	四级警长	个人嘉奖	广东省公安厅	2020年4月
袁小增	男	惠州市公安局惠城区分局水口派出所	四级警长	个人嘉奖	广东省公安厅	2020年4月
杨　永	男	惠州市公安局惠城区分局马庄派出所	三级警长	个人嘉奖	广东省公安厅	2020年4月
王少峰	男	惠州市公安局惠城区分局云山派出所	三级警长	个人嘉奖	广东省公安厅	2020年4月
李安康	男	惠州市公安局惠城区分局云山派出所	四级警长	个人嘉奖	广东省公安厅	2020年4月
林惠填	男	惠州市公安局惠城区分局巡特警大队	三级警长	个人嘉奖	广东省公安厅	2020年4月
宫经东	男	惠州市公安局惠城区分局下角派出所	四级警长	个人嘉奖	广东省公安厅	2020年4月
高　超	男	惠州市公安局惠城区分局水口派出所	一级警长	个人嘉奖	广东省公安厅	2020年4月
李小平	男	惠州市公安局惠城区分局刑事侦查大队六中队	三级警长	个人嘉奖	惠州市公安局	2020年4月

续表 11

姓名	性别	所在单位	职业、职务、职称	荣誉称号	授予单位	授予时间
吴　昊	男	惠州市公安局惠城区分局圆通桥派出所	四级警长	个人嘉奖	惠州市公安局	2020年4月
许小斌	男	惠州市公安局惠城区分局刑事侦查大队七中队	一级警员	个人嘉奖	惠州市公安局	2020年4月
陈景潮	男	惠州市公安局惠城区分局桥东派出所	四级警长	个人嘉奖	惠州市公安局	2020年4月
于承宏	男	惠州市公安局惠城区分局国内安全保卫大队二中队	三级警长	个人嘉奖	惠州市公安局	2020年4月
钟水华	男	惠州市公安局惠城区分局马庄派出所	二级警长	个人嘉奖	惠州市公安局	2020年4月
吴传新	男	惠州市公安局惠城区分局巡特警大队六中队	四级高级警长	个人嘉奖	惠州市公安局	2020年4月
朱德军	男	惠州市公安局惠城区分局治安管理大队	三级警长	个人三等功	惠州市公安局	2020年5月
刘景现	男	惠州市公安局惠城区分局法制大队	三级警长	个人二等功	广东省公安厅	2020年8月
林海燕	女	惠州市公安局惠城区分局马庄派出所	三级警长	个人嘉奖	中共惠州市委反腐败协调小组	2020年8月
杨志青	男	惠州市公安局惠城区分局经济犯罪侦查大队	四级警长	个人嘉奖	中共惠州市委反腐败协调小组	2020年8月
范煜斯	女	惠州市公安局惠城区分局马安派出所	一级警员	个人嘉奖	中共惠州市委反腐败协调小组	2020年8月

续表 11

姓名	性别	所在单位	职业、职务、职称	荣誉称号	授予单位	授予时间
温镇龙	男	惠州市公安局惠城区分局刑事侦查大队三中队	四级警长	全省刑侦“建模能手”	广东省公安厅刑侦局	2020年10月
				2020年“十大建模能手”	惠州市公安局	2020年11月
				2020年入选全国刑事情报研判人才库	公安部刑侦局	
邹泉涛	男	惠州市公安局惠城区分局巡特警大队四中队	四级警长	个人三等功	惠州市公安局	2020年11月
郭　达	男	惠州市公安局惠城区分局南坛派出所	一级警长	个人三等功	惠州市公安局	2020年11月
杨　睿	男	惠州市公安局惠城区分局小金口派出所	四级警长	个人三等功	惠州市公安局	2020年11月
郑少华	男	惠州市公安局惠城区分局圆通桥派出所	二级警长	个人三等功	惠州市公安局	2020年11月
林俊强	男	惠州市公安局惠城区分局河南岸派出所	二级警长	2020年“最美基层民警”	惠州市公安局	2020年11月
黄建彪	男	惠州市公安局惠城区分局桥东派出所	二级警长	2020年“最美基层民警”	惠州市公安局	2020年11月
黄梓立	男	惠州市公安局惠城区分局法制大队	一级警员	“全警实战大练兵——惠州市公安民警法律知识竞赛”个人优秀奖	惠州市公安局	2020年11月
江少明	男	惠州市公安局惠城区分局刑事侦查大队六中队	四级警长	“全警实战大练兵——惠州市公安民警法律知识竞赛”个人优秀奖	惠州市公安局	2020年11月

续表 11

姓名	性别	所在单位	职业、职务、职称	荣誉称号	授予单位	授予时间
曾永明	男	惠州市公安局惠城区分局刑事侦查大队	二级警长	个人二等功	广东省公安厅	2020年12月
李建锋	男	惠州市公安局惠城区分局公共信息网络安全监察大队一中队	警务技术员	个人三等功	广东省公安厅	2020年12月
刘军胜	男	惠州市公安局惠城区分局刑事侦查大队四中队	警务技术二级主管	授予“广东省刑事技术能手”荣誉称号	广东省公安厅	2020年12月
刘　铭	男	惠州市公安局惠城区分局刑事侦查大队四中队	警务技术四级主管	授予“广东省刑事技术能手”荣誉称号	广东省公安厅	2020年12月
黄国鹏	男	惠州市公安局惠城区分局刑事侦查大队四中队	警务技术员	2020年“十大建模能手”	惠州市公安局	2020年11月
				授予“广东省刑事技术能手”荣誉称号	广东省公安厅	2020年12月
薛科峰	男	惠州市公安局惠城区分局食品药品和环境犯罪侦查大队一中队	三级警长	第七届“平安广东”建设论坛征文荣获三等奖	广东省警察协会	2020年12月
钟黎源	男	惠州市公安局惠城区分局圆通桥派出所	辅警	战疫优秀辅警	惠州市公安局	2020年8月
吴河通	男	惠州市公安局惠城区分局小金口派出所	辅警	战疫优秀辅警	惠州市公安局	2020年8月
黄耀辉	男	惠城区教育局	教育股主要负责人	爱国拥军模范个人	中共惠州市委、惠州市人民政府、惠州军分区	2020年12月

续表 11

姓名	性别	所在单位	职业、职务、职称	荣誉称号	授予单位	授予时间
徐新民	男	惠城区生产力促进中心	主任	中国生产力促进中心协会25周年突出贡献者	中国生产力促进中心协会	2020年9月
成妙森	男	惠城区生产力促进中心	副主任	中国生产力促进中心协会25周年突出贡献者	中国生产力促进中心协会	2020年9月
骆　钰	女	惠城区科技工业和信息化局	股长	第十届“省长杯”工业设计大赛优秀工作者	广东省工业和信息化厅	2020年12月
刘红光	男	惠城区司法局	党组书记 局长	个人三等功	中共惠州市司法局党组	2020年3月
张　俊	男	惠城区统计局	二级 主任科员	广东省第四次全国经济普查优秀工作者	广东省第四次全国经济普查领导小组、广东省统计局	2019年12月
张晓华	女	惠城区司法局	党组成员 副局长	个人嘉奖	中共惠州市司法局党组	2020年3月
罗力慧	女	惠城区司法局	四级 主任科员	个人嘉奖	中共惠州市司法局党组	2020年3月
杨裕国	男	惠城区司法局	办公室 主任	先进个人	中共惠州市司法局党组	2020年3月
夏波华	男	惠城区政府法律事务中心	正股级 干部	先进个人	中共惠州市司法局党组	2020年3月
苏芳瑞	女	惠州市惠城职业技术学校（惠州市惠城区技工学校）	教师	2019年《广东技工教育研究》专题征稿暨优秀论文评选二等奖	广东省职业技术教研室	2020年3月

续表11

姓名	性别	所在单位	职业、职务、职称	荣誉称号	授予单位	授予时间
赵　诚	男	惠州市惠城职业技术学校（惠州市惠城区技工学校）	教师	2019年《广东技工教育研究》专题征稿暨优秀论文评选二等奖	广东省职业技术教研室	2020年3月
				惠州市优秀共产党员	中共惠州市委	2020年12月
				惠州市抗击新冠肺炎疫情先进个人	中共惠州市委、惠州市人民政府	
许燕芬	女	惠州市惠城职业技术学校（惠州市惠城区技工学校）	教师	2019年《广东技工教育研究》专题征稿暨优秀论文评选二等奖	广东省职业技术教研室	2020年3月
关秋怡	女	惠州市惠城职业技术学校（惠州市惠城区技工学校）	教师	2019年《广东技工教育研究》专题征稿暨优秀论文评选三等奖	广东省职业技术教研室	2020年3月
				第十四届惠州市中职学校教师优秀论文评比德育类二等奖	惠州市教育局	2020年5月
邬文娟	女	惠州市惠城职业技术学校（惠州市惠城区技工学校）	教师	第十四届惠州市中职学校教师优秀论文评比教学类一等奖	惠州市教育局	2020年5月
林佩珊	女	惠州市惠城职业技术学校（惠州市惠城区技工学校）	教师	第十四届惠州市中职学校教师优秀论文评比教学类二等奖	惠州市教育局	2020年5月
钟小容	女	惠州市惠城职业技术学校（惠州市惠城区技工学校）	教师	第十四届惠州市中职学校教师优秀论文评比教学类三等奖	惠州市教育局	2020年5月
常艳艳 王　辉	女 女	惠州市惠城职业技术学校（惠州市惠城区技工学校）	教师	第十四届惠州市中职学校教师优秀论文评比教学类三等奖	惠州市教育局	2020年5月

续表 11

姓名	性别	所在单位	职业、职务、职称	荣誉称号	授予单位	授予时间
张林东	男	惠州市惠城职业技术学校（惠州市惠城区技工学校）	教师	第十四届惠州市中职学校教师优秀论文评比教学类三等奖	惠州市教育局	2020年5月
				2020年惠州市中职学校机器人专业教师说课比赛三等奖		2020年12月
刁丽英	女	惠州市惠城职业技术学校（惠州市惠城区技工学校）	教师	第十四届惠州市中职学校教师优秀论文评比综合类三等奖	惠州市教育局	2020年5月
李秋梅	女	惠州市惠城职业技术学校（惠州市惠城区技工学校）	教师	第十四届惠州市中职学校教师优秀论文评比德育类三等奖	惠州市教育局	2020年5月
朱翠瑜	女	惠州市惠城职业技术学校（惠州市惠城区技工学校）	教师	2020年惠州市中职学校会计专业教师说课比赛二等奖	惠州市教育局	2020年12月
邝文平	男	惠州市惠城职业技术学校（惠州市惠城区技工学校）	教师	2020年惠州市中职学校会计专业教师说课比赛三等奖	惠州市教育局	2020年12月
许细细	女	惠州市惠城职业技术学校（惠州市惠城区技工学校）	教师	2020年惠州市中职学校机器人专业教师说课比赛三等奖	惠州市教育局	2020年12月
钟惠影	女	惠州市惠城职业技术学校（惠州市惠城区技工学校）	教师	惠州市第五届未成年人心理健康教育优秀辅导员“旭日奖”	惠州市教育局、惠州市精神文明建设委员会办公室、惠州市人力资源和社会保障局	2020年12月

续表 11

姓名	性别	所在单位	职业、职务、职称	荣誉称号	授予单位	授予时间
严学东	男	惠城区农业科学研究所	高级农艺师	《抗倒伏甜玉米新品种粤甜28号示范推广》获市农业技术推广奖二等奖，第7完成人	惠州市农业技术推广奖评审委员会	2020年1月
				《高抗倒伏甜玉米新品种粤甜28号示范推广》获省农业技术推广奖三等奖，第6完成人	广东省农业技术推广奖评审委员会	2020年12月
张桂兴	女	惠城区农业科学研究所	高级农艺师	《茶园高效安全生产技术》获市农业技术推广奖三等奖，第10完成人	惠州市农业技术推广奖评审委员会	2020年1月
				2020年广东十佳最美农技员	广东省农业农村厅	2020年9月
方得弟	男	惠城区文化馆	馆长	2019年度广东省优秀音乐家奖	广东省音乐家协会	2020年1月
				创作的歌曲《村里变化大》获得惠州市群众文艺作品评选一等奖	广东省扶贫开发办公室、广东省广播电视局、广东省音乐家协会	2020年12月
徐　杨	女	惠城区文化馆	培训部主任	舞蹈作品《客家母亲》参加2019年度广东省群众文艺作品评选，获舞蹈类三等奖	广东省文化和旅游厅	2020年7月
梁　凯	男	惠城区文化馆	非遗部主任	音乐作品《慧眼》参加“反邪教歌曲征集活动”获三等奖	中共广东省委政法委员会	2020年9月

续表 11

姓名	性别	所在单位	职业、职务、职称	荣誉称号	授予单位	授予时间
林秀花	女	惠城区文化馆	正股科员	歌曲《喝杯热茶再走》获得2019年“广东省群众文艺作品评选”一等奖和惠州市群众文艺作品评选一等奖及2020年广东省音乐舞蹈花会金奖	广东省文化和旅游厅	2020年11月
刘俊卿	男	惠城区消防救援大队	二级指挥员	年度工作先进个人	惠州市消防救援支队	2020年2月
庄　志	男	惠城区消防救援大队	二级指挥员	年度工作先进个人	惠州市消防救援支队	2020年2月
				优秀站长		
娄韡强	男	惠城区消防救援大队	三级指挥员	年度工作先进个人	惠州市消防救援支队	2020年2月
				个人三等功		
李先贤	男	惠城区消防救援大队	三级指挥员	年度工作先进个人	惠州市消防救援支队	2020年2月
				疫情防控工作先进个人		2020年3月
张德盛	男	惠城区消防救援大队	二级消防士	个人三等功	惠州市消防救援支队	2020年2月
赖毓乾	男	惠城区消防救援大队	四级消防士	个人三等功	惠州市消防救援支队	2020年2月
林佳明	男	惠城区消防救援大队	三级消防士	年度个人三等功	惠州市消防救援支队	2020年2月
胡田林	男	惠城区消防救援大队	一级消防士	专项个人三等功	惠州市消防救援支队	2020年2月

续表 11

姓名	性别	所在单位	职业、职务、职称	荣誉称号	授予单位	授予时间
旷　励	男	惠城区消防救援大队	初级专业技术职务	年度个人嘉奖	惠州市消防救援支队	2020年2月
杨希龙	男	惠城区消防救援大队	初级专业技术职务	年度个人嘉奖	惠州市消防救援支队	2020年2月
何树聪	男	惠城区消防救援大队	初级专业技术职务	年度个人嘉奖	惠州市消防救援支队	2020年3月
张　蓬	女	惠城区消防救援大队	中级专业技术职务	年度个人嘉奖	广东省消防救援总队	2020年4月
吕振钊	男	惠城区消防救援大队	三级指挥员	岗位学雷锋标兵	惠州市委宣传部	2020年4月
林申伟	男	惠城区消防救援大队	二级消防长	岗位学雷锋标兵	惠州市委宣传部	2020年4月
甘焯浩	男	惠城区消防救援大队	三级消防士	优秀共产党员	消防救援局	2020年6月
				优秀共产党员	广东省消防救援总队	2020年7月
				十大训练标兵	惠州市消防救援支队	2020年8月
吴翔辉	男	惠城区消防救援大队	三级消防士	个人三等功	惠州市消防救援支队	2020年7月
唐树维	男	惠城区消防救援大队	四级指挥员	十大优秀干部	惠州市消防救援支队	2020年8月
马　麟	男	惠城区消防救援大队	一级消防士	十大优秀消防员	惠州市消防救援支队	2020年8月
曹锦财	男	惠城区消防救援大队	三级消防士	十大优秀消防员	惠州市消防救援支队	2020年8月

续表 11

姓名	性别	所在单位	职业、职务、职称	荣誉称号	授予单位	授予时间
朱日坤	男	惠城区消防救援大队	政府专职消防员	十大优秀政府专职消防员	惠州市消防救援支队	2020年8月
王德桦	男	惠城区消防救援大队	三级消防士	十大训练标兵	惠州市消防救援支队	2020年8月
陈茂衡	男	惠城区消防救援大队	三级消防士	十大训练标兵	惠州市消防救援支队	2020年8月
陈淑华	女	惠城区粮食局	内审组副组长	2020年第一季度“惠州好人”	惠州市精神文明建设委员会办公室	2020年5月
陈志超	男	惠州市第二妇幼保健院	副主任医师	抗击新型冠状病毒肺炎“先进标兵”	武汉东西湖方舱医院	2020年3月
				抗击新冠肺炎疫情“最美广东医人”	中共广东医科大学委员会	2020年4月
				2020年惠州市岗位学雷锋标兵	中共惠州市委宣传部、惠州市精神文明建设委员会办公室	
				抗击新冠病毒“最美逆行者”	广东省卫健委	2020年5月
				新时代最可爱的人	湖北省卫健委	
				惠州市劳动模范	中共惠州市委、惠州市人民政府	2020年7月
郑亚慧	女	惠州市第二妇幼保健院	护士	最美逆行者	湖北省人民政府	2020年4月
				先进个人	中共广东医科大学委员会	
				优秀护士	惠州市护理学会	2020年5月

续表 11

姓名	性别	所在单位	职业、职务、职称	荣誉称号	授予单位	授予时间
苗　枫	男	惠州市第二妇幼保健院	护士	最美逆行者	湖北省人民政府	2020年4月
				先进个人	中共广东医科大学委员会	
				优秀护士	惠州市护理学会	2020年5月
车　蓉	女	惠州市第二妇幼保健院	护士	最美逆行者	湖北省人民政府	2020年4月
				先进个人	中共广东医科大学委员会	
				优秀护士	惠州市护理学会	2020年5月
吴　贞	女	惠州市第二妇幼保健院	主管护理师	惠州市抗击新冠肺炎疫情先进个人	中共惠州市委、惠州市人民政府	2020年12月
陈嘉兮	女	桥东街道办事处	办事员	惠州市最美网络文明传播志愿者	惠州市精神文明建设委员会办公室、惠州市志愿服务联合会	2020年1月
邓达莉	女	桥东街道办事处	党工委委员	惠州市三八红旗手	惠州市妇联合会	2020年4月
李晓雪	女	桥西街道办事处	宣传办主任	2019年度惠州市最美网络文明传播志愿者	惠州市精神文明建设委员会办公室	2020年4月
罗民纬	男	桥西街道办事处	应急办主任	2019年度惠州市最佳文明创建信息管理员	惠州市精神文明建设委员会办公室	2020年4月
王伟坚	男	桥西街道办事处	综治办副主任	2019年度全省全民禁毒工程先进个人	广东省禁毒委员会办公室	2020年4月

续表 11

姓名	性别	所在单位	职业、职务、职称	荣誉称号	授予单位	授予时间
张文倩	女	桥西街道办事处	文化站站长	2020年第二季度“惠州好人”称号	惠州市精神文明建设委员会办公室	2020年8月
				2020年创作的作品《白鹭湖恋歌》在“青主杯”第六届惠州市原创歌曲作品征集活动中荣获优秀作品奖	中共惠州市委宣传部	2020年10月
				2020年创作的作品《喝一杯热茶再走》荣获广东省群众艺术花会（音乐舞蹈）音乐类金奖	广东省文化和旅游厅	2020年11月
				2020年惠州市退役军人“行业明星”	惠州市退役军人事务局	2020年12月
李进明	男	桥西街道办事处	党工委副书记	广东省抗击新冠肺炎疫情先进个人	广东省人民政府	2020年10月
黄　伟	男	龙丰街道金峰社区党总支部	党总支部书记	全国抗击新冠肺炎疫情优秀城乡社区工作者	中华人民共和国民政部	2020年12月
李志凡	女	惠城区江北街道办事处	文化站站长	第四届广东省基层先进文化工作者	广东省文化和旅游厅	2020年6月
王志恩	男	惠城区江北街道办事处文昌社区	文昌社区党总支书记	广东省民族团结进步模范个人	广东省人民政府	2020年9月
刘建红	女	河南岸街道石桥社区	石桥居委会主任	2020年度第三季度“惠州好人”	惠州市精神文明建设委员会办公室	2020年10月

续表 11

姓名	性别	所在单位	职业、职务、职称	荣誉称号	授予单位	授予时间
徐佳丽	女	惠州市益心社会工作服务中心派驻河南岸街道禁毒办	禁毒社工	2020年度惠州市禁毒社会工作案例、教案、优秀禁毒社工评选活动优秀禁毒案例三等奖	惠州市民政局、惠州市禁毒委员会办公室、惠州市社会工作者协会	2020年10月
吴莎莎	女	马安镇人民政府	综合文化站站长	2019年度惠州市最美网络文明传播志愿者	惠州市精神文明建设委员会办公室、惠州市网络文明传播服务中心	2020年1月
陈志源	男	马安镇人民政府	党政办公共服务中心副主任	惠州市最佳文明创建信息管理员	惠州市精神文明建设委员会办公室、惠州市网络文明传播服务中心	2020年1月
郭帝辉	男	马安镇人民政府	联防队队员	优秀民兵	惠州市国防动员委员会	2020年1月
吕汉源	男	马安镇人民政府	退役军人服务站站长、联防队队长	2020年度惠州市岗位学雷锋标兵	惠州市精神文明建设委员办公室	2020年4月
				2020年度惠州好人	惠州市文明办	2020年12月
徐俊敏	女	马安镇人民政府	办事员	惠州市抗击新冠肺炎疫情先进个人	中共惠州市委、惠州人民政府	2020年12月

2020年惠城区国民经济主要指标（一）

表12

指　　标	实际完成额（万元）	同比增长（%）
地区生产总值（GDP）	8619317	0.5
第一产业	258904	–5.3
第二产业	2359110	2.1
工业	1632301	1.8
第三产业	6001303	持平
三次产业结构	3.0：27.4：69.6	—
农业总产值	413729	–4.3
规模以上工业总产值	5690990	2.4
规模以上工业增加值	1405278	3.0
全社会用电量（万千瓦·时）	702536	5.9
工业用电量（万千瓦·时）	253663	5.7
建筑业总产值	1988403	10.1
固定资产投资（含跨市项目）	5350982	22.8
固定资产投资（不含跨市项目）	5046604	23.9
房地产开发	3262355	26.5
社会消费品零售总额	6737639	–9.6
全社会从业人员（万人）	69.00	0.2
第一产业	6.12	–2.0
第二产业	19.02	3.4
第三产业	43.86	–0.9
城镇在岗职工年人均工资（元）	106580	6.8

注：以上指标是市区属地统计数（含市直），生产总值增速、工业总产值及农业总产值增速按可比价格计算或缩减指数计算。

2020年惠城区国民经济主要指标（二）

表13

指　　标	实际完成额（万元）	同比增长（%）
年末户籍总户数（万户）	31.48	3.0
年末户籍人口（万人）	103.50	2.6
地方一般公共预算收入	1613404	2.0
区本级地方一般公共预算收入	393854	5.2
地方一般公共预算支出	2069842	-1.0
区本级地方一般公共预算支出	758598	10.4
税收收入	2399117	1.7
国内税收收入	2167538	4.3
实际使用外商直接投资额	131730	1.3倍
进出口总额	—	—
外贸出口总额	—	—
外贸进口总额	—	—
单位GDP能耗（吨标准煤/万元）	0.307	-2.17
全体居民人均可支配收入（元）	52320	8.8
城镇居民人均可支配收入（元）	57051	7.9
农村居民人均可支配收入（元）	26094	10.3
全体居民恩格尔系数（%）	34.5	—

城市市政公用事业情况表

表14

项　　目	单　位	实有数
惠城区区域面积	平方千米	1157
一、城市（市区）供水	—	—
供水管道总长度	千米	1023.22
供水综合生产能力（包括自备水源）	万立方米/日	70.0
城市供水总量	万立方米	12573.0
居民家庭用水量	万立方米	7139.0
二、城市供气	—	—
液化石油气供气总量	吨	38374
天然气供气总量	万立方米	15576
三、城市公共设施	—	—
铺装道路总长度	公　里	1299.6
年末实有城市道路面积	万平方米	2505.2
排水管道长度	千米	1273.00
路灯	盏	88679
四、城市园林	—	—
建成区面积	平方千米	122.0
城市园林绿地面积	公顷	5134.92
建成区绿化覆盖面积	公顷	5769.86
建成区绿化覆盖率	%	47.29
公园面积	公顷	2296.75
五、城市环境卫生	—	—
环卫职工人数	人	4064
生活垃圾	万吨	71.40
清洁卫生机械拥有量	辆	1271
公共厕所	座	56

2020年地区生产总值情况表

（按当年价格计算）

表15

项　　目	完成值（万元）	产业构成（%）	与上年相比（%）
地区生产总值	8619317	100	0.5
农、林、牧、渔业	259566	3.0	–5.4
工业	1632301	18.9	1.8
建筑业	729786	8.5	2.7
批发和零售业	623496	7.2	–6.3
交通运输、仓储和邮政业	193917	2.2	4.1
住宿和餐饮业	192914	2.2	–23.9
金融业	1233419	14.3	0.2
房地产业	1382221	16.0	0.4
其他服务业	2371697	27.5	4.3
营利性服务业	759499	8.8	8.1
非营利性服务业	1612198	18.7	1.9
第一产业	258904	3.0	–5.3
第二产业	2359110	27.4	2.1
第三产业	6001303	69.6	0.0

注：此表生产总值数据为快速年报数据，统计口径为市区属地统计数，增长速度按可比价格计算。

社会消费品零售总额情况表

表16　　　　单位：万元

项　目	金　额
社会消费品零售总额	6737639
1. 批发业	2128340
2. 零售业	4200661
3. 住宿业	50747
4. 餐饮业	357891

2020 年金融机构存贷款情况表

表17

指　标	金额（万元）	同比增长（%）
金融机构本外币存款余额	42833894	12.3
人民币	39300651	13.0
金融机构本外币贷款余额	42247284	22.8
人民币	39200591	22.6
住户存款余额	13240485	13.7

注：本表资料由中国人民银行惠州市中心支行提供，数据包含仲恺。

2020年居民消费价格指数情况表

表18

类　别	指　数	类　别	指　数
居民消费价格	102.7	三、生活用品及服务	98.9
一、食品烟酒	109.2	四、医疗保健	100.5
粮食	102.2	五、交通和通信	96.6
菜	103.4	交通	95.0
畜肉类	136.9	六、教育文化和娱乐	100.0
禽肉类	113.3	七、居住	99.4
水产品	99.7	水电燃料	98.2
二、衣着	101.2	八、其他用品和服务	106.1

注：以上年为100。

固定资产投资完成情况表

（市区合计数）

表19　　单位：万元

项　目	合　计	其中：房地产
一、完成投资合计	5350982	3262355
二、按构成分	5350982	3262355
建安工程	3095799	1695039
设备购置	252373	44978
其他费用	1865256	1487438
三、新增固定资产	1957347	929979
四、跨市项目	304378	0

房屋建筑面积和竣工房屋造价情况表

（市区合计数）

表20　　单位：平方米

项　　目	合　　计	其中：房地产
一、房屋施工面积	21763501	21763501
住宅	15973410	15973410
二、本年房屋竣工面积	1616502	1616502
住宅	1271194	1271194

商品房屋造价与销售情况表

（2020年）

表21　　单位：平方米、万元

项　　目	合　计	住　宅	办公楼	商业营业用房	其　他
房屋造价	—	—	—	—	—
房屋施工面积	21763501	15973410	711100	1353629	3725362
本年房屋竣工面积	1616502	1271194	400	53475	291433
本年房屋竣工价值	858521	709839	143	37733	110806
竣工房屋造价（单位：元）	5311	5584	3575	7056	3802
房屋实际销售与空置	—	—	—	—	—
本年商品房销售面积	3897667	3358875	30966	102879	404947
本年商品房销售额	4764658	4406850	49915	178097	129796
实际销售平均价格（单位：元）	12224	13120	16119	17311	3205
待售面积	2292961	727416	114524	304103	1146918

区委工作报告

打造铁军突破进阶　以主人翁姿态建设更美好家园

——在中共惠城区委八届九次全会上的报告

（2021年1月29日）

刘光滨

同志们：

这次全会主题是：打造铁军、突破进阶，以主人翁姿态建设更美好家园。

现在，我受区委常委会委托，向大会作工作报告。

一、精准发力、攻坚克难，经济社会发展迈上新台阶

2020年是惠城发展历程中极不平凡、极具挑战的一年，是在大战大考中勇担使命、砥砺奋进的一年。我们坚持以习近平新时代中国特色社会主义思想为指导，全面贯彻落实党的十九大和十九届二中、三中、四中、五中全会精神，深入贯彻落实习近平总书记出席深圳经济特区建立40周年庆祝大会和视察广东重要讲话、重要指示精神，认真贯彻落实省委全会、市委全会精神，抓重点、寻突破，一流中心城区建设迈上新台阶。全区实现地区生产总值862亿元，实现正增长；获评全国综合实力百强区、全国科技百强县区、全国营商环境百强区

等称号。

这一年，我们众志成城战疫情，筑牢了生命健康防线。面对突如其来的新冠肺炎疫情，区委坚持人民至上、生命至上，在法治轨道上开展疫情防控工作，第一时间启动应急响应，迅速设置健康安置点，成立“党员战疫先锋队”，运用“网格化+大数据”构筑起联防联控、群防群控的机制，内防扩散、外防输入，网格化管理模式得到国务院督查组高度肯定，并在省政府新闻发布会上重点推介。实施“千干扶千企”，出台“七条”扶持措施，投放消费券，推动企业复工复产。同时，派出23名医护人员代表全区医护团队逆行出征湖北，出色完成任务，“00后”援鄂护士刘家怡一句“穿上防护服，我就不是孩子了”感动神州大地，获得习近平总书记点赞。

这一年，我们树牢“市区一体化”理念，提振了干部队伍精气神。区委引领全区上下以“市区一体化”理念，当主人翁、做发动机，广大党员干部精气神大幅提升，推动发展的激情充分迸发，干事创业的劲头更加充沛，形成了“务实担当、创新进取”的团队风格。以主人翁的担当，谋划推动惠城发展，与市多个部门建立联席会议制度，共同推动实现工作目标，打造平台，把惠城的工作与市里的发展思路紧密结合起来，让惠城成为上级部门展现业绩的重要舞台。实施新一轮镇街财政体制改革，推进镇街综合行政执法改革和事业单位改革，推行工作专班和权责一体赋权赋能机制，将人财物向基层、重点片区和项目倾斜；高质量完成村（社区）“两委”换届工作，队伍学历水平、专业素质、整体功能和年龄实现“三升一降”。首创高层次人才二次择岗，中层干部全区竞岗，175名区直单位干部全脱产2年参与基层一线工作，做到力量下沉、效率提升。

这一年，我们聚精会神谋发展，“3+2”系统工程取得新突破。在谋思路、打基础、开好局的基础上，区委坚持抓重点、寻突破，开足马力推进“3+2”系统工程，各项工作取得了较大突破。**实体经济平稳发展。**坚持把加快项目建设作为稳住经济底盘的关键举措，抓“六保”、促“六稳”，完成赣深高铁、惠州北站交通枢纽等一批国家、省、市重大项目征拆任务，“丰”字交通主框架1号公路（惠城先行段）开工建设，金山新城渐露雏形、东江湾千亿产业园打响头炮。**城市更新添亮添彩。**“1+4+双百”工程深入推进，城市会客厅美颜初显，灯光亮化扮靓惠城。**乡村振兴扎实推进。**打造了16个“美丽乡村示范村”和“特色精品村”，脱贫攻坚取得决定性胜利。**清网增效深入开展。**全省首推规划许可合理误差机制，全市率先上线商事登记“秒批”系统，推行建设工程项目“信用快审”承诺制、“容缺”办理、“工业项目当天摘牌即动工”等制度，让项目落地跑出“加速度”。**基层党建巩固提升。**持续深化“百姓出题、书记答卷”活动，守牢意识形态主阵地，完成加强党的基层组织建设三年行动计划，涌现出“四季党建”“云党课”等党建品牌。坚定不移惩治腐败，打好“四种形态”组合拳，风清气正的政治生态进一步形成。

这一年，我们用情用力保民生，提升了广大人民群众幸福感。区委积极回应群众所忧所盼，集中精力打好三大攻坚战，一体推进扫黑除恶、安全生产、文明城市迎测评、双拥等工作，两抢“零发案”天数达343天，荣获省双拥模范城十连冠，助力惠州连续五届荣获全国文明城市称号。办好一批民生实事，市区一体完成惠民空间微改造100个，新增小学和幼儿园学位1.7万个，新建和扩建医院4家，市卫生监督所惠城分所挂牌成立，启动市第三人民医院二期及横沥分院建设，推进第二妇幼保健院评三甲工作，实现村卫生站医保一站式结算全覆盖。实施村村通自来水工程，完成145千米村道硬底化工程建设和42座生活污水处理设施整改，12条黑臭水体实现“长制久清”。

好局面来之不易，是习近平总书记、党中央坚强领导的结果，是习近平新时代中国特色社会主义思想科学指引的结果，是省委和市委正确领导、大力支持的结果，也凝聚了全区党员干部群众团结奋斗的智慧和汗水。回顾一年来工作，区委团结带领全体党员干部职工，在全区人民的支持下：年初，众志成城战疫情；接着，千方百计助复工；年中，热火朝天抓项目；年底，争分夺秒抢进度。岁月如歌，这是一首写给奋斗者的赞歌，属于每一个平凡而又伟大的普通人！我们有幸参与其中，要倍加珍惜，倍加努力，感恩奋进，不断前行！在此，我代表区委常委会，向全区广大工人、农民、知识分子、干部、驻惠部队和公安干警，向各民主党派、各人民团体，向关心支持惠城发展的社会各界人士，表示衷心的感谢！

在肯定成绩的同时，也要清醒看到，我们前进道路上还存在许多困难和挑战，主要是：经济恢复的基础尚不牢固，中小微企业还比较困难，经济增速低于全市平均水平；发展不平衡不充分问题仍比较突出，农村基础设施比较薄弱；群众最关心的民生保障还存在短板，特别是医疗教育、社会保障、就业、老旧小区改造、交通出行等事项，仍需花大力气改善；社会治理体系还不完善，统筹发展和安全任务艰巨；决策效率不高，过于依赖人，“管”和“破”的制度还没有立起来；队伍战斗力上来了，但是创造力和纪律性还存在不足……我们要正视问题、剖析原因、找到解决问题的办法，铆足干劲往前走，扎扎实实把各项事业推向前进。

二、立足新阶段、贯彻新理念，乘势而上迈向高质量发展新征程

2021年是中国共产党成立100周年，是实施“十四五”规划、开启全面建设社会主义现代化国家新征程的第一年，做好今年工作意义重大。我们既要承接和延续过去工作，又要锚定“十四五”规划的新目标，向发展更高阶段迈进。要深刻领悟习近平总书记对大局大势的科学洞察和战略运筹，深刻理解习近平总书记关于“当今世界正经历百年未有之大变局，但时与势在我们一边”的重要论断，科学研判惠城当前的“时”和“势”。

“时”，指的是事物不断发展变化所经历的过程。要准确把握新发展阶段的深刻依据和目标要求，正确认识惠城所处历史方位和发展阶段。要清醒看到，当前和今后一个时期，虽然仍处于重要战略机遇期，但主客观条件都在时刻发展变化，我们必须继续谦虚谨慎、艰苦奋斗，充满信心，全力办好自己的事。

“势”，指的是事物力量表现出来的趋势。当前，我们发展呈现出良好势头，队伍精气神提上来了、干劲更足了，经济先行指标表现亮眼。从全年看，固定资产投资增长22.8%、工业投资增长26.6%、全社会用电量增长5.9%、工业用电量增长5.7%。此外，新动工和新摘牌项目的数量和质量均大幅提升。这些经济先行指标释放出的积极信号，显示我区经济向好条件正逐步积累，蓄势待发、未来可期。

在此基础上，我们既要强弱项、补短板，又要防风险、保稳定，闯出一条具有惠城特色的跨越发展路子。因此，必须统筹做好四个方面的工作：

一是统筹做好贯彻新发展理念和推动高质量发展的工作。要完整、准确、全面贯彻新发展理念，心怀“国之大者”，从讲政治高度认识并做好经济发展和社会稳定工作，提升发展格局，更加注重高质量发展、更加注重化危为机、逆势而进，做到既为一域争光、更为全局添彩。

二是统筹做好“近期”和“远期”的工作。要在“十四五”规划的框架下，瞄准建设更加幸福一流中心城区目标，科学合理地谋划好今年的工作，既要尽力而为往前赶，打好提前量；又要量力而行，不能好高骛远，确保一年起好步、三年见成效、五年大变样。

三是统筹做好“变”和“不变”的工作。围绕建设一流中心城区目标，区委提出“3+2”系统工程，变化可喜、成效初显，渐入佳境。面临新形势考验，任务繁重，我们要延续管用的方法，效不更方推进“3+2”系统工程，一茬接着一茬干，做到一张蓝图干到底。同时，对外部条件发生变化，成效不彰的政策措施，要因时因地及时作出改变，做到无效换方。

四是统筹做好“承”和“进”的工作。经过近年来“谋思路、打基础”和“抓重点、寻突破”的接续努力，我区发展形成了良好势头，各项工作渐入佳境，有了突破进阶的底气和信心。进入“十四五”，要干的事情还很多，不能小进则满。既要乘势而上善作为，又要根据新发展阶段要求，由抓点向抓线扩面转变，加快推进发展由量变到质变。

三、起而行之、突破进阶，奋力推动“十四五”开好局

今年全区工作的总体要求是：**以习近平新时代中国特色社会主义思想为指导，全面贯彻党的十九大和十九届二中、三中、四中、五中全会及中央经济工作会议精神，深入贯彻习近平总书记对广东系列重要讲话和重要指示批示精神，深入贯彻省委全会、市委全会精神，围绕勇当建设更加幸福一流城市排头兵的使命任务，坚持稳中求进工作总基调，立足新发展阶段，贯彻新发展理念，以推动高质量发展为主题，以深化供给侧结构性改革为主线，以改革创新为根本动力，以满足人民日益增长的美好生活需要为根本目的，坚持系统观念，巩固拓展疫情防控和经济社会发展成果，更好统筹发展和安全，深入实施“3+2”系统工程，扎实做好“六稳”工作、全面落实“六保”任务，努力保持经济运行在合理区间，为打造新发展格局战略支点作出惠城贡献，确保“十四五”开好局，以优异成绩庆祝建党100周年。**

区委统筹考虑，今年经济增长的预期目标为8.5%。这一目标既符合惠城经济发展实际，又体现惠城的长子担当，也能更好地引领预期、增强信心。完成上述任务，要紧扣“建设更加幸福一流中心城区，打造更高质量的实力惠城和更有品质的幸福惠城”总目标，以人民为中心，以发展为要务，效不更方推进“3+2”系统工程，着力在“强平台、优环境、抓项

目、惠民生”上实现突破进阶。其中，强平台是基础，优环境是关键，抓项目是重点，惠民生是目的，四者是相辅相成、有机统一。具体实现四个方面突破进阶：

（一）着力在“强平台”上实现突破进阶。大发展需要大平台，强平台才能形成强支撑。我们要积极融入粤港澳大湾区和深圳先行示范区建设，发挥中心区优势，依托“丰”字交通主框架，着眼于产城人融合发展，强化平台建设，形成“中心辐射、产业集聚、多点开花”的功能布局，为新发展格局战略支点提供重要支撑。**“中心辐射”**，就是主城区要通过“1+4+双百”平台，开展西湖景区及周边区域更新改造工作，强化法律、咨询、医疗、教育、文化等城市功能，进一步提高经济密度，着力打造对标一流的城市品质。**“产业集聚”**，就是沿1号公路经济走廊，建设四大产业平台，将金山新城打造成为创新产业的支撑平台、承接数字经济发展的主体空间，以及未来城市的中心；将惠州湾产业新城打造成为一流城市的重要增长极、粤港澳大湾区高质量发展示范区；将东江湾千亿产业园打造成为产城人融合示范区；将国际生物健康谷打造成为生物医药、医疗器械和健康养老产业基地。**“多点开花”**，就是实施村居发展十年规划，因地制宜发展中医药、康养等产业，实现点的突破，以点带面。

（二）着力在“优环境”上实现突破进阶。让我们的环境具备更强大的吸附力、更精准的匹配度，是抓住用好“双区”发展战略机遇的关键。建设宜居宜业的美丽家园，要加大基础设施建设和管理力度，全方位优化提升惠城环境。**路要畅**。大力推进广汕高铁、莞惠城际北延线、深惠城际轨道建设，全力推进“丰”字交通主框架1号公路（惠城先行段）建设，确保赣深高铁按时建成通车；完善中心城区快进快出网络，实施惠博大道快速化改造项目，完成芦泰大桥、生态园进场路和200千米村道硬底化建设，实现由“打通交通瓶颈”向“打造内畅外联综合交通体系”转变。**天要蓝**。深入开展工地扬尘、露天烧烤等专项整治行动，推进节能减排，扎实做好碳达峰、碳中和工作。**水要清**。全面推行河长制湖长制，抓好重点流域生态保护、土壤污染防治等工作，完成省万里碧道项目、实施城镇污水管网畅通、排涝防汛等工程。**治理要科学**。深化法治惠城、平安惠城建设，推进扫黑除恶常态化，统筹推进“智慧城管”“智慧警务”“智慧交通”建设，加大食品药品、安全生产、森林防火等领域监管力度，提高应急处置能力，打造最干净城市，巩固提升文明城市创建成果，推进社会治理现代化。**服务要到位**。前端不断深化审批事项改革，打造法治化、规范化、稳定可预期政策环境，让项目引得进、落地快；中后端推行项目联络专员制度，全链条信息化管理，为重点项目提供“管家式”服务，加快辅导一批优质高新技术企业上市，让企业发展更好、成长更快。

（三）着力在“抓项目”上实现突破进阶。今天的项目就是明天的产出，今天的投资结构就是明天的产业结构。有了大平台，好环境，接下来我们要在项目建设的主战场上显身手、论英雄，以大项目促进大发展。**抓实体经济项目**。发力数字经济、新消费、科技金融和生命健康新兴产业，推行产业链招商，成立驻深招商“联络处”，瞄准带动力强的“链主”

企业和10—50亿项目精准招商，尽快补链、强链。顺应消费升级，搭建跨境电商平台，加快惠州保税物流中心（B型）项目建设，将我区打造成为区域消费中心和综合性物流枢纽。**抓城市更新项目**。既扮靓“面子”，又做实“里子”。今年完成祝屋巷二期、金带街二期和西南北出口改造，市区一体做好城市灯光亮化、江北望江片城市更新改造。中心区街道要由点到线，各打造一条高质量示范街区。**抓乡村振兴项目**。坚持农业农村优先发展，“点、线、片”梯次推进，以东江、西枝江、S259、S120、大岚河、小岚河为主轴，发展“一环四带”大健康产业。稳住粮食安全基本盘，抓好种子和耕地两个要害，确保粮食播种面积和产量只增不减。以“政府牵头、企业参与、市场运作”模式，加强风貌管控，实施镇域品质提升行动，浓墨重彩打造一批美丽宜居特色村精品村，特别是要把鹿颈、墨园等打造成为展现全市乡村振兴工作水平的“窗口”。

（四）着力在“惠民生”上实现突破进阶。要坚持以人民为中心，持之以恒为百姓办实事，在构建新发展格局中不断提升“民生温度”、增加“幸福厚度”，建设更有品质的幸福惠城。**让教育更有质量**。深入实施中小学基础设施建设专项规划，持续推进一批中小学校和幼儿园建设，支持和规范民办学校发展，深化名校集团化办学，新增各类优质学位1.9万个，让优质学位供给跟得上人口增长需求。加强教师师德教育，实施“强师工程”，促进教师队伍高水平、专业化发展。**让健康更有保障**。始终绷紧疫情防控这根弦，精准施策，毫不松懈抓好常态化疫情防控。积极推进健康城市建设工作，加大医院硬件和品牌建设力度，加速推进市三院横沥分院建设，启动市第二妇幼新院建设，着力提高疑难重症救治、重大疾病防控、应急医学救治的能力和水平。**让公共服务供给更加充分**。加强公共服务平台和队伍建设，实现文化惠民全覆盖。健全社会救助和福利体系，多渠道促进重点人群就业创业。坚持对脱贫人口实施常态化监测，确保用于脱贫攻坚的公共资源只增不减，帮扶力量持续优化。着眼百姓需求，完成100个以上惠民空间微改造，一体化推进加装电梯、增设停车场、建设健康之家和长者之家等工作，导入养老托幼产业，让“家门口幸福”更加厚实。

四、加强党的全面领导和党的建设，为“十四五”开好局提供坚强政治保证和组织保证

推进工作突破进阶，实现“十四五”开好局，必须坚定自觉地坚持和加强党的全面领导，把各级党组织锻造得更加坚强有力，打造一支“铁一般信仰、铁一般信念、铁一般纪律、铁一般担当”的惠城铁军，形成“务实担当、创新进取”团队风格。

持续加强政治建设。坚持把党的政治建设摆在首位，用党的创新理论“铸魂”，善于从政治上看问题，善于把握政治大局，坚定党性立场，加强党性修养，始终做政治上的明白人。推动理论武装常态化制度化，持续巩固深化“不忘初心、牢记使命”主题教育成果，围绕庆祝建党100周年，深入开展理想信念、爱国主义等教育，压实意识形态工作责任制，引导广大党员干部不断增强“四个意识”、坚定“四个自信”、做到“两个维护”。

树牢主人翁理念。我们生活在惠城、工作在惠城，惠城就是我们共同的家园。作为家里

的一分子，必须担主人翁应担之责，只要是惠城范围内的事就要责无旁贷地主动干，像经营自己的家一样精心把惠城经营好。要由上至下贯彻主人翁理念，通过一个人带动一个团队，影响身边一群人，形成上下齐心、共建家园的浓厚氛围。

打造过硬惠城铁军。搭建铁军舞台。突出党建引领，全面实施新一轮加强党的基层组织建设三年行动计划，强化党建与业务融合，深化“一建三示范”活动，把党建阵地前移，让想干事者有机会、能干事者有舞台。优化铁军队伍。认真做好区、镇（街道）领导班子换届工作，确保选出好干部、配出好班子、树立好导向；强化铁军本领。实施“瘦区强镇”“精兵强军”“专业强队”“激励担当”行动，推进完善奖惩分明的绩效考核机制，强化临事而惧、半夜惊醒的负责任态度，做到“敢打硬仗、能打胜仗”。

创建高效干事机制。优化专班的“小特区”机制，强化攻坚克难、啃硬骨头的能力，鼓励放开手脚大胆干，做到集中力量办大事。通过改革增效，全面打通“办事难”堵点，做到“办事不求人”。探索“清单式赋能”机制，由基层提出个性化清单需求，将区级事权下放到镇街，做到“权责一体”。建立管得住、管得好的机制，规范日常管理，做到效率提升。尊重基层首创精神，鼓励大胆创新，总结提升实践经验，形成长效机制。建立科学运作机制，突出结果导向，规范督查、督导工作，做到为基层减负、松绑、提速。

持之以恒正风肃纪反腐。把严的主基调长期坚持下去，一刻不停推进党风廉政建设和反腐败斗争。把监督贯穿于党领导经济社会发展全过程，把完善权力运行和监督制约机制作为实施“十四五”规划的基础性建设。以系统施治、标本兼治的理念，正风肃纪反腐，充分发挥全面从严治党引领保障作用。探索建立干部平安工程“1+3”监督体系，推进巡视巡察上下联动，推动各种监督方式融会贯通，形成常态长效监督合力。毫不松懈纠治“四风”，持续整治群众身边腐败和不正之风问题，加强廉洁文化和家风建设，不断实现不敢腐、不能腐、不想腐一体推进战略目标。

同志们，习近平总书记指出“让老百姓生活更幸福就是共产党的事业”。我们从事着让家园更美好、百姓更幸福的事业，重任在肩、使命光荣。我们要不断提高政治判断力、政治领悟力、政治执行力，以踏石留印的狠劲落实好中央决策部署和省、市工作要求，确保惠城各项事业朝着正确的方向前进；我们要用双脚丈量这片土地，从基层汲取智慧和力量，时刻与惠城发展、百姓需求同频共振；我们要用情用心用力解决身边的小事琐事，以燕子垒窝的恒劲积小胜为大胜，以蚂蚁啃骨的韧劲推动小切口成就大变化。

同志们，人民群众对美好生活的向往，不但是我们的奋斗目标，更是激励着我们不断前行的力量。让我们更加紧密地团结在以习近平同志为核心的党中央周围，不忘初心、牢记使命、接续奋斗，以一往无前的奋斗姿态、风雨无阻的精神状态，努力建设更加幸福一流中心城区，打造更高质量的实力惠城和更有品质的幸福惠城，以我们的奋斗指数换取惠城人民的幸福指数，为打造新发展格局战略支点作出惠城贡献，以优异成绩庆祝建党100周年！

政府工作报告

2021年2月2日在惠城区第八届人民代表大会第七次会议上

惠城区人民政府区长　翟树宇

各位代表：

现在，我代表区人民政府向大会报告工作，请予审议，并请各位政协委员和列席人员提出宝贵意见。

2020年及“十三五”时期工作回顾

2020年，是我区发展进程中极不平凡的一年。一年来，我们坚持以习近平新时代中国特色社会主义思想为指导，深入贯彻落实党的十九届五中全会精神，以及习近平总书记出席深圳经济特区建立40周年庆祝大会和视察广东重要讲话、重要指示精神，在市委、市政府和区委的正确领导下，在区人大、区政协的监督支持下，统筹推进疫情防控和经济社会发展，以实施“3+2”系统工程为抓手，牢牢把握“储能抓项目、提速增效能”工作主轴，国内一流中心城区建设迈出坚实步伐。

——积极应对疫情冲击，经济迅速恢复、持续向好。面对突如其来的新冠肺炎疫情，我们坚持人民至上、生命至上，运用“大数据+网格化”科学精准防控，构筑起“外防输入、内防扩散”的坚固防线。派出23名医护骨干驰援湖北，出色完成救治和护理任务，“00后”护士刘家怡获总书记“点赞”，展现了惠州形象、惠城担当。有序推进复工复产复商复市，实施“千干扶千企”活动，积极助企纾困，激发市场主体活力。通过全力以赴抓项目扩投资促消费，推动全区经济加快恢复。地区生产总值在一季度下降8.9%的情况下，二三季度降幅持续收窄，实现V形反转，全年完成862亿元，实现0.5%的正增长。规上工业增加值完成137.28亿元，增长3%。固定资产投资保持高位运行，增长22.8%，其中工业投资73.34亿元，增长26.6%，自5月份起连续8个月保持两位数增长。区本级一般公共预算收入8月份起实现转正，全年完成39.39亿元，增长5.2%。

——全力抓好土地收储，推动园区加快发展。牢固树立“市区一体”“产城人”融合发展理念，加快推动金山新城、东江湾千亿产业园等重大平台建设。金山新城引进了天安数码城、信利康乐创汇等一批优质项目；东江湾千亿产业园完成土地收储2500亩，投入2亿元加快基础设施配套建设，进一步完善园区主干路网，园区开发进入快车道。加大土地征收盘整力度，全年累计收储用地9300多亩、盘整土地470多亩，征拆房屋面积2.1万平方米；市14宗储备地完成收储5000多亩，有力保障了市级土地出让任务完成。坚定不移发展实体经济，挂牌出让工业用地15宗、面积1400亩，推动重大项目和优势资源向园区集中。全力配合推进“丰”字交通轴线1号公路建设，惠城先行段已基本完成交地。加快征拆工作进度，完成赣深高铁、惠州北站交通枢纽、小金河大道、白石路等一批国家、省、市重大项目征拆任务。

——以项目建设为引领，发展动能加速集聚。狠抓重点项目建设，推进动工一批、加快建设一批、竣工投产一批，70宗重点项目完成投资74.46亿元，超出年度计划8个百分点。成功举办重点项目集中动工活动，天安数码、高盛智谷、信利康乐创城、中南高科等8宗项目集中开工建设，形成了大抓项目的浓厚氛围。抢抓市获批跨境电商综合试验区契机，与京东智联云等企业共建跨境电商产业园。工业补短板取得新进展，新动工工业项目27宗，总投资280亿元，达产后年产值约550亿元。新摘牌项目19宗，计划总投资243亿元，预计产值528亿元，宗数、投资额和产值分别增长72%、408%和440%，项目推进取得近年来最好成绩。高新技术产业稳步发展，新认定高企108家，总量达到300家。正牌科电入选工信部上市后备培育库，利元亨获评省人工智能骨干企业，豪鹏科技入选国家第五批绿色工厂。

——深化改革创新，营商环境持续优化。制定区党政领导赋权赋能权责一体工作制度，给予分管区领导更自主的事权、财权和人力调配权，进一步提高决策和执行效率。实行专班工作制，全区重点项目、重点工作由区领导挂帅，抽调骨干力量组成工作专班，高效快速推进工作。出台《政府投资项目管理办法》，建立项目库，简化审批流程，提高财政资金投资和使用效益。在全省率先推行规划许可合理误差机制，探索实施零条件预审、免审、信用快审制度，规划审批时限压缩约一个半月。开展国企优化整合工作，组建核心国资平台公司，促进国有资产保值增值。深化“放管服”改革和“清网增效”行动，商事登记率先实现“秒批”，79个高频事项可“跨省通办”。扎实开展解决企业困难“直通车”活动，120宗企业诉求已办结112宗，办结率93%。全面开展“减证”便民工作，658项高频民生服务实现“掌上办”。建设项目全链条管理信息化平台，进一步提高项目建设效率。

——坚持建管并重，城市治理打开新局。全力加快城市更新，完成广惠高速汝湖出口和长深高速西出口、南出口年度改造任务，启动惠博大道品质提升工程和惠博路沿江片区、江北望江片区改造更新。用绣花功夫塑造城市特色，以水东街、金带街、祝屋巷“两街一巷”微改造为重点的“城市会客厅”基本竣工。完成“惠民空间”老旧小区微改造100个，打造“健康之家”11个、“长者之家”12个，让群众更加直接感受到“家门口的幸福”。强力推进“两违”整治，拆除“两违”建筑1990宗、面积330.7万平方米，江南、桥西成功创建“无违建镇（街）”。扎实开展户外广告（招）牌专项整治、生活垃圾分类处理等工作。高标准做好文明城市迎测评工作，助力惠州第五次荣获“全国文明城市”荣誉称号。深入开展“扫黑除恶”专项斗争和“飓风2020”专项行动，全面深化“一村（居）一警”工作，持续完善城区“1•3•5”分钟智能防控圈建设，风险防控能力稳步增强，全区刑事警情发案数下降19%，两抢“零发案”天数达343天。辖区352家学校食堂实现“互联网+明厨亮灶”全覆盖。全面压实安全生产责任制，加强危险化学品、道路交通、建筑施工等重点行业领域监管，全区安全形势保持稳定。

——打好污染防治攻坚战，生态环境进一步改善。全区江河水质持续向好，东江汝湖断面、淡水河紫溪断面等7个地表水考核断面100%达标。大力推进黑臭水体整治提升，木沥河、洛塘渠等12条黑臭水体实现“长制久清”。投入9亿元推进农村生活污水治理，整改污水处理设施42座，建成污水收集主管329千米、支管 240千米，农村生活污水治理率达60%以上。深入落实“河湖长”制，河湖“清四乱”“五清”工作步入常态化规范化。开展工地扬尘、餐饮油烟、露天烧烤等整治攻坚行动，全区空气质量保持稳定，优良率达96.4%。加大土壤和固废危废污染防治力度，未发生重大环境污染事故。继续抓好中央和省环保督察落实整改工作，涉及我区的35项重点整改任务，29项已完成整改，6项达到时序要求。加强农村面源污染综合整治，完成禁养区划定调整。扎实开展森林小镇创建，完成森林碳汇造林2140亩、抚育4000亩。严格污染排放前置审批，加大结构减排力度，保障发展环境容量。

——加快补齐短板，乡村振兴取得新成效。建档立卡相对贫困户3010户7186人全部脱贫出列，脱贫攻坚取得决定性胜利。新建高标准农田2.2万亩，获评省AAAA级农业公园1个，建设省、市级现代农业产业园3个。丝苗米省级现代农业产业园顺利通过验收，并纳入国家级产业园创建名单。横沥、汝湖分别被评为省级梅菜和甜玉米专业镇，4个村被评为省级“一村一品”专业村。助力保障河惠莞高速（惠城段）正式通车，完成芦泰大桥主桥建设，新建“四好农村路”140千米，进一步改善北部山区交通条件。投入2.1亿元实施村村通自来水工程，解决了17万农村人口的饮用水安全问题。分批推进78个行政村村庄规划编制，第一批35个村庄规划已批复实施。开展农村人居环境整治“百日攻坚”行动，突出抓好“厕所革命”、垃圾污水治理，142个行政村均达到“干净整洁村”标准。启动乡村风貌提升先行示范区创建，打造16个美丽乡村示范村。

——大力发展民生事业，人民群众幸福感不断增强。全力办好年度十项民生实事，7个项目已完工，其他正在推进。大力推进“强师工程”，面向全国公开招聘教师209人，进一步提升教师队伍素质。加快推进学校和公办幼儿园建设，建成德威江誉诚小学和第十六小学，新增公办中小学学位4650个，新改扩建公益普惠性幼儿园20所。加快提升医疗卫生服务水平，市卫生监督所惠城分所挂牌成立，完成区中医医院扩建升级、麦地社区卫生服务中心新址改造，新建水口第二社区卫生服务中心，推动市三院二期、市三院横沥分院和龙丰社区卫生服务中心动工建设。“东湖旅店——营救中国文化名人陈列馆”项目入选全国革命文物保护利用十佳案例。举办“逆行者之夜”西湖赏灯和“点亮全城，致敬最美面孔”活动，向抗疫英雄致敬。加强社会保障和重点人群关爱服务体系建设，实现动态管理下的应保尽保。进一步做好“稳就业、保民生”工作，重点推进“粤菜（东江菜）师傅”“广东技工”“南粤家政”三项工程，横沥墨园村获评广东粤菜师傅名村。顺利完成第七次全国人口普查工作。获评全国科普日活动优秀组织单位。连续十次荣获“广东省双拥模范城”称号。

过去一年，我们不断加强政府自身建设，坚持把政治建设摆在首位，深入学习贯彻党的十九届五中全会和习近平总书记重要讲话精神，全区政府系统进一步增强“四个意识”、坚定“四个自信”、做到“两个维护”。坚持依法行政，严格落实重大行政决策程序和“三重一大”事项决策机制，建设法治政府。自觉接受人大、政协和社会监督，办理市、区两级人大代表建议118件、政协委员提案107件，办复率均达100%。加大审计监督力度，坚持重大项目、财政预决算和“三公”经费公开，廉洁政府建设持续强化。坚决贯彻全面从严治党要求，驰而不息整治“四风”，破除形式主义、官僚主义，着力减轻基层负担，让基层有更多时间和精力抓落实。

一年来，区武装、国防、民族宗教、统计、地方志、关心下一代等工作扎实开展，社科联、侨联、残联、文联、工会、共青团、妇联等单位尽职尽责，取得新的进步。区人大代表紧紧把脉民生痛点，运用议案办理这一法定职责，争取上级资金1000多万元，推动了北部山区低水桥改造、中心区老旧街道路灯改造、农民工培训等民生实事，为惠城发展作出了突出贡献。区政协委员围绕群众关注的热点、难点问题，积极参政议政、建言献策，提出了“建设惠城区全民健康信息平台、促进医疗企业发展、推广中药材种植”等真知灼见，展现了政协委员的履职风采。各民主党派、工商联和无党派人士积极响应区委、区政府号召，聚焦中心工作履职尽责，坚定不移同区委、区政府想在一起、站在一起、干在一起，为全区各项事业发展贡献了智慧和力量。

各位代表，回顾不同寻常的2020年，我们最不能忘怀的是，全区上下众志成城、万众一心、同舟共济、守望相助抗击疫情的感人情景。惠城干部始终冲锋在第一线、战斗在最前沿，用实际行动书写对党和人民的无限忠诚；各行各业、方方面面的奋斗者、建设者、创业者在各自岗位上不辞辛苦、默默奉献，将涓滴之力汇聚成强大合力，用平凡铸就不凡。这些事迹和精神激励我们在践行宗旨、不忘初心、牢记使命的道路上，更加奋勇前进！借此机会，向全区所有为疫情防控做出积极贡献的医护人员、公安干警、村居工作者、志愿者、广大人民群众和社会各界人士，以及各级党政机关和企事业单位广大党员干部，致以崇高敬意和衷心感谢！

各位代表，2020年是“十三五”的收官之年。五年来，我们坚持以习近平新时代中国特色社会主义思想为指导，深入践行新发展理念，落实高质量发展要求，统筹做好稳增长、促改革、调结构、惠民生、防风险各项工作，主要预期目标任务基本完成，为“十四五”规划新征程打下了坚实基础。

五年来，我们坚持稳中求进，经济实力不断增强。全区地区生产总值由598亿元提高到862亿元，年均增长5.0%。固定资产投资、社会消费品零售总额分别年均增长10.1%、5.7%；规上工业总产值突破500亿元。财政收入结构不断优化，税收收入占比由55.2%提升至81.9%。产业体系逐步完善，三次产业结构调整为3.0∶27.4∶69.6。综合实力稳步提升，获评全国综合实力百强区、科技百强县区、营商环境百强区等称号。

五年来，我们坚持改革创新，发展活力不

断激发。全区各级干部干事创业激情竞相进发，积极性、主动性、创造性不断增强。顺利承接市下放职权42项。深入开展“清网增效”行动，推出工业投资项目摘牌即动工、企业开办全流程1天内完成、企业“直通车”等创新举措。组建国有资产投资运营和园区开发两大平台，进一步拓宽政府投融资渠道。

五年来，我们坚持协调发展，城乡面貌不断改善。中心城区扩容提质成效明显，能源、水利、信息化等基础设施日臻完善。深入推进“无违建镇（街）”创建、城管“三项整治”、城市更新等工作，城市形象品位进一步提升。开展征地拆迁攻坚年、会战年等活动，完成隆生大桥、惠新大道、四环路南段等一大批市政项目征拆任务，加快拓展城市空间骨架。大力开展农村人居环境整治，1232个自然村完成“三清三拆”任务。加强生态建设，成功创建省生态区。现代乡村产业体系初步构建，乡村建设稳步推进。

五年来，我们坚持为民导向，民生福祉不断提升。坚持把新增财力的80%以上投向民生领域，教育、医疗等基本公共服务水平明显提高。聚力打赢精准脱贫和污染防治攻坚战，建档立卡相对贫困户100%脱贫，生态环境质量持续改善。大力推进就业创业工作，城镇登记失业率保持在2.6%以内。法治惠城和平安惠城建设深入推进，安全生产与食品安全形势总体稳定。社会保障体系日趋完善，文旅体加快融合。获评“中华诗词之乡”“广东诗词之乡”“中国小小说之乡”和“全国计生优质服务先进单位”，“扫黄打非”工作获评全国先进。助力惠州五夺全国文明城市金牌。

各位代表，过去五年成绩的取得，是习近平总书记、党中央领航把舵的结果，是习近平新时代中国特色社会主义思想科学指引的结果，离不开省委、省政府和市委、市政府的坚强领导、放权赋能，离不开区委的全面统筹、科学谋划，离不开区人大和区政协的有效监督、大力支持，离不开全区人民团结拼搏、不懈奋斗。在此，我代表区人民政府，向全区广大干部群众，向支持区政府工作的全体人大代表、政协委员和社会各界人士，表示衷心的感谢！

在看到成绩的同时，我们清醒地认识到，去年有些经济指标低于年初预期，个别民生实事没有达到目标进度，虽然有疫情影响、外部环境等客观因素，但是我们对主观原因不回避、也不掩饰。当前，全区经济社会发展还存在一些困难和问题，主要表现在：**一是发展的不确定、不稳定性明显增强**。世界正经历百年未有之大变局，新冠疫情影响广泛深远，经济全球化遭遇逆流，不确定、不稳定因素明显增多，保市场主体、保产业链供应链稳定的压力很大。**二是产业结构不够合理**。工业规模偏小，三产相对低端，缺乏“压舱底”的大体量项目，经济发展的质量效益和抗风险能力不高。**三是农村短板比较突出**。城乡发展不够均衡，农村道路、水利、通信等基础设施欠账比较多，整体发展和生活水平与中心区域相比差距还比较大。**四是公共服务水平有待提升**。优质教育、医疗卫生等公共服务资源相对不足，还不能完全满足群众需求，保障改善民生任务依然繁重。**五是工作效能有较大提升空间**。与“储能抓项目”相比，“提速增效能”的效果不够明显，上下左右之间沟通效率不够高，政府效能需要进一步提升。民之所望即是施政所向。我们将坚持以习近平新时代中国特色社会主义思想为指导，牢记初心和使命，进一步贯彻以人民为中心的发展思想，扎实有效解决问题，努力把各项工作做得更好，决不辜负全区人民的期望。

“十四五”时期主要目标任务

“十四五”时期，是开启全面建设社会主义现代化国家新征程的第一个五年。面对新形势、新任务、新要求，我们必须增强信心，坚定决心，在区委的统一坚强领导下，团结一致，砥砺奋进，全力谱写“十四五”发展新篇章。

区委八届八次全会审议通过了《中共惠城区委关于制定国民经济和社会发展第十四个五年规划的建议》，提出以建设更加幸福一流中心城区为总目标，打造更高质量的实力惠城、更有品质的幸福惠城，为未来五年发展明确了目标任务和工作方向。区政府据此编制了《国民经济和社会发展第十四个五年规划纲要（草案）》，一并提请大会审议。

把握新形势，担当新使命。我们将立足新发展阶段，贯彻新发展理念，构建新发展格局，坚决贯彻执行中央和省、市、区委的决策部署，开拓创新、真抓实干，坚持对标一流，坚持市区一体，坚持实体优先，坚持民生至上，持续推进“ 3+2”系统工程，奋力把惠城建设成为更加幸福的一流中心城区。

展望“十四五”，到2025年，全区地区生产总值达到1300亿元，年均增长速度7%以上，三次产业结构调整为3∶35∶62。产业平台建设取得新突破，成为惠城实体经济增长主引擎，综合经济实力跃上新水平。全区主要创新指标达到全省先进水平，全社会研究与开发（R&D）投入占GDP比重达3%，高新技术企业数量达到800家。基本形成以创新为主要引领和支撑的产业体系和发展模式，建成国家级创新型城区。一流中心城区生活品质大幅提升，乡村振兴产业支撑作用明显，全面焕发“老”的经典魅力和“新”的时代魅力。空气质量、地表水质量、主要污染物排放等环境质量主要指标保持全省甚至全国领先，资源节约型、环境友好型社会建设取得有效进展。城市管理机制更加完善，教育发展更加均衡，卫生健康体系更加完善，社会保障体系更加健全，公共服务供给更加丰富，城乡优质生活圈建设全面提升，“岭东雄郡”城市形象特质得到充分彰显，人民过上更加幸福的美好生活。

2021年工作安排

2021年是实施“十四五”规划的第一年，也是我区推进更加幸福一流中心城区建设的关键一年。当前，世界百年未有之大变局深度演化，新冠疫情形势仍然复杂多变，区域竞合、县区竞争进一步加剧，给我们带来了巨大的困难和挑战。同时，我们也要看到，挑战虽然严峻，但机遇也前所未有。我们必须进一步增强机遇意识和风险意识，善于在危机中育先机、于变局中开新局，拿出勇气和智慧，确保“十四五”发展开好局、起好步。从整体环境看，我国率先控制住国内疫情，成为全球首个恢复增长的主要经济体。党中央因势利导，提出构建以国内大循环为主体、国内国际双循环相互促进的新发展格局，开启全面建设社会主义现代化国家新征程。同时，随着省、市经济加快恢复，“双区驱动”效应进一步释放，“丰”字交通主框架、金山新城、惠州湾产业新城等重大项目平台加快建设，为我们逆势而上、竞逐一流增加了许多有利因素。从自身发展看，通过长期接续奋斗，我区经济社会各项事业都打下了较为扎实的基础，特别是近两年我们下定决心、下大力气补工业短板、狠抓园区和项目建设，工业项目落地连续两年大幅增长，已经形成了良好的发展势头，积蓄了强大的发展势能，具备了向上跃升、跨越发展的基础和条件。

综合分析形势，“十四五”的开局之年，也是我区乘势而上、借“市”发展的进阶之年，优化结构、补齐短板的突破之年，爬坡过坎、跨越发展的提速之年。只要我们坚定信心、抢抓机遇、狠抓落实，我们完全有条件、有能力推动惠城高质量发展再上新台阶。

今年区政府的总体工作要求：以习近平新时代中国特色社会主义思想为指导，全面贯彻党的十九大和十九届二中、三中、四中、五中全会精神及中央经济工作会议精神，深入贯彻习近平总书记对广东系列重要讲话和重要指示批示精神，深入贯彻省委全会、市委全会和区委八届九次全会精神，围绕勇当建设更加幸福一流城市排头兵的使命任务，坚持稳中求进工作总基调，立足新发展阶段，贯彻新发展理念，以推动高质量发展为主题，以深化供给侧结构性改革为主线，以改革创新为根本动力，以满足人民日益增长的美好生活需要为根本目的，坚持系统观念，巩固拓展疫情防控和经济社会发展成果，更好统筹发展和安全，深入实施 “3+2”系统工程，扎实做好“六稳”工作、全面落实“六保”任务，努力保持经济运行在合理区间，着力在“强平台、优环境、抓项目、惠民生”上实现突破进阶，为打造新发展格局战略支点作出惠城贡献，确保“十四五”开好局，以优异成绩庆祝建党100周年。

综合考虑各方面因素，今年全区经济社会发展的预期目标是：地区生产总值增长8.5%，人均地区生产总值增长7.5%，固定资产投资增长15%，社会消费品零售总额增长10%，外贸进出口总额增长3%，地方一般公共预算收入增长4%，全体居民人均可支配收入增长7%，城镇登记失业率控制在2.6%以内，节能减排等指标完成上级下达任务。

为更好地做好今年工作，我们将切实按照区委着力在“强平台、优环境、抓项目、惠民生”上实现突破进阶的部署要求，以“强平台、抓项目、提质效”为经济工作主轴，加快补齐短板，持续锻造长板，努力在打造“更高质量的实力惠城”和“更有品质的幸福惠城”上取得突破性进展。一方面，着眼于工作连续性，一年接着一年干。去年我们以“储能抓项目、提速增效能”为工作主轴，集中精力、集中资源抓“大”、抓“快”、抓“聚焦”，打基础、蓄能量工作取得实质性成效，事实证明我们的路子是对的。在去年工作的基础上，干好的事情今年还要继续干，还没干完的事情更要接着干，咬定青山不放松，脚踏实地干到底。另一方面，着眼于提升优化，一年要比一年干得好。把“储能抓项目、提速增效能”优化提升为“强平台、抓项目、提质效”，是因时而变、顺势而为，目的在于引导全区干部群众把目光聚焦到重点领域上、把精力集中到主要工作中，形成更加统一的思想、更加强劲的合力，推动工作取得更大突破。强平台，就是树立和运用平台思维，以1号公路为产业经济带，把金山新城、惠州湾产业新城、东江湾千亿产业园等产业平台作为承载大项目、大产业、大企业的聚合载体，带动资源聚集、产业跃升。抓项目，就是继续突出项目建设的引领作用，全力推动签约项目快落地、落地项目快开工、开工项目快投产、投产项目快见效，实现项目与平台相互促进。提质效，就是坚持问题导向、目标导向、效果导向，着力推动工作理念、工作机制、工作作风全方位提升，不只是做得“更快”，还要做得“更好、更值”。这里特别强调，区政府的任何工作，其最终目的都是为了惠城发展、人民幸福。我们所要做的，就是让惠城的发展质量更高一些，让人民群众对更加幸福的体验感更充分一些。

实现上述目标，必须结合区情实际，进一步强化“市区一体”理念，在“市区一体”的前提和基础上，开展惠城的各项工作。一是在服务大局中体现担当。区与市相互交融，是城区最大的特点、最大的优势。我们要主动思考在全市大局下城区的角色定位和责任担当，理解吃透市里的精神意图，把上级部署高效转化为工作成果，实现借“市”发展、乘“市”而上。二是在主动融合中抢抓机遇。充分发挥惠城比较优势，抢抓金山新城建设、“丰”字大交通格局加速形成的有利时机，牢牢把握市、区重大项目纷纷落户、动工、建设的大好势头，通过深度连接、高度融合，培育机遇、创造优势，借“势”而上。三是在改革创新中提质增效。一体推进实体经济、城市更新、乡村振兴、改革增效，打破按部就班、循规蹈矩的惯性思维，让“不敢想、做不到”成为过去，让“大胆想、敢于闯”成为常态，用更加积极进取的思维推动工作质量和效率双提升。

围绕以上目标任务，今年重点抓好以下工作：

一、全力强平台抓项目，为高质量发展提供实力支撑

立足“双循环”新发展格局，围绕“十四五”实现1300亿元目标，坚定不移强平台、抓项目，全力以赴推动经济跨越发展。

聚焦实体经济推动产业聚集。推动实力增长，关键在于做大实体经济，推动产业聚集。我们将依托“一带一轴一圈”产业空间布局，聚力发展人工智能和大数据、总部经济、大健康三大主导产业。加快推进京东智联云、天安数码城、信利康智慧园、高盛智谷、中南高科等专业园区建设，打造粤港澳大湾区数字经济高地。制定促进总部经济发展管理办法，强化金融、信息、商贸、会展等服务功能，积极发展研发中心、物流配送中心、培训中心等职能型总部，抓好顺丰粤东科技创新总部等项目建设，谋划布局商贸生产服务现代物流产业园。加快推进九惠生物医药等医药医疗项目建设，鼓励发展线上医药物流，做大做强生命健康产业。

打造高能级产业平台。加强与市相关职能部门的协调联动，大力推进金山新城、东江湾千亿产业园、惠州湾产业新城建设，打造成为支撑惠城经济增长、产业跃升的核心载体。金山新城重点优化产业规划，配合做好国土空间规划，布局大数据及人工智能、新一代信息技术、科技服务等新兴产业，保障新会展中心建设顺利启动，打造未来城市中心、一流城市核心样板；东江湾千亿产业园计划投入9亿元，重点推进“六横五纵”道路建设，加快完善供水供电、排水排污等配套设施，加快推动优质项目建设，创建成为省级高新科技产业园；惠州湾产业新城着力配合推进起步区建设，助力国机集团华南总部基地动工，打造成为一流城市的重要支点、粤港澳大湾区高质量发展示范区。

巩固壮大实体经济根基。安排年度重点项目76宗、总投资432亿元、年度投资74.35亿元，其中投资规模10亿元以上项目11宗，工业项目32宗、总投资211.3亿元。制定重点项目“五个一”工作机制，成立项目工作专班，完善项目库建设，全链条信息化分类管理，高效推进项目建设。设立驻深招商联络处，主动承接深圳优质产业项目扩张式、整体式转移。加强外出招商，重点引进投资额大、带动力强的行业标杆项目和行业龙头企业，进一步夯实项目支撑。大力实施“强链补链”行动，依托信利康、顺丰等产业链龙头项目，积极引进更多上下游企业，做强做长产业链。打造惠城互联网孵化产业园，促进创新链与产业链深度融合发展。实施高企倍增计划，新增高新技术企业31家，培育一批“专精特新”企业。

全力推进土地收储。把土地收储作为强平台、上项目的基础工作来抓，全年计划收储土地3.7万亩。做好高铁北站、金山新城、江北三新等1.8万亩市级储备地收储工作，坚决保障市级土地出让任务完成。推进东江湾千亿产业园约7300亩用地收储，全部用于项目及配套道路建设。强化园区用地保障，完成三栋中心园、马安、横沥、汝湖、水口分园土地收储4000亩。做好金山新城水环境综合整治、惠城南站枢纽片区8000亩土地征收，保障项目顺利实施。创新土地征收方法，突破留用地、安置房等重难点问题，进一步提升征地拆迁效率。

大力培育和发展新消费。注重需求侧管理，推动线上线下消费深度融合，大力发展互联网健康医疗、在线教育、在线文娱、智慧旅游等新业态，培育新的消费增长点。加快跨境电商产业园建设，引进培育一批跨境电商平台、龙头企业、大型外贸综合服务企业，引导中小微外贸企业借力开展进出口业务。规划建设高品质消费集聚区，支持“首店经济”“名店经济”发展，打造江北华贸、河南岸港惠、桥东水东街等特色商圈。繁荣夜间消费市场，打造特色夜间经济示范街区。

二、实施精细化管理，持续改善中心区城市形象

以更高标准、更大格局全面加强城市建设，提升城市品质，打造代表国内一流城市形象的中心城区。

市区一体共建“外联内畅”交通体系。以市“丰”字交通主框架、“五横五纵”快速路、“两环十射”快进快出路网体系建设为契机，全面加强与市衔接，加快建设1号公路（惠州湾高速），保障惠城先行段顺利建成，推动构建便捷高效交通网络。外联方面，配合推动广汕高铁、惠城南站及配套项目、莞惠城际北延线、韶惠高速、广惠高速金龙互通等重大交通项目建设，保障赣深高铁惠城段及惠州北站顺利建成，实现与周边县区和城市之间的快联速通，成为连接珠三角与粤东地区的重要枢纽节点。内畅方面，配合做好中部隧道、湖山大桥、鹅城大桥等过江通道建设，推动建成演达

二路东段等市政道路，实施金龙大道、小金河大道等道路快速化改造，让市民出行更加便捷。

以点带面打造“靓丽幸福”城市形象。加快城市有机更新，进一步提升长深高速西出口、南出口、北出口和广惠高速汝湖出口更新效果，加快推进惠博大道、江北望江片区和江北9、10号小区更新改造。协同推进在中心区建设智慧停车场10个以上，进一步缓解停车难问题。改善老城区人居环境，完成“惠民空间”老旧小区改造100个以上，让群众在家门口感受到城市温度。完成江北安置房项目一期工程，启动二期建设。围绕“打造城市最靓丽名片、焕发千年古城新活力”目标，配合推动西湖景区及周边区域更新改造工作，当好西湖品质提升主力军。完成东江、红花湖、金山湖、挂榜阁等区域景观亮化工程，建设“一湖两江”城市会客厅。

强化统筹提升城乡治理水平。运用大数据、5G智能等现代信息技术，深入推进智慧市政、智慧警务、智慧城管建设，实现社会治理精细化。构建职责明晰、协同高效、扁平运作的大城管格局，实现“无违建镇（街）”创建全覆盖。理顺城乡综合执法、环境卫生工作机制，推动“一把扫帚扫到底”。深化城市出入口、道路沿线环境整治，抓好市容环境卫生大清洁，加快推进城乡生活垃圾分类，实现垃圾减量、污染减少。加强食品药品市场监管，保障群众“舌尖安全”。落实安全生产责任制，筑牢安全生产防线。强化社会治安综合治理，持续推进扫黑除恶、全民禁毒工程，严打各类违法犯罪，坚决守护好群众生命安全。推动信访工作从“办理”向“治理”转变，及时解决群众合理诉求。

三、深化系统治理，巩固提升生态环境质量

环境美、生态优是惠城最宝贵的资源禀赋，要像爱护眼睛一样，保护好我们的生态环境。

加强污染防治。强化饮用水源地保护和禁养区养殖场清理整治，确保国考、省考断面水质持续达标。实施城镇污水管网畅通工程，加快推进雨污分流、管网清淤改造，集中处理生活污水、工业废水。完善大气污染防治工作机制，实施大气精细化管理，严管露天焚烧、露天烧烤、工地扬尘。加强农用地和建设用地环境管理，推进重点危废处置企业建设，补齐处理能力短板。

厚植生态优势。建立以生态保护红线、环境质量底线、资源利用上线和环境准入负面清单为核心的“三线一单”生态环境管控体系，实施生态环境空间管控。推进“拆挡见绿”专项行动，巩固提升国家森林城市成果，让更多群众开门见绿。开展高质量水源林建设，完成造林4588亩、抚育4140亩，建设2个森林乡村。积极参与全省“万里碧道”工程建设，实施病险水库除险加固和中小河流治理，逐步构筑安全水网、生态长廊。

推动绿色发展。加强国土空间管理，落实生态保护红线、永久基本农田和城市开发边界线。严把环保、能耗、安全门槛，开展“散乱污”企业专项整治。加大节能减排力度，倡导清洁能源生产。推广循环经济，鼓励新能源和可再生能源项目建设。扎实做好碳达峰、碳中和工作。培育“生态+”绿色产业，开展绿色园

区、绿色工厂、绿色产品示范创建。加强绿色生活方式宣传，倡导公众践行绿色低碳生活理念，推动居民消费结构向低碳、节能、可再回收的方向转变。

四、推动乡村全面振兴，促进城乡协调融合发展

加强制度设计，制定科学有效的考核机制，充分调动各方积极性，推动农村工作、农业项目量质并升、取得突破。

实施乡村建设行动。科学推进乡村规划编制，加快补齐农村基础设施短板，进一步缩小城乡差距。持续深化农村“三项改革”，进一步规范乡村建设。启动农村人居环境整治提升五年行动，实施“美丽家园”创建活动，不断提升村民环境卫生意识和农村环境水平。抓好横沥镇城乡融合发展省级试点，推进芦洲镇创建省卫生镇。创建乡村风貌提升先行区，集中力量打造一批美丽宜居村、特色精品村，确保60%以上行政村达到美丽宜居村标准。推进北环大道、市生态环境园进场路东延线升级改造，启动横沥黄沙洞至小岚道路建设，建成芦泰大桥，进一步优化北部山区路网。推进“四好农村路”建设，完成窄路面拓宽25千米、村道硬底化200千米，危桥改造（加固）11座。加快农村污水处理设施建设，推动农村垃圾分类工作全面铺开。

大力发展现代农业。实施现代农业产业园能级提升行动，加快国家现代农业产业园创建，推动国家级田园综合体建设。依托丝苗米、梅菜、甜玉米、特色水产等优势产业，大力发展北部山区现代农贸市场，创建3个“一村一品”特色村。因地制宜发展休闲农业、乡村旅游，丰富乡村经济业态。落实粮食安全行政首长责任制，新建3.38万亩高标农田，种植面积稳定在21万亩以上。加快10万吨粮仓建设，提升粮食储备保障能力。

巩固提升脱贫攻坚成果。健全脱贫人口、低收入人口网格化长效监测帮扶机制，严格落实“四个不摘”要求，持续巩固“两不愁三保障”。重点关注脱贫不稳定、边缘易贫户，引导社会力量广泛参与防止返贫。大力发展富民兴村产业，促进农村就业农民增收，推动脱贫攻坚与乡村振兴有效衔接。

五、注重改善民生，着力提升人民群众幸福感

坚持把新增财力主要用于保障和改善民生领域，切实为群众办好事实事，让群众切身体会到生活在惠城更有品质、更加幸福。

办好人民满意教育。坚持教育优先发展，深入实施中小学基础设施建设专项规划，投入9.7亿元新改扩建公办幼儿园11所、中小学10所，新增各类优质学位1.9万个以上。支持社会力量办学，提供更多优质教育资源，不断满足群众教育需求。实施“强师工程”，大力培养名校长、名教师和名班主任，建设高素质、专业化教师队伍。健全“家校社”教育协同机制，加强学生思想道德和传统文化教育，丰富校园文体生活，让每个学生都全面发展、茁壮成长。

打造更高水平健康惠城。落实常态化疫情防控措施，加快建设区疾病预防控制中心，健全公共卫生应急管理体系，稳步实施疫苗接种，坚决守护人民健康。启动惠州市第二妇幼保健院新院建设，完成龙丰社区卫生服务中心

及河南岸第二社区卫生服务中心建设，提升第三人民医院横沥分院等基层医疗机构服务水平。建成惠城区全民健康信息平台，逐步实现不同机构之间医疗资源和健康信息的互联互通、实时共享。创建全国基层中医药工作先进单位，进一步提升中医药综合服务能力。在老旧小区新建10个“健康之家”。做好“卫生城市”复评迎检工作。

彰显“岭东雄郡”文化魅力。深入践行社会主义核心价值观，抓好新时代文明实践中心建设，巩固提升全国文明城市建设水平。深入挖掘东坡文化、府城文化、红色文化资源内涵，完成桥东水东街、桥西金带街、江南祝屋巷等文化街区升级改造，启动东湖旅店二期和中山公园品质提升工程，修缮梅花馆、归善学宫、全国总工会旧址等省级文保单位，进一步彰显“岭东雄郡”文化魅力和城市形象。打造文化、红色、乡村等10条精品旅游线路，推动文化旅游和乡村振兴深度融合。发挥“一场三馆”作用，积极开展群众性精神文明创建活动，创作更多文化精品力作。

织密筑牢民生保障网。把稳就业作为民生工作首要任务，纵深推进“粤菜（东江菜）师傅”“广东技工”“南粤家政”等工程，新增城镇就业1.1万人以上，城镇登记失业率控制在2.6%以内。做好高校毕业生就业工作，帮扶残疾人、下岗失业人员等困难群体就业，确保零就业家庭动态“清零”。落实全面参保计划，确保社会保险全覆盖，保障60周岁以上城乡居民100%享受养老保险待遇。加强困难群众生活保障，实现镇街社会工作服务站100%覆盖。加强居家和社区养老信息化服务，新建10个“长者之家”，推进区老年大学建设，让长者乐享善为。创建退役军人工作示范单位。

六、转作风提效能，不断加强政府自身建设

建设更加幸福一流中心城区，需要付出艰辛努力，我们将进一步加强自身建设，不断提高工作效能和服务水平。

坚持把政治建设摆在首位。深学笃行习近平新时代中国特色社会主义思想，进一步强化政治意识，不断提高政治判断力、政治领悟力、政治执行力。坚持党的全面领导，切实增强“四个意识”、坚定“四个自信”、做到“两个维护”，更加自觉地在思想上政治上行动上同以习近平同志为核心的党中央保持高度一致。不折不扣贯彻落实中央和省、市、区委决策部署，严守政治纪律和政治规矩，落实意识形态工作责任制，规范党内政治生活，锤炼忠诚干净担当的干部作风。

以法治思维规范政府行为。深入学习宣传习近平法治思想，实施“八五”普法规划，建设法治政府。坚持民主集中制，落实“三重一大”决策制度，不断提高政府决策科学化、民主化、法治化水平。加大行政复议、合法性审查和备案审查力度，推进依法行政。自觉接受区人大及其常委会的依法监督和区政协的民主监督，进一步提高人大代表议案、建议和政协委员提案办理质量。

持续提高政府服务效能。以“数字政府”建设为牵引，实现信息互联、资源共享，优化提升政务服务效率。纵深推进“放管服”改革，推动行政审批事项应减尽减、审批权限应放尽放，打造一流营商环境。继续深入开展“减证”便民工作，压缩行政审批事项的承诺办结时限，为群众办事提供更多便利。制定跨

域通办事项清单，扩大跨域通办“朋友圈”。

始终保持清正廉洁。深入推进政府系统全面从严治党，充分发挥从严治党引领保障作用。强化重点领域、关键环节监管，从严查处违法违纪问题，营造风清气正政务环境。坚决贯彻落实中央八项规定精神，持续纠治“四风”，力戒形式主义、官僚主义。

今年区政府将带头过紧日子，全面压缩非生产性开支，把节约的经费用于改善民生、推动发展。

各位代表！新征程任重道远，新使命催人奋进。面对百年未有之大变局，有习近平总书记把舵领航、举旗定向，我们感觉特别有信心、特别有底气，我们一定坚定不移沿着总书记指引的方向奋勇前进，用实际行动践行对总书记和党中央的绝对忠诚。面对“双区”驱动、“一核一带一区”区域发展和市委、市政府放权赋能重大机遇，我们一定坚定信心、抓住机遇，以主人翁的奋斗姿态，锐意进取、奋发图强，为惠州建设更加幸福国内一流城市贡献更大力量。面对惠城蓄势待发的大好形势，我们一定以铁的作风、铁的纪律，咬定目标，接续奋斗，全力推动城区经济社会高质量跨越发展，让人民过上更加幸福美好的生活。

各位代表！征途漫漫，唯有奋斗。勤劳勇敢的惠城人民不但有建设幸福家园的美好愿景，更有竞逐一流的信心勇气。让我们更加紧密团结在以习近平同志为核心的党中央周围，在市委、市政府和区委的坚强领导下，永葆“闯”的精神、“创”的劲头、“干”的作风，奋力开创更加幸福一流中心城区建设新局面，为庆祝建党100周年献上惠城的优异成绩单！

名词解释

1.河湖“清四乱”“五清”：“清四乱”即清理“乱占、乱采、乱堆、乱建”等问题；“五清”即清理非法排污口、水面漂浮物、底泥污染物、河湖障碍物、涉河湖违法违建。

2.“四好农村路”：建好、管好、护好、运营好农村公路。

3.城管“三项整治”：整治泥头车、工地扬尘、跨区域非法倾倒固废物。

4.“三清三拆”：“三清”即清理村巷道及生产工具、建筑材料乱堆乱放，清理房前屋后和村巷道杂草杂物、积存垃圾，清理沟渠池塘溪河淤泥、漂浮物和障碍物；“三拆”即拆除危旧房、废弃猪牛栏及露天厕所茅房，拆除乱搭乱建、违章建筑，拆除非法违规商业广告、招牌等。

5.“双区”驱动：“双区”是粤港澳大湾区和深圳建设中国特色社会主义先行示范区。

6.“双循环”：以国内大循环为主体、国内国际双循环相互促进的新发展格局。

7.“一带一轴一圈”：“一轴”即产业功能发展轴，“一带”即环东江经济产业带，“一圈”即总部经济及商务服务圈。

8.“五个一”工作机制：即每周一次项目例会、每周一场项目直通车、每个项目一个工作专班、每个项目一名服务专员、每个项目一套信息化档案。

9.“五横五纵”快速路：“一横”途经博罗、惠城中心区、东江科技园；“二横”途经潼湖生态智慧区、惠城中心区、空港经济区；“三横”途经仲恺沥林、惠阳镇隆、良井至惠东县城；“四横”途经惠阳新圩、秋长、沙田、惠东白花新材料产业园、广汕铁路惠东南站；“五横”途经大亚湾西区、石化区北侧、范和湾，接深汕合作区深东大道。“一纵”串联南昆山、罗浮山至潼湖湿地；“二纵”串联博罗、潼湖生态智慧区、镇隆、新圩至大亚湾；“三纵”利用小金河大道、经仲恺至镇隆；“四纵”连接龙门县城，利用金龙大道经惠城中心区，至惠阳、大亚湾；“五纵”串联东江科技园、空港经济区、白花新材料产业园。

10.“两环十射”：“两环”是指三环路（内环）和四环南路（外环）；“十射”分别是指惠博大道（+小金河大道）、金龙大道、惠民大道、惠泽大道、惠澳大道、演达大道、鹅岭南路（+仲恺大道）、金恺大道、永联路、江南大道。

11.农村“三项改革”：农村“一户一宅”、农房简约报建、风貌管控改革。

12.“四个不摘”：不摘责任、不摘政策、不摘帮扶、不摘监管。

13.“两不愁三保障”：“两不愁”是不愁吃、不愁穿，“三保障”是义务教育、基本医疗、住房安全有保障。

14.“三重一大”：重大事项决策、重要干部任免、重大项目投资决策、大额资金使用。

15.“放管服”：即简政放权、放管结合、优化服务。

16.“一核一带一区”：省委十二届四次全会提出将广东区域发展格局明确为三大板块，即推动珠三角核心区优化发展；把粤东、粤西打造成新增长极，与珠三角城市串珠成链形成沿海经济带；把粤北山区建设成为生态发展区，以生态优先和绿色发展为引领，在高水平保护中实现高质量发展。

惠州市惠城区人民代表大会常务委员会工作报告

2021年2月2日在惠城区第八届人民代表大会第七次会议上

惠城区人大常委会主任　陈　娟

各位代表：

现在，我代表惠城区第八届人民代表大会常务委员会向大会报告工作，请予审议。

过去一年的主要工作

2020年，区人大常委会在市人大的正确指导和区委的坚强领导下，始终高举习近平新时代中国特色社会主义思想伟大旗帜，依法履行宪法法律赋予的职责，统筹推进疫情防控和经济社会发展。全年共召开常委会会议10次，听取和审议“一府一委两院”专项工作报告26项，作出决议、决定18项，向“一府一委两院”提出审议意见83条，依法任免国家机关工作人员62人，顺利完成了各项工作任务，在全市县区人大班子市委考核中唯一获得“优秀”等次。

一、依法精准监督，在促进惠城高质量发展上担当作为

坚持问题导向、突出重点领域，让人大监督“长出牙齿”。聚焦经济发展。听取和审议计划、预决算、审计及审计查出问题整改、国有资产管理等专项报告，审查批准预算调整方案，推动政府加大对乡村振兴、公共卫生事业的投入；调研政府债务管理、税收工作，重点监督新增专项债及抗疫特别国债资金使用；加强预算联网监督系统运用，督促乡村振兴项目经费及其他涉农专项资金支出进度，不断提高财政资金使用效益，当好国家利益捍卫者、公共资金守护者。聚智乡村振兴。突出思路引领，外出取经拓视野、谋思路，深入镇街、村居、农口、农企等深调研，指导因地制宜推进“一村一策”；突出监督实效，综合运用视察调研、专项评议等方式，对村庄规划、农文旅产业融合、农业技术推广、农田水利建设等精准监督，推动研究农业产业发展空间及龙头企业发展的瓶颈问题；突出凝聚合力，推动社会各方力量参与农村基础设施改造、人居环境整治、扶贫攻坚和美丽乡村示范点创建。聚情民生关切。全面推开政府民生实事代表票决制，测评2019年区政府民生实事完成情况，结果为“满意”等次；组织省、市、区、镇四级人大代表视察“惠民空间”改造项目，持续推动“长者之家”“健康之家”等新型城市社区服务体系建设；调研城市生活垃圾分类、学生心理健康教育、农村校舍建设、区卫生监督所及区疾控中心建设并“回头看”；审议环保年度报告，采取“无陪同、直奔现场”方式，开展水污染防治常态化联动监督；考察城市会客厅微改造项目、内街小巷及老旧小区改造等，回应民生关切。聚合法治力量。用好“法律巡视”利剑，运用明察暗访、逐条对照等手段改进执法检查方式，对传染病防治法、野生动物保护法、安全生产法等6部法律法规开展执法检查；审议认罪认罚从宽制度落实情况，调研行政诉讼、“一村（居）一警”、社区矫正、法治进农村、应对突发事件的法律保障等工作；全年审查政府规范性文件11件，收到人民群众来信来访来电18件，做到案结事了；讲好人大故事，全年播出《法治惠城》电视节目52期，在省、市级媒体官微平台发稿191篇，在惠城人大微信公众号推送信息193条，多维度宣传人民代表大会制度、记录惠城民主法治进程。聚力监督创新。注重以创新增强人大监督刚性，在全市率先启动人大任命干部履行宪法誓词情况评议，完善干部任后监督体系；探索讲评政府部门工作机制，围绕乡村振兴、城市管理专题，对8个部门精准监督问效；提升主任会议审议实效，对农业农村、医疗保障等民生领域精准监督发问，对办理代表建议不到位的3个部门精准监督约谈。

二、深化代表工作，在发挥代表主体作用上凝心聚力

坚持代表主体地位，实现代表与群众深度融合、代表工作和常委会工作有机结合。做优代表履职管理。全年开展代表履职培训38期539人次，述职评议19场76人次，约谈代表5人，接受市、区代表辞职18人，补选代表10人。全年组织代表列席常委会会议、参与常委会视察调研、执法检查、专项评议及专题询问等292人次。做深代表履职实践。组织广大代表在各领域、各行业坚守抗疫一线、推动复工复产、捐款捐物、进村入户宣讲，展现社会责任担当；市、区、镇三级人大代表804人次联动开展“更好发挥人大代表作用”主题活动及集中视察；常态化开展代表联络站活动163场、“回选区、访选民”活动128场，擦亮履职为民“名片”。做实代表建议办理。以“三督一评”机制督办区代表建议55件（惠城48件、仲恺7件）。专人专岗精准对接市人大代表建议办理专项资金，共争取资金1200万元，占全市代表建议专项资金48%，涉及北部山区低水桥改造、中心区老旧街道路灯改造、农民工培训等民生建议项目7项；统筹使用区人大代表建议办理专项资金207.6万元，高效推动8件涉及民生的代表建议落实；推行阳光办理，现场设置“人大代表建议项目牌”，提升知晓率、办结率，代表有荣誉感，群众有幸福感。

三、激发主体活力，在推进基层人大建设上久久为功

激活镇街人大工作内生动力，巩固基层民主政治建设。规范化建设纵深推进。全面验收“推进县乡人大工作年”三年成果，巩固区级“五个规范”（会议组织、重大事项讨论决定、监督工作、代表作用发挥和人事选举任免工作）、镇街级“三个规范”（会议组织、重大事项讨论决定、主席团闭会期间工作）；深化全区48个代表联络站建设，水口中心联络站成为“惠城品牌”，代表履职网格化水平不断提升。“一镇街一品牌”多点突破。桥东“智慧人大代表电子名片”实现全天候履职，水口

“人大工委+代表智囊组”提升工作格局，桥西“代表讲堂”增强履职能力，江南“三三制”畅通民意渠道，马安“双联双评”彰显基层监督权威。

四、加强自身建设，在提升人大履职能力上全面发力

对标“打造一支铁军”要求，全面锻造常委会机关队伍。以政治过硬为立身之本。推进模范机关创建，通过课堂式、研讨式、体验式等手段，落实“三会一课”“主题党日”“第一议题”制度，举办《习近平谈治国理政》第三卷专题研讨班、梅州红色革命专题培训班、“走进《民法典》”专题课堂；擦亮机关文化品牌，设立“读书角”，开展“主任讲堂”“读书分享”“岗位练兵”“全员摄影”等特色活动；常态化组织“政治生日仪式”“以案说纪”正反面教育，念好廉政“紧箍咒”，使党员干部思想政治受洗礼、灵魂受触动、文化更自信。以本领过硬为履职之基。提升学习力，通过“业务知识讲堂”“业务技能比拼”传帮带、提技能；提升执行力，落实区委决策“快而准”，围绕“智囊+督战”定位，同向发力、提质增效；提升创新力，运用多层次、立体化的创新手段，找准监督与支持的最佳结合点。“三个提升”使机关团队精气神更加饱满，干事激情更加澎湃，效率效能更加凸显。

各位代表，一年来，人大工作在实践中发展，在创新中加强，在规范中提高。我们深切地体会到：必须坚定践行习近平总书记关于坚持和完善人民代表大会制度的重要思想。总书记对中国特色社会主义制度的强烈自信和如山坚定，引领我们坚定对人民代表大会制度这一根本政治制度的自信，这是我们做好新时代人大工作的动力源泉和最大底气。必须坚持党的领导、人民当家作主和依法治国的有机统一。只有坚持三者统一，才能更好发挥国家权力机关作用，监督“一府一委两院”工作，保证宪法法律在本区域得到遵守和执行，在社会主义民主法治建设中担当重要使命任务。必须坚决围绕区委决策部署，以创新性思维、系统性方法抓落实。建立民意倒逼机制，以“讲、评、测”倒逼部门履职，以“镇街人大工作现场讲评会”倒逼基层人大履职；以“限时办结”倒逼机关规范流程、提升效能。

各位代表，过去一年，区人大常委会胸怀理想、脚踏实地，认真践行人民代表大会制度；凝聚共识、奋勇担当，在依法监督中贯彻区委决策部署，取得了有目共睹的成效。这是区委坚强领导的结果，是全体人大代表努力履职、“一府一委两院”密切配合以及全区人民信任支持的结果。在此，我谨代表区人大常委会表示衷心的感谢！

回顾一年来的工作，我们清醒地认识到，常委会工作还存在一些不足：对人民代表大会制度的丰富内涵还有待进一步领悟；重大事项决定权的覆盖面还需进一步扩大，刚性监督方式方法有待进一步用好，代表工作有待进一步提高。对这些问题，我们将在今后工作中认真加以改进。

今后一年的主要工作任务

2021年，是“十四五”规划的开局之年，是惠城建设更加幸福一流中心城区的新起点。

区人大常委会将全面贯彻党的十九届五中全会精神，坚定践行习近平总书记关于坚持和完善人民代表大会制度的重要思想，在区委的领导下，为打造更高质量的实力惠城和更有品质的幸福惠城贡献人大智慧与力量。

一、坚持党的领导，充分彰显根本政治制度优势

坚决扛起推进民主法治建设政治责任，切实把人大制度优势转化为惠城高质量发展与现代化治理效能；围绕事关全区改革发展、人民群众切身利益的重大问题，依法作出决议决定，依法有序组织好换届选举，确保区委决策通过法定程序转化为全区人民的共同意志。

二、寓支持于监督，坚定不移服务全区发展大局

紧扣贯彻新发展理念和构建新发展格局，实施精准监督。围绕经济发展，在推动实体经济发展中涉及的科技创新、新兴产业、土地落实等方面重点监督。围绕乡村振兴，在推动农村宜居宜业、农业高质高效、农民富裕富足“三农”方面精准监督。围绕社会建设，在环境保护、医疗卫生、文化教育、养老服务及城市管理等方面跟踪监督。围绕法治建设，发挥执法检查“法律巡视利剑”作用，在监委与公检法司工作关键环节、规范性文件备案审查等方面持续监督。

三、拓展代表工作，更好发挥人大代表主体作用

保障代表依法履职就是保证人民当家作主。努力夯实基础。开展增强“四个自信”代表履职主题培训，深化代表履职服务与管理。致力构筑平台。推广“智慧人大”线上履职模式，搭建代表全天候联系群众云平台；运用“智囊人大”线下服务模式，组织各级人大代表推动农文旅融合发展；完善代表约见国家机关负责人机制，常态化搭建多级代表联动履职平台。全力增强实效。围绕区委重点、政府难点和民生热点，继续开展“更好发挥人大代表作用”主题活动；用好、用活人大代表建议办理专项资金，探索“变个案为类案、变个体为联动”的建议办理工作方法，进一步推动建议转化落地。

四、推进基层建设，稳扎稳打夯实民主政治基础

镇街人大工作正处于起势成形、大有可为的关键阶段，只能加强不能削弱，只能巩固不能倒退。维护法定地位。人大是国家权力机关，是国家政权的重要基础，基层党（工）委要重视和支持镇街人大依法履职，并作为巩固党的执政地位、推进法治建设的基础性工程长期抓好。强化法定监督。增强镇街人大工作者的履职荣誉感，推行“三评两议”监督机制，切实担负起宪法和法律赋予的重要职责。发挥法定作用。实施“巩固基础、强化履职”两年行动计划，发挥基层人大在推进民主法治建设、助力经济社会发展的重要作用，使人民代表大会制度在基层焕发更加蓬勃的生机与活力。

五、强化铁军担当，全面提高人大整体履职水平

打造“人大铁军”，不断提升人大工作合

力与效能。强化政治自觉。坚持党对人大工作的全面领导，通过全方位、多层次、常态化方式开展政治理论学习，推进模范机关建设。强化履职本领。把践行习近平总书记关于坚持和完善人民代表大会制度重要思想落实到人大工作全过程，增强人大干部运用法治思维和辩证方法精准监督、推动工作、服务发展的能力。强化忠诚担当。破除舒适思维，激扬奋斗精神，树立一线理念，以担当诠释忠诚。

各位代表，征程万里风正劲，重任千钧再出发。让我们更加紧密地团结在以习近平同志为核心的党中央周围，在区委的坚强领导下，以人民为中心，起而行之、阔步前行，在建设更加幸福的一流中心城区中彰显人大担当、作出人大贡献！

中国人民政治协商会议惠州市惠城区第八届委员会常务委员会工作报告

（2021年2月1日在区政协八届六次会议上）

凌 战

各位委员：

我受区政协第八届委员会常务委员会的委托，向大会报告工作，请予审议，同时请列席会议的同志提出意见。

2020年工作回顾

2020年是全面建成小康社会和“十三五”规划收官之年，也是区政协推进新时代人民政协工作高质量发展的奋进之年。一年来，在中共惠城区委的坚强领导下，区政协以习近平新时代中国特色社会主义思想为指导，深入学习贯彻中共十九大和十九届二中、三中、四中、五中全会精神，以及中央、省委、市委政协工作会议精神，充分发挥人民政协专门协商机构作用，紧扣中心工作，服务大局，认真履行职能，在建言资政和凝聚共识上双向发力，担当作为，为助推惠城建设国内一流中心城区作出了应有贡献。

一、筑牢思想根基，政治立场方向更为坚定

区政协牢牢把学习贯彻习近平新时代中国特色社会主义思想作为首要政治任务，强化党

的创新理论武装，加强思想政治引领，广大政协委员和政协各参加单位团结奋斗的共同思想政治基础愈加巩固。

政治建设扎实推进。深入贯彻落实中共中央办公厅《关于加强新时代人民政协党的建设工作的若干意见》和省委《关于新时代加强和改进人民政协工作的实施意见》，着力以加强党的政治建设引领政协事业发展。充分发挥政协党组把方向、管大局、保落实的领导作用，坚持重大事项、重要工作、重大活动及时向区委请示报告，全面贯彻区委对政协工作的各项要求，确保区委各项决策部署不折不扣贯彻落实到区政协全部工作之中。全面加强政协党的组织建设，区委常委、统战部长兼任政协党组副书记，政协重大会议和外出调研、学习培训等重要活动均成立临时党组织，着力推进政协党的组织和党的工作有效覆盖。

理论武装扎实推进。建立党组和主席会议带头学、常委会会议专题学、委员培训分批学、机关干部经常学的常态化学习机制，深入学习贯彻习近平新时代中国特色社会主义思想和习近平总书记关于加强和改进人民政协工作的重要思想，专题研讨学习习近平总书记出席深圳经济特区建立40周年庆祝大会和视察广东重要讲话重要指示精神及中共十九届五中全会精神、《习近平谈治国理政》第三卷，以理论学习深化思想认同。全年组织各类学习研讨和培训20余次，参加总人数达400多人次，党的创新理论学习广度日益强化。牢牢掌握政协意识形态工作主动权，引导全体委员和区政协各参加单位，深刻认识中国共产党领导和我国社会主义制度的显著优势，增强“四个意识”、坚定“四个自信”、做到“两个维护”，夯实团结奋斗的共同思想政治基础。

二、聚焦中心履职，服务大局成效更加显著

服务大局是政协之要。区政协坚持与区委区政府同心同向、合力合拍，充分发挥职能优势，为服务全区经济社会发展大局履职尽责。

立足大局献良策。利用全体会议、常委会会议、主席会议、专题协商会议和参加党政重要会议等渠道，开展多层次的政治协商，通过建言资政提供决策支持。八届五次全会期间，组织委员以大会发言、分组讨论、界别代表座谈等形式，提出意见建议82条，受到区委光滨书记等区领导的高度评价。区委光滨书记点赞大会发言，认为提得好、有角度。组织政协委员参加我区“十四五”规划问策协商会，与区委区政府主要领导面对面协商，政协委员畅所欲言，分别就实体经济、大健康产业发展、医疗卫生事业、人才引进配套政策、镇办机构履行职能、法治政府建设、智能制造、产业配套、优质教育、传统文化等方面提出意见建议，区委区政府主要领导予以肯定，积极回应委员意见建议，要求区有关部门认真研究吸纳到区“十四五”规划中去。

紧贴热点谏诤言。组织开展了生命健康、生活垃圾分类、千亿产业园建设、花卉种植、文体旅融合发展等10个专题调研，形成相应调研报告报送区委区政府。围绕生命健康热点课题，聚焦精准建言，“专”字发力，以“医院信息化建设及数据互联互通”“医疗企业发展”“医养结合”“中药材种植”四个子专题，组织由四位副主席分别牵头的调研组进行深入调研，提出意见建议16条。其中“医院信

息化建设及数据互联互通”的调研报告准确分析了我区医疗信息系统化应用存在的主要问题和需求，提出建设“惠城区全民健康信息平台”的建议，受到区政府的高度重视。

抢抓机遇谋实招。抢抓“双区驱动”机遇，发挥政协智力密集、联系广泛优势，对标深圳，梳理制约我区经济发展的主要瓶颈，组织政协委员、职能部门负责人先后赴深圳龙华新区、盐田区和深汕特别合作区，全方位学习借鉴深圳的土地资源整合储备利用先进经验，深入查找我区土地开发利用工作存在的问题，提出“全面对接深圳”“地籍调查和土地总登记”“成熟地块推进供应”“土地全面整备”“土地置换”“重大产业项目用地保障”“城市更新”“违法建筑整治”“工业园区建设”“专业精准招商引资”等“十大行动”建议，形成调研报告上报区委区政府，为推动我区经济社会高质量发展谋实招。

三、服务民生福祉，为民尽责情怀更加深化

区政协牢固树立以人民为中心的发展理念，紧扣群众美好生活需求，着力推动解决事关群众生产生活的热点难点问题。

传递民情。畅通社情民意渠道，发挥提案“扩音器”作用，推动提案办理落实。八届五次会议期间共收到提案133件，合并整理为119件，立案交办的72件提案已全部办复，52个部门参与答复。设立提案办理专项资金，政协委员和广大群众满意度得到提升，不少提案办理成果得到点赞，成为履职为民的良好体现。“打造夜间经济样板街区”“老旧小区微更新微改造”“加强复课后中小学校心理健康辅导”等一批事关人民群众切身利益的提案得到高度重视和重点督办，由区委书记督办的《关于推动桥东滨江路片区升级，打造夜间经济样板街区的建议》和由区长督办的《关于构建我区产业项目入区准入、建设、监管“三大平台”的建议》提案均取得明显成效。

聚焦民意。开展形式多样的视察走访活动，就新冠疫情后社会经济发展热点，专题视察“全面复工复产”情况，深入基层和企业，收集并上报意见诉求13条，助力政策帮扶企业平稳过渡和社会经济快速恢复；就住宅小区消防安全、家政信用“溯源管理”、食品安全监管、基层社会治理、社区康养等民生问题，开展专题视察，提出“加强对老旧小区等场所的消防监控”“开发‘家政信用查’APP”“切实抓好全链条监管”“完善社区治理体系，发挥社会组织在应急体系中的作用”“政府引导，多方参与，医养资源向社区居家养老倾斜”等意见建议，持续推动相关工作落到实处。

服务民生。致力公共卫生事业发展，常委会专题协商议政我区医疗卫生工作，报送《关于健全完善我区公共医疗卫生服务体系的建议案》，提出“突破三大瓶颈”“抓好六大发展”“健全三大体系”等三方面11条意见建议，区委区政府高度重视，切实健全公共卫生机构设置。市卫生监督所惠城分所已挂牌成立，区级疾控中心正在筹备之中；关注生态环境改善，对我区生态环境监管执法、农村生活污水设施进行调研视察，提出加大宣传力度、强化部门联动、加强资金保障、运用高科技手段开展环境执法等建议，为打好碧水攻坚战、蓝天保卫战鼓与呼，为促进我区生态环境建设提供了决策参考。

四、秉承和合与共，团结协作氛围更加浓厚

凝聚人心力量是政协之本。区政协始终坚持和而不同、美美与共，把凝聚共识作为履职中心环节，引导委员主动作为，传播正能量，增进大团结，用心用力画好最大同心圆。

多途径拓展咨政协商渠道。全力搭建协商平台、创优议政条件，鼓励和引导各党派团体界别委员参与惠城经济社会发展的重大问题和民生实事的协商讨论；深化党派合作，重视党派团体的集体提案、大会发言、社情民意，联合开展调研视察、专题协商等活动，支持和保障各民主党派、工商联、无党派人士等在协商议政中的主体作用，党派团体和无党派人士踊跃参加政协各类活动；认真实施民主监督，邀请各党派团体及各阶层人士积极参与提案督办、行风监督、民主评议、对口协商等咨政监督活动，推荐10多名委员参加公检法等多个部门的监督评议活动，展现出能言敢言善言的履职风采。

多形式密切各界联系交流。密切与宗教人士、新的社会阶层人士的联系沟通，引导他们认同主旋律、凝聚正能量；组织港澳委员联谊座谈，为港澳委员企业捐赠抗疫物资，进一步凝聚爱国爱港爱澳力量；积极配合上级政协来城区调研视察，加强同各地政协的交流互动，一年来共接待省、市和兄弟县（区）政协考察团27批300多人次；不定期走访约谈委员和企业200多人次，帮助协调解决实际困难11个，增强委员的荣誉感和归属感；举办首届“政协杯”篮球赛，丰富委员活动，扩大团结深化交往，增强政协凝聚力。

多层面维护社会和谐稳定。协助区委区政府认真做好协调关系、理顺情绪、化解矛盾、增进团结的工作，选派机关干部全脱产参加镇街征地拆迁、乡村振兴、人口普查、垃圾分类等基层一线工作，稳固社会和谐安定局面；组织参与抗疫引导、复工复产、捐款捐物、纾解情绪等活动，激发委员众志成城齐心抗疫，崇尚公益。一年来，据不完全统计，广大政协委员捐款捐物支持抗击疫情、扶贫助学、敬老慰问、送医下乡等慈善公益活动约人民币335万元，政协广泛凝聚社会力量氛围更加浓厚。

五、推进能力建设，效能打造提升更上台阶

区政协坚持把加强自身建设作为重要的基础性工作来抓，着力加强委员和机关队伍建设，推动政协工作提质增效。

充分发挥委员主体作用。制定年度学习培训计划，对委员进行政协和统战理论、党政理论和重大时事精神等内容的培训，举办了两期综合能力提升培训班，着力打造“懂政协、会协商、善议政”的政协委员队伍。强化委员履职管理，完善《惠城区政协委员管理规定》《惠城区政协委员外出调研考察规定》等规章制度，健全完善激励约束机制；做优服务委员平台，通过订报帮学、情况通报、调研视察等方式，为委员开辟知情渠道，引导委员立足岗位优势发挥先锋模范作用。法律界委员牵头编写《卓凡法萃——防疫专刊》，指导帮助企业解决疫情环境下复工复产遇到的法律问题，赢得广泛赞誉，其事迹被省政协文史委员会刊载。

切实提升机关效能。扎实推进模范机关创建活动，积极推行“主题党日+学习+廉政教

育”等一系列活动。全力配合区委巡察组各项工作，做好工作保障。认真开展“不能腐”制度建设，重新编印《制度汇编》，收录《惠城区政协机关各科室、专委会工作职责》《惠城区政协机关党（总）支部民主评议党员制度》等42项规章制度，有效促进政协工作制度化、规范化；优化政协干部结构，加大政协干部培养使用，一年来，引进高层次人才1名，交流1名干部到镇街任职，选派1名干部到基层锻炼。

积极传播政协好声音。牢牢把握宣传工作方向，完善“惠城政协”微信公众号和区政协网页，积极传播惠城政协好声音。一年来，新闻媒体宣传报道区政协重大会议、履职活动20多次，政协网页和微信公众号更新推送时事新闻、工作动态268篇，编发《惠城政协》20期；配合省市政协征集庆祝人民政协成立70周年书画作品23幅，入选14幅；继续挖掘、整理和推介侨史、名人、民俗、祠堂等文化资源，多渠道征集史料文稿；通过接待外地政协来惠考察，大力宣传惠城和交流政协经验，切实发挥桥梁作用，彰显政协社会影响力。

各位委员，过去一年，区政协所取得的成绩，是市政协关心指导和中共惠城区委坚强领导的结果，是区人大、区政府和社会各界大力支持的结果，也是政协各参加单位、全体政协委员和机关干部共同努力的结果。在此，我代表区政协常委会表示衷心的感谢！

同时，我们也清醒地看到，工作中还存在一些不足，主要表现在：民主监督职能作用还有待更好发挥、委员履职能力建设仍需不断加强、与各参加单位的联系合作还不够深入、联系服务委员的渠道还有待进一步拓展等。我们真诚希望各位委员和各界人士对区政协常委会工作提出意见，我们将认真研究，积极实践，切实加以改进。

2021年工作意见

2021年是“十四五”规划开局之年，是开启我国全面建设社会主义现代化国家新征程的起步之年，也是中国共产党成立100周年。区政协工作的总体要求是：坚持以习近平新时代中国特色社会主义思想为指导，全面贯彻中共十九大及十九届二中、三中、四中、五中全会精神，深入贯彻中央和省委、市委政协工作会议精神，加强专门协商机构建设，把加强思想政治引领、广泛凝聚共识作为履职工作的中心环节，围绕推动落实区委八届八次、九次全会决策部署，认真扎实履职，努力为我区“十四五”规划开好局，推动更加幸福一流中心城区建设贡献智慧和力量。

一、坚持党的领导，在强化政治引领上履行新使命

党的领导是政协之魂。要高质量落实党对政协工作的全面领导，把党的领导贯穿政协工作各方面和全过程，更加主动向区委请示、报告工作，确保中央和省委、市委、区委决策部署在区政协不折不扣地贯彻落实。要充分发挥政协党组把方向、管大局、保落实的领导作用，着眼推进政协党的组织和党的工作有效覆盖。要持续强化对各党派团体、各族各界人士的思想政治引导，切实把党的主张转化成参加政协各党派团体、各族各界人士的共识，不断增进对中国共产党和中国特色社会主义的政治认同、思想认同、理论认同、情感认同，筑牢

共同思想政治基础。持续推动理论武装强起来，要把学习宣传贯彻党的十九届五中全会精神作为重要政治任务，通过理论学习中心组、主席会议、常委会会议、委员培训等形式，集中学习，自觉用全会精神武装头脑，统领新时代政协工作，深化对新时代政协工作新方位新使命的认识，进一步增强“四个意识”、坚定“四个自信”、做到“两个维护”。

二、紧扣中心大局，在建言献策质量上求新提升

助推我区经济社会高质量发展，重点围绕“十四五”规划、融入粤港澳大湾区和我区“3+2”系统工程，深入实际调查研究，努力形成一批高质量的建言成果，为党委政府科学民主决策提供有益参考。聚焦实体经济发展，围绕生命健康、数字经济等新兴产业发展、现代服务业发展、医药和医疗器械制造业、深化产城人融合等积极建言，围绕优化营商环境、重点项目和重点工程建设等开展联动视察；聚焦城市品质，围绕城市更新、城市精细化管理等务实献策；聚焦乡村振兴战略实施，围绕乡村建设、提升现代农业产业园能级和发展休闲农业、乡村旅游等献计出力；聚焦民生福祉，就完善公共卫生应急管理体系、医养结合服务质量提升、普惠学前教育、中医药工作等开展协商建言。

三、突出团结民主，在凝聚思想共识上展现新成效

坚持把团结民主两大主题贯穿于政协工作的全过程，最大限度地凝聚各方面的智慧力量。要进一步健全机制，加强与各民主党派、工商联和无党派人士的联系，努力为其履行职能、发挥作用搭建更加广阔的平台。要一如既往贯彻党的民族宗教政策，维护团结和谐的民族宗教关系。要一如既往架好连心桥，加强与港澳台海外惠籍人士、新阶层人士的联系沟通，不断增进他们对城区改革发展思路举措和工作部署的认同，有效发挥他们参与服务城区发展的作用。要加强政协文史编撰和宣传工作，组织采编撰写《话说惠城》文史，发挥媒体与自身宣传平台作用，进一步凝聚社会各界共同支持城区事业发展的共识。

四、加强自身建设，在增强履职实效上彰显新形象

要加强政协党建工作，深化模范机关创建，切实做好区委巡察整改工作“后半篇文章”，不断健全完善政协党组、机关党组织运行机制，巩固“不忘初心、牢记使命”主题教育成果；要加强专门委员会工作制度建设，以专门委员会为依托，强化委员界别意识，推动界别工作活起来。强化提案工作质量导向，建立提案办理遴选机制。继续健全镇街政协联络小组建设，推动政协协商与基层协商贯通、协同、联动起来；要加强委员素质建设，加大委员培训力度，提升委员参政议政能力。强化委员履职管理，建立健全规章制度，多样化促进知情明政，强化委员责任担当。充分发挥政协党组在政协换届中的重要作用，把好新委员的入口关，提高专家型委员比例，优化委员结构；要夯实服务保障基础，努力打造一支充满激情、富于创造、勇于担当的政协机关干部队伍。

各位委员、同志们！逐梦新征程，奋斗正

当时。让我们更加紧密地团结在以习近平同志为核心的党中央周围，高举习近平新时代中国特色社会主义思想伟大旗帜，在中共惠城区委的坚强领导下，同心同德、群策群力，为把惠城建设成为更加幸福一流中心城区作出新的更大贡献，以实际行动向中国共产党成立100周年献礼！

惠城区2020年国民经济和社会发展统计公报

惠城区统计局

2021年5月20日

2020年，面对新冠肺炎疫情和复杂国际形势的严重冲击下，惠城区委区政府在市委、市政府的正确领导下，全面贯彻落实中央、省、市的工作部署，统筹推进疫情防控和经济社会发展，以实施"3+2"系统工程为抓手，牢牢把握"储能抓项目、提速增效能"工作主轴，国内一流中心城区建设迈出坚实步伐。

一、综合

根据惠州市地区生产总值统一核算结果，2020年惠城区（属地，含市直）地区生产总值（初步核算数）861.93亿元，增长0.5%。其中，第一产业增加值25.89亿元，下降5.3%；第二产业增加值235.91亿元，增长2.1%；第三产业增加值600.13亿元，与去年同期持平。三次产业结构调整为3.0∶27.4∶69.6。

2020年年末，全社会从业人员69万人，比上年末增加1040人。其中：第一产业从业人员6.12万人，第二产业19.02万人，第三产业43.86万人。转移本地农村劳动力956人，城镇登记失业率2.36%。

二、农业

2020年全年农作物总播种面积47.3万亩，比上年增长1.9%。全年粮食作物播种面积21.1万亩，比上年增长1.7%；油料种植面积45.8万亩，增长1.6%；蔬菜种植面积21.1万亩，增长2.2%。

全年谷物产量7.77万吨，增长1.9%；蔬菜产量41.6万吨，增长3.6%；水果产量3.95万吨，增长7.8%。

全年肉类总产量1.9万吨，下降33.0%；其中猪肉产量6.95万吨，下降47.7%；禽肉产量0.89万吨，下降5.9%。全年水产品产量2.34万吨，增长3.2%。

三、工业和建筑业

2020年，全区规模以上工业企业321家，完成规模以上工业总产值553.84亿元（现价，下同），同比增长2.4%；实现规模以上工业增加值137.28亿元，同比增长3.0%。全年规模以上工业企业实现销售产值546.61亿元，增长2.8%。

分经济类型看，外商及港澳台投资企业实现工业总产值266.42亿元，同比下降0.8%，股份制企业实现工业总产值287.41亿元，同比增长5.6%。分轻重工业看，轻工业同比下降6.6%，重工业同比增长6.9%，轻重工业比例为30.5∶69.5。

分行业看，电子行业全年累计实现工业增加值28.07亿元，增长6.7%；汽车制造业完成增加值18.23亿元，增长9.9%；电气机械和器材制造业完成增加值15.66亿元，增长0.2%。

规模以上工业民营企业累计实现工业增加值51.83亿元，占规模以上工业增加值比重为37.8%，同比增长9.4%；先进制造业、高技术制造业增加值占规模以上工业增加值的比重分别为48.6%、25.5%。

规模以上工业总产值主要分类情况

表 22

指　　标	绝对数（亿元）	增长（%）
规模以上工业总产值	553.84	2.4
#轻工业	168.66	–6.6
重工业	385.18	6.9
#外商及港澳台投资企业	266.42	–0.8
股份制企业	287.41	5.6

2020年，全区建筑业总承包和专业承包建筑企业共203家，实现建筑业总产值198.84亿元，同比增长10.1%。

四、固定资产投资

2020年，全区完成固定资产投资（含跨市项目）同比增长22.8%。其中，项目投资同比增长17.4%；房地产开发投资同比增长26.5%。第二、三产业分别完成投资增长26.6%和21.5%，第二、三产业投资占全部投资的比重分别为13.7%和85.8%。

固定资产投资分类情况

表 23

指　　标	增长（%）
固定资产投资额	22.8
第二产业	26.6
#工　业	26.6
#电子信息业（电子工业）	30.5
第三产业	21.5
#房地产业	26.5

全年房地产开发投资同比增长26.5%。商品房施工面积为2176.35万平方米，同比增长3.0%，其中住宅1597.34万平方米，同比增长3.1%。商品房竣工面积为161.65万平方米，同比下降17.0%，其中，住宅127.12万平方米，同比下降8.6%。商品房销售面积391.43万平方米，同比增长10.5%；商品房销售金额476.67亿元，同比增长24.5%。

五、国内贸易

2020年，全区实现社会消费品零售总额673.76亿元，同比下降9.6%。分行业看，实现批发和零售业零售额632.90亿元，同比下降

8.9%；实现住宿和餐饮业零售额40.86亿元，同比下降19.3%。

在限额以上批发和零售业零售额中，粮油、食品、饮料、烟酒类商品同比增长2.8%；服装、鞋帽、针纺织品类商品同比下降0.8%；日用品类商品同比下降7.3%；化妆品类商品同比增长15.0%；金银珠宝类商品同比增长11.4%；汽车类商品同比下降6.4%；石油及制品类商品同比下降35.2%；家用电器和音像器材类商品同比下降7.5%。全区全年通过公共网络实现限额以上商品零售额49.86亿元，同比下降4.4%。

六、招商引资

2020年，全区累计新签外商直接投资项目91宗，比上年增加13宗，合同外商直接投资金额38.85亿美元，增长1.1倍。实际利用外商直接投资金额13.17亿美元，增长1.1倍。

七、财政、税收与金融

2020年，全区（含市直，下同）地方一般公共预算收入161.34亿元，增长2.0%；地方一般公共预算支出206.98亿元，下降1.0%。税收收入239.91亿元，增长1.7%；国内税收收入216.75亿元，增长4.3%。

2020年年末，全区（含仲恺，下同）金融机构本外币存款余额4283.39亿元，增长12.3%，金融机构本外币贷款余额4224.73亿元，增长22.8%。金融机构人民币存款余额3930.07亿元，增长13.0%，金融机构人民币贷款余额3920.06亿元，增长22.6%。住户存款余额1324.05亿元，增长13.7%。

全年区本级地方一般公共预算收入39.39亿元，增长5.2%；地方一般公共预算支出75.86亿元，增长10.4%。其中：教育支出26.77亿元，增长11.9%；社会保障和就业支出8.95亿元，增长13.8%；卫生健康支出9.23亿元，增长5.5%；城乡社区支出4.57亿元，增长38.1%；农林水支出4.19亿元，增长14.3%。

八、卫生与教育

区镇卫生保健网络不断巩固和发展，农村医疗条件进一步改善。2020年，区属卫生机构共有833个。分类型看，医院13个，卫生院8个，社区卫生服务中心9个，社区卫生服务站54个，村卫生室139个，门诊部140个，诊所、卫生所、医务室468个，妇幼保健院1个，专科疾病防治院1个。共有床位2718张，各类卫生技术人员7422人。其中，执业医师2702人、执业助理医师439人、注册护士3246人、药剂人员351人、检验人员236人、乡村医生53人。

城乡教育同步发展，2020年，区本级财政教育支出26.77亿元。小学毕业升学率为100%，小学学生毛入学率为100%，普通初中毕业生升学率为99.77%。

各类教育发展情况

表24

指标	学校数（所）	毕业生数	招生数	在校学生数	专任教师数
普通中小学	161	35757	42084	198492	11311
学前教育	265	25942	27835	68345	4661
中职教育	2	1326	3573	6409	224

备注：以上数据不含市直属学校数据，由市统计局提供。

九、人口与人民生活

2020年年末，户籍人口为103.50万人，其中：城镇人口82.50万人，乡村人口21.0万人。人口出生率12.21‰，人口死亡率2.69‰，人口自然增长率9.52‰。

2020年，我区居民收入继续保持稳定增长态势，全年人均可支配收入突破5万元，达52320.4元，同比增长8.8%，扣除价格因素影响，实际增长5.9%。分城乡看，全年城镇居民人均可支配收入继续领先惠州各县区，达57050.5元，同比增长7.9%，扣除价格因素影响，实际增长5.1%。全年农村居民人均可支配收入突破两万元，达26094.3元，同比增长10.3%，扣除价格因素影响，实际增长7.4%。

十、社会保障与安全生产

2020年年末惠城区各种社会福利收养性单位24个，各种社会福利收养性单位床位3009个。城镇居民最低生活保障人数1230人，农村居民最低生活保障人数5038人，农村五保供养人数959人。

2020年年末全区参加城镇职工基本养老保险48.29万人；参加城镇职工基本医疗保险53.56万人；参加失业保险44.17万人；参加工伤保险46.97万人；参加城乡居民医疗人数61.38万人；参加城乡居民社会养老保险14.13万人；年末领取失业金人数1272人；参加社会养老保险离退休人员23472人。

惠城区全年各类安全生产事故实际死亡人数8人，亿元GDP生产安全事故死亡率为0.009人/亿元 。

注：

1.本公报中数据均为初步统计数，除特别说明外，全区数据均为属地统计口径，含市直。

2.部分部门统计资料由各对口部门提供。

3.地区生产总值、增加值总量按现价计算，增长速度按可比价计算，根据第四次全国经济普查结果，对地区生产总值、三次产业及相关行业增加值等相关指标的历史数据进行了修订。

4.部分数据因四舍五入的原因，存在分项合计不等的情况。

2020年惠城区领导一览表

表25

区领导机关	正职领导	副职领导
中共惠城区委员会	书记：刘光滨	副书记、区长：翟树宇 副书记：张文正（11月免） 常委：谢雨永、黄智勇、陈惠强、丘素芳、叶淑斌、关丽红、张向城、陈广文（4月任）
区人大常委会	主任：陈　娟	副主任：高利洁、钟阳光、黄凯锋、 庄豪源（2020年5月20日当选为副主任）、 余道方（2020年5月20日当选为副主任）、 骆晓鸣（2020年5月16日辞去副主任职务）、 李龙飞（2020年5月16日辞去副主任职务）、 谭洪标（2020年9月4日辞去惠城区第八届人民代表大会代表职务，其惠城区八届人大常委会副主任职务相应终止。）
区政府	党组书记、区长：翟树宇	党组副书记、常务副区长：叶淑斌 党组成员、区委宣传部部长：丘素芳 党组成员：张向城 党组成员、副区长，区公安分局局长：宋庆华（12月免） 党组成员、副区长：游京樊 党组成员、副区长：刘政振 党组成员、副区长：颜明光（4月任） 副区长：陈广文（4月免）、叶光明（12月任）
区政协	主席：凌　战	副主席：胡爱华、许汉标、欧伟林、琚雄飞、 叶祝桥、谭洪标（5月免）、陈俊杰（5月任） 秘书长：陈伟秀

续表25

区领导机关	正职领导	副职领导
纪委监察委	纪委书记、监察委主任：关丽红	纪委副书记、监察委副主任：彭　林 纪委副书记、监察委副主任：李扬明（11月任） 纪委常委兼区委巡察办主任：张淑琼 纪委常委、监察委委员：陈淑贞 纪委常委、监察委委员：巫怀文 纪委常委：连月新 监察委委员：王志学 纪委副书记、监察委副主任：刘少辉（12月免）

2020年惠城区副局级以上单位领导一览表

表26

单位名称	正职领导	副职领导
区委办公室	主任：黄智勇（4月免）、陈广文（4月任）	常务副主任：宁　攀（9月任） 副主任、区直属机关党工委书记：陈圣炬 副主任：秦海刚（7月免）、何东文（11月免）、贺飞鹏 区纪委派驻区委办纪检组组长：杨润媚（7月免）、陈　峰（7月任）
区委督查办公室		副主任：肖　彬
直属机关工作委员会	书记：陈圣炬	区直工委副书记、区直属机关党委副书记：陈观昨、高　松
机要局	局长：袁　鹏（7月任）	
保密局	局长：袁　鹏（7月任）	

续表 26

单位名称	正职领导	副职领导
档案局		副局长：贺　云
档案馆	馆长：黄朝鸿	
人大常委会办公室	主任：徐燕妮	副主任：喻　成、杨　攀 选举联络人事任免工作委员会主任：刁　威 选举联络人事任免工作委员会副主任：林玉能、刘则军（5月免） 监察司法工委主任：曾繁中 监察司法工委副主任：李少洪、唐华静 财经工委主任：张伟清（5月免） 财经工委副主任：汤狄挥、曾海浪 城建环资工委主任：张小刚（5月免）、何小冰（5月任） 城建环资工委副主任：刘则军（5月任） 农工委主任：何小冰（5月免）、张伟清（5月任） 农工委副主任：刘久明（4月免）、许燕香（5月任） 教科文卫侨外事民族宗教工委主任：黄海惠 教科文卫侨外事民族宗教工委副主任：邓展煌、许燕香（5月免） 信访办主任：黄伟堂（5月免）、陈翰聪（5月任） 信访办副主任：黄晶晶、钟鸣远
政府办公室	主任：张　贤（9月免）、梁志辉（9月任）	副主任：陈翰聪（5月免）、林少民（12月免）、梁惠彪（12月免）、郭任贵（5月免）、胡劲松、曾晓军（1月任）、邹壮繁（5月任）、李剑平（8月任） 区纪监委驻区府办纪监组组长：杨润媚（7月任）
区政府督查办公室	主任：周明威（1月任）	副主任：范淡明（7月任）、刘　政（7月任）

续表 26

单位名称	正职领导	副职领导
信访局	局长：陈翰聪（5月免）、 李剑平（8月任）	副局长：刘添湘、饶江华
信访事务中心		副主任：黄惠富（8月任）、李育光（8月任）
政协办公室	秘书长：陈伟秀 办公室主任：李富阳	办公室副主任：张志光、黎伟斌 工作科科长：王　瑜 工作科副科长：蔡　军 联络科科长：凌金伟 联络科副科长：唐小健 提案委员会主任：邹新燕 提案委员会副主任：张炜云 科教文卫体委员会主任：王剑云 科教文卫体委员会副主任：叶澜涛 人口资源环境委员会主任：倪伟玲 人口资源环境委员会副主任：邱永强 农业与农村委员会主任：何宏峰 农业与农村委员会副主任：袁海滨 港澳台侨外事委员会主任：陈广慧 港澳台侨外事委员会副主任：严智全 社会与法制委员会主任：丘学文 社会与法制委员会副主任：田晓琳
法院	党组书记、院长：黄志强	党组成员、副院长：邓远标、钟星亮、李艳琳（12月免）、邱志勇（12月任） 审判委员会专职委员：李金发、苏程玲
检察院	检察长：庄豪源 党组书记：庄豪源（11月免）、 叶海松（11月任）	党组副书记：刘夏元 党组成员、副检察长：林　清、张东华、李　维 党组成员、政治部主任：邱　琦
组织部	部长：陈惠强	副部长兼区委老干部局局长：石妙珍 副部长：陈昌滨、王长艳
区委老干部局	局长：石妙珍	专职副局长：陈计雄

续表 26

单位名称	正职领导	副职领导
宣传部	部长：丘素芳	常务副部长、区网信办主任：钟焕忠 副部长、区新闻出版局局长：徐宏标 副部长、区文明办主任：陈慧仪 副部长：雷吉洪、陈国伟
文明办	主任：陈慧仪	
统战部	部长：黄智勇（4月任）	常务副部长：陈炳雄 副部长、区工商联党组书记：叶晓燕 副部长、区民宗局局长：黄海静 副部长、区台港澳事务局局长：刘世宏 副部长：徐振中、黄　冠
区委政法委员会	书记：张文正（11月免）	常务副书记：曾伟德 副书记：刘辉强、陈铁民、罗志东
机构编制委员会办公室	主任：刘　卫	副主任：冯敬恒
党校	常务副校长：黄志生	副校长：刘彦杰、叶卫东
党史研究室	主任：余立健	副主任：颜耀宇、刘　涛
总工会	主席：余道方（1月任）	常务副主席：林文杰 副主席：付其兵、周杰勇、李海燕、 王志方（9月去世）
共青团惠城区委员会	书记：龚　茜（7月免）、 王晓文（9月任）	副书记：王晓文（9月免）
妇女联合会	主席：李丹梅	副主席：严小清、邓历历
工商业联合会	党组书记、常务副主席：叶晓燕	党组成员、副主席：洪　勇（9月免）、 邱慧璇、张永佟
科学技术协会	主席：刘忠辉	副主席：贾　荣、曾旭葵

续表 26

单位名称	正职领导	副职领导
归国华侨联合会	主席：朱碧玉	副主席：汪德忠
文学艺术工作者联合会	主席：胡淑景	副主席：刘国强、张慧颖
残疾人联合会	理事长：陈志君	副理事长：吴创业、叶映文、龙军海
社会科学界联合会	主席：邓远辉	副主席：张东城（11月免）
公安局惠城区分局	区政府党组成员、分局党委书记、局长、督察长：宋庆华（11月免）、叶光明（11月任） 分局党委副书记、政委：黄慧宇	分局党委副书记、副局长：纪丽文 分局党委委员、纪委书记、第一副督察长：刘志杰（4月任） 分局党委委员、政工室主任：黄旭辉 分局党委委员、副政委：钟伟崇（3月免）、蔡惠斌（7月任） 分局党委委员、副局长：林舜东（10月任）、曾庚华（7月免）、白　湘、李郁文
发展和改革局	党组书记、局长：梁日洪	党组成员、副局长兼区粮食和物资储备局局长：陈锦阳 党组成员、副局长：邓小明、黄　元、廖永高、何丽银 副局长：廖镜彪（6月挂任） 区粮食储备局专职副局长：刘跃进
重点建设项目管理办公室	主任：戴　科（8月任）	副主任：黄　聪
教育局	区委教育工委书记、党组书记、局长、区民办教育机构党委书记：林初明	区委教育工委副书记、党组成员、民办教育机构党委专职副书记：黄　敏 党组成员、副局长：何锦绘（6月任）、甘伟球、叶妙环（7月任）、叶慧娟（7月免） 党组成员：李捷开（7月免）、蔡　炜（7月免） 区纪委监委驻区教育局纪检监察组组长：容国齐（7月免）、郭子厚（7月任）

续表 26

单位名称	正职领导	副职领导
科技工业和信息化局	党组书记、局长：曹毅鹏（4月免党组书记，5月免局长）、叶剑涛（4月任党组书记，5月任局长）	党组成员、非公有制经济组织党委专职副书记：吕益铨 党组成员、副局长：陈新智 党组成员、副局长：于　洁 党组成员、副局长：雷沐果
民政局	党组书记、局长： 张道政（12月免）、 陶发琴（12月任）	党组成员、社会组织党委专职副书记：刘旭香 党组成员、副局长：任惠琼、钟伟雄、滕树林（3月任）、杨长冀（6月任） 副局长：殷　琼（5月免） 党组成员：陈凤梅（7月免）、杨洁秋（7月免）
司法局	党组书记、局长兼区委依法治区办常务副主任：刘红光	党组成员、副局长：黄松伟、张晓华、郑志辉 党组成员、政工室主任：罗力慧（9月任）
财政局	党组书记、局长：占必佑	党组成员、副局长：黄伟强、欧阳雅佳、 陈云锋（10月任） 总会计师：杨世祥（6月任）
人力资源和社会保障局	党组书记、局长：黄冠奕	党组成员、副局长：黄泓颖、刘长修、郭任贵（4月任党组成员，5月任副局长）、郑泽峰（4月免党组成员，5月免副局长）、何锦绘（6月免） 党组成员：刘锦中
惠城职业技术学校（惠城区技工学校）	校长：缪天寿（4月免）、 曾永坚（5月任）	副校长：许炳棵（12月任）、黄丽芳（12月任）
自然资源局	党组书记、局长：陈若能	党组成员、副局长：黄开阳、钟良辉、翟伟龙 党组成员：练国良、潘兴吾、吴周城 党组成员、派驻纪检组组长：曾晴桑（6月任） 总工程师：汪　琦 总规划师：曾辉燕（3月任）

续表 26

单位名称	正职领导	副职领导
住房和城乡建设局	局长：黎　明	区建筑和房地产行业党委专职副书记：李　芳 副局长：张松青、田学勇（3月任）、 喻泽雄（6月任）、郑少彬（6月免） 党组成员：李海涛（7月任） 总工程师：胡继承 总建筑师：潘星龙 区人防办专职副主任：邬明康
农业农村和水利局	党组书记、局长、区委农办（区扶贫开发办）主任： 黄友良（12月免） 党组副书记、局长、区委农办（区扶贫开发办）主任： 林少民（12月任）	党组副书记、区委农办（区扶贫开发办）常务副主任：王少良 党组成员、副局长：郑启英、徐海亮、黄连蔚（6月免）、梁玉文（6月免）、林少群（6月任） 总工程师：陈贤明 总畜牧兽医师：曾海敏 区委农办（区扶贫开发办）专职副主任：林少群（6月免）、谢望礼（6月免）、谭慧玲（6月任）
农业技术推广中心	主任：温武东	副主任：李国光（4月免）、钟　江（12月免）、 杨远雄（12月任）、李秀玲（12月任）
畜牧兽医与渔业局	局长：谢晖宇	副局长：李江响、刘日安、莫社平、朱秀芳
文化广电旅游体育局	党组书记、局长：巫志华	党组成员、副局长：邱慧灵、詹　旻、黄云华、 钟广进、李志明 党组成员：许峰锋
卫生健康局	党组书记、局长：邹忠平	民办医疗机构党委专职副书记：梁小红（6月免） 民营医院和卫生社团组织联合党委专职副书记：戴慎湘（6月任） 副局长：戴慎湘（6月免）、詹　阮、肖　霜、 郑双华（6月任）
退役军人事务局	局长：何　寅	副局长：徐　述、胡盛松、刘志云

续表 26

单位名称	正职领导	副职领导
应急管理局	党委书记、局长：彭德军	党委委员、副局长：雷洋生、廖文平、颜沛利、郑文生 党委委员：王宇亮（6月任）、甘雄勇（6月任）
审计局	党组书记、局长：郑汉生	党组成员、副局长：宁　攀（10月免）、涂小斌 党组成员、分局局长：王志远 党组成员、总审计师：陈朝华
国有资产监督管理局	党委书记：蓝伟健 局　　长：翁少芳	党委副书记：张锐钊 党委委员、副局长：蔡志权、黄伟雄 党委委员、纪检监察组组长：容国齐
市场监督管理局	党组书记、局长、区食安办主任：朱斯文	党组副书记、区个体私营企业党委专职副书记：潘光辉 党组成员、副局长：林海立（12月免）、吴国友、陈高科（12月任） 党组成员、副局长、区知识产权局局长：李幼聪 党组成员：徐小军、郑立波 食品安全总监：王　勇 药品安全总监：罗正共 总工程师：刘永良
统计局	党组书记、局长：叶伟冰	党组成员、副局长：陈超宜、陈国邦
医疗保障局	党组书记、局长：何满化	党组成员、副局长：杨穗冰、赵拥军
城乡管理和综合执法局	党组书记、局长：徐　杨	党组成员、副局长：肖玉新、林永钦、梁建华、朱敏玲 党组成员：王　寅（6月任）、刘丽通
政务服务数据管理局	党组书记、局长：周文超（11月免党组书记，12月免局长）	党组成员、副局长：陈　光（1月任副局长）、文一兴（1月任副局长）

续表 26

单位名称	正职领导	副职领导
生态环境局惠城分局	党组书记、局长：郭宗贤（1月任）	党委副书记：黎瑞林 副局长：邓文广、刘永权、杨长冀、林海立（12月任） 纪检组长：戴惠娟 总工程师：王亚玲、何晓峰（6月任） 大队长：陈　勇 工会主席：朱　慧
国家税务总局惠州市惠城区税务局	党委书记、局长：王振新	党委副书记：龚建立 党委副书记、副局长：沈国强（6月免） 党委委员、副局长：刘伟清、林健熔（6月免）、黄少雄（6月免）、林小明（6月免）、罗明健（8月免）、邓　科、陈伟光、何文忠 党委委员、纪检组组长：吴壮群
市社会保险基金管理局惠城分局	局长：凌任达	副局长：李海斌、徐　斌、朱振文
惠州市交通运输局惠城区分局	党组成员、局长：朱　炯（12月免）、黄炳权（12月任）	党组成员、惠城区交通运输行业党委专职副书记：梁小红（7月任） 党组成员、副局长：赖伟成（5月任）、王能富（5月任）、郑惠安（5月任） 党组成员：游旭东（5月任）
消防救援大队	政治教导员：林立群 大队长：李柏成	副大队长：林小龙 政治指导员：李先贤、娄韡强、陈绿衡、何书龙
机关事务管理局	局长：杨小勇	副局长：许令先、徐展坤（1月免）、杨　健（1月免）、钟鹤龄（1月任）、蒋　明（5月任）
行政服务中心	主任：罗文亮（8月免）、贺浩宇（8月任）	副主任：李琳琳、钟展华（8月任）

续表 26

单位名称	正职领导	副职领导
粮食局	党委书记、局长：马福安	党委副书记：曾壬新 党委委员、副局长：何秋林、徐献明、刘伟君、孙志翔 党委委员：邱振优、黄文浩
供销社	党委书记、主任：刘少锋	党委副书记：郭建林 党委委员、副主任：卢志平、黄　光、方严明 党委委员、工会主席：张忠明 党委委员：钟周来 副主任：陈惠强（1月任）
地方志办公室	党支部书记、主任：傅茶生	副主任：吴少立（4月免）、林永康、易仕林
惠城公路管理局	局长：黄炳权（12月免）、刘建成（12月任）	副局长：管奕开、钟海飞 工会主席：郭　昱
高新科技产业园管理委员会	党委书记、管委会主任：张贤（1月免）、李小鹏（1月任）	党委委员、副主任：王小龙、李宇新 副主任：李赐斌（8月免）、郑江华（9月免）
移民办公室	主任：刁火强（5月任）	副主任：曾锦才（5月免）、高大成（1月免）、魏翠媛（1月任）、林德荣（5月任）
投资管理办公室		副主任：张晓莹、郭建辉
市公共资源交易中心惠城分中心	主任：黎剑威	副主任：曹　静
长者服务中心	主任：吴金莲（6月任）	副主任：温淑云（8月任）、谢振涛（8月任）
投资促进服务中心	主任：曾晓军（8月任）	副主任：邓　洁（8月任）、施上乘（8月任）、魏　珂（8月任）

续表 26

单位名称	正职领导	副职领导
市第三人民医院	党委书记：邓汉东（12月免） 党委副书记、院长： 马显力（12月免）	党委专职副书记、纪委书记：杨燕媚（5月任） 党委副书记、副院长：王　豪（12月任） 党委委员、副院长：陈小凯、肖　纯 副院长：李雪松（1月任） 党委委员、工会主席：李淑兰（5月免） 党委委员、总会计师：陈晓红（5月任）
市第二妇幼保健院	党委书记：李淑芳 院　　长：许汉标	党委委员、副院长、工会主席：邢英华 党委委员、副院长：罗惠莲 副院长：许国庆
桥东街道办事处	党工委书记：李伟强 人大工委主任：陈　燕 党工委副书记、办事处主任：刘伟通	党工委副书记：刁振凡、黄建钗 党工委委员、纪工委书记：王印刚 党工委委员、办事处副主任：曾　威 党工委宣传委员：陈少驹 党工委组织委员：马卫青 党工委委员、武装部部长：陈子彦 党工委委员：邓达莉、刘日珊 人大工委副主任：邓小异（4月任） 办事处副主任：朱敬忠、李　刚
桥西街道办事处	党工委书记：余道方（6月免）、 李坤民（6月任） 人大工委主任：黄文题 党工委副书记、办事处主任： 李坤民（6月免）、 龚　茜（8月任）	党工委副书记：李进明、钟　力 党工委委员、纪工委书记：何振文（7月任） 党工委委员、办事处副主任：庄朝辉 党工委委员：罗德才、邹贵恩、王仁太、 袁小蓉、邱　娜、严德威 党工委委员、武装部部长：杨　声 人大工委副主任：钟治中 办事处副主任：黄文胜、胡勇娣（1月任）、 蓝伟国（1月任）

续表 26

单位名称	正职领导	副职领导
龙丰街道办事处	党工委书记：李海彬 人大工委主任：黄志刚 党工委副书记、办事处主任：梁志辉（10月免）、周文超（12月任）	党工委副书记：张胜敏、朱海城 党工委委员、纪工委书记：陈俊强 党工委委员、办事处副主任：刘运清 党工委宣传委员：钟旭辉 党工委组织委员：鲍秀玲 党工委委员、武装部部长：朱斯平 党工委委员：曾德云、陈海生 人大工委副主任：宋景平 办事处副主任：徐鸿滨、陈天铬
江南街道办事处	党工委书记：朱伟方（6月免）、戴新辉（6月任） 人大工委主任：邓力平 党工委副书记、办事处主任：戴新辉（6月免）、何东文（11月任）	党工委副书记：黄伟松（1月免）、张赞强、王素怡（5月任） 党工委委员、纪工委书记：林　菁 党工委委员、办事处副主任：林德荣（5月免）、黄佳志（6月任） 党工委宣传委员：陈炬生 党工委组织委员：王素怡（5月免） 党工委委员、武装部部长：梁坚深 党工委委员：杨剑犀（1月免）、钟鸣雄、刘保安、陈龙威（5月任） 人大工委副主任：马莉丹 办事处副主任：黄桂盛、余新振（1月免）
江北街道办事处	党工委书记：陈爱华（7月免）、张　贤（7月任） 人大工委主任：曾繁明 党工委副书记、办事处主任：李　超	党工委副书记：余向晖、陈伟广 纪工委书记：温　彦 党工委委员、办事处副主任：赵　腾 党工委委员：黄佳桐、黎启光、秦　婷、苏弘光 党工委委员、武装部部长：赵建明 人大工委副主任：范锐良 办事处副主任：邹壮繁（4月免）、刁宏旺、许思坚（4月任）

续表 26

单位名称	正职领导	副职领导
河南岸街道办事处	党工委书记：骆国顺（6月免）、 张春浪（6月任） 人大工委主任：黄文辉 党工委副书记、办事处主任：张春浪（7月免）、秦海刚（8月任）	党工委副书记：陈　建、梁勇军 党工委委员、纪工委书记：许倡森 党工委委员、办事处副主任：刘　金 党工委组织委员：陈莉华 党工委委员、武装部部长：张喜峰（7月任） 党工委委员：陈振孔、刘国清、林小锋、 黄光星、郭　慧、 廖志勋（11月任） 人大工委副主任：陈云华 办事处副主任：骆志强、林锦伟、赵　敏
小金口街道办事处	党工委书记：陈俊杰 人大工委主任：钟小伟 党工委副书记、办事处主任：余广兴	党工委副书记：苏伟军、王志达 党工委委员、纪工委书记：李宇闻 党工委委员、办事处副主任：白　岩 党工委委员、武装部部长：王向荣 党工委委员：钟春华、唐建文、李翔鹤、 何志敏、赖启扬、林练钢（9月免） 人大工委副主任：刘修标 办事处副主任：钟健阳、钟宇鹏、 翟丽芳（5月任）
水口街道办事处	党工委书记：颜明光（6月免）、 朱伟方（6月任） 人大工委主任：陈惠坤 党工委副书记、办事处主任：王　德	党工委副书记：黄常春、严伟鹏（4月免）、 杨尚臻（5月任） 党工委委员、纪工委书记：李晓春 党工委委员、办事处副主任：李振彪 党工委宣传委员：张玮容 党工委委员、武装部部长：周乐军 党工委委员：郑伟青、曾远平、李文军、 吴文锋、李　东（4月任） 人大工委副主任：林圣亮 办事处副主任：陈伟斌、张　迪、 黄伟君（1月任）

续表 26

单位名称	正职领导	副职领导
三栋镇	党委书记：田勇辉 人大主席：吴冠强（3月免）、严伟鹏（4月任） 党委副书记、镇长：刘建成（10月免）、朱　炯（11月任）	党委副书记：周智辉（4月任）、林练钢（9月任）、耿小强（7月免） 党委委员、副镇长：曾文锋 党委委员、纪委书记：夏银球 党委宣传委员：林伟荣 党委组织委员：蔡丹勇 党委委员、武装部部长：姚伟帮 党委委员：王伟军、陈俊鹏 党委委员、纪委副书记：何雪锋 人大副主席：冯燕军（9月任） 副镇长：王菁华、黄文辉
汝湖镇	党委书记：张文勇 人大主席：曾木城 党委副书记、镇长：罗锋能	党委副书记：郑海涛、骆小林 党委委员、纪委书记：魏　巍 党委委员、副镇长：刘岸翼 党委委员、武装部长：付荣彬 党委委员：吴晓霞、叶国维、原学成、邱思瑜 人大副主席：黄欲玮 副镇长：杨毅良、严瑞良
马安镇	党委书记：姚航伟 人大主席：黄伟松 党委副书记、镇长：陶发琴（11月免） 党委副书记、镇政府负责人：梁惠彪（11月任）	党委副书记：张惠琼、李剑平（8月免）、黄伯兴（11月任） 党委委员、纪委书记：郑雪琼 党委委员、副镇长：刘　勇 党委委员、武装部长：程守周 党委委员：王灿祥、黄　涛、钟洪波、邓启发、段利彪 人大副主席：林惠权 副镇长：黄伯兴（11月免）、谢　赟、裴　杰（4月挂职）

续表 26

单位名称	正职领导	副职领导
横沥镇	党委书记：杨惠强 人大主席：陶惠斌 党委副书记、镇长：陈伟文	党委副书记：李共鸣、陈　炜（6月任） 党委委员、纪委书记：刘玖明 党委委员、武装部长：曾杨院 宣传委员：范耀龙 组织委员：李秋林 党委委员：黄国清、林俊强、林茂生、刘枚艳（4月任） 人大副主席：曾凡君 副镇长：谢海恩、翟素敬（6月任）、韩林松（6月任）
芦洲镇	党委书记：汪建辉 人大主席：林惠琼 党委副书记、镇长：黄健悦	党委副书记：陈水命、张伟诚 纪委书记：肖爱忠 党委委员、副镇长：林添财 党委委员、武装部长：黄汉勤 党委委员、宣传委员：喻炜立 党委委员、组织委员：廖咏琳 党委委员：马伟良、廖晴亮 人大副主席：谢汉良 副镇长：黄运良、陈定军

惠城区2020年评定的高级专业技术职称人员名单

表27

职称名称	姓 名
主任医师	杨海超、陈　琳、向　军、邓华钊、杨秀菊、谷　欣、龙宏杰、刘毅君、文世宏、廖品君、李立新、王　瑶、张建红、吴思仿、钟耀区、林旭辉、卢　林、欧阳永、骆　佳、郭红军、黄培生、刘羲圣
主任中医师	沈文清、侯政平
主任技师	张志强、钟继生、陈远东
主任护师	李淑兰
副主任医师	黄清华、李泽斌、纪志勇、谭勇华、吴燕玲、赖文婷、卢树静、叶　娜、吴立明、朱瑞丹、宋关书、罗伟军、邓水凤、肖斌欢、林小龙、李文涛、戴　丹、王娟娟、周国花、张子浩、李希吉、曹辉琼、贺文麟、张　敏、温金粼、林珍珍、张燕珠、陈潮新、陈慧军、王素妍、曾庆义、刘孝高、张瑞彪、林国栋、周伟泽、王俊文、吴昌桓、邹庆梅、叶国静、张嘉麟、黄天伦、蔡　填、曾繁飞、刘海霞、李　宁、廖晓辉、黄秀明、陈冬梅、廖宇光、钟文滨、李运进、黎先祥、李德永、黄国荣、钟俊锋、谭婵娟、房向斌、巫建华、黄国柱、黄建宇、周　翔、刘道益、陈瑞文、林新琼、邓华灵、双　静、王红珍、黄海珍、范胜健、罗展鸿、刘育良、利守坚、钟凤兰、戴月云、张惠忠、林色永、邱东彩、李小霖、王晓英
副主任中医师	罗博智、温乐萍、龚　辉、郑璇燕、张文宙、李丽群、李　奇、刘锦莲、乐周文、陈世昌、梁大强、张　媛、陈洪雁
副主任药师	冯双清、李东辉、钟小桃、简　榕、林国志、曾　兰、温文花
副主任技师	欧　武、梁罕超、毛毅影、吴浪波、王忠启、田燕勇、刘伟阳、钟桥维、欧阳康宁、郑玉娴、魏雪娴

续表 27

职称名称	姓　名
副主任护师	张丽霞、钟远芬、严丽梅、孙小红、钟丽霞、韦　瑶、李　燕、李虹儒、李芬田、周梅芳、叶燕萍、温建萍、刘杏兰、刘　妍、乐园园、叶菊梅、刘　云、王　芳、杨　芹、杨　清、曾丽清、李燕珍、严慧荣、李慧娟、唐红梅、钟雄莲、郑丽花、王珍慧、丘　瑚、林春凤、陈文菊
高级工程师	邵　能、陈建泽、李敏捷、凌金森、林裕正、陈修辉、于广嘉、远艳鑫、杨丽萍、谢建宇、刘文斌、戚雄标、吴云普、李建光、陈伟琴、昌　珩、胡文娟
高级工艺美术师	何国明
高级农艺师	郑　敏
高级兽医师	黄年余

2020 年惠城区中小学教师获省级奖励教研成果一览表

2020 年惠城区小学教师获省级奖励教研成果一览表

表28

学科	学校	姓名	题目（项目）	获奖等级	类型
语文	南坛小学	何　蔚	2020年广东省小学语文教学录像课评比	1	录像课比赛
语文	南山学校	张　玲	2020年广东省小学语文教学录像课评比	1	录像课比赛
音乐	教研室	马　燕	广东省中小学音乐学科实践活动课堂教学转化优秀课例展示交流活动	1	优秀指导
音乐	第一小学	李嘉慧	广东省“万叶杯”网络微课评选活动	1	微课比赛

续表 28

学科	学校	姓名	题目（项目）	获奖等级	类型
音乐	惠南学校	陈 妍	广东省中小学音乐学科实践活动课堂教学转化优秀课例展示交流活动	1	课例比赛
音乐	惠南学校	李 雅	广东省中小学音乐学科实践活动课堂教学转化优秀课例展示交流活动	1	优秀指导
语文	实验小学	谭银友	2020年广东省小学语文教学论文评比	1	教学论文
语文	第十一小学	夏 芬	2020年广东省小学语文教学设计评比	1	教学设计
语文	东江小学	刘 杏	2020年广东省小学语文教学设计评比	1	教学设计
语文	南坛小学	张瑞媚	2020年广东省小学语文教学设计评比	1	教学设计
语文	德威学校	王 蓓	2020年广东省小学语文教学录像课评比	2	录像课比赛
信息技术	教研室	王土彪	辅导2019年信息技术学科大赛广东省决赛	2	能力展示
语文	上排小学	吴数英	2020年广东省小学语文教学论文评比	2	教学论文
语文	德威学校	李 成	2020年广东省小学语文教学论文评比	2	教学论文
语文	第一小学	陈卓颖	2020年广东省小学语文教学论文评比	2	教学论文
语文	新湖小学	钟惠莉	2020年广东省小学语文教学论文评比	2	教学论文
语文	铁路学校	严 媛	2020年广东省小学语文教学设计评比	2	教学设计
语文	第一小学	郑丽莹	2020年广东省小学语文教学设计评比	2	教学设计
语文	富民小学	黄小嘉	2020年广东省小学语文教学设计评比	2	教学设计
语文	实验小学	谭银友	2020年广东省小学语文教学设计评比	2	教学设计
语文	富民小学	黄素芳	2020年广东省小学语文教学设计评比	2	教学设计

续表 28

学科	学校	姓名	题目（项目）	获奖等级	类型
语文	第十一小学方直分校	邓嘉敏	2020年广东省小学语文教学录像课评比	3	录像课比赛
语文	第二十七小学	李相臣	2020年广东省小学语文教学论文评比	3	教学论文
语文	富民小学	卢晓君	2020年广东省小学语文教学论文评比	3	教学论文
语文	中洲实验小学	戴建宇	2020年广东省小学语文教学论文评比	3	教学论文
语文	第十五小学	曾庆群	2020年广东省小学语文教学论文评比	3	教学论文
语文	第一小学白鹭湖分校	苏晓玲	2020年广东省小学语文教学论文评比	3	教学论文
语文	水北小学	邓欣然	2020年广东省小学语文教学设计评比	3	教学设计
语文	中建麦绍棠学校	张卫红	2020年广东省小学语文教学设计评比	3	教学设计
语文	第十一小学方直分校	张芬芳	2020年广东省小学语文教学设计评比	3	教学设计
语文	第七小学	黄女玲	2020年广东省小学语文教学设计评比	3	教学设计
语文	第十一小学（南校区）	毛江玲	2020年广东省小学语文教学设计评比	3	教学设计
综合实践活动	东湖双语学校	李　云	亲近自然，热爱自然	优秀	主题活动案例

2020年惠城区中学教师获省级奖励教研成果一览表

表29

学科	学校	姓名	题目（项目）	获奖等级	类型
数学	教研室	郭小斌	中学数学MM教育方式的实验与研究	2	教育科研
化学	中建麦绍棠学校	邓 伟	2020年广东省中学化学和生物学实验操作与创新技能竞赛	2	能力展示
生物	第三中学	邱丽香	2020年广东省中学生物教学质量奖	2	教学比赛
地理	第九中学	赖剑波	巧用图表，提升初中学生的区域认知能力	2	教学论文
生物	惠台学校	杨丽燕	2020年广东省中学生物教学设计与教学论文评选	2	教学论文
生物	惠南学校	苏召玲	2020年广东省中学生物教学设计与教学论文评选	2	教学论文
地理	第七中学	王全科	民族	2	教学设计
地理	小金口中学	罗 军	自然灾害	2	教学设计
地理	第四中学	李文锋	大规模的海水运动	2	教学设计
物理	小金口中学	严寒归	2020年广东省初中物理实验创新成果评比	2	教具制作
地理	惠港中学	曹 梨	基于结构不良问题情境的综合思维培养途径——以微专题“地形对农业的影响”为例	3	教研先进
地理	第五中学	何忠志	利用初中地理课程普及高铁、动车知识	3	教研先进
地理	第七中学	王全科	地理课堂环节中“游戏教学”的切入策略研究	3	教研先进
地理	小金口中学	叶志五	巧施“一抓手三重视”，让初中地理课堂生活化	3	教研先进

续表 29

学科	学校	姓名	题目（项目）	获奖等级	类型
生物	第七中学	陈丽敏	2020年广东省中学生物教学设计与教学论文评选	3	教学论文
生物	第九中学	石　娟	2020年广东省中学生物教学设计与教学论文评选	3	教学论文
生物	惠台学校	陈刚梅	2020年广东省中学生物教学设计与教学论文评选	3	教学论文
生物	第三十九学校	汪舟锦	2020年广东省中学生物教学设计与教学论文评选	3	教学论文
生物	田家炳中学	冯群友	2020年广东省中学生物教学设计与教学论文评选	3	教学论文
地理	小金口中学	江海霞	巧设旅游主题情境 优化初中地理教学	3	教学论文
地理	第七中学	李小文	七年级学生该如何学习地理	3	教学论文
地理	小金口中学	罗　军	浅谈活动式地理教学的可行性探究	3	教学论文
地理	第二中学	张俊钦	水资源	3	课件
地理	田家炳中学	郑文敏	水资源	3	课件
物理	德威学校	周树蔺	2020年广东省初中物理实验创新成果评比	3	教具制作
地理	第五中学	杨　菲	第八届广东省中学优秀地理教育工作者	优秀	教研先进

索引说明：

1. 本索引分为条目索引、表格索引两部分。均采用主题分析法，款目按汉语拼音字母顺序排列。

2. 索引款目后的阿拉伯数字为本年鉴的页码。

3. 同一主题的内容在文中多次出现的，在其款目后用不同页码标明。

条目索引

A

B

F

G

H

J

K

L

M

N

P

Q

R

S

T

W

X

Y

Z

表格索引

C

D

F

G

H

J

L

S

X

Z